Gouverner

Sous la direction de
Claudia Senik et Philippe Askenazy

Gouverner

La démocratie, un enjeu crucial

Odile Jacob

3, rue Auguste-Comte, 75006 Paris

www.odilejacob.fr

ISBN : 978-2-4150-0986-1

Introduction

Philippe Askenazy et Claudia Senik

Ce volume est le premier ouvrage collectif que le Centre pour la recherche économique et ses applications (Cepremap) publie depuis le décès, en août 2023, de Daniel Cohen qui en a été le directeur pendant deux décennies. Daniel a mené une transformation du Cepremap dont un des axes forts était la diffusion auprès d'un public large des connaissances de la recherche en économie et plus généralement des sciences sociales, dans tout ce qui a trait à la sphère de l'intervention publique. Comme directeur et directrice adjoints du Cepremap, nous avons eu tour à tour la chance, le privilège, de l'accompagner dans cette démarche. Dans les dernières années, sa préoccupation scientifique comme citoyenne pour la démocratie s'est affirmée alors que nos sociétés et nos économies doivent répondre aux grands enjeux du XXIe siècle, en premier lieu le changement climatique.

Cet ouvrage s'appuie justement sur des travaux récents du Cepremap autour du renouvellement de nos démocraties[1]. Qu'il s'agisse des modes d'expression des citoyens, des modalités de leur vote, de la parité des élus ou des politiques à mettre en œuvre, de profonds changements modifient le fonctionnement de nos sociétés.

Tout d'abord le lien entre les citoyens et leurs gouvernants. Comment choisir nos dirigeants politiques : les modalités du vote peuvent-elles changer la donne et mieux permettre d'exprimer les préférences des citoyens ? Et cela importe-t-il que les élus soient des élues ; que change la parité en politique ? Faut-il, pour conforter la légitimité de l'action publique, l'appuyer sur les nouveaux forums de délibération tels que les conventions citoyennes sur le climat ou sur la fin de vie, mises en place depuis 2019 ? Ce mode de délibération et de concertation peut-il aider à surmonter les obstacles que nous rencontrons, par exemple, lorsqu'il s'agit de réaliser la transition écologique, pourtant indispensable à notre survie à tous ?

Les citoyens s'expriment aussi aujourd'hui à travers d'autres canaux que le simple vote, notamment *via* les réseaux sociaux, tels que X (anciennement Twitter), et les émotions qu'ils y expriment constituent souvent le terreau de leur comportement politique. L'influence de ces réseaux est d'ailleurs si forte que nombreux sont ceux qui se demandent si leur régulation publique est aujourd'hui adaptée et suffisante.

Mais la démocratie dépasse la sphère du politique et s'étend notamment à la représentation des travailleurs dans les entreprises : comment la conforter, et quel a été l'effet des réformes récentes ? L'entreprise, échelon crucial d'intégration des citoyens dans la société, doit, elle aussi, surmonter une crise de représentation et s'ouvrir vers d'autres modes d'expression démocratique.

L'ensemble des contributions réunies dans cet ouvrage dessine ainsi les perspectives d'évolution des interactions entre citoyens et gouvernants, ou entre travailleurs et dirigeants d'entreprise. Les auteures et auteurs des chapitres ont bénéficié d'échanges stimulants avec Daniel. La plupart des chapitres de l'ouvrage portent également la patte du Daniel éditeur de la collection des « Opuscules » du Cepremap ; ces textes ont été actualisés spécifiquement pour ce volume collectif. Le lecteur trouvera également sur le site du Cepremap des commentaires de directeurs de programme du Cepremap apportant un regard complémentaire aux chapitres.

Le premier chapitre aborde un sujet aussi difficile qu'urgent et même existentiel : la mise en œuvre, au niveau mondial, de politiques de transition énergétiques vers un monde ZEN : à zéro émission nette. Fanny Henriet et Katheline Schubert rappellent la temporalité de l'horloge climatique qui s'emballe, et les composantes du réchauffement climatique, examinent les politiques économiques permettant d'atteindre l'objectif et les conséquences de la transition énergétique sur l'organisation de nos économies. Aucune solution simple et unique ne suffira, toutes doivent être mises en œuvre en même temps, et toutes soulèvent des problèmes d'acceptabilité politique épineux en imposant des ajustements difficiles et inégalement répartis. Mais il n'y a pas d'autres voies. Pour avancer, faut-il alors améliorer la formation du consensus entre citoyens, même sur des questions douloureuses telles que la transition écologique ? Telle était la gageure de la Convention citoyenne sur le climat (CCC) mise en place en octobre 2019. L'évaluation critique de cette expérience proposée par Katheline Schubert, l'une des intervenantes devant la CCC, propose un diagnostic mitigé de cette expérience particulière qu'il faut sans doute considérer comme un coup d'essai.

Allant plus loin dans la réflexion sur la consultation des citoyens, le deuxième chapitre, rédigé par Jean-François Laslier, s'interroge sur le mode de scrutin lors des élections au suffrage universel. Moment crucial pour la démocratie française, tant du point de vue symbolique que du point de vue pratique, l'élection du président de la République française, par exemple, souffre pourtant d'un fort taux d'abstention qui pourrait s'expliquer en partie par le mode de choix proposé aux électeurs. Or il existe bien des manières de voter, qui portent chacune des symboliques différentes et peuvent conduire à des résultats divers. Demande-t-on à l'électeur derrière quel candidat il se range ou lui demande-t-on son avis sur chacun ? Ce chapitre envisage cette seconde possibilité, la méthode de vote « par évaluation », qui, au vu des expériences conduites par l'auteur, semble simple et satisfaisante pour les électeurs et favoriserait les candidats les plus consensuels. En se demandant : « Et si l'on votait autrement ? », ce chapitre met aussi en lumière les insuffisances de notre système actuel.

Les conventions citoyennes constituent une forme alternative de concertation, de partage d'information et de formation d'opinion. Si cette forme rappelle les agoras du siècle de Périclès, des outils fondés sur la technologie la plus moderne jouent désormais également un rôle de premier plan dans la formation et l'expression des opinions politiques. Thomas Renault présente ainsi un baromètre du moral des Français élaboré par l'Observatoire du bien-être du Cepremap sur la base des messages échangés sur Twitter. On y découvre la dégradation du score de « sentiment » à partir de l'automne 2018, prélude à la crise des Gilets jaunes. En classant les internautes selon les médias et les personnalités politiques auxquels ils sont abonnés, on constate une polarisation multiple de l'espace des émotions : d'une part, le clivage politique bien identifié entre le centre et les extrêmes, ces derniers étant caractérisés par un bien-être plus faible et des émotions plus négatives, et, d'autre part, un contraste générationnel, avec des médias jeunes associés à une plus forte expression de sentiments négatifs. Ce mal-être a sans doute trouvé une traduction dans les urnes au premier tour de l'élection présidentielle de 2022. En permettant de quantifier la tonalité des émotions exprimées sur Twitter, ces indicateurs proposent un nouveau regard sur les facteurs influençant le moral des Français. Cependant, en juin 2022, intervient un tournant : le rachat de Twitter par Elon Musk. Parmi ses conséquences, la fermeture de l'API (interface de programmation d'application) signifie la fin de la possibilité pour les chercheurs d'extraire gratuitement jusqu'à 10 millions de tweets par mois et d'obtenir des informations sur les utilisateurs (followers, nom, description, localisation déclarée, etc.). Le nouveau coût d'accès aux données étant prohibitif, de nombreux projets qui s'attachaient à l'analyse de nos démocraties à travers cet outil numérique ont dû fermer leurs portes. C'est désormais à travers les données issues d'autres réseaux sociaux qu'il faudra prendre le pouls du moral et des préoccupations de nos concitoyens.

Mais revenons au vote, forme ancienne mais dont les modalités ont changé ces dernières années, notamment avec l'introduction de la parité en politique, en juin 2000. Quentin Lippmann montre que, depuis sa mise en place, le nombre de femmes élues est en constante augmentation, ce qui, contrairement à certaines préventions, n'a pas fait baisser le niveau de compétence des élus, bien au contraire. Les élues progressent lentement vers le sommet de la hiérarchie, mais, lorsqu'elles accèdent au pouvoir, au parlement national par exemple, elles adoptent un comportement légèrement différent de celui des hommes en s'investissant dans des domaines qui leur importent particulièrement. Certes, elles souffrent encore d'un traitement médiatique différent de celui des hommes et reçoivent plus de messages haineux ou injurieux en ligne. Néanmoins, petit à petit, la vision que les électeurs se font de la place des femmes en politique évolue. Les citoyens acceptent plus facilement l'idée d'être dirigés par une femme et discriminent moins les femmes candidates. Enfin, un cercle vertueux de type « rôle modèle » s'installe, suscitant des vocations et accroissant l'intérêt des femmes pour la politique.

La démocratie s'arrête-t-elle réellement aux portes de l'entreprise, comme le dit l'adage ? *Quid* de la concertation et des négociations entre partenaires sociaux, et de leur participation à la régulation aux côtés de l'État et du pouvoir politique ? Ce modèle de « démocratie sociale », articulé à une forme de « démocratie industrielle » portée par les négociations de branche, fut mis en place dans la France d'après-guerre. Mais, dans un contexte d'interrogations sur le rapport au travail et de mal-être au travail pour de nombreux travailleurs, c'est aussi au niveau du lieu de travail et de l'entreprise que la place de la démocratie doit être raffermie. Dans leur chapitre original, Thomas Breda et Philippe Askenazy définissent la démocratie au travail comme les principes et outils qui permettent l'expression collective des intérêts des salariés et de leurs aspirations. Dans le cadre institutionnel actuel, elle prend la forme d'une démocratie représentative avec la représentation du personnel et les organisations syndicales. Les auteurs rappellent les théories économiques et les éléments empiriques sur l'effet et le rôle des syndicats. Ils insistent surtout sur les obstacles aujourd'hui – telle la discrimination des représentants syndicaux – à la mise en œuvre d'une démocratie au travail qui soit pleinement fonctionnelle et dynamique dans les entreprises privées. Le chapitre trace alors des pistes pour les surmonter et ouvrir à une délibération au travail et sur le travail dans toutes ses dimensions y compris environnementale.

Dans un monde en transition rapide et multidimensionnelle, nos démocraties évoluent selon des temporalités diverses. Tandis que de nouveaux canaux de formation des opinions se développent sur les réseaux sociaux, une demande se fait jour de davantage de concertation à plusieurs niveaux de la société, des entreprises à l'élaboration des politiques publiques. Ces différents niveaux de décision parviendront-ils à répondre à l'urgence climatique ? Les auteurs de cet ouvrage collectif le pensent à la condition d'un affermissement et d'innovations démocratiques. Mais, sans attendre, peut-être faut-il suivre l'injonction de Daniel Cohen dans son ultime ouvrage : « C'est en faisant les choses qu'on transforme son imaginaire. Il faut commencer à vivre autrement, même si les gestes de départ sont symboliques, pour faire l'apprentissage d'un monde à inventer. Il faut ressentir non pas seulement de la tristesse face au monde qui se délite mais de la joie pour celui qui est possible[2]. »

CHAPITRE 1

Objectif ZEN

La transition énergétique

Fanny Henriet et Katheline Schubert[*]

Les travaux scientifiques, les déclarations et les écrits d'ONG, d'hommes politiques, d'entreprises, de citoyens, qui alertent sur l'urgence climatique et l'insuffisance, voire l'incohérence des réponses qui y sont pour l'instant apportées, sont maintenant innombrables. Une dimension centrale de la lutte contre le changement climatique réside dans l'abandon des énergies fossiles, carbonées, sources de la grande majorité de la production d'énergie au niveau mondial, et leur remplacement par des sources décarbonées. C'est la transition énergétique vers un monde ZEN, à zéro émission nette, à laquelle ce chapitre est consacré. Nous montrons qu'elle est indispensable, qu'elle va être difficile et coûteuse, que ses conséquences macroéconomiques sont incertaines, mais qu'elle est possible.

* Les auteurs remercient chaleureusement Daniel Cohen, Thomas Douenne, Marc Fleurbaey et Mouez Fodha pour leur relecture attentive et leurs suggestions, ainsi que les étudiants des masters APE et PPD de l'École d'économie de Paris.

L'horloge climatique

Le budget carbone

Le réchauffement climatique est un problème de stock, ce qui lui confère une temporalité très particulière. Les émissions de gaz à effet de serre d'aujourd'hui affecteront le climat de demain et le climat du futur lointain. L'augmentation de température dépend non pas des flux d'émissions de gaz à effet de serre, mais de la concentration de ces gaz dans l'atmosphère, somme des émissions de ces gaz mesurées en une unité commune (l'équivalent-CO_2) diminuée de l'absorption par les puits de carbone naturels que constituent les océans, les forêts et les sols. Cette concentration est restée stable pendant des siècles, puis a commencé à augmenter à partir de la révolution industrielle. La concentration atmosphérique du seul CO_2 était de 277 ppm (partie par million) en 1850. Depuis, elle a augmenté régulièrement, jusqu'à atteindre 416 ppm en 2022, soit une hausse d'environ 50 %[1].

La principale contribution positive à cette augmentation est la combustion des énergies fossiles (au total + 220 ppm). La seconde provient du changement d'usage des sols (+ 103 ppm). Les contributions négatives sont celles de l'absorption par les puits de carbone que sont les sols, la flore et les océans (au total – 189 ppm). L'absorption par les sols et la flore compense presque exactement l'émission de carbone due à la déforestation.

La concentration atmosphérique de gaz à effet de serre est théoriquement le meilleur prédicteur du réchauffement climatique. C'est pourquoi, dans la lutte contre le changement climatique, la communauté internationale s'est initialement donné des cibles quantitatives en termes de concentration atmosphérique de gaz à effet de serre (mesurés en CO_2-équivalent) à ne pas dépasser. Par exemple, il était communément admis que, pour ne pas dépasser le seuil de

2 °C d'augmentation de la température moyenne de la planète par rapport à la température préindustrielle, il fallait contenir à long terme la concentration de gaz à effet de serre à environ 450 ppm. Mais les travaux précurseurs d'Allen *et al.* et de Meinshausen *et al.* ont montré que l'augmentation de température terrestre associée à un niveau donné de concentration de gaz à effet de serre est incertaine, ce qui complique la fixation des cibles, et que l'augmentation de température est mieux prédite par les émissions de CO_2 cumulées[2]. Meinshausen *et al.* montrent en outre que la relation entre les émissions cumulées et l'augmentation de température est insensible au sentier d'émission (c'est-à-dire à leur timing)[3]. Cela signifie que se donner des objectifs en termes d'émissions cumulées est plus robuste, vis-à-vis de l'incertitude scientifique, que se donner des objectifs en termes de concentration. Les recherches les plus récentes en science du climat expliquent ce phénomène. Elles montrent que l'absorption par les puits de carbone, qui diminue la concentration atmosphérique et réduit les hausses futures de température, est compensée au premier ordre par un phénomène, l'inertie thermique, qui les augmente. Ce qui compte réellement pour l'augmentation de température, ce n'est pas la concentration atmosphérique de carbone*, mais les émissions cumulées[4].

La figure 1, tirée du cinquième rapport d'évaluation du GIEC[5], représente l'augmentation de température par rapport au niveau préindustriel (axe des ordonnées) correspondant à tout niveau d'émissions de CO_2 cumulées depuis 1870 (axe des abscisses)**. Sur la figure, l'ellipse noire pleine représente les émissions observées jusqu'à 2005 et les températures observées au cours de la décennie 2000-2009 avec les incertitudes correspondantes. Les ellipses de couleur représentent le rapport entre le réchauffement total en 2100

* Par abus de langage nous utilisons indifféremment les termes « carbone » et « CO_2 ».
** La concentration de carbone est mesurée sur la figure 2 en Gt CO_2 plutôt qu'en ppm. La conversion se fait de la façon suivante : 1 ppm de CO_2 est égal à 2,13 GtC ; 1 gramme de C est égal à 3,664 grammes de CO_2 ; par conséquent, la concentration atmosphérique de carbone en 2022 (416 ppm) est égale à 3246,60 Gt CO_2.

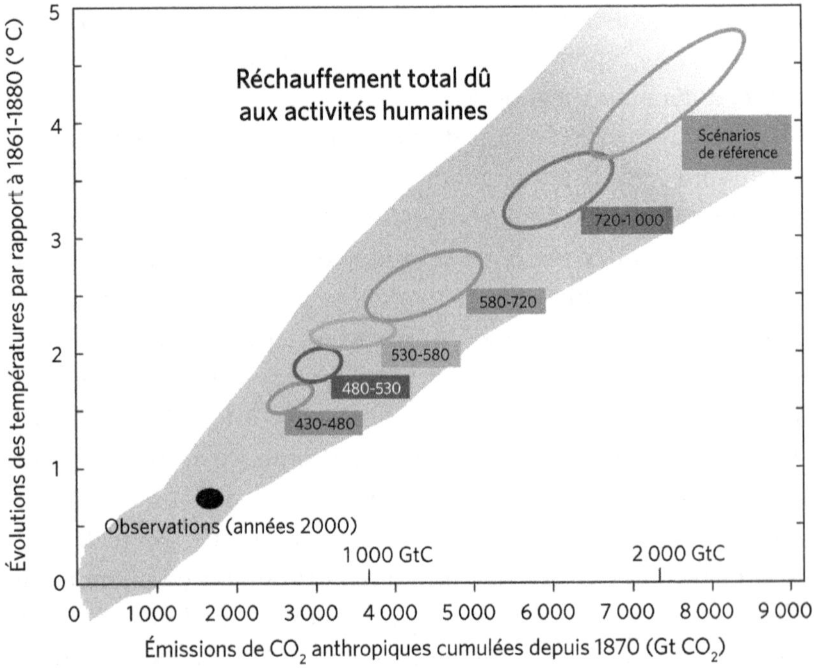

Figure 1. Des émissions de CO_2 cumulées à l'augmentation de température.

Source : IPCC (2014).

et le cumul des émissions de 1870 à 2100, obtenu à l'aide d'un modèle climatique simple pour les six scénarios utilisés par le groupe de travail III du GIEC. Enfin, la zone en couleur représente la dispersion des projections obtenues grâce à différents modèles de climat et de cycle du carbone.

La relation quasiment linéaire qui existe entre les émissions de CO_2 cumulées et l'accroissement de température permet d'associer à tout objectif de limitation de l'augmentation de température (par exemple pas plus de + 1,5 ou + 2 °C) des émissions cumulées maximales. Elles constituent notre *budget carbone* global. En raison des incertitudes scientifiques sur le cycle du carbone et la réponse du climat à l'augmentation de concentration (la sensibilité climatique, *climate sensitivity*), à tout niveau d'émissions cumulées correspond en fait un intervalle d'augmentation de température et non une valeur unique. On exprime généralement cette incertitude en termes de probabilité de ne pas dépasser telle augmentation de température. Par exemple, selon les données de la figure 2, des émissions cumulées de 3 670 Gt CO_2 (resp. 2 900 Gt CO_2) entraînent une augmentation de température de 2 °C (resp. 1,5 °C) avec une probabilité de 66 %.

Compte tenu des émissions cumulées entre 1870 et 2018, le GIEC estimait en 2018 le budget carbone restant pour un objectif d'augmentation de la température de 2 °C (resp. 1,5 °C) à 1 170 (resp. 420) Gt CO_2. Les émissions mondiales de CO_2 en 2018 ont été de 42,1 Gt. À ce rythme d'émission, le budget carbone restant sera épuisé dans environ 28 ans (resp. 10 ans). Il existe d'autres estimations que celles du GIEC, effectuées avec des méthodes un peu différentes[6], mais le message global reste le même : le budget carbone restant est faible, et nous disposons de très peu de temps avant qu'il ne soit épuisé, si nous continuons à émettre du CO_2 au rythme actuel. L'*horloge climatique* tourne très vite.

Se fixer une limite d'augmentation de la température et donc un budget carbone global à ne pas dépasser est une simplification utile. Mais il serait caricatural de penser qu'en dessous du seuil rien ne se passe et qu'au-dessus le monde disparaît. La réalité est plus continue : les dommages augmentent avec les émissions cumulées, et ce d'autant plus que ces émissions cumulées sont importantes.

Comment atteindre l'objectif ZEN ?

Quel que soit l'objectif de température, il faudra atteindre dans le futur la *neutralité carbone*, c'est-à-dire que les émissions de CO_2 nettes devront devenir nulles. C'est l'objectif *zéro émission nette (ZEN)*. Il signifie que les émissions de CO_2 anthropiques qui subsisteront (probablement dans l'agriculture, et dans certains secteurs comme l'aviation dans lesquels il n'est pas actuellement possible de se passer des énergies fossiles) devront être compensées par le retrait par l'homme de CO_2 de l'atmosphère, soit à l'aide d'une augmentation de la capacité d'absorption des océans, des forêts et des sols, soit grâce à des technologies d'émissions négatives. Le GIEC estime que la neutralité carbone devra être atteinte en 2075 pour limiter l'augmentation de température à 2 °C (resp. 2050 pour 1,5 °C)[7]*.

Mais comment peut-on y parvenir ?

L'IDENTITÉ DE KAYA

Une première réponse est donnée par l'identité de Kaya[8]. Il s'agit d'une identité comptable, décomposant** les émissions de CO_2 en quatre facteurs, représentant respectivement la démographie, la croissance économique, l'intensité énergétique de la production et l'intensité en carbone de l'énergie :

$$\text{émissions de } CO_2 = \text{population} \times \frac{\text{PIB}}{\text{population}} \times \frac{\text{énergie}}{\text{PIB}} \times \frac{\text{émissions de } CO_2}{\text{énergie}}$$

La figure 2 en donne une illustration. Elle montre la décomposition de Kaya au niveau mondial entre 1980 et 2015. Les différents éléments de la décomposition sont normalisés à 100 en 1980. Sur la période, émissions, PIB par tête et population ont augmenté, tandis que l'intensité énergétique du PIB a diminué et que le contenu en carbone de l'énergie, après avoir diminué jusqu'au milieu des années 1990, est resté sensiblement inchangé.

Cette décomposition au niveau mondial masque des différences massives entre les différentes régions du monde. La figure 3 l'illustre, en montrant la décomposition de Kaya pour les États-Unis, l'Europe, la Chine et l'Afrique, sur la même période***. Aux États-Unis et

* Les émissions des autres gaz à effet de serre doivent commencer à diminuer en 2030 pour atteindre la moitié de leur niveau de 2030 en 2100.

** Il s'agit seulement d'une décomposition commode. Les termes ne sont pas indépendants. Il n'y a pas de causalité.

*** Les émissions de CO_2 considérées dans ces figures sont celles émises sur le territoire national.

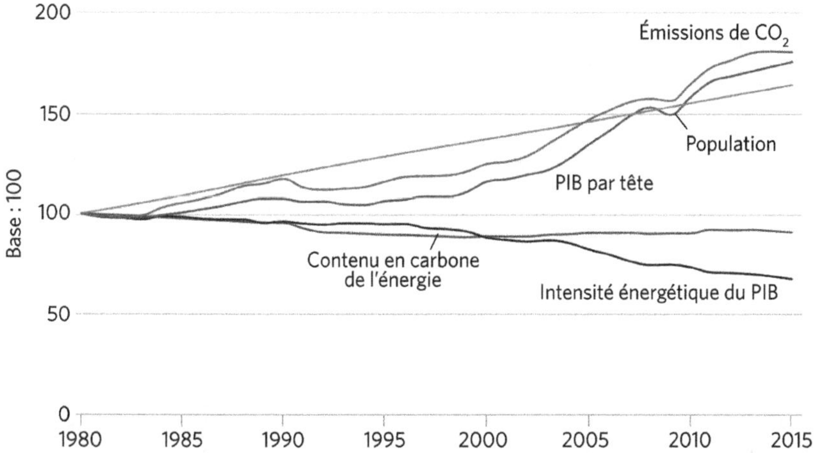

Figure 2. L'identité de Kaya, monde, 1980-2015.
Source : The Shift Project Database.

en Europe, les émissions de CO_2 ont légèrement baissé ces dernières années, malgré l'augmentation du PIB par tête. L'intensité énergétique du PIB a diminué dans ces deux zones. La croissance de la population a été plus vigoureuse aux États-Unis qu'en Europe, et la baisse du contenu en carbone de l'énergie, plus tardive. La situation est très différente en Chine où les émissions ont crû à peu près au même rythme que le PIB par tête, population, intensité énergétique du PIB et contenu en carbone de l'énergie évoluant très peu. En Afrique au contraire, les émissions évoluent avec la population, alors que les autres termes de la décomposition restent stables.

Évidemment, ces décompositions de Kaya ne disent rien sur les niveaux des variables considérées. Pour donner des ordres de grandeur et mettre en perspective les évolutions, disons qu'en 2016 les émissions de CO_2 de la Chine représentaient 29,2 % des émissions mondiales, celles des États-Unis, 14 %, celles de l'Union européenne (à 28), 9,6 % et celles de l'Afrique subsaharienne, 1,9 %. Ce n'est donc pas en freinant la croissance de la population africaine que l'on diminuera massivement les émissions mondiales.

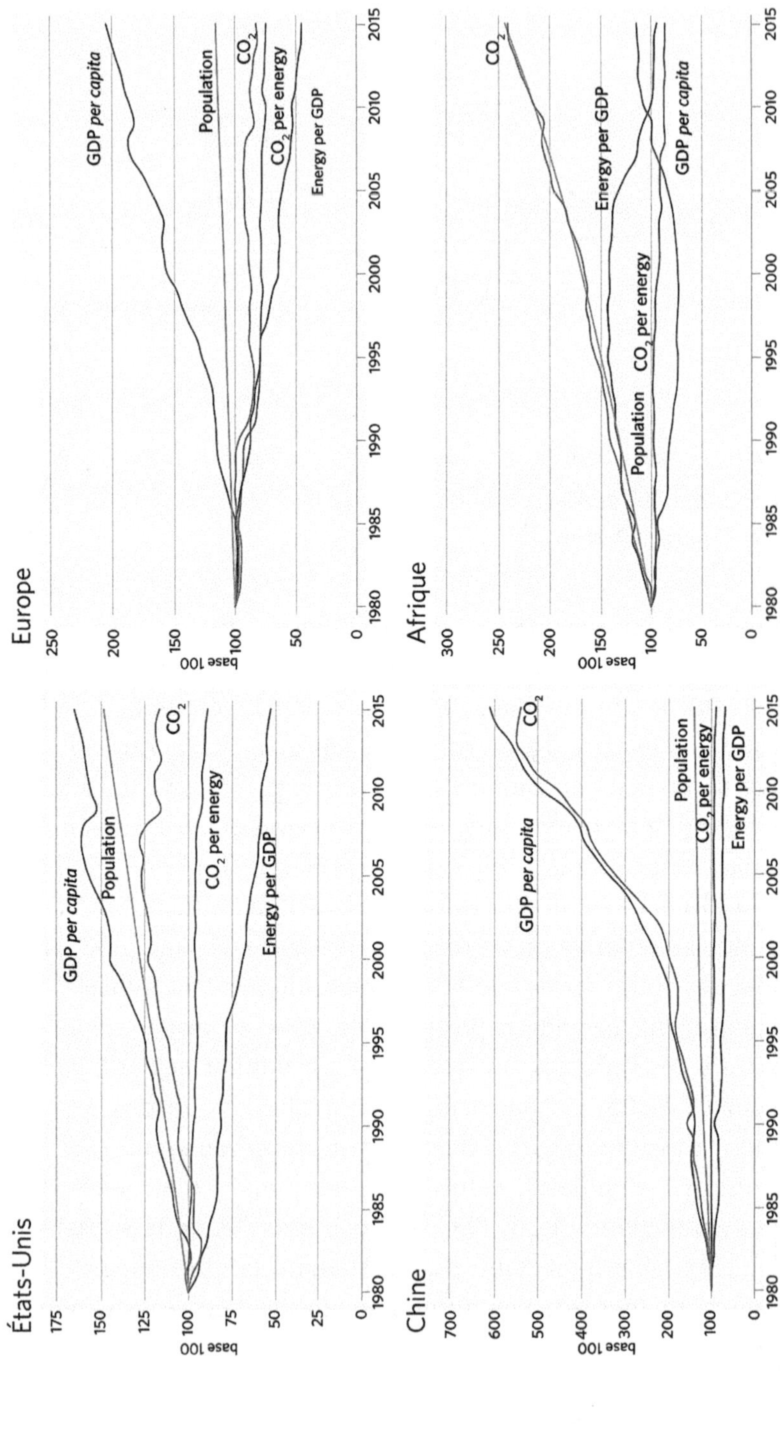

Figure 3. L'identité de Kaya, États-Unis, Europe, Chine et Afrique, 1980-2015.

Source : The Shift Project Database.

Nous nous concentrons dans cet ouvrage sur la transition énergétique dans les pays avancés, les plus émetteurs, et n'abordons pas le cas des pays pauvres, pour lesquels la problématique est très différente, l'accès à l'énergie y étant souvent difficile, l'espace des choix, plus restreint, les liens entre climat et pauvreté, étroits[9]. Cette restriction volontaire nous conduit à ne pas aborder la question fondamentale du partage entre les pays du budget carbone restant, épineuse à la fois sur le plan éthique et sur le plan pratique : faut-il considérer que chaque individu, quel que soit son pays, a un droit de tirage identique sur le budget restant ? Faut-il allouer le budget carbone restant en suivant les droits du grand-père, c'est-à-dire proportionnellement aux émissions passées ? Ou au contraire faut-il considérer que les pays qui émettent beaucoup ont déjà épuisé leur propre budget carbone ? Faut-il considérer les capacités à payer des pays ? etc.

Revenons aux quatre termes de la décomposition de Kaya.

La démographie. La croissance de la population a un poids très important dans la croissance des émissions totales de CO_2. L'effet est mécanique : à comportements donnés, plus de population entraîne davantage d'émissions. Selon les projections de l'ONU, la population mondiale devrait augmenter de 25 % entre 2020 et 2050, soit une augmentation d'environ 0,8 % par an. Si l'on veut que les émissions de CO_2 de 2050 soient 1/6 de celles de 2020, c'est-à-dire qu'elles diminuent sur la période à un taux annuel moyen de 5,7 %, il faut, avec une hypothèse de croissance économique faible de 1 % par an, que l'intensité carbone du PIB (émissions de CO_2 sur PIB) baisse sur la période de 7,5 % par an, ce qui est considérablement plus élevé (en valeur absolue) que ce qui a été observé dans le passé (environ – 1,5 % par an depuis 1970).

Quelques travaux théoriques récents s'intéressent au rôle de la population dans le changement climatique. Parmi eux, Bohn et Stuart, tout comme Gerlagh *et al.*[10], étudient des modèles de croissance avec fertilité endogène et changement climatique dans lesquels les parents, quand ils choisissent leur nombre d'enfants, ne prennent pas en compte le fait que tout nouveau-né supplémentaire fait subir un coût externe négatif à la société en raison des émissions de carbone qu'il va engendrer au cours de sa vie. C'est l'externalité de population. La politique climatique optimale consiste alors à mettre en place une taxe carbone et un mécanisme de contrôle des naissances, permettant d'égaliser les bénéfices pour la société d'une naissance supplémentaire et l'externalité de population. Gerlagh *et al.* vont plus loin et considèrent que la politique climatique la plus efficace est le contrôle des naissances[11]. Les auteurs reconnaissant cependant la réticence de la grande majorité des économistes à recommander cette politique et les très grandes difficultés qu'il y aurait à la mettre en place. Et, en effet, on peut constater que le contrôle des naissances n'est quasiment jamais mis en avant dans la panoplie des politiques climatiques.

D'autres travaux sont plus nuancés, et montrent que lutter contre le réchauffement climatique ne requiert pas nécessairement de recommander la baisse du taux de croissance de la population. Tout dépend de l'éthique de la population à laquelle adhère la société : vaut-il mieux une population nombreuse mais pauvre, ou plus réduite mais riche ? Scovronick *et al.* montrent que, si le critère auquel la société se réfère pour évaluer une politique est sa conséquence sur le bien-être moyen des individus, présents et futurs, la baisse du taux de croissance de la population est favorable car elle entraîne une baisse des émissions et donc des dommages climatiques, ce qui augmente le bien-être moyen, et n'a pas d'effets négatifs[12]. Les choses sont plus complexes si le critère auquel on se réfère est la somme totale des utilités de tous les membres de la société présents et futurs. Alors, la baisse du taux de croissance de la population n'est une bonne politique climatique que si ses avantages en termes de réduction des dommages climatiques et donc d'augmentation du bien-être moyen font plus que compenser ses inconvénients en termes de réduction de la taille de la population future.

Si l'effet de la population sur les émissions est clair, comprendre l'effet en retour de la croissance des émissions et donc des dommages climatiques sur la population est également nécessaire. Au contraire des effets du changement climatique sur la santé, ses effets sur les choix de fécondité sont encore peu explorés. Le climat constitue-t-il la contrainte malthusienne moderne ? Les dommages pourraient limiter la croissance de la population, à travers leurs effets sur la fertilité, la mortalité infantile, la longévité, les normes sociales, ou simplement le désir d'avoir des enfants pour les faire naître dans un monde de plus en plus inhospitalier.

L'intensité énergétique. Un autre facteur isolé par l'identité de Kaya est l'intensité énergétique du PIB. Elle a décru au niveau mondial d'environ 1,3 % par an entre 1961 et 2015. Cette baisse s'explique à la fois par des changements de comportement et par du progrès technique.

Les changements de comportement concernent d'abord les « petits gestes » du quotidien (faire des économies d'énergie en éteignant la lumière, recycler, avoir un comportement de consommation plus sobre, manger moins de viande, moins prendre l'avion, faire du vélo…). Les magazines sont pleins d'articles plus ou moins fantaisistes sur ces petits gestes qui vont sauver la planète, mais il n'est pas évident d'évaluer leur impact quantitatif réel. L'étude de Carbone 4 documente précisément l'impact que peuvent avoir ces petits gestes sur l'empreinte carbone d'un Français[13]. Les auteurs font l'hypothèse que tous les Français adoptent ces gestes. Ils proposent deux versions de leurs estimations : la version « Français moyen » et la version « Français héroïque ». Dans la première, les petits gestes sont relativement marginaux et ne demandent pas de très grands efforts, alors que dans la seconde, comme son nom l'indique, les gestes sont contraignants, et les changements de mode de vie associés sont importants. Le tableau 1 détaille ce que recouvrent exactement les différents changements de comportement. La figure 4 présente les résultats, dans le cas « héroïque ». Elle montre que la baisse des émissions permise par ce comportement est de 2,8 tCO_2eq, à comparer à une empreinte carbone moyenne des Français* de 10,8 tCO_2eq. Le comportement héroïque permet donc de réduire l'empreinte carbone de 26 %. Quant au comportement moyen, les auteurs estiment qu'il permet une baisse de l'empreinte de 5 à 10 %, selon la façon dont il est défini – ce qu'on trouve héroïque ou normal varie beaucoup d'une personne à l'autre ! Le changement de comportement qui a l'effet de loin le plus important est le passage à un régime végétarien.

Tableau 1. Définition des petits gestes.

Régime végétarien	Supprimer la viande et le poisson du régime alimentaire
Vélo pour trajets courts	Remplacer les trajets voiture courte distance en milieu urbain
Covoiturage sur tous trajets	Fixer le taux d'occupation de tous les trajets en voiture, courts et longs, à 2,2 personnes par voiture
Ne plus prendre l'avion	Supprimer 100 % de vols domestiques et internationaux
Moins de vêtements neufs	Acheter trois fois moins de vêtements neufs
Manger local	Consommer l'ensemble de son alimentation en circuit court
Thermostat	Baisser la température de consigne de son logement
Électroménager et high-tech d'occasion	Tout acheter d'occasion
Zéro déchet et gourde	Supprimer les émissions liées aux emballages
LED dans son logement	Équiper son logement d'un éclairage LED

Source : C. Dugast, A. Soyeux, A., Faire sa part ? Pouvoir et responsabilité des individus, des entreprises et de l'État face à l'urgence climatique, *Carbone 4, 2019.*

* L'empreinte carbone est la quantité de CO_2 émise annuellement par la consommation des ménages. Elle est la somme des émissions nationales et des émissions « importées », c'est-à-dire des émissions provoquées à l'étranger par la production des biens que nous importons.

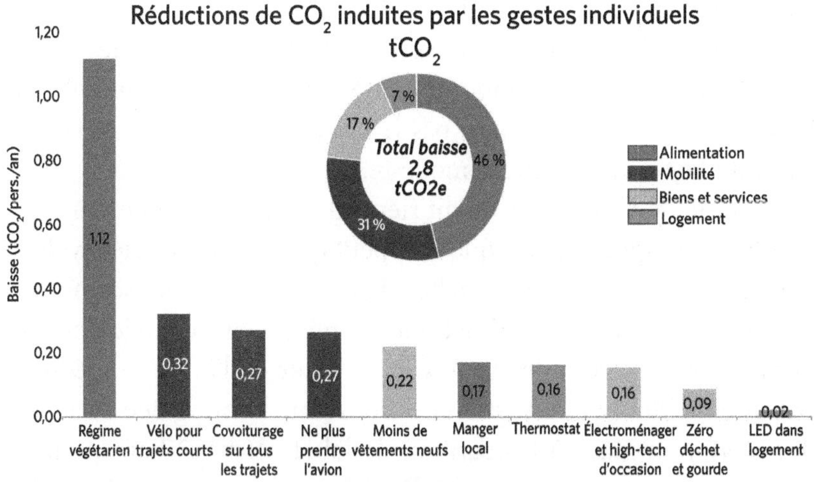

Figure 4. L'impact des petits gestes d'un Français héroïque.

Le télétravail, qui s'est révélé faisable à grande ampleur pour certaines catégories d'emplois pendant la crise du Covid-19 et est depuis resté à un niveau élevé, permettrait quant à lui de diminuer les émissions liées aux transports domicile-travail. Mais il pose aussi la question de l'empreinte carbone du numérique. Une étude du groupe de réflexion The Shift Project montre que le numérique serait à l'origine de 3,7 % des émissions totales de gaz à effet de serre dans le monde en 2018, 44 % de cette empreinte étant due à la fabrication des ordinateurs, téléphones, centres informatiques et des réseaux, et 56 % à leur utilisation[14]. Faut-il craindre une augmentation effrénée de la consommation d'énergie du numérique dans les années à venir ? Entre 2010 et 2018, la consommation d'énergie mondiale des data centers a augmenté de 6 %, tandis que le nombre de calculs a augmenté de 550 %[15]. On peut donc espérer une augmentation faible de la consommation d'énergie au regard de l'augmentation de l'usage du numérique. Si celui-ci remplace des activités fortement énergivores, par exemple si la généralisation des réunions Zoom fait beaucoup diminuer les trajets professionnels en avion, le bilan global pourrait être positif. Hook *et al.* tentent d'évaluer l'impact global, direct et indirect, du télétravail sur la consommation d'énergie, à travers l'examen de 39 articles empiriques récents[16]. Si la grande majorité des travaux obtiennent une baisse des émissions, ce n'est pas le cas de tous, et cette baisse est de toute façon relativement modeste.

L'étude de Carbone 4 ne dit rien sur la façon dont ces changements de comportements, que l'on peut qualifier de sobriété volontaire[17], pourraient être déclenchés. Par une prise de conscience de la gravité du problème climatique entraînant un changement de normes sociales, comme le *flygskam* (« honte de l'avion ») suédois ? Par une meilleure information des consommateurs, grâce à l'action des ONG, ou grâce à l'apparition de labels dédiés ? Par une politique économique appropriée ? Par le simple renouvellement des générations ? Les économistes du climat ont longtemps expliqué que l'une des raisons qui empêchaient l'adoption de politiques climatiques vigoureuses était que les coûts en incomberaient à la génération présente tandis que les bénéfices iraient aux générations futures. Cet argument n'est plus valide, car les « générations futures » sont maintenant là. Ces différents leviers sont évidemment liés : des consommateurs mieux informés, une jeune génération concernée, des ONG actives exercent une pression sur les politiques pour durcir la politique climatique.

Arrêtons-nous à ce stade sur la question de l'information des consommateurs. Les labels sont de plus en plus utilisés pour sensibiliser les consommateurs, en particulier sur l'empreinte carbone de leur consommation. Le succès de l'application Yuka en France, qui donne des informations sur la qualité des produits alimentaires, semble montrer que l'accès à une meilleure information peut en effet changer les comportements de consommation. Mais notre alimentation a un impact direct sur notre santé alors que notre empreinte carbone concerne davantage les générations futures. En ce qui concerne les labels d'efficacité énergétique, Brounen et Kok montrent qu'aux Pays-Bas les logements ayant reçu une « bonne note » en termes d'efficacité énergétique se vendent 10 % plus cher que les autres[18]. Houde montre quant à lui qu'il existe une grande hétérogénéité dans la réponse des consommateurs aux labels d'efficacité énergétique sur les réfrigérateurs[19] : cette information est utile pour certains consommateurs, alors que pour d'autres elle peut évincer les efforts pour traiter des informations énergétiques plus précises mais complexes. La littérature sur l'évaluation de ce type de politiques reste relativement rare et n'est pas encore réellement conclusive.

L'étude de Carbone 4 ne dit pas non plus si accepter de faire des petits gestes peu contraignants est un indicateur de la capacité à accepter des changements plus fondamentaux et des mesures de politique climatique conséquentes. On peut en effet se demander dans quelle mesure nos petits gestes nous dédouanent, dans notre esprit, de faire des efforts plus conséquents. Werfel obtient à l'aide d'enquêtes menées au Japon qu'un comportement vertueux des ménages en matière d'économies d'énergie, quand il est perçu comme efficace, diminue leur soutien à une augmentation de la taxe carbone[20]. Hagmann *et al.* montrent de manière expérimentale qu'une politique fondée sur des nudges (en l'occurrence un nudge à l'intention des ménages destiné à leur faire souscrire des contrats d'énergie verte) diminue le soutien de la population à des politiques de taxation car elle donne l'espoir que le problème du réchauffement climatique pourra être résolu sans trop de coûts ni d'efforts[21].

Mais la littérature sur ce point est rare, ce qui permet difficilement de trancher. On peut aussi se demander si, en sens inverse, les taxes comme la taxe carbone, qui constituent une motivation extrinsèque à diminuer les émissions de CO_2, évincent ou non la motivation intrinsèque qui nous pousse à effectuer les fameux petits gestes. Goeschl et Perino obtiennent que c'est en effet le cas[22]. Ils montrent en outre que les normes d'émissions n'ont pas le même effet d'éviction de la motivation intrinsèque. Mais sur ce point aussi les travaux sont rares.

Les habitudes prises dans notre jeunesse semblent en tout cas façonner nos comportements à l'âge adulte. Severen et van Benthem montrent que les individus qui ont appris à conduire pendant la crise pétrolière de 1979 utilisent moins que les autres la voiture et davantage les transports en commun pour leurs trajets domicile-travail dans les années 2000[23]. Ils semblent ainsi avoir gardé les habitudes prises alors que l'essence était chère, pendant leurs premières années en tant que conducteur.

Revenons à la baisse de l'intensité énergétique du PIB. Outre les changements de comportement des ménages, cette baisse est la conséquence de changements dans les modes de production comme la généralisation du recyclage et l'économie circulaire, et du progrès technique permettant de disposer de technologies moins gourmandes en énergie (ampoules, moteurs thermiques...). Dans les pays développés, elle est aussi la conséquence des changements structurels que ces économies ont connus. Parmi ceux-ci, la désindustrialisation et l'offshoring des industries intensives en énergie concourent à la baisse de l'intensité énergétique. Quant au vieillissement de la population, son rôle semble ambigu : quelques études récentes[24] montrent que la consommation d'énergie pour le logement augmente significativement avec l'âge dans les pays développés, tandis que d'autres études soulignent que l'âge joue à la baisse pour la consommation de transports.

Le contenu en carbone de l'énergie. Un troisième facteur dans la décomposition de Kaya est le contenu en carbone de l'énergie, dont la baisse constitue l'objet de la transition énergétique. Ce contenu en carbone n'a que très légèrement diminué entre 1971 et 2015, en raison du poids très important tout au long de la période des énergies fossiles et surtout du charbon dans le mix énergétique mondial, et de la pénétration très lente des énergies décarbonées. La décarbonation de l'énergie fait l'objet de la section suivante. Mais on peut d'ores et déjà noter que nous ne sommes qu'au tout début de la transition énergétique.

La croissance. Le dernier moteur de la croissance des émissions, enfin, est la croissance du PIB par tête. Sur la période 1971-2015, revenus par tête et émissions de carbone ont augmenté parallèlement au niveau mondial (figure 2). La question est évidemment de savoir s'il sera possible dans le futur d'obtenir une baisse des émissions tout en continuant à avoir une croissance économique positive.

L'Agence internationale de l'énergie indique que l'épidémie de Covid-19 a entraîné sur l'année 2020 une baisse des émissions de CO_2 mondiales de 5,8 %[25]. Une telle baisse, due fondamentalement à l'arrêt d'un grand nombre d'activités économiques jugées non essentielles, est quatre à cinq fois plus importante que celle que le monde a connue en 2008-2009 à cause de la crise financière. Elle est cependant moins importante que la réduction des émissions qui, si elle était maintenue chaque année au cours de la présente décennie, nous permettrait d'atteindre l'objectif ZEN. On mesure bien là la difficulté de l'entreprise. Une marge de manœuvre reste claire : il s'agit du résidentiel, dont les émissions ont augmenté pendant la crise sanitaire de 5 %[26]. Malheureusement, les rapports suivants de l'Agence internationale de l'énergie indiquent que les émissions globales de CO_2 ont augmenté de 6 % en 2021, soit davantage que le PIB, puis de 0,9 % en 2022 et de 1,1 % en 2023. Un rebond des émissions excédant le rebond du PIB au moment de la reprise a également été observé au niveau mondial après la crise financière de 2008-2009[27] : alors que le PIB connaissait une croissance de 5 % en 2010, les émissions croissaient encore plus, de 5,9 %.

Qu'en conclure ? D'abord, la chute de l'activité provoque effectivement une chute des émissions. Ensuite, à l'aune de la crise du Covid-19, on mesure clairement l'ampleur de l'effort à faire pour atteindre l'objectif ZEN. Enfin, cette crise, si violente et si brutale, ne va pas permettre d'infléchir la croissance des émissions mondiales, en raison des effets rebond et du rattrapage économique. En l'absence de changements structurels, il faudrait une récession permanente et non pas temporaire pour y parvenir.

Cela nous amène au fait que l'identité de Kaya rend claires deux visions du monde souvent rencontrées face au problème du réchauffement climatique : d'un côté, la certitude pessimiste que la solution ne pourra venir que de la décroissance ou, pire, d'un effondrement de nos économies, et, de l'autre, la foi optimiste dans un progrès technique salvateur. Si on en croit les partisans de l'option décroissance, il ne faut compter que sur la baisse de notre production et de notre consommation, ainsi qu'éventuellement de la population, pour réduire les émissions.

Dans le second cas, la solution vient de la baisse de l'intensité énergétique du PIB et de la décarbonation de l'énergie, c'est-à-dire principalement du progrès technique, suscitées par la politique climatique. Que penser de ces deux visions opposées ? Il semble important de faire deux remarques à ce stade.

La première est que l'option décroissance est attractive uniquement pour la fraction de la population mondiale aisée qui est prête à vivre plus simplement. Elle est inimaginable pour les pays en développement et pour une partie importante de la population des pays développés, et on peut donc douter qu'elle reçoive un réel support social. Il vaut donc mieux explorer d'autres possibilités avant de s'y résoudre.

La seconde est que la transition énergétique ne peut être gratuite. La présenter uniquement comme une opportunité pour la croissance est certainement trompeur. Il y a donc nécessairement un coût en termes de croissance économique mondiale, au moins temporaire. Nous y reviendrons en détail dans la dernière section. La meilleure solution se situe donc vraisemblablement entre ces deux extrêmes. Mécaniquement, si les énergies carbonées sont évincées, les énergies décarbonées les remplaceront. Mais ces énergies décarbonées sont moins performantes, et ce basculement se fera au prix d'une perte, au moins temporaire, de croissance au sens traditionnel du terme.

Enfin, on peut s'interroger sur l'instrument de mesure que nous utilisons pour juger du succès d'une économie. Si le PIB, avec le mode de calcul que nous lui connaissons, croît moins vite ou décroît, cela ne signifie pas nécessairement que le bien-être décroît[28]. C'est alors ce que nous entendons par croissance/décroissance qui doit être reformulé.

LE DÉCOUPLAGE

On qualifie de découplage une situation dans laquelle les émissions croissent moins vite que le PIB (on parle alors de découplage relatif), ou, mieux, dans laquelle les émissions diminuent tandis que le PIB augmente (découplage absolu). Le découplage absolu est synonyme de croissance verte. Il est clair qu'au niveau d'un pays le découplage absolu est possible, en particulier si le pays externalise les activités polluantes. Les émissions telles qu'elles sont reportées dans les inventaires nationaux, c'est-à-dire les émissions dues à la production domestique, baissent alors. En revanche, l'empreinte carbone de la consommation, c'est-à-dire les émissions associées à la production des biens consommés dans le pays quelle que soit leur origine, augmente. Au niveau du monde, il n'y a nulle part où externaliser la production polluante. Alors, le découplage absolu au niveau mondial serait-il un leurre ?

Pour Le Quéré *et al.* la réponse est non, ce n'est pas un leurre[29]. Les auteurs observent qu'un découplage absolu est possible non seulement pour les émissions issues de la production domestique (telles que mesurées dans les inventaires nationaux), mais aussi pour les émissions dues à la consommation (l'empreinte carbone). Les pays dans lesquels on observe un fort découplage sur la période 2005-2015 sont les pays scandinaves (Finlande, Danemark, Suède) et le Royaume-Uni. Dans ces pays, les baisses d'émissions atteignent 3 à 5 % en termes de production domestique, 2 à 3 % en termes d'empreinte carbone de la consommation. En France, le découplage est moins prononcé mais il est tout de même significatif. Les auteurs montrent, à l'aide d'une méthodologie à la Kaya, que les deux causes principales de ce découplage sont la baisse de l'intensité carbone de l'énergie (en moyenne 47 % du total) et la baisse de l'intensité énergétique du PIB (36 %).

Comment interpréter les différences entre les pays ? Il est clair qu'il est plus facile de faire croître le PIB tout en faisant décroître les émissions lorsque l'intensité carbone du PIB part d'un niveau élevé. Ainsi, le découplage observé au Royaume-Uni s'explique notamment par la sortie du charbon, qui constitue une des options les moins chères pour décarboner. Pour la France, qui n'utilise que très peu de charbon, il est beaucoup plus coûteux de décarboner et donc d'observer en même temps une augmentation du PIB et une baisse importante des émissions. Cela signifie aussi que, si un découplage est vraisemblablement possible au niveau mondial tant que l'intensité carbone du PIB est élevée, il sera plus compliqué à poursuivre une fois les options bon marché épuisées.

La décarbonation de l'énergie

Les ressources fossiles

LES ÉNERGIES FOSSILES SONT-ELLES RARES ?

La rareté physique des énergies fossiles va-t-elle constituer la solution spontanée au problème du réchauffement climatique ? Ou, au contraire, avons-nous davantage d'énergies fossiles à brûler que notre budget carbone ne l'autorise ? Pour répondre à cette question nous comparons maintenant le budget carbone restant avec le contenu en carbone des réserves d'énergies fossiles.

La figure 5 représente les estimations du contenu en carbone des réserves mondiales d'énergies fossiles. Rappelons que les réserves sont constituées des stocks connus, prouvés, d'énergies fossiles qui sont de plus récupérables sous les conditions technologiques et économiques actuelles. Les réserves sont endogènes puisqu'elles dépendent de conditions amenées à évoluer : technologies d'extraction de plus en plus performantes, prix des énergies fossiles et des substituts qui varient fortement au cours du temps, coûts d'extraction qui augmentent au fur et à mesure qu'on a exploité les meilleurs sites…

La figure 5 met en regard les réserves d'énergies fossiles exprimées en termes de leur contenu en carbone et les budgets carbone restants, pour des augmentations de température de 2 °C et de 1,5 °C. La comparaison est sans appel : la rareté n'est pas le problème posé par les énergies fossiles ; nous en avons suffisamment pour provoquer des augmentations de températures proprement inimaginables si nous les extrayons et les brûlons toutes. Les réserves sont entre quatre et huit fois plus importantes que notre budget carbone restant. Les réserves de charbon en particulier sont gigantesques.

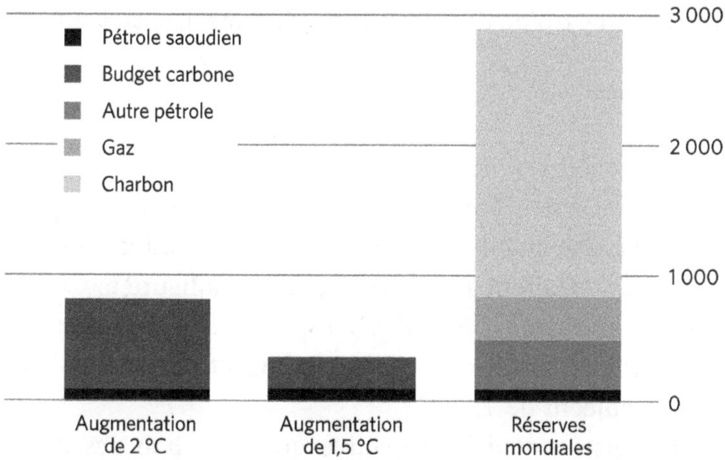

Figure 5. Estimations des réserves et ressources d'énergies fossiles et de leur contenu en carbone.

Sources Rystad Energy, IPCC, IEA, World Energy Council.

Pour donner une idée des coûts d'extraction, on peut examiner le seuil de rentabilité des différentes catégories de réserves. La figure 6 représente ces seuils de rentabilité pour le pétrole. On voit que les réserves actuellement en exploitation ont un seuil de rentabilité moyen de 26 dollars par baril, puis que ce seuil augmente fortement quand on va chercher du pétrole situé dans l'océan profond, ou du pétrole non conventionnel.

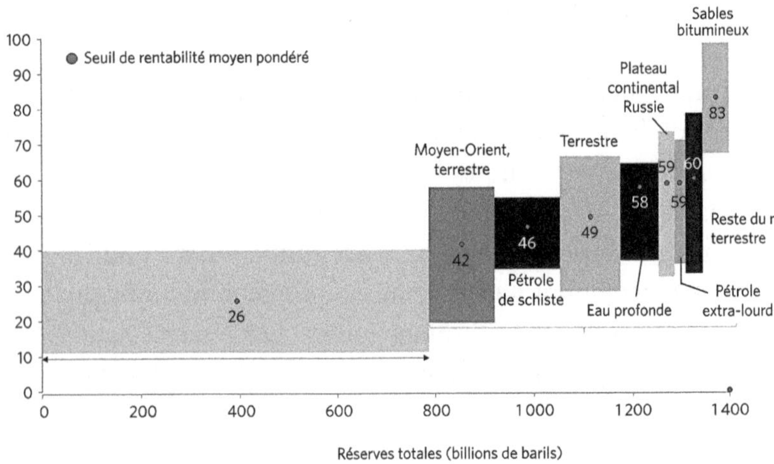

Figure 6. Courbe d'offre de pétrole (seuil de rentabilité du Brent, dollars par baril).
Source : Rystad Energy.

Heal et Schlenker montrent que l'offre de pétrole déjà découvert et qui pourrait être extrait à un coût inférieur à 65 dollars par baril correspond à une quantité d'un peu moins de 1 milliard de barils[30]. Ce chiffre est cohérent avec les données de la figure 6. Cette offre correspond à environ 400 $GtCO_2$ disponibles à moins de 65 dollars par baril, c'est-à-dire autant que le budget carbone global pour atteindre l'objectif de 1,5 °C.

Le renversement de perspective qui a eu lieu ces dernières années est intéressant à noter. Alors que la littérature économique portant sur les énergies fossiles s'est inquiétée de la rareté pendant très longtemps, et les praticiens également (avec la problématique du *peak oil**), ce n'est plus le cas. Nous avons trop de ressources fossiles, et non pas assez.

* Ce terme désigne le moment où l'extraction mondiale de pétrole aura atteint son niveau maximal avant de décliner en raison de l'épuisement des ressources. Les calculs successifs de l'Agence internationale de l'énergie la conduisent à le repousser toujours plus loin dans le futur. Ce qui ne veut pas dire, bien sûr, qu'il n'y a pas eu de *peak oil* pour une zone géographique donnée.

LES RÉSERVES IMBRÛLABLES

Puisque les ressources fossiles sont trop abondantes, certaines devront rester sous terre si on veut éviter une catastrophe climatique. On appelle « actifs échoués » (*stranded assets*) les actifs qui perdent leur valeur à cause de changements importants en matière de législation, de contraintes environnementales ou d'innovations technologiques. Les réserves fossiles destinées à rester sous terre, et tout le capital installé qui leur est complémentaire, devraient faire partie de la catégorie des *stranded assets*.

L'identification plus précise des ressources fossiles échouées potentielles et de leur répartition géographique est un sujet émergent dans la littérature. McGlade et Ekins estiment à l'aide d'un modèle d'évaluation intégré que, globalement, un tiers des réserves de pétrole, la moitié des réserves de gaz et plus de 80 % des réserves de charbon devraient rester inexploités entre 2010 et 2050 si l'on veut respecter l'objectif d'une augmentation de température n'excédant pas 2 °C[31]. Ils montrent par exemple que les États-Unis et les pays de l'ex-Union soviétique devraient extraire chacun moins de 10 % de leurs réserves actuelles de charbon, laissant plus de 200 gigatonnes de charbon inexploitées. Quant au pétrole, les réserves qui devraient rester sous terre sont logiquement celles qui sont coûteuses à extraire et qui émettent le plus de gaz à effet de serre sur leur cycle de vie. Par exemple, le processus d'extraction d'un baril de pétrole en Arabie saoudite émet en moyenne trois fois moins de gaz à effet de serre que le processus d'extraction d'un baril moyen du Canada[32]. Le pétrole saoudien n'est donc peut-être pas le plus menacé par les politiques climatiques[33], comme le notent Coulomb *et al.* En tout cas, les investisseurs de la compagnie pétrolière nationale saoudienne Aramco ne semblent pas considérer le pétrole saoudien comme un actif échoué, comme en témoignent les montants records atteints lors de l'introduction de la compagnie en Bourse en décembre 2019 puis janvier 2020[34], qui correspondent à une valorisation de 1 700 milliards de dollars en janvier 2020.

Si le charbon et une bonne partie du pétrole sont des réserves imbrûlables, que dire du gaz naturel ?

LE CAS DU GAZ NATUREL

La priorité est d'éliminer le charbon, qui est l'énergie fossile de loin la plus émettrice de CO_2. Le tableau 2 reporte les coefficients d'émissions de CO_2 des énergies fossiles. Il montre que le charbon est environ deux fois plus émetteur que le gaz naturel, et bien plus émetteur que le gazole, le kérosène et le carburant utilisé dans l'aviation*. Comme nous l'avons vu, les réserves mondiales de charbon sont gigantesques. Loin de diminuer, la part du charbon dans le mix énergétique mondial a augmenté depuis 1971 (voir le tableau 3 p. 44).

Tableau 2. Coefficients d'émission de CO_2.

	Coefficient d'émission (kg de CO_2 par million de Btu)
lignite	97,7
charbon sub-bitumineux	97,2
charbon bitumineux	93,3
gazole	73,16
kérosène	72,3
carburant aviation	70,9
gaz naturel	53,07

Source : Energy Information Administration (http://www.eia.gov/environment/emissions/co2_vol_mass.cfm).

* Le carburant utilisé dans l'aviation est un kérosène particulier ayant notamment un point de congélation très bas.

Un nombre croissant de grands pays émetteurs de CO_2 dotés d'importants gisements de gaz de schiste envisagent de respecter leurs engagements en matière de réduction des émissions en promouvant cette ressource. Parmi eux, les États-Unis, la Russie, la Chine, le Royaume-Uni et, plus récemment, le Japon. Cependant, plusieurs aspects importants de la montée en puissance du gaz ont soulevé des questions quant à son impact sur le climat.

Le premier concerne la contribution relative nette du gaz au réchauffement de la planète, une fois les fuites de méthane au niveau de la production prises en compte. Il n'existe pas de consensus sur l'ampleur des fuites de méthane, qui semblent varier beaucoup d'un pays et d'une installation à l'autre. On peut cependant retenir qu'elles sont probablement loin d'être négligeables dans le cas du gaz de schiste, ce qui relativise son intérêt vis-à-vis du climat.

Le deuxième aspect de la montée du gaz est celui des fuites internationales de carbone (*carbon leakage*). Ce phénomène se produit si la stratégie de remplacement de charbon par du gaz n'est pas mondiale mais plutôt le résultat d'initiatives unilatérales. Le remplacement du charbon par du gaz sur le sol d'un pays particulier réduit les émissions de CO_2 de ce pays. Mais ces réductions d'émissions peuvent être compensées par des augmentations d'émissions ailleurs, si le charbon qui n'est plus utilisé sur le territoire national est exporté vers d'autres régions du monde. Ce phénomène de fuite de carbone se produirait aussi si le charbon était remplacé par des énergies renouvelables. Cependant, le bilan environnemental est pire lorsque la substitution du charbon se fait par du gaz, et que ce remplacement conduit aussi à accroître l'extraction de gaz. En effet, le gaz, bien que moins polluant que le charbon, participe aussi au réchauffement climatique. Le bilan dépend donc de la manière dont les offres de charbon, mais aussi de gaz, réagissent à la politique climatique unilatérale[*35].

* À cause de ces phénomènes de fuites de carbone, une politique climatique unilatérale qui conduit à remplacer du charbon par du gaz peut même conduire à une augmentation des émissions mondiales.

Le troisième aspect est celui du risque d'un verrouillage (*lock-in*) technologique. Dans une telle situation, la recherche et la diffusion d'innovations favorables pour la société (ici, dans les énergies renouvelables) sont freinées par le fait que les investissements en recherche pour améliorer la technologie d'extraction et les dépenses d'exploration pour trouver de nouveaux gisements de gaz naturel ont déjà été tellement importants que changer de trajectoire technologique serait très couteux. Acemoglu *et al.* formalisent cet argument[36]. Ils soulignent que les données montrent un effondrement de la recherche en technologies de production d'électricité propres au moment du boom du gaz de schiste aux États-Unis. Les brevets concernant les énergies renouvelables constituaient 0,4 % de la totalité des brevets aux États-Unis en 2009, et seulement 0,1 % en 2015. Leur modèle à la Aghion et Howitt avec progrès technique dirigé montre qu'à court terme un boom dans le secteur du gaz naturel produit deux effets : une baisse directe des émissions de CO_2 car le gaz se substitue au charbon, plus polluant, et une relance de l'activité économique, qui engendre indirectement une hausse des émissions. L'effet global est indéterminé. À plus long terme, le boom gazier incite les firmes à innover dans le secteur du gaz, ce qui évince la recherche en énergies propres.

Notons enfin que la technologie d'extraction du gaz de schiste, la fracturation hydraulique, est l'objet de violentes critiques. Cette technique pourrait en particulier polluer l'eau des nappes phréatiques à proximité. Les industriels du gaz de schiste soutiennent que ce type de phénomène est extrêmement peu probable, à cause des différences de profondeurs entre les nappes phréatiques et les roches contenant le gaz. Des cas de pollution des eaux souterraines ont cependant été mis en évidence, mais la plupart ont été associés à des puits défectueux[37]. La possibilité de pollutions de l'eau semble en tout cas bien crédible aux yeux du marché immobilier : Muehlenbachs *et al.* montrent que, à proximité des exploitations de gaz de schiste de Pennsylvanie, les prix des maisons dont l'eau provient directement des nappes phréatiques ont baissé de manière significative*[38]. Par ailleurs, la nécessité d'utiliser d'énormes quantités d'eau pour la fracturation hydraulique, la dégradation des paysages et celle des écosystèmes, et enfin l'augmentation possible des tremblements de terre sont autant d'arguments contre l'exploitation de gaz de schiste. Il existe donc un arbitrage entre les dommages locaux associés à l'extraction de gaz de schiste et le bénéfice éventuel global de remplacer du charbon par du gaz[39].

LE CAPTAGE ET LE STOCKAGE DU CARBONE, LES PUITS DE CARBONE ET LES ÉMISSIONS NÉGATIVES

La technologie de captage et de stockage du carbone, ou CSC (*carbon capture and sequestration*), consiste à récupérer le CO_2 produit par les usines utilisant des combustibles fossiles (les centrales thermiques, les cimenteries, les aciéries, etc.), ensuite pour l'injecter dans des cavités souterraines. Le CO_2 est enfin transporté par pipeline et stocké par injection dans des cavités géologiques, par exemple des gisements d'hydrocarbures épuisés, ou dans l'océan profond. Le risque en cas de stockage géologique réside bien évidemment dans la possibilité de fuites à long terme. Quant au stockage dans l'océan profond, il peut entraîner une acidification des océans, non souhaitable.

Le CSC permet de réduire considérablement les émissions de CO_2 (entre 80 et 90 %). Son coût est très élevé quand on le met en place sur des installations existantes. En revanche, pour les centrales thermiques ou les usines neuves directement conçues avec CSC, le surcoût est important, mais non exorbitant. Par exemple, l'Energy Information Administration estimait en 2018 que, pour une centrale à gaz à cycle combiné avancé neuve, le CSC entraîne un surcoût de 25 dollars par mégawattheure, soit une augmentation du coût de production de l'électricité d'un peu plus de 50 %[40].

---

* En revanche, les maisons raccordées au réseau d'eau municipal ont plutôt connu une augmentation de leur prix, à cause de l'augmentation de la valeur de leur terrain dont le sous-sol contient du gaz de schiste.

Le GIEC a souligné depuis 2005 l'importance du CSC dans toute politique de lutte contre le changement climatique[41]. Presque vingt ans plus tard peu de progrès ont été accomplis. Plusieurs raisons peuvent l'expliquer. D'abord, le coût de cette technologie reste élevé pour le moment. Ensuite, le stockage soulève des réticences, notamment à cause des risques liés aux fuites de CO_2 déjà évoquées. Un autre problème est la faible capacité des sites connus potentiellement appropriés pour réaliser le stockage. Enfin, il existe le risque d'un effet d'éviction : les dépenses de recherche et développement pour cette solution se feraient au détriment de budgets que l'on pourrait attribuer aux énergies renouvelables[42].

La grande majorité des scénarios permettant de rester sous 2 °C de réchauffement climatique par rapport à la période préindustrielle incluent d'importantes émissions négatives. Celles-ci peuvent être obtenues de manière naturelle par les reforestations, ou en faisant appel à de nouvelles technologies de captage direct des molécules de CO_2 dans l'air.

En ce qui concerne la méthode naturelle, le rapport spécial 1,5 °C du GIEC suggère qu'une augmentation de 1 milliard d'hectares de forêt sera nécessaire pour limiter le réchauffement climatique à 1,5 °C d'ici à 2050[43]. Le rapport ne donne cependant pas davantage de précisions sur la faisabilité d'une telle augmentation de la surface de forêts. Bastin *et al.* estiment que la restauration de 0,9 milliard d'hectares de forêts, c'est-à-dire un espace de la taille des États-Unis, pourrait éliminer les deux tiers des quelque 300 gigatonnes de carbone émises par les humains dans l'atmosphère depuis les années 1800 (précisément, 205 gigatonnes de carbone)[44]. Cela ferait de la reforestation l'arme la plus efficace, et de loin, dans la lutte contre le changement climatique. Selon les auteurs, cette reforestation pourrait être faite sans empiéter sur les terres agricoles ni sur les villes. Ces résultats sont cependant controversés : certains auteurs estiment que le potentiel de stockage du carbone par les forêts est en fait de l'ordre de 40 gigatonnes[45]. En outre, ce type de stockage soufre d'un problème de non-permanence : il peut être très rapidement renversé, par exemple en cas de feu de forêt.

La plus mûre des technologies de captage direct du CO_2 est la bioénergie combinée avec le captage et le stockage du carbone. Elle consiste à combiner production d'énergie à l'aide de biomasse et CSC (*biomass energy with carbon capture and storage*, BECCS). La biomasse absorbe du carbone au cours de sa croissance. Quand on la brûle pour produire de l'énergie, elle libère ce carbone qui est capté par la technologie de CSC. L'opération globale permet donc bien de retirer du carbone de l'atmosphère. Anderson et Peters soulignent cependant que l'ampleur de la production de biomasse qui permettrait, à travers cette technologie, d'atteindre les objectifs de l'accord de Paris est gigantesque[46]. Il faudrait utiliser une surface grande comme une ou deux fois l'Inde. Comme pour la reforestation se pose donc la question du conflit d'usage des terres entre production de biomasse pour la bioénergie et production de nourriture*.

D'autres technologies sont en cours de développement, mais elles ne sont pas encore mûres et sont très coûteuses, et il n'est pas certain qu'elles puissent être déployées à grande échelle. La recherche est très active dans ce domaine. Il est apparu très clairement au cours de la COP28 que les pays producteurs d'énergie fossile et les grandes compagnies pétrolières placent un grand espoir dans le développement de ces technologies, qui leur permettraient de continuer à exploiter leurs ressources. Le risque est que de gros efforts et beaucoup de subventions soient consacrés à faire progresser ces technologies, au détriment des investissements indispensables à l'atténuation.

Devant les difficultés à réduire les émissions de CO_2, la géo-ingénierie pourrait éventuellement devenir une option de dernier recours. L'idée est de modifier directement le bilan radiatif de la Terre. L'une des méthodes possibles, la plus étudiée pour l'instant,

---

* Une autre limite potentielle provient du fait que les forêts plantées pour cette technologie sont des forêts homogènes, pauvres en biodiversité, et qu'il y a un risque que de telles forêts deviennent dominantes.

consiste à pulvériser des aérosols sulfatés dans la stratosphère. Cette technique de management du rayonnement solaire (*solar radiation management*, SRM) est inspirée par l'éruption du mont Pinatubo en 1991 aux Philippines. Cette éruption a été accompagnée de la libération de 20 millions de tonnes de dioxyde de soufre et a provoqué une diminution du rayonnement solaire direct d'environ 30 %. La température moyenne sur Terre a chuté de 0,5 °C pendant plus d'un an. Les coûts directs de cette technique sont faibles, et un refroidissement global important pourrait être obtenu[47]. Mais ces techniques affectent également les régimes de précipitations de manière hétérogène, avec des effets potentiellement catastrophiques dans certaines régions du monde[48]. Et il existe certainement d'autres effets indésirables, qu'on ne connaît pas encore, qui pourraient être associés à ces techniques, comme des modifications de l'acidité de la pluie, des océans, des écosystèmes, des rendements agricoles. Par exemple, les rendements agricoles peuvent être affectés par la diminution de la lumière du soleil consécutive au déploiement du SRM, défavorable à la photosynthèse. Proctor *et al.* utilisent les données disponibles sur l'impact des éruptions d'El Chichón (Mexique, 1984) et du Pinatubo, et montrent que l'effet global sur les rendements est négatif, pour le maïs, le soja, le riz et le blé[49]. Une application de leur modèle de rendements à un scénario de SRM suggère alors que cette technologie aurait peu d'effets positifs d'atténuation sur les rendements agricoles. Prieur *et al.* émettent l'hypothèse que l'existence de ces techniques devrait en fait nous encourager à réduire davantage nos émissions de gaz à effet de serre, devant la menace qu'un pays particulièrement affecté par le réchauffement climatique puisse y avoir recours sans concertation et faire courir au monde un risque encore plus important que le réchauffement climatique lui-même[50] !

Des énergies fossiles aux énergies renouvelables

Le passage à un système énergétique décarboné nécessite d'agir dans deux directions. Il faut tout d'abord décarboner la production d'électricité, c'est-à-dire remplacer les centrales thermiques utilisant des énergies fossiles par des unités de production d'électricité à base de sources renouvelables, des centrales nucléaires ou des centrales thermiques avec capture et séquestration du carbone. Il faut ensuite remplacer les énergies fossiles utilisées dans l'habitat et les transports par de l'électricité décarbonée.

Cependant, les obstacles à une transition rapide sont massifs. Notre économie est fondée depuis la révolution industrielle sur la combustion des énergies fossiles. Celles-ci se sont avérées extrêmement efficaces pour produire de l'électricité, pour faire fonctionner des moteurs thermiques, pour nous chauffer. La baisse colossale des coûts de transport depuis la révolution industrielle, permise par la disponibilité des énergies fossiles, a été l'un des facteurs majeurs de la croissance des gains de productivité, et donc de la croissance mondiale. Notre civilisation même est très profondément marquée par la disponibilité de moyens de transport rapides abordables pour les ménages, qui ont permis la mobilité et reculé les limites du monde. La voiture individuelle en est une composante essentielle. En outre, à l'heure actuelle, aucune énergie de remplacement n'est en même temps abondante, propre, sûre et raisonnablement bon marché.

Cheikh Yamani, qui fut ministre saoudien du Pétrole et des Ressources minérales de 1962 à 1986 et l'un des artisans du premier choc pétrolier, aurait dit : « L'âge de pierre ne s'est pas terminé par manque de pierres. L'âge du pétrole ne s'achèvera pas avec le manque de pétrole. » La différence entre la fin de l'âge de pierre et celle de l'âge du pétrole est que nous avons besoin cette fois d'une transition extrêmement rapide, et que nous ne disposons pas d'une alternative technologique uniformément supérieure.

Au cours de ces cinquante années, le mix énergétique mondial a principalement évolué en faveur du gaz naturel (+ 7 points) et de l'énergie nucléaire (+ 4,5 points) au détriment du pétrole, tandis que la part des énergies renouvelables n'a quasiment pas bougé. Au total, le mix énergétique primaire mondial reste à 80,9 % fossile[51] (tableau 3).

Tableau 3. Mix énergétique primaire dans le monde (%).

	1971	**2019**
charbon	26,1	26,8
pétrole	44,3	30,9
gaz naturel	16,2	23,2
nucléaire	0,5	5,0
hydro	1,9	2,5
biocarburants	10,8	9,4
autres renouvelables	0,2	2,2
	(230 EJ)	(606 EJ)

Source : IEA (2021).

LE NUCLÉAIRE

L'énergie nucléaire ne peut pas constituer la solution générale au problème de la sortie du fossile, pour de multiples raisons. La plus importante est bien sûr le risque d'un accident catastrophique. Pour limiter ce risque au maximum, il est nécessaire que les institutions en charge de la production d'énergie et la gouvernance du programme nucléaire soient irréprochables, et fondées sur une autorité de sûreté indépendante et crédible. L'autre raison majeure réside dans le problème posé par la gestion des déchets radioactifs à vie longue, qu'aucun pays n'a été capable de résoudre jusqu'à présent. Ensuite, la distance entre les technologies du nucléaire civil et du nucléaire militaire est faible. La différence entre les deux repose essentiellement sur le degré d'enrichissement de l'uranium 235. Ce problème est au cœur des confrontations actuelles à propos du programme nucléaire iranien. Enfin, les technologies du nucléaire actuelles ont besoin d'uranium, qui est un métal non ferreux, c'est-à-dire une ressource non renouvelable, rare, dont l'épuisement est susceptible de menacer la pérennité de ces technologies. Toutefois, l'Agence de l'énergie nucléaire et l'Agence internationale de l'énergie atomique, qui publient régulièrement un « livre rouge » consacré aux ressources, à la production et à la demande d'uranium, considèrent que la rareté de l'uranium ne posera pas de problème avant longtemps[52].

Sur le plan du coût, l'énergie nucléaire a longtemps été très compétitive par rapport aux énergies fossiles. Mais plusieurs facteurs viennent en augmenter les coûts : la prise en compte du coût du démantèlement des centrales en fin de vie, l'augmentation des coûts associée à l'augmentation des exigences de sécurité après l'accident de Fukushima, la prise en compte du coût de gestion des déchets. Au total, le coût de la production d'électricité nucléaire aux États-Unis par les nouvelles installations est plus élevé que le coût de production des centrales à gaz (tableau 4).

Pour la France, la Cour des comptes évalue le coût de production du nucléaire historique à 59,80 euros par mégawattheure (euros/MWh), incluant le loyer économique (21,10 euros/MWh), les dépenses d'exploitation (24,80 euros/MWh), les investissements de maintenance (9,40 euros/MWh) et les provisions pour démantèlement et gestion des déchets et du combustible (respectivement 1,3 et 3,20 euros/MWh)[53]. Une actualisation de 2021 donne un coût entre 50,7 et 60,80 euros/MWh selon la méthode utilisée[54]. En guise de référence, noter que les centrales à gaz ont un coût de production situé entre 70 et 100 euros/MWh. Les chiffres donnés pour les coûts de démantèlement et de gestion des déchets semblent faibles et ont été fortement critiqués. Le démantèlement complet d'une centrale nucléaire n'a jamais été effectué, et le coût proposé est donc simplement une estimation. Quant au stockage géologique profond des déchets à durée de vie longue, il devrait être réalisé en France dans le centre Cigéo (Centre industriel de stockage géologique), implanté à Bure, dans la Meuse. Les déchets y seront stockés à 500 mètres de profondeur, dans une couche argileuse, pendant une centaine d'années, au cours desquelles le stockage sera réversible, puis le centre sera fermé pour assurer le confinement des déchets sur de très longues périodes sans intervention humaine. Le coût du projet est fixé par arrêté ministériel à 25 milliards d'euros, chiffre contesté par plusieurs ONG environnementales qui l'estiment trop faible.

Un nouveau programme de construction de réacteurs nucléaires a été décidé en France en 2021. Il s'agit de construire six « EPR2 », qui devraient être mis en service à l'horizon 2035. Bien que totalement décarboné, ce « nouveau nucléaire » pose question, en raison de l'explosion des coûts et des retards de construction. Par exemple, le budget de l'EPR de Flamanville, en France, a explosé, passant de 3,3 milliards à 13,2 milliards d'euros, sans inclure les coûts de financement supplémentaires estimés par la Cour des comptes à 4,2 milliards d'euros. De même, les coûts de la centrale d'Olkiluoto en Finlande ont grimpé de 3 milliards à environ 11 milliards d'euros. Face aux dépassements de délais et de budgets, Haywood *et al.* avancent que les fonds alloués aux nouvelles centrales nucléaires seraient plus judicieusement investis dans le domaine des énergies renouvelables[55]. Ils estiment que chaque retard engendré par les projets nucléaires se traduit par une augmentation significative des émissions de CO_2, par rapport à ce qui serait observé avec des investissements de même envergure dans les énergies renouvelables.

Depuis l'accident de Fukushima, la méfiance envers le nucléaire a très clairement augmenté, même au sein de pays comme la France qui s'y sont engagés depuis longtemps. En Angleterre, Coulomb et Zylberberg montrent que l'accident de Fukushima a provoqué une baisse de prix, persistante, d'environ 3,5 % pour des propriétés proches de centrales nucléaires, reflétant le changement dans la perception du risque nucléaire[56].

Tableau 4. Coûts complets de la production d'électricité aux États-Unis pour les nouvelles installations qui entreront en service en 2027 (2021 $/MWh).

	Facteur de capacité (%)	Coût complet du capital	Coût fixe d'exploitation et maintenance	Coût complet variable	Coût complet de transmission	Coût complet total (LCOE)
Technologies pilotables						
Charbon supercritique avec CSC partiel	85	52,11	5,71	23,67	1,12	82,61
Cycle combiné (gaz naturel)	87	9,36	1,68	27,77	1,14	39,94
Nucléaire avancé	90	60,71	16,15	10,30	1,08	88,24
Géothermie	90	22,04	15,18	1,21	1,40	39,82
Biomasse	83	40,80	18,10	30,07	1,19	90,17
Technologies contraintes par la ressource						
Éolien terrestre	41	29,90	7,70	0,00	2,63	40,23
Éolien en mer	44	103,77	30,17	0,00	2,57	136,51
Solaire photovoltaïque	29	26,60	6,38	0,00	3,52	36,49
Solaire hybride	28	34,98	13,92	0,00	3,63	52,53
Hydroélectricité	54	46,58	11,48	4,13	2,08	64,27

Source : Energy Information Administration (EIA), Annual Energy Outlook 2022, 2022.

LES ÉNERGIES RENOUVELABLES

Les énergies renouvelables ne peuvent pas remplacer les énergies fossiles rapidement à grande échelle dans la production d'électricité[57]. Contrairement à ce qui était la vision dominante il y a encore peu de temps, ce n'est pas tant le coût de ces énergies qui constitue un obstacle sérieux que le fait qu'elles ne soient pas pilotables (*non dispatchable*), c'est-à-dire pas disponibles à volonté, en permanence : elles sont à la fois variables et intermittentes.

Le coût des énergies renouvelables est avant tout un coût fixe d'investissement. Une fois l'investissement réalisé (les panneaux solaires ou les éoliennes installés), les coûts variables sont très faibles. Le coût d'investissement pour le solaire et l'éolien a été très fortement réduit ces dernières années, en raison du progrès technique et d'effets d'apprentissage dans la production et l'installation. La baisse va se poursuivre. Pour le solaire photovoltaïque, les coûts ont été diminués de 20 % pour chaque doublement de la capacité installée[58].

Les économistes de l'énergie ont l'habitude de comparer les différents moyens de production de l'électricité à l'aide de leur coût complet (*levelized cost of electricity*, LCOE), agrégeant les coûts d'investissement et les coûts variables (voir tableau 4). Un examen des chiffres de LCOE publiés par l'Agence internationale de l'énergie au cours des dix dernières années montre la forte baisse des LCOE, pour les technologies renouvelables mais aussi pour les énergies fossiles, mais pas pour le nucléaire (en raison surtout du coût de l'augmentation de la sécurité post-Fukushima).

De même, la figure 7 montre qu'en moyenne, au niveau mondial, pour les installations neuves, l'éolien terrestre et l'éolien en mer se situent dans des zones de coûts comparables aux énergies fossiles, et qu'au cours des dix dernières années encore la baisse du LCOE a été considérable pour le solaire photovoltaïque et le solaire à concentration.

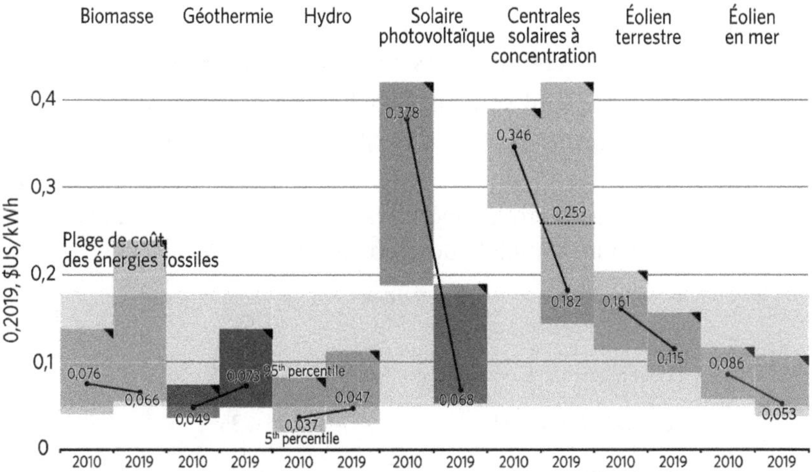

Figure 7. LCOE des énergies renouvelables (2010 et 2019).

Source : Irena (International Renewable Energy Agency), Renewable Power Generation Costs in 2019, *2020.*

En dépit de son utilisation très large, le LCOE n'est pas une bonne métrique[59]. Il donne une impression trompeuse, car la variabilité et l'intermittence des énergies solaire et éolienne ne sont pas prises en compte. Aux États-Unis, l'Energy Information Administration ajoute d'ailleurs depuis peu dans ses tableaux de LCOE le facteur de capacité* des différentes technologies (voir la deuxième colonne du tableau 4).

Le problème sérieux posé par les énergies renouvelables est donc le fait qu'elles ne sont pas disponibles en continu et à la demande – elles ne sont pas pilotables. Selon l'Agence internationale de l'énergie, les quatre caractéristiques principales spécifiques aux énergies renouvelables qui les différencient des technologies pilotables sont que leur production est : 1) variable, c'est-à-dire qu'elle fluctue en fonction de la disponibilité de la ressource, sans lien avec les besoins

* Le facteur de capacité, ou facteur de charge, d'une installation de production d'électricité est le rapport entre l'énergie effectivement produite au cours d'une période donnée et l'énergie qui aurait été produite si l'installation avait fonctionné à sa puissance nominale au cours de la même période.

du système électrique ; 2) incertaine ; 3) contrainte par la localisation géographique (certains sites sont plus adaptés que d'autres, et les sites appropriés sont souvent proches les uns des autres, et loin des centres économiques) ; 4) à coûts variables faibles[60].

Tableau 5. Coût de la production d'électricité renouvelable en France : coûts complets de production (€/MWh).

éolien terrestre standard	61-91
éolien terrestre nouvelle génération	57-79
centrale PV au sol	74-135
éolien en mer posé	145-203
PV commercial/industriel	114-199
PV résidentiel	181-326

Source : Ademe, Coûts des énergies renouvelables en France, 2016.

Sinn, discutant la transition énergétique en Allemagne (*die Energiewende*), souligne qu'en 2014 la puissance éolienne installée en Allemagne était de 35,92 gigawatts (GW) et la production moyenne d'électricité, de 5,85 GW, c'est-à-dire 16,3 % de la capacité[61]. Les chiffres correspondants pour le solaire étaient respectivement de 37,34 GW pour la capacité et de 3,7 GW pour la production, soit 9,9 % de la capacité. Le besoin de solutions pour gérer l'intermittence est clair. En l'absence de solutions, les sources intermittentes ne peuvent pas être considérées comme de bons substituts des énergies fossiles[62]. À l'heure actuelle, cependant, les solutions ne sont pas mûres.

Parmi les voies explorées on trouve le « back-up » des sources renouvelables par des centrales thermiques à combustible fossile. C'est le choix qu'a fait l'Allemagne avec sa stratégie de double structure[63], dans laquelle les centrales thermiques sont des centrales à charbon. La méthode est à la fois coûteuse, puisqu'elle nécessite d'installer des surcapacités de production qui resteront inutilisées une partie du temps, et polluante. Elle est réputée être seulement transitoire, en attendant qu'une meilleure solution émerge.

Une autre méthode consiste à diversifier les sources de production sur un espace géographique suffisamment vaste pour que les intermittences des diverses sources renouvelables ne soient pas corrélées, c'est-à-dire à une échelle telle qu'il y ait toujours du vent ou du soleil quelque part[64]. Pour pratiquer cette solution, il faut accepter de mettre en place un réseau de transmission dense pour transporter l'électricité des lieux de production aux lieux de consommation, des surcapacités probablement conséquentes et, en ce qui concerne l'Europe, des interconnexions entre pays car aucun pays européen seul n'est assez vaste. Un tel réseau de transmission occuperait une surface importante, dégraderait les paysages et poserait des problèmes d'acceptabilité de type NIMBY*.

Une autre solution est évidemment le stockage[65]. La seule méthode de stockage disponible aujourd'hui à grande échelle est le pompage-turbinage (*hydropumped storage*). Elle consiste à remonter de l'eau d'un cours d'eau par pompage pour la stocker dans le bassin d'un barrage lorsque la production d'électricité est en excès, puis à turbiner cette eau pour produire de l'électricité lorsque la demande est forte. L'installation qui permet de réaliser cela est une station de transfert d'énergie par pompage (STEP). La limite de cette méthode est la disponibilité de bassins de stockage[66]. Sans entrer dans trop de détails techniques, notons que les autres méthodes de stockage sont les batteries, le stockage sous forme de chaleur ou de froid, l'hydrogène (piles à combustible) et, de façon marginale pour l'instant, les volants d'inertie et l'air comprimé. Beaucoup d'idées nouvelles émergent, comme l'utilisation pour le stockage des batteries des véhicules électriques connectées entre elles. Améliorer les technologies de stockage ou, mieux, mettre au point des innovations de rupture pour pouvoir effectuer un stockage à grande échelle est

---

* « *Not in my backyard* », expression utilisée pour signifier qu'on approuve le projet, à condition qu'il ne soit pas réalisé près de chez soi.

l'objet d'intenses recherches. Il faut à la fois résoudre le problème du stockage infrajournalier (entre le jour et la nuit) et celui du stockage entre saisons (été/hiver), probablement beaucoup plus difficile encore. L'Allemagne a lancé en juin 2020 un grand programme sur l'hydrogène dans le cadre du plan de relance post-Covid, avec un investissement de 9 milliards d'euros. La France a également initié un programme comparable, en allouant 9 milliards d'euros pour le développement de cette technologie, dans le cadre du plan d'investissement France 2030. L'idée est de produire à moyen terme un hydrogène « vert » par électrolyse de l'eau, l'électricité nécessaire au processus étant elle-même produite de façon propre, en l'occurrence par le solaire marocain. L'hydrogène ainsi produit peut être facilement transporté et stocké, ce qui permettra de résoudre le problème de l'intermittence.

Enfin, il est théoriquement possible de tenter d'influencer la demande des consommateurs d'électricité pour réduire les besoins de stockage, c'est-à-dire d'ajuster la demande à l'offre intermittente (*demand side management*). On peut par exemple programmer les machines à laver pour qu'elles fonctionnent quand l'électricité est abondante, ou utiliser l'inertie thermique des réfrigérateurs pour en couper l'alimentation quelques heures quand l'électricité est rare, ou utiliser l'inertie thermique des matériaux de construction pour ne chauffer ou refroidir les bâtiments que lorsque l'offre est abondante. Pour cela, il faut que les consommateurs reçoivent une information quasiment en continu sur le prix de production de l'électricité, fonction de l'abondance de l'offre, à l'aide de compteurs intelligents (*smart meters*). Cette gestion de la demande ne peut toutefois alléger que le besoin de stockage infrajournalier, mais non le besoin intersaisons.

Le secteur de l'électricité est au début d'un mouvement de numérisation massive. Les réseaux intelligents (*smart grids*) vont permettre de commander les sources de production et le stockage, d'effacer du réseau certains consommateurs en fonction des pics de demande pour répondre à l'intermittence, d'augmenter les possibilités d'autoconsommation et d'échanges *peer-to-peer* entre des producteurs-consommateurs équipés de sources de production renouvelables décentralisées.

Notons toutefois que toutes ces technologies ont en commun d'utiliser beaucoup de métaux. Les panneaux solaires actuels utilisent du silicium et de l'argent. Le secteur de l'éolien est dépendant des terres rares chinoises. Peuvent se poser à terme à la fois des problèmes de disponibilité de ces métaux et des problèmes stratégiques.

Enfin, un dernier problème souvent soulevé est que les technologies éolienne et solaire nécessitent beaucoup plus de surface que les énergies fossiles ou le nucléaire pour produire une puissance électrique donnée. Si elles étaient déployées à grande échelle, elles pourraient venir concurrencer l'agriculture et la forêt dans l'usage des sols. Mais là encore des solutions existent : on peut mettre les panneaux solaires sur les toitures des bâtiments existants, et les éoliennes en mer.

La politique climatique

Comme nous l'avons vu, la transition énergétique ne peut avoir lieu spontanément. Une politique économique est nécessaire, et les changements qu'il faut provoquer sont tels que cette politique doit être de grande ampleur. Il n'y a pas de consensus sur ce que doivent être les instruments de cette politique, ni entre les pays ni à l'intérieur de chaque pays. Nous tentons ici de donner quelques éclairages sur cette question complexe.

Un mix d'instruments articulés autour d'un prix du carbone

En l'absence de politique économique, émettre du carbone n'est pas coûteux. En conséquence, les ménages et les entreprises en émettent en quantité excessive. Au moins trois solutions existent alors pour y remédier : donner un prix au carbone, pour qu'en émettre soit coûteux (c'est ce que font les taxes carbone), interdire aux agents d'en émettre, et enfin persuader les agents de réduire leurs émissions par divers moyens informationnels ou faisant appel à la responsabilité, à la honte, à la morale…

Les cours d'économie élémentaires enseignent ce que l'on sait depuis l'article fameux de Pigou en 1921 : la taxe carbone est efficace, elle permet de réduire les émissions de carbone à moindre coût. C'est le meilleur instrument de premier rang. Elle incite les agents à changer de comportements de consommation et de production. Elle oriente les investissements vers les secteurs verts, devenus rentables.

Dans la réalité, les choses sont plus complexes. Tout d'abord, l'économie réelle comporte bien d'autres externalités et imperfections que l'externalité climatique – sous-fourniture de technologies vertes, biais comportementaux des ménages, contraintes de crédit, externalités de réseau, etc. –, et il peut donc être trompeur de raisonner dans un cadre de premier rang[67]. D'autres instruments doivent alors être déployés : soutien public à l'innovation bas-carbone, investissements publics verts, dans les infrastructures, les bâtiments, les réseaux, etc.

Prenons l'exemple de la décarbonation du secteur des transports. Ce secteur est responsable de 31 % des émissions de gaz à effet de serre de la France en 2018 (dont 60 % proviennent du transport de voyageurs). Ses émissions ont augmenté de 10 % entre 1990 et 2018, les émissions récentes étant quasi stables. Pour parvenir à un objectif de zéro émission nette en 2050 pour le transport de voyageurs, deux changements d'ampleur sont nécessaires : une diminution de la demande des ménages en matière de déplacements en voiture, d'une part ; et une électrification des véhicules pour satisfaire la demande résiduelle, d'autre part. La taxe carbone renchérit le coût du carburant, ce qui permet d'enclencher le premier changement : les ménages voyageront moins, ou achèteront des voitures moins lourdes et donc moins consommatrices de carburant, ou encore choisiront le rail, le vélo ou les transports en commun. Encore faut-il que les infrastructures ferroviaires, les lignes de transports en commun et les pistes cyclables existent. Ces équipements sont pour la plupart d'entre eux des biens publics, dont la fourniture incombe à l'État. Le second changement nécessite aussi que le carbone ait un prix pour qu'utiliser une voiture électrique coûte moins cher qu'utiliser une voiture à essence. De plus, il faut que la production d'électricité soit préalablement décarbonée, mais aussi que le réseau de points de charge des véhicules électriques soit suffisamment dense. Si ce n'est pas le cas, les consommateurs ne verront pas d'intérêt à acheter un véhicule électrique. Il y a donc ici une externalité de réseau qui justifie des subventions pour cet investissement*. La décarbonation du secteur des transports suppose donc réunies de nombreuses conditions, et que soient déployés plusieurs instruments, articulés autour du prix du carbone.

Un second argument, d'économie politique cette fois, justifie l'utilisation d'autres instruments : force est de constater que la taxe carbone suscite de très fortes oppositions et que très peu de pays en ont effectivement mise une en place. Concrètement, la politique climatique recourt à des normes techniques, notamment pour les véhicules et bâtiments, des subventions aux technologies propres et aux énergies renouvelables, des programmes d'efficacité énergétique, des systèmes de bonus-malus, des investissements publics verts… Il n'est pas toujours aisé d'avoir une idée claire de l'efficacité de ces instruments et de leur coût réel en termes de tonnes de carbone évitées. L'évaluation des dispositifs, souvent très nombreux, est rarement effectuée, que ce soit *ex ante* ou *ex post*. Cependant, ils sont en général nettement plus populaires que les taxes carbone, ce qui n'est pas étonnant en ce qui concerne les subventions mais l'est davantage pour les normes. Il est primordial d'en comprendre les raisons. Une littérature scientifique de plus en plus abondante

---

* La mise en place d'une station de charge a un impact positif sur les autres stations de charge. S'il n'y a aucun point de charge préexistant, aucun acteur n'a intérêt à investir pour mettre en place un point de charge.

étudie les attitudes à l'égard des politiques climatiques et montre que le bilan financier pour soi-même est important pour l'acceptation d'une taxe carbone, mais moins que ne le sont l'efficacité environnementale et les effets distributifs[68] (sur lequel nous revenons plus bas). Mais il ne faut pas penser que le seul obstacle à la mise en place d'une taxe carbone est son rejet par les ménages : partout, des lobbies puissants combattent cet instrument, lorsque leur activité est fortement dépendante des énergies fossiles (c'est le cas bien sûr des entreprises charbonnières, gazières et pétrolières, des entreprises grosses consommatrices d'énergie, de l'industrie automobile, de l'aviation et du transport maritime).

Il n'est pas toujours aisé de bien calibrer les instruments alternatifs à la taxe carbone et d'éviter des effets indésirables, et en premier lieu l'effet rebond. Prenons le cas du bonus-malus automobile mis en place en France en 2008. Les voitures les moins polluantes bénéficiaient d'une réduction allant jusqu'à 1 000 euros, alors que les voitures les plus polluantes étaient taxées à hauteur de 2 600 euros. Le dispositif a permis une diminution nette des émissions par voiture : les incitations financières fonctionnent ! Néanmoins, l'impact environnemental à court terme du dispositif a été, en fait, négatif[69]. Ce résultat décevant s'explique car la politique a contribué à augmenter les ventes totales de voitures neuves d'environ 13 %, malgré le ralentissement de l'économie observé à cette période*. Les bonus et malus étaient calibrés de telle manière que le dispositif subventionnait *in fine* le secteur automobile dans son ensemble. On peut retenir de l'échec de ce dispositif, du point de vue de la réduction des émissions de gaz à effet de serre, une leçon plus générale : les normes, les bonus-malus ou encore les subventions à certains types d'équipement sont difficiles à calibrer pour atteindre le bon objectif.

---

* À cela s'ajoute le fait que les préférences des Français pour les différents types de voiture semblent avoir changé avec la mise en place du dispositif (voir X. d'Haultfœuille, I. Durrmeyer, P. Février, « Le coût du bonus/malus écologique : que pouvait-on prédire ? », *Revue économique*, 2011, 62 (3), p. 491-499).

Le cas de la rénovation énergétique des bâtiments est également intéressant. Le bâtiment est responsable de 45 % de la consommation d'énergie finale et de 19 % des émissions de gaz à effet de serre de la France en 2018, et ses émissions ne baissent pas. La rénovation énergétique est très souvent présentée comme centrale pour la transition énergétique et la politique climatique. Elle est parée de nombreuses vertus, environnementales et économiques : elle permettrait de diminuer les émissions de CO_2, mais aussi de faire réaliser aux ménages des économies d'énergie et de réduire la précarité énergétique. Cependant, les travaux de rénovation énergétique sont rarement entrepris spontanément par les agents, faute de prix du carbone suffisant, et les gouvernements multiplient les plans pour inciter à la rénovation. C'est le cas en France, où il existe une multiplicité d'instruments : les prêts à taux zéro, les certificats d'économies d'énergie, les crédits d'impôt, etc. Il existe peu de travaux d'évaluation *ex post* de l'efficacité de ces plans en matière de baisse des émissions, mais le fait que celles-ci ne baissent pas n'incite pas à l'optimisme. Sur le plan économique, parmi les rares travaux existants, Blaise et Glachant évaluent pour la France l'impact des travaux de rénovation énergétique dans le secteur résidentiel sur la dépense énergétique, et obtiennent un effet très modeste[70] : 1 000 euros supplémentaires dépensés en travaux induisent une diminution moyenne de la facture énergétique annuelle de 8,29 euros. En conséquence, le bénéfice net actualisé de la rénovation d'un logement moyen est très négatif. Outre ce problème de rentabilité, les travaux de Matthieu Glachant pour la France pointent le fait que la qualité des travaux de rénovation est souvent médiocre et qu'il faut à la fois augmenter la qualité et réaliser des rénovations profondes et non superficielles (comme changer seulement les vitres) pour gagner en efficacité. Enfin, le risque d'un effet rebond est grand : les agents peuvent souhaiter profiter de la baisse de leur facture énergétique pour augmenter leur confort thermique, ce qui annule la baisse en question.

Il serait intéressant de savoir quel est le surcoût d'une politique climatique fondée sur les normes et réglementations par rapport à une politique mettant en place un prix explicite du carbone. Les normes et réglementations étant quasi universellement mieux acceptées que les taxes, ce surcoût peut être considéré comme le prix de l'acceptabilité de la politique climatique. Notons toutefois que cette meilleure acceptabilité est sans doute en partie expliquée par le fait que le coût de ces mesures est caché, ainsi que leur impact distributif (voir plus bas). Mais, dès que les coûts liés au respect des normes deviennent plus visibles, on peut s'attendre à retrouver le même phénomène de rejet, comme l'illustrent par exemple les révoltes des agriculteurs contre les réglementations environnementales un peu partout en Europe au début de l'année 2024.

Si on raisonne à un niveau moins global, on peut penser que le surcoût des instruments alternatifs dépend fondamentalement du secteur dans lequel ils sont mis en place. Partant de la difficulté à instaurer une taxe carbone universelle, Jeffrey Sachs explique ainsi que les instruments de la politique climatique pourraient varier en fonction du secteur de l'économie[71]. Les réglementations, investissements et normes pourraient être l'option à privilégier lorsque les alternatives technologiques sont bien connues, faciles à contrôler et bon marché. Dans ce cas en effet, des instruments alternatifs à la taxe carbone peuvent sélectionner aussi bien que la taxe carbone elle-même les meilleures options pour réduire les émissions à moindre coût. Le surcoût associé à ces instruments alternatifs serait alors limité. En revanche, la taxe carbone est préférable lorsque les alternatives sont incertaines, leurs performances difficiles à contrôler et variables selon le contexte. Dans ces cas, une taxe carbone permet aux marchés de rechercher des solutions à faible coût et de promouvoir les innovations. Sachs en déduit que les réglementations, investissements et normes seraient la meilleure solution par exemple pour la production d'électricité, alors qu'une taxe carbone serait préférable par exemple dans le secteur de l'aviation. Notons cependant que, pour qu'une telle politique climatique soit efficace, il faut qu'*in fine* le prix du carbone, explicite ou implicite, ne soit pas trop différent selon les secteurs.

Enfin, la plupart des instruments ont des conséquences en matière distributive : la taxe carbone est régressive*, les normes le sont aussi très fréquemment. Le constat n'est pas nouveau[72], mais les gouvernements ont parfois tendance à négliger ce point, dans leur désir d'obtenir des recettes fiscales pour financer leurs dépenses. L'expérience de la France de novembre 2018, avec le mouvement des Gilets jaunes, a cependant montré à quel point il est important de corriger ces effets distributifs injustes.

Effets distributifs et justice sociale

DES EFFETS DISTRIBUTIFS INDÉSIRABLES

Plus les ménages sont pauvres, plus leur consommation de biens polluants (essence, chauffage) représente une part importante de leur budget. Cela signifie que la taxe carbone est régressive : la somme payée en taxes sur le carbone représente une proportion plus importante de leur revenu pour les ménages les plus pauvres.

On peut cependant compenser ces effets régressifs. Un groupe d'économistes, dont 27 prix Nobel, a ainsi soutenu, pour les États-Unis, la politique suivante : une taxe carbone croissante au cours du temps dont les revenus seraient redistribués aux citoyens américains[73]. Plus précisément, les recettes de la taxe carbone seraient redistribuées *via* un chèque identique pour chacun, qu'ils appellent le « dividende carbone ». Ainsi, la majorité des familles américaines, surtout les plus vulnérables, seraient financièrement bénéficiaires en recevant plus de « dividendes carbone » qu'elles ne paient de taxe

---

* Plus précisément, la littérature montre que la taxe carbone est régressive dans les pays riches, mais que c'est l'inverse dans les pays pauvres dans lesquels, en revanche, elle accroît la pauvreté (voir, pour une application aux taxes sur l'essence, T. Sterner [dir.], *Fuel Taxes and the Poor. The Distributional Effects of Gasoline Taxation and Their Implications for Climate Policy*, RFF Press, 2011).

carbone. En redistribuant de cette manière les recettes, l'incitation à changer de consommation reste identique, puisqu'il vaut toujours mieux, si on a le choix, prendre les transports en commun plutôt que la voiture individuelle, mais l'effet régressif est gommé. De très nombreux économistes européens ont signé un appel de même nature, sous l'égide de l'Association européenne des économistes de l'environnement[74].

Peut-il n'y avoir que des gagnants à une telle réforme ? En théorie, oui, si on prend en compte le fait que les citoyens valorisent la diminution des gaz à effet de serre dans l'atmosphère. En pratique cependant, il faudrait être capable de cibler les transferts de manière extrêmement précise pour ne faire que des gagnants. Sallee montre que, étant donné les différences de consommation entre les individus, il est impossible de mettre en place un tel système, qui ciblerait les transferts de manière suffisamment précise pour compenser tous les perdants, sans toucher au caractère incitatif de la taxe carbone[75]. On peut en revanche essayer de cibler les transferts de manière à minimiser le nombre de perdants parmi les plus vulnérables, sans toucher au caractère incitatif de la taxe carbone, comme on le montre ci-dessous dans le cas de la France.

Le caractère régressif est-il l'apanage de la taxe carbone ? Il est clair que non. Plusieurs études documentent le fait que les normes et réglementations sont tout aussi régressives que les taxes et que les subventions profitent principalement aux riches : Borenstein et Davis montrent que les crédits d'impôt pour des investissements verts sont le plus souvent captés par les plus riches[76] ; Levinson tout comme Davis et Knitell montrent que les normes sur la consommation de carburant des véhicules neufs, si elles ont bien permis une réduction des émissions, ont aussi conduit à un renchérissement du coût d'acquisition des véhicules des ménages les plus modestes[77]. Enfin Bruegge *et al.* ont montré que les réglementations de performance énergétique dans la construction des bâtiments en Californie ont conduit les ménages les plus pauvres à habiter dans des logements plus petits[78].

L'EXEMPLE DE LA TAXE CARBONE FRANÇAISE

Les émissions provenant de sources diffuses, que ce soit de la part des ménages ou des entreprises, représentent aujourd'hui les trois quarts des émissions françaises et sont stables depuis 1990. Les instruments de la politique économique mis en place – normes, subventions, bonus-malus, etc. – n'ont pas permis d'atteindre les objectifs qui avaient été assignés au transport et à la rénovation des bâtiments. En conséquence, après plusieurs tentatives avortées, la France a mis en place en 2014 une taxe carbone appelée contribution climat-énergie (CCE). La CCE est une accise appliquée au contenu en CO_2 des énergies. Elle a été introduite à un taux très faible, et avec un engagement de la part du gouvernement d'augmenter régulièrement ce taux au cours du temps. Elle a atteint fin 2018 un niveau de 44,60 euros/tCO_2, relativement élevé, en comparaison du prix du quota d'émissions sur le marché européen et des taxes carbone existant dans les autres pays, mais cependant encore trop faible pour déclencher des changements de comportements d'ampleur suffisante (voir le premier rapport du Haut Conseil pour le climat, qui quantifie les écarts entre les émissions sectorielles françaises et les objectifs de la Stratégie nationale bas-carbone[79]). Le passage à 55 euros et la poursuite de l'alignement de la taxation du gazole sur celle du super ont été gelés par le gouvernement en novembre 2018 suite aux manifestations des Gilets jaunes. Ces manifestations ont mis en lumière la nécessité de porter une attention particulière aux conséquences distributives de la tarification du carbone.

Bureau *et al.* analysent les impacts sur le pouvoir d'achat des différentes catégories de ménages d'une augmentation de la CCE de son niveau actuel au niveau qu'il était prévu d'atteindre en 2022 (86,20 euros/tCO2)[80], accompagnée du rattrapage de la fiscalité sur le diesel de 7,8 centimes d'euro par litre correspondant à la somme des augmentations initialement prévues pour janvier 2019, 2020 et 2021. Cette réforme est d'abord considérée sans aucun mécanisme de redistribution des recettes.

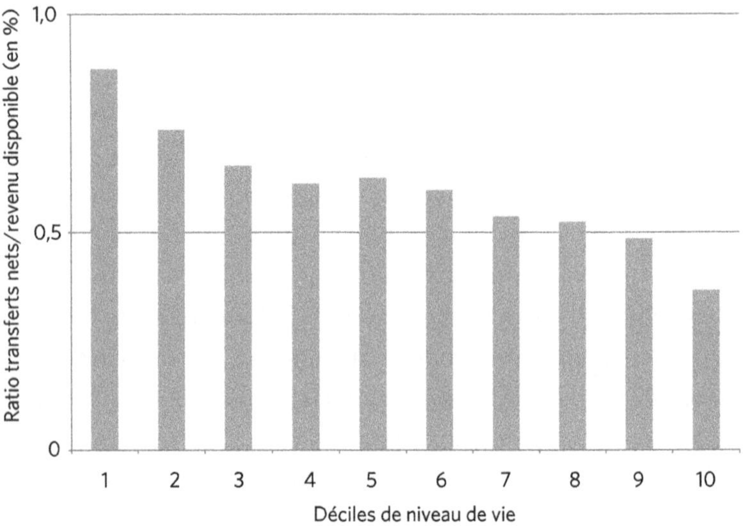

Figure 8. Taux d'effort des ménages associé à la réforme, avant utilisation des recettes (%).

Source : D. Bureau, F. Henriet, K. Schubert, « Pour le climat : une taxe juste, pas juste une taxe », Note du Conseil d'analyse économique, mars 2019, 50.

La figure 8 illustre le poids de la réforme dans le revenu disponible des ménages (le taux d'effort qui leur est demandé). On observe que plus les ménages sont pauvres, plus leur taux d'effort est important : la réforme est régressive.

Les simulations montrent aussi qu'à l'intérieur même de chaque décile de revenu l'hétérogénéité des impacts de la taxe sur le pouvoir d'achat est importante. Par exemple, parmi les ménages du premier décile, 10 % des ménages perdent plus de 220 euros de pouvoir d'achat par an et par unité de consommation* avec la mise en place de la réforme, alors qu'environ 10 % des ménages ne sont pas du tout affectés par la réforme. À quoi est liée cette hétérogénéité des impacts à revenu donné ? Une première réponse est la localisation

* Un ménage composé d'une personne seule a une unité de consommation (uc). Pour toute personne supplémentaire de 14 ans ou plus, on ajoute 0,5 uc, et, pour toute personne supplémentaire de moins de 14 ans, on ajoute 0,3 uc. Le nombre d'uc moyen pour un ménage français en 2011 est de 1,59.

des ménages. À revenu donné, la perte relative des ménages ruraux par rapport aux ménages de l'agglomération parisienne est significative, de l'ordre de 130 euros par unité de consommation en moyenne, ce qui correspond à environ 200 euros par ménage. Cela provient essentiellement de différences d'équipements entre ménages ruraux et ménages urbains puisque, toutes choses égales par ailleurs, un ménage roulant au diesel perd 230 euros par unité de consommation de plus qu'un ménage sans voiture, tandis qu'un ménage se chauffant au fioul domestique perd 157 euros de plus par unité de consommation qu'un ménage se chauffant à l'électricité.

La taxe carbone affecte donc très différemment les ménages en fonction de leurs équipements, qui varient notamment avec leur localisation.

Bureau *et al.* étudient alors plusieurs scénarios de redistribution des recettes d'une telle taxe[81]. À titre d'illustration, nous présentons ici l'un de ces scénarios, calibré de sorte que le moins de ménages possible ne perdent à l'introduction de la taxe dans les six premiers déciles. On considère une redistribution de la totalité des revenus de la taxe en fonction du revenu : 310 euros aux trois premiers déciles, 300 au 4e, 255 au 5e, 240 au 6e, 150 au 7e, 60 au 8e. De plus, une différenciation géographique des transferts dégressive avec le revenu est introduite, les habitants des zones rurales recevant un transfert plus important que les habitants des grandes villes. La distribution du bilan financier pour les ménages d'une telle réforme est illustrée sur la figure 9.

Cet exercice montre que, grâce à la redistribution des recettes de la taxe carbone, il est possible de faire en sorte que la mise en place d'une telle taxe ne pèse pas du tout sur le budget de plus de 90 % des ménages des trois premiers déciles (les 30 % des ménages les plus pauvres), et qu'en moyenne elle ne pèse pas sur le budget des ménages des six premiers déciles. En redistribuant les recettes en fonction du revenu des ménages, l'incitation à changer de comportement reste identique puisqu'il vaut toujours mieux, si on a le choix, prendre les transports en commun plutôt que la voiture individuelle, mais le pouvoir d'achat global des ménages les plus pauvres n'est pas négativement affecté. Il est en revanche très difficile de gommer l'hétérogénéité des impacts à revenu donné. Une différenciation des transferts par critères géographiques est une première approche pour corriger cette hétérogénéité « horizontale ». Elle s'avère cependant très imparfaite : on voit en effet sur la figure 9 qu'il subsiste une importante hétérogénéité des transferts nets à revenu donné. Il n'en reste pas moins que la redistribution des recettes aux ménages, couplée à la fin des exemptions pour les 15 % environ des émissions liées à l'utilisation de l'énergie qui sont exonérés*, permettrait à une politique climatique basée sur la fiscalité du carbone d'être plus juste.

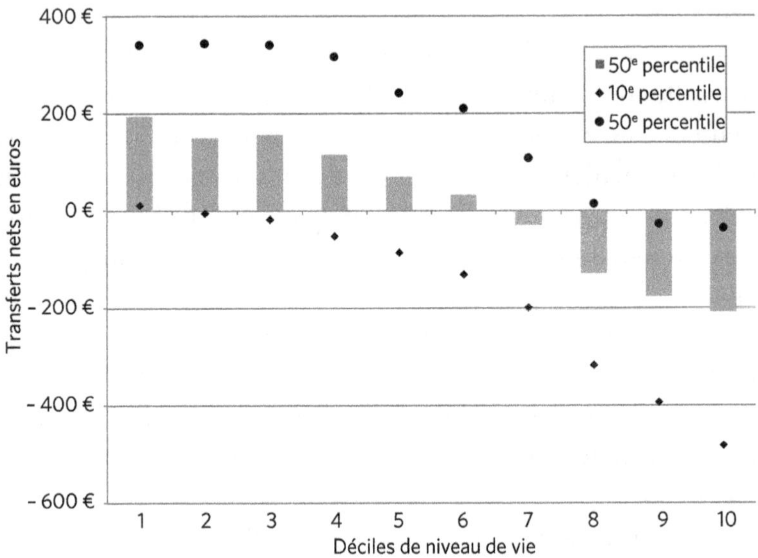

Figure 9. Distribution des transferts nets, par décile de niveau de vie, en euros.

Source : D. Bureau, F. Henriet, K. Schubert, « Pour le climat : une taxe juste, pas juste une taxe », Note du Conseil d'analyse économique, mars 2019, 50.

* Les émissions de carbone liées à l'énergie représentent 322 $MtCO_2$-eq en 2016, soit 70 % des émissions de GES de la France, dont 54 % de ses émissions sont soumises à la composante carbone, 31 % au marché européen de quotas, et 15 % font l'objet d'exonérations.

Cependant, Douenne et Fabre mettent en évidence le rejet de la taxe carbone par les Français même quand elle est accompagnée d'une politique de redistribution des recettes[82]. À l'aide d'une enquête menée sur un échantillon représentatif de 3 002 personnes juste après le mouvement des Gilets jaunes, ils montrent que les Français sont en général préoccupés par le changement climatique et prêts à faire des efforts pour le combattre. Ils étudient alors dans quelle mesure une politique de taxe et dividende consistant en une augmentation de 50 euros/tCO_2 de la taxe carbone française actuelle accompagnée d'une redistribution forfaitaire uniforme des recettes supplémentaires à tous les adultes serait acceptée. Ils fournissent diverses informations aux répondants pour rendre saillants les coûts associés, comme, par exemple, ce que représenterait la mesure en termes de hausse des prix des carburants, et quel serait le montant annuel du dividende perçu. Ils obtiennent que 70 % des Français rejetteraient la politique proposée, alors que seulement 10 % l'approuveraient. Plusieurs facteurs peuvent expliquer ce rejet : la proximité temporelle du mouvement des Gilets jaunes*, une perception erronée de l'effet de la politique sur son propre pouvoir d'achat, le manque d'alternatives perçues, la mise en doute de l'efficacité environnementale de la politique, un manque de confiance dans le gouvernement en général, et le fait que le dividende sera bien versé en particulier. En revanche, les Français sont majoritairement en faveur de normes environnementales plus strictes, d'une taxe sur le kérosène et d'investissements verts.

Il semble également que les interdictions pures et simples soient préférées aux taxes. On peut trouver plusieurs raisons pour cela. L'impression que les interdictions sont plus efficaces est une raison évidente. Le manque de confiance dans la redistribution des recettes des taxes en est une autre. Mais il existe aussi des raisons plus profondes comme l'externalité morale qui serait associée aux

* Une enquête de l'Ademe de juillet 2018 obtient que 48 % des Français estiment souhaitable d'augmenter la taxe carbone, ce qui correspond aux chiffres obtenus dans d'autres pays.

taxes : le fait que seuls les plus riches, qui peuvent se permettre de payer la taxe, continuent à détériorer la planète en échange d'argent, quand bien même cette situation serait profitable pour toutes les parties prenantes considérées individuellement *via* la redistribution des recettes, imposerait une externalité morale à l'ensemble de la société, il s'agirait d'un « marché répugnant » dans la terminologie d'Alvin Roth, prix Nobel d'économie en 2012, qui définit les « transactions répugnantes[83] » comme les transactions auxquelles certaines personnes ne veulent pas que d'autres s'engagent.

Le secteur financier face à la transition énergétique

L'accord de Paris de décembre 2015 a déclaré que les flux de financement devaient être orientés en fonction de l'objectif climatique. En théorie, comme nous l'avons déjà dit, les flux de financement nécessaires à la transition énergétique pourraient être orientés par des politiques climatiques classiques donnant un prix au carbone, à condition qu'elles soient suffisamment crédibles à long terme pour être correctement anticipées par les marchés financiers. Cependant, en l'absence de politiques climatiques suffisamment contraignantes et crédibles, qui rendraient plus rentables les investissements verts et moins rentables les investissements carbonés, de nombreuses voix plaident pour un verdissement des marchés financiers. Ne s'agirait-il pas de faire faire à la « finance » le travail que la politique publique n'arrive pas à faire ? Sans doute un peu, mais pas seulement.

DE NOUVEAUX RISQUES POUR LA STABILITÉ FINANCIÈRE

Pour Mark Carney, gouverneur de la Banque d'Angleterre entre 2013 et 2020 et ancien président du Conseil de stabilité financière, le verdissement des marchés financiers permet de se prémunir contre les risques liés au réchauffement climatique et à la transition énergétique[84]. Il distingue dans un discours déterminant en 2015 trois catégories de risques pour la stabilité financière liés au changement climatique :

- le risque physique, conséquence des événements climatiques sur la valeur des actifs financiers (inondations et tempêtes par exemple, qui provoquent des dégâts matériels ou perturbent les chaînes d'approvisionnement) ;
- le risque de transition, qui regroupe les risques financiers causés par le processus d'ajustement vers une économie décarbonée. Une transition énergétique rapide et non anticipée conduirait à une forte dévalorisation des entreprises dont l'activité est très dépendante des énergies fossiles, qui pourrait ensuite affecter la stabilité financière ;
- le risque juridique, qui pourrait survenir si les individus ou les entreprises qui ont subi des dommages liés au changement climatique demandaient une indemnisation aux responsables des émissions de gaz à effet de serre. De telles procédures pourraient affecter les gros émetteurs de carbone et leurs assureurs.

Il y aurait donc de nouveaux risques quelle que soit la stratégie de politique climatique adoptée : le risque de ne rien faire (le risque physique et le risque juridique) et le risque de faire (le risque de transition). Que dire de la comparaison entre ces risques ? On sait, au moins depuis le rapport Stern[85], que ce sont plutôt les risques physiques, impacts directs du changement climatique, qu'il faut redouter. Le coût de l'inaction est bien supérieur au coût de la lutte contre le changement climatique, même mal anticipée. Mais l'horizon de réalisation des risques physiques dépasse le temps habituel des acteurs économiques et financiers. C'est donc davantage le risque de transition (si on conserve la terminologie de Mark Carney), moins lointain, qui semble commencer à agiter le monde financier[86]. Revenons donc plus précisément sur ce dernier.

Le risque de transition est causé par les actifs polluants échoués, qui seraient surévalués aujourd'hui et qui risqueraient de perdre leur valeur soudainement à cause de la transition énergétique. Une rupture technologique, une régulation soudaine ou un changement brutal des préférences des épargnants pourraient être à l'origine d'un tel phénomène. Plusieurs banques et fonds d'investissement ont par exemple été la cible de campagnes organisées par des défenseurs de l'environnement, à cause de leur rôle dans le financement de la production d'électricité à partir de charbon ou du développement des sables bitumineux. Ces campagnes visent à encourager les clients, les employés et les investisseurs à faire pression sur les institutions financières pour qu'elles arrêtent de financer ou d'investir dans les activités polluantes. Le fonds souverain norvégien et le Rockefeller Brothers Fund ont ainsi choisi de se débarrasser de leurs actifs liés aux combustibles fossiles. Un tel mouvement de désinvestissement, s'il était massif, soudain et durable, conduirait à une baisse soudaine de la valeur de ces actifs.

Lorsque les prix des actifs se situent bien au-delà de leur valeur intrinsèque, comme dans le cas de la bulle américaine des subprimes de 2007 par exemple, le risque d'une chute brutale de ces prix est dangereux pour la stabilité financière. Les prix des actifs carbonés sont-ils trop élevés par rapport à leur valeur intrinsèque ? En d'autres termes, existe-t-il une bulle carbone ? Les résultats empiriques sur la prise en compte du risque de dévalorisation des actifs carbonés pas les investisseurs sont contrastés. Le rapport du Network for Greening Financial System, réseau qui réunit des banques centrales et autorités de surveillance, considère qu'« il existe un risque élevé que les risques financiers liés au climat ne soient pas pleinement reflétés dans la valorisation des actifs[87] ». Selon l'IEA[88], les investissements privés (et publics) actuels ne sont pas compatibles avec la transition énergétique. Ainsi, les investissements dans l'offre de charbon ont augmenté de 2 % en 2018, et les dépenses actuelles ont largement dépassé les niveaux requis dans les scénarios compatibles avec l'accord de Paris*. De même, les entreprises de combustibles fossiles continuent d'engager d'importantes dépenses d'exploration pour trouver de nouveaux

* L'accord de Paris a été signé, ou un engagement à signer a été pris, en 2017 par 195 pays sur les 197 que reconnaît l'ONU. Il prévoit de contenir d'ici à 2100 le réchauffement climatique « bien en dessous de 2 °C par rapport aux niveaux préindustriels ».

gisements. À titre d'exemple, l'ONG Carbon Tracker estime que les principales sociétés pétrolières et gazières cotées au monde, ExxonMobil, Chevron, Shell, BP, Total, Eni et ConocoPhillips, ainsi qu'Equinor, ont chacune dépensé au moins 30 % de leur investissement en 2018 sur des projets qui sont incompatibles avec un réchauffement de 1,5 °C[89]. De tels investissements risquent pourtant de créer des actifs échoués. Toujours d'après Carbon Tracker, ExxonMobil présente le plus grand risque d'actifs échoués dans un monde à faibles émissions de carbone, avec plus de 90 % de ses investissements potentiels entre 2019 et 2030 dans des projets incompatibles avec un réchauffement inférieur à 1,5 °C. Viendraient ensuite Shell (70 %), Total (67 %), Chevron (60 %), BP (57 %) et Eni (55 %).

Cela signifie-t-il que ces entreprises et les investisseurs ne considèrent pas comme suffisamment crédible la perspective d'une politique climatique contraignante ? Les choses sont probablement plus complexes puisque l'on observe que dans le même temps les entreprises de combustibles fossiles effectuent des dépenses très importantes dans les énergies renouvelables. Certaines études semblent aussi indiquer que le risque de transition est pris en compte, au moins partiellement et depuis l'accord de Paris, par les investisseurs et les banques. Par exemple, depuis 2015, on observe une augmentation de l'écart de taux d'intérêt entre les prêts accordés aux entreprises de combustibles fossiles et les prêts aux autres entreprises[90]. Cet écart signifie que les prêts consentis aux entreprises de combustibles fossiles sont considérés comme plus risqués par les banques. De même, les résultats d'Ilhan *et al.* suggèrent que les investisseurs intègrent déjà des informations sur les risques liés au climat dans leur évaluation des profils de risque des entreprises polluantes présentes dans l'indice S&P 500[91]. En résumé, si un risque de dévalorisation des actifs carbonés semble pris en compte par les marchés, leur valeur est loin de refléter celle qu'ils auraient si la transition énergétique vers un monde à zéro émission était certaine.

Que le risque de transition inquiète les garants de la stabilité financière est *a priori* une bonne nouvelle puisque cela signifie qu'ils anticipent une transition plus ambitieuse que ce qu'anticipent les marchés. On peut imaginer au moins deux raisons pour cela : ils pensent détecter des informations que le marché n'a pas encore perçues, ou ils parient sur l'effet autoréalisateur de leur inquiétude. Si la mise en avant du risque de transition par les banquiers centraux conduit les participants de marché à anticiper que les actifs carbonés vont devenir obsolètes, alors ces derniers préféreront plutôt investir dans des actifs verts. À cause des effets d'apprentissage, un investissement massif peut conduire à améliorer les technologies vertes, rendant ainsi effectivement obsolètes les actifs carbonés. La prise en compte du risque de transition par les régulateurs serait alors autoréalisatrice : le risque de transition se réaliserait précisément parce qu'il était perçu par le régulateur.

L'INFORMATION CLIMATIQUE

Une condition nécessaire au verdissement du système financier est l'accès à une meilleure information climatique.

Les tests de résistance climatique, menés par les autorités de régulation, se multiplient dans cette perspective. Pour estimer l'impact du risque de transition sur la stabilité financière, ces tests reposent en général sur l'analyse de scénarios de transition énergétique incluant la mise en place soudaine de politiques gouvernementales de transition et/ou une rupture technologique. La De Nederlandsche Bank (DNB) a ainsi publié en 2018 un premier exercice de stress-test climatique dont elle conclut que « les pertes subies par les institutions financières en cas de transition énergétique perturbatrice pourraient être considérables, mais également gérables[92] ». Plus précisément, les résultats du test indiquent des pertes pouvant aller jusqu'à 11 % des actifs pour les assureurs et jusqu'à 3 % pour les banques. La Banque d'Angleterre, la Banque de France et les institutions financières européennes* se sont également lancées dans des exercices

* L'Autorité bancaire européenne, le Comité européen du risque systémique, et l'Autorité européenne des assurances et des pensions professionnelles.

similaires. Que faire de ces scénarios qui reposent sur des hypothèses très particulières ? Ces exercices n'ont pour l'instant que des objectifs de sensibilisation aux risques climatiques et de mesures des vulnérabilités, en plus de leur intérêt méthodologique. Ils n'ont aucune implication contraignante, en termes de régulation, pour les institutions financières. En particulier, ces exercices ne portent pas sur la solvabilité des institutions. Ils participent à un mouvement plus global de transparence de l'information climatique. Différentes institutions, dont la Commission européenne, travaillent à rendre plus transparente l'information climatique.

Parallèlement, on assiste au moins depuis 2015 à un essor de la finance « durable » qui regroupe les obligations vertes mais aussi toutes les pratiques d'investissement prenant en compte des critères extrafinanciers tels que l'environnement. Les obligations vertes permettent de prêter de l'argent à des projets dont on attend un bénéfice environnemental, elles sont donc un levier du financement des projets de transition énergétique. L'encours mondial d'obligations vertes fin 2018 était de 464 milliards de dollars, soit 0,4 % de l'encours mondial d'obligations[93]. Ces obligations représentent donc pour l'instant une niche, mais une niche en forte croissance. Concrètement, quel type d'obligation peut être qualifié d'obligation verte ? Pour qu'une obligation soit qualifiée de verte, l'émetteur de l'obligation peut demander une validation à différents acteurs : une organisation internationale comme la Climate Bonds Initiative (CBI), ou les pouvoirs publics, ou encore des agences de notation. Ces acteurs se réfèrent en général aux grands principes établis en 2014 par l'ICMA (International Capital Market Association) : les Green Bond Principles (GBP). La Climate Bonds Initiative constitue aujourd'hui la référence mondiale de validation des projets verts. Elle distingue les obligations « labellisées », qui financent des projets 100 % verts, et les obligations « alignées », pour des projets un peu moins verts.

Le premier problème de ces obligations vertes est que le caractère vert ou aligné des projets peut être discutable et est pour le moment sans fondement juridique. En l'absence de définition juridique précise, on peut facilement suspecter l'émetteur de greenwashing. Pour résoudre ce problème, les institutions européennes ont entamé des discussions sur un système de classification (une taxonomie) des activités économiques durables. Une méthode alternative consisterait à fixer une valeur au carbone, à utiliser cette valeur pour monétariser les émissions associées aux différents projets, et finalement à ajouter ce coût monétaire du carbone aux autres coûts du projet. Le second problème des obligations vertes est plus fondamental : les projets verts financés grâce aux obligations vertes n'auraient-ils pas été financés de toute façon ? C'est ce que l'on nomme le problème de l'additionnalité, toujours délicat à évaluer.

Malgré ces problèmes, l'essor des obligations vertes et les efforts engagés pour diffuser et rendre plus transparents les risques financiers associés au changement climatique sont des premiers signes de la prise de conscience des acteurs financiers. Mais, dans le même temps, l'analyse sectorielle des achats d'obligations dans le cadre du programme d'assouplissement quantitatif (*quantitative easing*, QE) de la Banque centrale européenne (BCE) suggère un biais vers les secteurs à forte intensité de carbone, malgré le principe de neutralité du QE[94]. La raison est la suivante : pour être éligible au programme de rachat d'actifs de la BCE, une obligation doit répondre à des critères spécifiques : elle doit être libellée en euros, éligible comme collatéral aux opérations de crédit de l'Eurosystème, notée dans la catégorie investissement par au moins une agence de notation et avoir une maturité comprise entre six mois et trente ans. L'univers des obligations éligibles ne reflète pas l'ensemble du marché obligataire, qui ne reflète pas l'économie réelle (qui ne reflète évidemment pas l'optimum social).

Comment alors réorienter l'investissement pour le rendre compatible avec un futur à zéro émission nette ?

LES POLITIQUES MONÉTAIRE ET PRUDENTIELLE

De nombreuses voix plaident pour intégrer le climat dans les politiques monétaire et macroprudentielle.

L'objectif de la politique prudentielle est de limiter le risque systémique, c'est-à-dire un risque qui pourrait se propager à l'ensemble du système financier avec des conséquences macroéconomiques. Un des outils de la politique macroprudentielle est l'exigence de fonds propres. Les régulateurs exigent des investisseurs financiers une certaine quantité de fonds propres pour qu'ils soient plus aptes à absorber d'éventuelles pertes sur des prêts ou des investissements. Le montant des fonds propres requis dépend du risque lié aux actifs de chaque banque. Les actifs plus sûrs doivent être couverts par moins de fonds propres, et inversement pour les actifs plus risqués. On pourrait ainsi différencier les classes d'actifs sur la base de leur alignement avec les objectifs de réduction d'émissions. On attribuerait des risques plus élevés aux actifs à forte intensité de carbone en prévision de futures évolutions négatives et soudaines des prix. Cela reviendrait à favoriser l'investissement vert par rapport à l'investissement carboné.

Dans le même esprit mais pour la politique monétaire, l'économiste Hubert Kempf propose deux options[95]. La première passerait par une modulation du taux directeur de la banque centrale. Le taux directeur est le taux auquel les banques empruntent auprès de la banque centrale pour se refinancer. Ce taux directeur varierait avec les banques, en fonction du risque climatique associé aux crédits que cette banque accorde à ses clients. La seconde option serait de valoriser davantage les titres bas-carbone par rapport à des titres intensifs en carbone, en contrepartie de la liquidité offerte par la banque centrale. Expliquons ce que cela signifie. Lorsque la banque centrale prête de l'argent à une banque, celle-ci doit remettre à la banque centrale des actifs en garantie. L'idée serait alors que des titres bas-carbone remis en contrepartie donneraient droit à plus de liquidité que des titres équivalents mais intensifs en carbone.

La politique climatique peut-elle être laissée aux banques centrales, et pourrait-on alors se passer de régulations, normes ou taxes pour les consommateurs ? Citons Christian Gollier : « Les faits sont têtus : les capitaux ont beau être abondants, les projets verts rentables sont rares. Et le coût se répercute *in fine* sur le citoyen[96] ! »

Quels que soient les instruments utilisés, la transition énergétique nécessite un changement radical de fonctionnement de l'économie. Dans la suite de ce chapitre, nous nous intéressons aux conséquences macroéconomiques de la lutte contre le réchauffement climatique.

Les conséquences macroéconomiques de la lutte contre le réchauffement climatique

La littérature de macroéconomie du court terme s'intéressant au climat (et plus généralement à l'environnement) est encore clairsemée[97]. Les questions environnementales restent largement confinées aux champs de la microéconomie et de l'économie publique d'une part, de la croissance de long terme d'autre part. Dans ce dernier champ, la littérature est relativement abondante. Elle s'est d'abord développée suite au premier choc pétrolier avec une série de travaux fondateurs sur les limites à la croissance provoquées par la rareté des ressources non renouvelables[98] puis, plus récemment et sous l'impulsion de William Nordhaus, avec des travaux sur croissance et climat*.

Avec DICE** (*dynamic integrated model of climate and the economy*), Nordhaus a créé le premier *modèle d'évaluation intégrée* (*integrated assessment model*, IAM)[99]. Les IAM couplent un modèle économique et un modèle physique décrivant de façon simplifiée le système climatique. Ce dernier modélise la façon

---

* Ces travaux ont valu le prix Nobel à William Nordhaus en 2018.

** Les premières versons de DICE datent des années 1990.

dont l'augmentation de la concentration de gaz à effet de serre dans l'atmosphère due à l'activité humaine, issue du modèle économique, se traduit en augmentation de la température terrestre. À son tour, l'augmentation de la température terrestre provoque des dommages, qui sont introduits dans le modèle économique. Une fois spécifiés, les IAM à la DICE sont calibrés, et un scénario de référence décrivant la façon dont l'économie et le climat évolueraient si aucune politique climatique nouvelle n'était mise en place est construit. Il nécessite d'effectuer un certain nombre d'hypothèses assez héroïques, en particulier sur le progrès technologique et la croissance de la population sur un horizon de plusieurs siècles. Puis les modèles sont utilisés pour calculer le *coût social du carbone* (CSC). Le CSC est la valeur monétaire présente de la réduction des dommages climatiques présents et futurs provoquée par une réduction d'une tonne des émissions de CO_2. C'est un outil central de la politique climatique puisqu'il indique l'ampleur des efforts d'abattement que la société doit réaliser. Enfin, les modèles permettent de chiffrer les coûts et les bénéfices de différentes options de politique climatique.

Il existe aujourd'hui des dizaines de IAM, allant de petits modèles aux fondements théoriques solides à la DICE, à des modèles cherchant à représenter plus finement le monde réel, souvent de très grande taille et très complexes. La plupart d'entre eux restent des modèles adaptés à l'étude de scénarios de long terme, et ont peu à dire sur l'évolution de court-moyen terme de l'économie. Cependant, l'intérêt pour les conséquences macroéconomiques du changement climatique et de la lutte contre celui-ci grandit très rapidement.

En préambule, soulignons que les bénéfices et les coûts de la lutte contre le réchauffement climatique seront très différents selon que la politique climatique est mondiale ou qu'elle est limitée à quelques pays ou régions. La probabilité qu'un prix du carbone mondial soit mis en place à un horizon pas trop lointain est extrêmement faible. L'accord de Paris, qui est ce que la communauté internationale a réussi de mieux en matière de lutte contre le réchauffement, n'en fait pas mention et se fonde au contraire sur les contributions volontaires des États, les *nationally determined contributions* (NDC). Or les économistes ont montré depuis longtemps que les contributions volontaires ne sont jamais suffisantes pour permettre la fourniture optimale d'un bien public. Mais peut-être n'est-il pas possible de faire mieux : mettre en place un prix du carbone universel de premier rang nécessiterait de mettre en place parallèlement, pour des raisons d'équité, des transferts entre pays[100] si importants qu'ils ont extrêmement peu de chances de voir le jour. Certains pays ou certaines zones, comme l'Europe, ont déjà mis ou vont mettre en place des politiques climatiques ambitieuses, assorties de prix du carbone régionaux obtenus par une taxe ou un marché de permis négociables, tandis que d'autres pays vont être moins ambitieux – peut-être pour de bonnes raisons, comme une responsabilité historique dans l'accumulation de carbone dans l'atmosphère très faible, ou un niveau de développement économique tel que protéger le climat n'apparaît pas comme une priorité. En Europe, la question est souvent posée de l'intérêt de mettre en place une politique climatique ambitieuse dans un monde où les autres pays ne le feraient pas, car le climat étant un bien public global peu importe où sont effectuées les émissions, et le poids de l'Europe dans les émissions mondiales est faible face à celui de la Chine et des États-Unis. Le comportement de passager clandestin est le plus rationnel face à un tel problème : laisser les autres faire les efforts, et profiter du résultat. Mais si tout le monde est passager clandestin il n'y aura pas de résultat.

Dans un tel contexte, il est particulièrement important d'avoir une idée claire des conséquences macroéconomiques de la lutte contre le réchauffement climatique pour un pays qui aurait une politique ambitieuse. Les coûts sont-ils prohibitifs, ou au contraire la politique climatique est-elle porteuse de croissance et d'emploi ?

Les bénéfices directs

N'oublions pas que les bénéfices directs qu'il y a à éviter une trop forte augmentation de la température sont l'objectif premier de la politique climatique. Ils dépendent bien sûr fortement de l'étendue de celle-ci : ils seront plus importants s'il s'agit d'une politique mondiale que si elle est limitée à quelques pays ou zones.

Le premier bénéfice est constitué par les dommages évités, par rapport à une situation où aucune action ne serait entreprise. Il s'agit d'une part de dommages graduels, qui vont apparaître progressivement avec l'élévation de la température (migration des zones de culture, désertification, nouvelles maladies, difficultés d'approvisionnement en eau, etc.), et de dommages ponctuels catastrophiques provoqués par des événements climatiques extrêmes pouvant entraîner des pertes physiques et financières considérables (inondations, ouragans, etc.). À leur tour, ces dommages entraîneront très probablement des crises sociales et des mouvements de population, quand certaines zones de la planète deviendront inhabitables[101].

Les estimations de ces bénéfices sont très variables et entachées d'une incertitude très grande[102]. Concernant les dommages graduels, la raison en est que nous n'avons jamais expérimenté jusqu'ici des hausses de température comparables à celles qui sont attendues. Ainsi, les travaux empiriques évaluent en fait les conséquences de chocs météorologiques et non de changements du climat.

Pour donner tout de même un ordre de grandeur, disons que le GIEC donne une estimation des dommages supplémentaires en 2100 en cas d'un réchauffement de 2 °C au lieu de 1,5 °C[103] : entre 15 000 et 38 500 milliards de dollars (entre 2,3 et 3,5 % du PIB mondial) et conclut que chaque degré compte. La Terre n'a pas connu de température régulièrement supérieure à celle d'aujourd'hui de 4 °C depuis 10 millions d'années. Et on sait qu'à l'âge glaciaire, avec 4 °C de moins en moyenne par rapport à aujourd'hui, l'humanité a failli disparaître !

Certaines compagnies d'assurances et de réassurance fournissent des estimations des pertes associées aux catastrophes naturelles. Pour l'année 2018, Munich Re estime ces pertes à 160 milliards de dollars[104]. Les catastrophes considérées sont la sécheresse persistante en Europe, les feux de forêt aux États-Unis, les ouragans en Asie du Sud-Est, les inondations en Inde et une série de tremblements de terre en Indonésie. Toutes ne doivent pas être attribuées au changement climatique bien sûr, les tremblements de terre en premier lieu. Mais l'augmentation au cours du temps des épisodes de sécheresse, des feux, des inondations et des ouragans indique qu'une bonne partie de ces événements peut l'être.

Enfin, les méthodes d'attribution des événements extrêmes font de rapides progrès. Newman et Noy collectent les données de toutes les études d'attribution disponibles en 2023, les combinent avec des données sur les coûts socio-économiques des événements extrêmes attribuables au changement climatique au cours des vingt dernières années, et obtiennent un coût total de 143 milliards de dollars par an, la plus grande partie de ce coût provenant des pertes de vies humaines[105]. Ils concluent que les coûts économiques du changement climatique calculés à l'aide de modèles d'évaluation intégrée sont probablement très sous-estimés.

La taille des dommages n'est pas la seule question pertinente, leur répartition mondiale l'est tout autant. Une abondante littérature documente le fait que les dommages climatiques, graduels et catastrophiques, sont/seront très inégalement répartis. Hsiang *et al.* réexaminent l'idée largement partagée que les populations pauvres sont systématiquement plus exposées aux effets du changement climatique, à la fois entre les pays et à l'intérieur des pays[106]. Ils montrent que la réalité est bien plus complexe. En général, il est vrai que les populations pauvres vivent dans des endroits plus chauds et plus secs, mais il y a de nombreuses exceptions : Floride, Californie, Arizona aux États-Unis, ou encore Singapour et les pays producteurs de pétrole du Moyen-Orient. Ce sont les pays riches (États-Unis, Australie) et à revenu moyen (Chine, Argentine) qui sont les plus exposés au risque de tornade. Les projections indiquent que l'augmentation de température moyenne sera plus élevée aux hautes latitudes, où sont situés les pays riches, que dans les tropiques. En revanche, l'exposition à des températures extrêmement élevées sera plus importante dans les pays pauvres. Même si l'exposition physique aux effets du changement climatique est complexe, reste que les dommages marginaux seront très probablement plus importants pour les populations pauvres en raison d'une plus grande vulnérabilité initiale et de moindres possibilités d'adaptation. Le changement climatique va ainsi aggraver les inégalités.

Outre ces bénéfices directs, lutter efficacement contre le changement climatique permet d'éviter des coûts d'adaptation potentiellement très élevés. Rendre la vie possible dans un monde plus chaud, ou beaucoup plus chaud, nécessiterait en effet de relocaliser de nombreuses activités, agricoles en particulier, de protéger les zones exposées contre la hausse du niveau des mers, de lutter contre de nouvelles maladies, d'installer des systèmes d'air conditionné à grande échelle, pour ne citer que quelques exemples.

Enfin, sur un mode plus positif, lutter efficacement contre le changement climatique aurait des cobénéfices importants en matière de santé et de bien-être. La fermeture des centrales à charbon et le passage à la voiture électrique entraîneront une baisse considérable de la pollution locale de l'air. La crise sanitaire en fournit une excellente illustration. L'Agence européenne de l'environnement (AEE) faisait ainsi état le 7 avril 2020 de diminutions des concentrations de NO_2 dans diverses villes d'Europe : la concentration de NO_2 à Milan avait baissé de 21 % pendant la semaine du 16 au 22 mars 2020 par rapport à la même semaine en 2019, alors qu'à Bergame, ville particulièrement touchée par la pandémie en Italie aussi, on observait une baisse de 47 %. En Île-de-France, Airparif estimait les baisses d'émissions à 64 % pour les NO_x malgré une augmentation du chauffage résidentiel, cette baisse reflétant la forte diminution du trafic routier et aérien. Le Centre for Research on

Energy and Clean Air REF estime à environ 11 000 le nombre de décès qui auraient été évités en Europe grâce à la diminution de la pollution de l'air liée au confinement*.

Les effets sur la consommation et l'investissement

LA CONSOMMATION

Si un prix du carbone à un niveau suffisant est mis en place, le prix des énergies carbonées augmente, ce qui pèse sur le pouvoir d'achat et donc la consommation des ménages, augmente les coûts de production des entreprises et donc pèse sur leur compétitivité, et finalement pèse sur l'activité. En théorie, la hausse du prix des énergies carbonées provoque également de l'inflation. L'effet macroéconomique mécanique est de même nature que celui d'un choc pétrolier. La grande différence est bien sûr que, contrairement au choc pétrolier, la taxation du carbone procure des recettes fiscales.

Une abondante littérature s'est développée à partir des années 1990 sur le thème du *double dividende*[107], cherchant à mettre en évidence les conditions sous lesquelles le remplacement de taxes sur le revenu ou le travail par une taxe carbone à recettes fiscales inchangées permet d'obtenir un gain environnemental mais aussi un gain économique, fondé sur le fait que la taxe carbone serait moins distordante que les taxes sur l'activité économique. Cette littérature n'est pas très conclusive. Il n'en demeure pas moins que l'utilisation des recettes de la taxe carbone pour baisser un autre impôt permet d'alléger l'effet négatif de la taxation du carbone sur l'activité. Nous avons vu par ailleurs plus haut qu'une utilisation des recettes sous forme de dividende forfaitaire versé aux ménages permet de contrer les effets régressifs de la fiscalité du carbone. Quelle est alors la « bonne » utilisation de ces recettes ? Faut-il en

* Notons que, d'après le même centre de recherche, les niveaux de pollution liés à l'activité industrielle en Chine ont connu après le déconfinement un très important rebond, atteignant des niveaux supérieurs aux années précédentes.

consacrer une partie à baisser un autre impôt et en redistribuer une autre partie ? Il n'y a pas de réponse universelle à cette question, qui dépend des caractéristiques de chaque pays, du contexte dans lequel est introduite la taxe carbone et des préférences de la population.

En l'absence de prix du carbone explicite, des effets du même type apparaissent. En effet, les normes et réglementations donnent un prix implicite au carbone, qui peut être très élevé si elles sont très contraignantes. Les producteurs répercutent tout ou partie des coûts additionnels dans le prix de vente des produits. Mais, bien sûr, dans ce cas, il n'y a pas de recettes fiscales dont l'utilisation permettrait de réduire les effets négatifs. De même, les subventions doivent être financées et peuvent s'avérer finalement très coûteuses pour le consommateur. Un exemple classique est celui des soutiens aux énergies renouvelables. En France, le montant de soutiens publics aux producteurs d'éolien et de solaire auquel s'est engagé l'État dans les contrats signés avant 2017 s'élève à 121 milliards d'euros[108]. Ces subventions sont financées (avec un étalement dans le temps) par les consommateurs à travers la contribution au service public de l'électricité (CSPE), prélevée directement sur la facture d'électricité et qui en constitue une part non négligeable (16 % de la facture moyenne d'électricité selon la Commission de régulation de l'énergie).

L'INVESTISSEMENT

Réaliser la transition va demander des transformations structurelles importantes de l'économie. Les investissements « climat », ou « verts* », permettant ces transformations sont les investissements dans les énergies renouvelables, les infrastructures de transport propre, la rénovation des logements, les puits de carbone… Ils peuvent être publics ou privés. Le tableau 6 donne un exemple de nomenclature des investissements verts, utilisée par I4CE dans

* On emploie ici de façon équivalente les qualificatifs « climat » et « vert », bien qu'on puisse soutenir qu'il n'y a pas équivalence.

le cas de la France*. I4CE effectue chaque année une estimation des investissements climat réalisés en France, et met en outre en évidence la façon dont ces investissements sont financés[109]. Le Panorama des investissements climat de 2023 montre aussi que les montants d'investissement sont passés de 58 milliards d'euros 2022 en 2011 à 108 milliards d'euros 2022 en 2023, avec une accélération nette à partir de 2021 attribuable principalement aux investissements en véhicules bas-carbone.

Une étape supplémentaire consiste à estimer les investissements nécessaires dans les années à venir pour satisfaire aux objectifs climatiques. Cette estimation est délicate en raison de l'importante incertitude qui existe sur les technologies futures et leurs coûts. Les travaux existants convergent cependant sur l'idée que l'effort à réaliser est important.

Tableau 6. Une nomenclature des investissements climat.

Efficacité énergétique	Construction de bâtiments énergétiquement performants, rénovation énergétique des bâtiments, économies d'énergie dans l'industrie, achats de véhicules électriques, hybrides et GNV.
Énergies renouvelables	Parcs éoliens, panneaux photovoltaïques installés au sol et sur toiture, production d'électricité ou de chaleur à partir de biomasse, de biogaz, de la valorisation des déchets. Énergies marines renouvelables. Installation de chaudières biomasse, pompes à chaleur et solaire thermique dans les bâtiments.
Infrastructures durables	Développement et entretien du réseau ferroviaire, infrastructures des transports en commun urbains, infrastructures fluviales et maritimes, aménagements cyclables, bornes de recharge pour véhicules électriques, GNV ou hydrogène.
Nucléaire	Construction de l'EPR et « Grand Carénage ».
Non énergétique	Amont forestier et procédés industriels, construction bois.

Source : I4CE, Panorama des financements climat, 2019.

* On voit immédiatement que cette nomenclature peut être discutée, en particulier en ce qui concerne les investissements dans l'énergie nucléaire, considérés ici comme verts mais qu'on aurait probablement bien du mal à qualifier comme tels en Allemagne.

Selon l'OCDE, il faudrait investir en moyenne 6 300 milliards de dollars dans les infrastructures chaque année entre 2016 et 2030 pour répondre aux besoins de développement à l'échelle mondiale[110]. Un montant supplémentaire de 600 milliards de dollars par an au cours de la même période rendrait ces investissements compatibles avec l'objectif 2 °C. Le Pacte vert pour l'Europe, quant à lui, prévoit que soient effectués des investissements annuels supplémentaires de 260 milliards d'euros (1,5 % du PIB européen de 2018).

Dans leur rapport à la Première ministre Élisabeth Borne, Jean Pisani-Ferry et Selma Mahfouz font une synthèse des études disponibles pour l'Europe et la France, et concluent que l'effort d'investissement requis en France pour se conformer à la trajectoire des émissions de gaz à effet de serre définie dans la Stratégie nationale bas-carbone (SNBC) se situe aux alentours de 2,5 points de PIB d'investissement supplémentaire en 2030, soit environ 70 milliards d'euros 2021 par an[111].

Ce supplément d'investissement constitue un choc de demande positif. Il est difficile d'en estimer l'ampleur, car les investissements climat se substituent en partie à des investissements standards qui auraient été réalisés de toute façon et ne sont donc pas forcément des investissements additionnels. C'est certainement le cas en ce qui concerne les investissements pour la production d'électricité, ou pour certains investissements industriels. Par exemple, si un constructeur automobile renonce à construire une usine de production de SUV et investit plutôt dans une usine de production de voitures électriques, il n'y a pas d'investissement additionnel bien qu'il y ait un investissement climat. A *contrario*, on peut penser qu'une grande partie des investissements de rénovation thermique de l'habitat sont effectivement des investissements additionnels.

En présence d'un prix du carbone, une grande partie des investissements climat privés seraient effectués sans incitation supplémentaire. En l'absence d'une telle tarification crédible, divers instruments financiers et régulations peuvent être imaginés pour réorienter l'investissement, comme nous l'avons vu plus haut. Quant aux investissements publics, ils doivent être en priorité des investissements dans la R&D verte, susceptible de produire des effets d'entraînement importants, et des investissements permettant aux agents de changer leurs comportements, car il ne sert à rien de les inciter à adopter des comportements moins émetteurs de carbone s'ils n'ont pas d'alternative : infrastructures bas-carbone telles que pistes cyclables, transports en commun, voitures électriques ; des investissements dans les réseaux (bornes de recharge) et dans le stockage de l'énergie.

Au total, la combinaison des chocs sur la consommation et l'investissement que nous venons d'identifier donne un résultat ambigu. Les modèles qui prédisent que l'effet net est positif sont des modèles dans lesquels les mécanismes keynésiens de relance par l'investissement sont puissants, de sorte que les investissements verts additionnels produisent un fort effet multiplicateur. Dans la réalité, l'ampleur de l'effet multiplicateur dépend du contexte économique : lorsque les facteurs de production sont sous-utilisés, les effets sont plus forts que lorsqu'il y a plein emploi. Ainsi, suite à la crise économique engendrée par la pandémie de Covid-19, les plans de relance proposés au niveau européen, ainsi que dans plusieurs des pays membres, dont la France, ont misé sur un fort effet multiplicateur des investissements verts. Pisani-Ferry et Mahfouz indiquent, quant à eux, que le choc provoqué par la transition sera probablement un choc négatif à court-moyen terme, en raison de la baisse de consommation et du fait que les investissements climat ne sont pas nécessairement rentables[112]. Ils soulignent cependant que les effets macroéconomiques des politiques de réduction des émissions sont particulièrement difficiles à appréhender. En effet, les modèles couramment utilisés pour ce faire sont mal adaptés à l'évaluation de l'impact de mesures hors prix, comme, par exemple, les réglementations qui obligent les utilisateurs à renoncer aux voitures thermiques et à passer aux voitures électriques, ou les obligations de rénovation thermique des bâtiments. En outre, les modèles ne prennent pas en compte certaines caractéristiques centrales du processus de transition, comme la dimension distributive, et le fait que la transition va entraîner l'abandon de ressources fossiles qui ont aujourd'hui une grande valeur et le déclassement prématuré des actifs qui leur sont associés.

Retour sur les actifs échoués : déclassement prématuré du capital brun et réallocations sectorielles de l'emploi

L'abandon de l'extraction de ressources fossiles constitue un choc de richesse négatif pour les pays producteurs, les entreprises du secteur de l'énergie et les investisseurs détenant dans leurs portefeuilles des actifs de ces pays et de ces entreprises.

De façon similaire, le déclassement prématuré du capital « brun » constitue un choc de richesse négatif pour les agents, entreprises ou ménages qui détiennent ce capital et un choc d'offre négatif pour les économies considérées. Ce capital brun est constitué des centrales thermiques, des moyens de production et de distribution des énergies fossiles (pipelines, etc.), des infrastructures et équipements complémentaires de l'utilisation de l'énergie fossile comme, pour les ménages, les voitures à moteur à combustion interne et les chaudières au fuel ou à gaz.

La possibilité que des actifs deviennent échoués fait peser une menace importante sur la politique climatique, car les secteurs considérés font déjà et vont continuer à faire un lobbying intense pour que leur capital n'entre pas dans cette catégorie. L'argument récurrent est celui des pertes d'emplois associées au déclassement prématuré du capital brun. Cet argument est parfaitement valide. Il est donc particulièrement important d'anticiper les réallocations sectorielles provoquées par la transition et d'accompagner la formation et la reconversion des travailleurs des entreprises concernées.

Les évaluations empiriques des actifs échoués restent relativement rares.

Pfeiffer *et al.* estiment les émissions de carbone dues au fonctionnement des centrales thermiques existantes et de celles dont la construction est en cours ou prévue pour la décennie à venir (*committed emissions*), et les comparent au budget carbone restant[113]. Ils obtiennent que, même si tous les projets de construction de nouvelles centrales étaient annulés, il faudrait déclasser prématurément 20 % des centrales existantes, c'est-à-dire que 20 % des centrales existantes sont des actifs échoués.

Estimer précisément la valeur des actifs échoués liés aux ressources fossiles est un exercice compliqué. On trouve ainsi dans la littérature des estimations très différentes, par exemple, la valeur des actifs échoués est estimée à 1 billion* de dollars par Mercure *et al.*[114], et à 1,6 billion de dollars par Carbon Tracker[115] (2018), alors qu'elle est évaluée à 18 billions de dollars par l'IRENA[116]. Comme noté par Bolton *et al.*[117], ces estimations varient par l'étendue géographique des actifs inclus, par les hypothèses retenues et par les méthodes de valorisation. Par exemple, certaines estimations[118] couvrent la valeur des réserves fossiles alors que d'autres considèrent uniquement la valeur du capital investi dans les projets voués à s'arrêter prématurément[119].

Les travaux sur l'ampleur et les coûts des réallocations sectorielles de l'emploi provoquées par la transition sont également très rares.

Notons tout de même que des incertitudes considérables entourent la notion d'actif échoué. Un des problèmes réside dans les interactions avec les différentes technologies et politiques climatiques. On peut en citer deux exemples.

La vitesse de décarbonation des différents secteurs de l'économie peut ne pas être la même, et on peut vouloir éliminer le charbon très rapidement mais conserver du pétrole pour les transports et du gaz pour la production d'électricité pendant encore de nombreuses années. Dans ce cas, les voitures thermiques des ménages ne sont pas des actifs échoués, et les centrales à gaz neuves non plus.

* 1 billion est égal à 1 000 milliards.

Comme nous l'avons vu, la plupart des scénarios climato-économiques introduisent du CSC et des technologies d'émissions négatives. Dans certains de ces scénarios, ces technologies peuvent augmenter le budget carbone restant pour atteindre un monde à + 2 °C jusqu'à 290 %[120]. Si tel est le cas, les combustibles fossiles pourraient ne plus être échoués aussi rapidement !

DE LA CROISSANCE À LA CROISSANCE VERTE ?

Au-delà des effets de court-moyen terme de la politique climatique, il est évidemment très important de réfléchir à ses effets à long terme. Là aussi, les diagnostics ne sont pas unanimes.

Le diagnostic le plus optimiste prédit qu'un changement de régime de croissance va se produire, faisant passer l'humanité de la phase de croissance « sale » initiée par la révolution industrielle à une phase de croissance verte. Il est fondé sur les effets dynamiques déclenchés par la transition : effets d'apprentissage, effets d'échelle, effets de réseau entraînent une baisse des coûts des technologies vertes, une augmentation de la taille des marchés auxquels elles s'adressent, et une redirection de l'innovation[121]. Pour Dechezleprêtre *et al.*, les effets d'entraînement des innovations bas-carbone sont 40 % plus importants que ceux des technologies conventionnelles dans les secteurs de l'énergie et des transports[122]. D'où de nouvelles opportunités de croissance et d'emplois.

Un diagnostic plus nuancé souligne que le progrès technique dans les énergies renouvelables permet de changer de système énergétique, ce qui est bon pour le climat mais n'augmente pas *a priori* la productivité du travail, ce qui n'est pas bon pour la croissance. De même, les transports décarbonés sont bons pour le climat mais ne permettent pas de se transporter plus vite ou plus loin. En ce sens, le passage à des modes de transport décarbonés ne peut se comparer à la révolution des transports permise par le moteur à explosion et le pétrole au XIXe siècle. À dépenses totales de recherche données, orienter le progrès technique dans la direction des technologies vertes aurait ainsi un prix en termes de croissance, en évinçant les innovations qui augmentent la productivité du travail. Pourrait-on y voir une des explications de la stagnation de la productivité que l'on observe depuis une trentaine d'années dans les économies développées, que les économistes ont beaucoup de mal à expliquer ?

Conclusion

Réussir la transition vers un monde à zéro émission nette, un monde ZEN, va être difficile et coûteux, mais nous n'avons pas le choix. Si nous voulons que la planète soit vivable pour nos enfants, il faut transformer l'économie et en particulier basculer la production d'énergie des sources fossiles vers les sources décarbonées. Aucune des sources décarbonées candidates au remplacement des énergies fossiles ne réunit pour l'instant toutes les qualités nécessaires, en matière de disponibilité, de sécurité et de coût. Mais la transition ne peut pas attendre : l'horloge climatique avance très vite. Cet opuscule en explique les raisons, examine les politiques économiques permettant d'y parvenir et conclut sur les conséquences macroéconomiques de la transition énergétique.

Un message positif émerge ici : en dépit des difficultés, la décarbonation de l'énergie est possible. Efforts de recherche et développement suscitant les innovations drastiques nécessaires, dans le stockage de l'énergie par exemple, changements de préférences individuelles et de normes sociales impulsés par la prise de conscience de plus en plus grande, dans les jeunes générations surtout, de la nécessité d'agir, politiques fiscale et réglementaire repensées pour plus d'efficacité et de justice dans le partage des efforts, finance verte… les leviers pour faire baisser les émissions de carbone sont nombreux. Certains de ces leviers sont plus efficaces, d'autres sont plus faciles à mettre en place, mais aucun, utilisé seul, ne peut être suffisant. Tous doivent être mobilisés, au sein d'un ensemble de mesures structuré autour d'un prix du carbone reflétant la diminution du budget carbone qu'il nous reste à consommer.

Épilogue. *Réflexions sur la Convention citoyenne pour le climat**

Le gouvernement français a mis en place la Convention citoyenne pour le climat (CCC) en octobre 2019, dans l'objectif affiché de construire un consensus démocratique autour de la politique climatique. Il s'agit d'une assemblée composée de cent cinquante citoyens tirés au sort. Elle a pour mandat de définir une série de mesures permettant d'atteindre une baisse d'au moins 40 % des émissions de gaz à effet de serre d'ici à 2030 (par rapport à 1990), dans un esprit de justice sociale. Pour y parvenir, les citoyens de la Convention se sont réunis, ont écouté des experts et ont débattu à l'occasion de sept sessions de trois jours étalées sur presque neuf mois.

Pourquoi une Convention citoyenne pour le climat ?

La Convention a été mise en place dans le contexte très particulier de la crise des Gilets jaunes, qui a conduit à geler l'augmentation programmée de la taxe carbone. S'inspirant de plusieurs expériences étrangères, elle a pour objectif de créer un consensus démocratique en impliquant directement les citoyens dans l'élaboration des politiques publiques**, ici les politiques de lutte contre le changement climatique. Il s'agit d'une part de pallier la crise démocratique qui se manifeste par une abstention croissante lors des scrutins électoraux traditionnels, et d'autre part de demander

* L'épilogue a été rédigé par Katheline Schubert.
** Voir le chapitre de Jean-François Laslier dans cet ouvrage à propos de la démocratie citoyenne appliquée à la réforme du système électoral, p. 97.

directement l'avis des citoyens quand la politique proposée par le gouvernement fait l'objet d'un rejet.

Le modèle de la convention citoyenne permet d'engager des citoyens ordinaires dans le processus politique et de leur donner une voix directe dans la formulation de la politique climatique. Cette approche permet de révéler les préférences de la société sur des sujets cruciaux, à condition bien sûr que la composition de la convention – la mini-société, ou le mini-public, comme cette littérature nomme de telles assemblées de citoyens – soit représentative de la diversité de la population. L'étude de Fabre *et al.* montre que la représentativité est correcte sur les critères sociodémographiques[123]. Les citoyens sont tirés au sort par la méthode des quotas, ce qui garantirait (par la loi des grands nombres) la représentativité si la participation était obligatoire. Ici, la participation est optionnelle, ce qui induit nécessairement un biais de sélection. Fabre *et al.* montrent que les personnes éduquées sont sur-représentées, tandis que les personnes peu disponibles (professions très contraignantes, parents de jeunes enfants) sont sous-représentées en dépit des dispositifs de soutien mis en place. Il est difficile en revanche d'avoir une idée de la représentativité sur des critères non sociodémographiques, comme, par exemple, la sensibilité aux questions environnementales, qui peut être une forte motivation pour accepter de participer à la Convention. Fabre *et al.* montrent à l'aide d'enquêtes que les citoyens qui composent la Convention sont en effet plus sensibles aux questions environnementales que la moyenne, ce qui introduit un nouveau biais.

Au-delà de la représentativité, on peut se demander si ce type de dispositif n'aurait pas le grand avantage de permettre à des personnes qui ne s'expriment jamais de le faire. Loisel et Rio argumentent que ce n'est très probablement pas le cas, ce que tend à confirmer la sous-représentation des personnes les moins éduquées et les plus vulnérables de la société[124].

Enfin, un autre avantage potentiel de ce type de dispositif pourrait être de pallier le court-termisme des élus en prenant mieux en compte le temps long. Cela serait particulièrement précieux pour la politique climatique, dont les coûts sont à payer aujourd'hui pour des bénéfices qui apparaîtront surtout dans le futur. Les citoyens sont-ils davantage capables que les élus de faire cela ? On ne pourra en juger qu'*a posteriori*, et nous y reviendrons quand nous présenterons les propositions auxquelles les citoyens ont abouti.

Quelles modalités ?

Il est demandé aux citoyens de la Convention de se prononcer sur un sujet très technique, dont ils n'ont pour la plupart que peu de connaissance préalable. Des séances de formation par des experts sont donc indispensables. Il est très intéressant de noter que ces séances ont permis aux citoyens de s'approprier le sujet et d'en comprendre les enjeux, et ont permis une importante augmentation du niveau de connaissance sur le réchauffement climatique, ses causes et les politiques publiques permettant de diminuer les émissions de gaz à effet de serre.

Si les experts sont indispensables, leur rôle est à double tranchant. L'écueil à éviter est évidemment la manipulation par les experts des citoyens. La manipulation volontaire est relativement facile à détecter, et peut être minimisée en présentant des expertises contradictoires et en veillant à la transparence du processus. Il semble que cela ait bien été le cas ici : des experts de sensibilités très différentes ont été invités, les séances officielles sont enregistrées, filmées, et disponibles en libre accès sur Internet, même si beaucoup d'interactions plus officieuses et plus informelles entre les citoyens et les experts y échappent. La manipulation involontaire est plus subtile. Van Beek *et al.*, étudiant en particulier l'Irish Citizens Assembly, première convention citoyenne sur le climat, constatent que l'ouverture et la fermeture des options de politique publique sont influencées par la mise en scène et la présentation de l'expertise, et que les experts jouent un rôle significatif dans les choix de conception et la formulation des recommandations[125]. Courant ainsi que Giraudet *et al.*, dans leurs études respectives de la CCC, montrent également que les experts ont influencé significativement les propositions auxquelles les citoyens ont abouti[126].

Sur le plan organisationnel, la CCC n'a pas uniquement fonctionné en séances plénières, mais les citoyens ont été alloués à cinq groupes de travail : se loger, se déplacer, consommer, se nourrir, produire et travailler. Cela peut se justifier par l'ampleur des questions à traiter, mais a pour conséquences, d'une part, que tous les citoyens n'ont pas examiné tous les sujets et n'ont pas élaboré toutes les propositions, d'autre part, que les politiques « générales » ont été occultées au profit de politiques sectorielles.

Enfin, s'il faut éviter que les experts, ou certains d'entre eux, imposent leur façon de voir, il faut aussi éviter que le consensus obtenu à l'issue des délibérations ne soit en réalité qu'un reflet de l'opinion des fortes personnalités de la mini-société. Est-ce ce qu'il s'est produit à propos de la taxe carbone ? Nous y revenons ci-dessous.

Quelles propositions ?

Il est intéressant de regarder à quels types de mesures ont abouti les cent cinquante citoyens.

LES MESURES INCITATIVES

L'augmentation de la taxe carbone n'a pas été retenue. L'impression est même que les citoyens ont opté d'emblée pour une position de type « tout sauf la taxe carbone ». Ils proposent un moratoire pendant cinq ans, « le temps que les ménages soient informés de l'urgence climatique et aient les moyens de changer leurs habitudes ». Or la taxe carbone est la seule mesure « générale » qui permet d'éviter la liste à la Prévert de mesures disparates que constitue la proposition finale des citoyens de la Convention.

Comment expliquer le rejet quasi immédiat (2e session) de la taxe carbone ? Gaborit *et al.* avancent que les citoyens ont redouté qu'existe un agenda caché de la part du gouvernement, qui aurait tenté de réintroduire par le biais de la CCC l'augmentation de la taxe qu'il venait de geler suite au mouvement des Gilets jaunes[127]. Les deux participants qui se sont vigoureusement opposés à la taxe carbone lors de cette session ont-ils, volontairement ou non, pris l'ascendant sur les autres pour que la discussion sur ce sujet soit close avant d'être entamée ? Laslier rapporte que les prises de parole des citoyens sur la taxe carbone ont systématiquement porté sur le fait qu'elle est injuste socialement[128], mais qu'ils ne sont pas allés jusqu'à examiner les possibilités de redistribution des recettes de la taxe qui permettent de supprimer la régressivité*.

On trouve tout de même des propositions de mesures qui s'apparentent à des incitations par les prix. Les citoyens recommandent ainsi de « réduire les incitations à l'utilisation de la voiture en réformant le système d'indemnité kilométrique de l'impôt sur le revenu », de « réduire la TVA sur les billets de train de 10 à 5,5 % », de « sortir progressivement des avantages fiscaux sur le gazole », de « favoriser le transport de marchandises sur des circuits courts par une modulation de la TVA », d'« augmenter le bonus pour les véhicules peu polluants », de « renforcer très fortement le malus sur les véhicules polluants », de « moduler les taxes sur les contrats d'assurance en fonction de l'émission de CO_2 pour encourager les véhicules propres » ou encore de « mettre en place un ajustement carbone aux frontières de l'UE ». Notons le paradoxe que constitue le rejet de la taxe carbone intérieure associé à la mise en place d'une taxe carbone sur les importations.

---

* Voir la discussion sur ce point dans le chapitre de Fanny Henriet et Katheline Schubert dans cet ouvrage, p. 13.

LES INTERDICTIONS

Certaines propositions sont des interdictions, comme « interdire les centres-villes pour les véhicules les plus émetteurs de gaz à effet de serre », « interdire dès 2025 la commercialisation de véhicules neufs très émetteurs », « contraindre les propriétaires occupants et bailleurs à rénover de manière globale », « obliger le changement des chaudières au fioul et à charbon d'ici à 2030 dans les bâtiments neufs et rénovés » ou « prendre immédiatement des mesures coercitives pour stopper les aménagements de zones commerciales périurbaines ».

LES INVESTISSEMENTS PUBLICS

Les propositions comprennent enfin beaucoup d'investissements publics comme « développer un plan d'investissement massif pour moderniser les infrastructures, les matériels roulants et les gares », ou « investir massivement dans la rénovation énergétique en triplant le rythme de rénovation ».

On peut constater la préférence des citoyens de la Convention pour les normes, réglementations, interdictions et investissements publics. À cet égard, la Convention reflète assez correctement les préférences des Français révélées par différents sondages[129].

Il est quasiment impossible de savoir si les mesures proposées aboutissent bien à une baisse de 40 % des émissions de gaz à effet de serre. Les citoyens n'ont pas les moyens de le déterminer, et une évaluation sérieuse demanderait du temps et des outils de modélisation. Assigner à ce type de processus un objectif chiffré comme celui-là n'est manifestement pas réaliste.

Quel financement ?

Pour financer les dépenses publiques additionnelles, les membres de la Convention proposent de taxer les entreprises qui distribuent plus de 10 millions d'euros de dividendes annuels, à hauteur de 4 %

des dividendes versés, et celles qui distribuent moins de 10 millions d'euros à hauteur de 2 %, ou encore de renforcer l'écocontribution kilométrique pour les avions. À part cela, la question du financement est peu abordée[130]. Outre le fait que les citoyens n'ont pas vraiment les moyens d'estimer le coût des mesures qu'ils proposent (le calcul économique, même le plus simple, est totalement évacué du processus), les experts d'I4CE auxquels il était demandé une évaluation du coût net pour les finances publiques (compte tenu des recettes proposées) ont estimé qu'il était relativement faible[131] : 6 milliards d'euros par an, soit 0,24 % du PIB. Dans le contexte de la mise en place du plan de relance post-Covid, cela n'a pas incité les citoyens à réfléchir davantage au financement de leurs propositions[132].

Les conséquences en matière d'action publique

Les recommandations de la CCC ont été soumises au gouvernement le 21 juin 2020. Celui-ci a annoncé qu'il reprendrait 146 des 149 propositions émises par la CCC. Cela inclut des mesures sectorielles telles que la rénovation énergétique des bâtiments, la promotion des énergies renouvelables, la limitation de la publicité pour les produits les plus polluants… Sur le site du ministère dédié à cet effet, le gouvernement annonce que trois propositions sont écartées (la réduction de la vitesse sur autoroute à 110 km/h maximum, la modification du préambule de la Constitution, la taxation des dividendes des entreprises), 100 propositions sont mises en œuvre totalement ou partiellement, et 46 propositions sont en cours de mise en œuvre, le principal levier de mise en œuvre étant la loi Climat et résilience (69 propositions)[133]. Toute la subtilité réside dans le « partiellement » de « mise en œuvre partiellement », les commentateurs de différentes sensibilités y voyant le verre à moitié vide ou le verre à moitié plein.

La loi Climat et résilience issue des travaux de la CCC et promulguée en août 2021[134] n'a toujours pas été réellement évaluée[135].

Cependant, il est clair que la loi ne comporte pas de mesures incitant les consommateurs et le secteur privé à réaliser les investissements massifs dans les équipements et technologies décarbonés nécessaires à la transition, et ne permet pas d'orienter durablement les anticipations des agents sur une trajectoire crédible de décarbonation. Le refus de reprendre une trajectoire croissante pour le prix du carbone nuit à l'ambition et à la portée de la loi.

Même si les conséquences concrètes de la CCC en matière de baisse des émissions de gaz à effet de serre sont probablement minimes, on peut se demander si le dispositif tout entier a eu, grâce à sa forte médiatisation, un impact significatif sur les attitudes de la population française à l'égard des politiques climatiques, ouvrant ainsi la porte à des politiques plus ambitieuses dans le futur. Il ne semble pas que cela ait été le cas[136]. Cela peut être expliqué par le manque de connaissance de la CCC et de ses propositions par une grande partie de la population et un scepticisme certain quant à sa légitimité et à son fonctionnement. En outre, le processus peut être perçu comme une simple façade, impression renforcée par l'engagement du président de la République à reprendre les propositions « sans filtre », ce qui n'a pas été réellement le cas (sans doute heureusement pour les finances publiques).

Le débat sur l'utilité de processus de participation citoyenne du type de la CCC est loin d'être clos. Les limites exposées plus haut sont partiellement solubles. Deux questions me semblent cependant préoccupantes. D'abord, la CCC n'a pas permis d'augmenter la confiance de la société dans les politiques publiques, alors que la défiance est l'un des obstacles majeurs auxquels elles se heurtent en France. Ensuite, la CCC n'a pas non plus fait émerger des politiques innovantes, auxquelles les experts académiques et les personnes des institutions usuellement en charge de la politique économique dans les administrations et les ministères n'auraient pas pensé car ils raisonneraient trop « in the box ».

CHAPITRE 2

Voter autrement

Jean-François Laslier

Introduction

Qu'avons-nous appris au cours des dernières années sur les méthodes de vote innovantes que l'on peut rassembler sous le terme de « vote par évaluation » ? Ces méthodes ont pour principe général de demander à chaque citoyen de se prononcer sur chaque candidat. Elles s'opposent donc à la manière usuelle de voter, qui consiste à choisir un seul nom (vote uninominal) : au lieu de se ranger sous la bannière d'un unique candidat, on s'exprime sur chacun.

Un vote plus expressif

Avant même d'entrer dans les détails, soulignons la portée symbolique de l'idée qui consiste, dans le domaine politique, à choisir à partir d'évaluations. Le vote uninominal met en scène un semblant d'attachement du citoyen-électeur à un candidat. Ainsi le système français à deux tours légitime-t-il le vainqueur par l'attachement à son seul nom d'une majorité de votants. Le vote par évaluation fait tout autre chose. Il met en scène un personnage de citoyen-expert, de citoyen-juge ou de citoyen-maître d'école, qui évalue, ou note, les différents candidats. S'agissant d'élire un dirigeant ou un représentant, la notion même de vote par évaluation est porteuse d'une conception éminemment démocratique du choix collectif : les citoyens ne sont pas enrôlés par leurs élus, ils sont juges de ceux-ci.

Ces représentations, même pertinentes, restent des caricatures et sont loin d'épuiser le sujet. Dans le vote uninominal usuel, un citoyen qui prend part à l'élection n'est pas nécessairement prêt à tout pour suivre celui à qui il a donné son unique voix. Dans un vote par évaluation, le même citoyen n'est pas naïf au point de se prendre pour le juge unique qui prononce la sentence, ou pour le maître d'école qui détient la vérité face à son élève. Si toute institution électorale est effectivement porteuse de fortes charges symboliques, elle est aussi un dispositif technique concret, avec ses qualités et ses défauts objectifs, et il faut la considérer comme telle. En particulier et concrètement, une règle de vote est quelque chose de relativement simple : une sorte de technique de comptage plus ou moins astucieuse.

Évaluer les options possibles – ici les candidats – paraît très naturel tant qu'il s'agit de former un jugement préalable au choix, et c'est probablement ce que chacun fait déjà, dans les systèmes usuels, avant de décider pour qui voter. L'originalité des systèmes de vote par évaluation est précisément de proposer à l'électeur de s'exprimer, par son vote même, sur tous les candidats, ouvrant ainsi la possibilité de tenir compte de cette information, plus riche que dans le vote uninominal, pour la décision collective.

Dans la Sparte antique, les *gérontes* sont des magistrats importants, élus à vie suivant une sorte de vote par évaluation[1]. Un par un, silencieusement et dans un ordre préalablement tiré au sort, les candidats se présentent devant les citoyens assemblés. Ceux-ci votent en acclamant, plus ou moins fort, chaque candidat. Des juges, enfermés dans une pièce, entendent les acclamations, sans savoir à quel candidat elles sont adressées, et sont chargés d'estimer celui qui a reçu le plus fort soutien total. Le vote spartiate est donc un précurseur des méthodes que nous examinerons ici.

Pertinence politique

La Constitution de la Ve République n'établit pas un régime présidentiel car, bien que le président soit élu au suffrage universel, le gouvernement, qui conduit la politique, est responsable devant le Parlement. En droit, le régime français actuel est un régime semi-présidentiel[2]. Cependant, l'histoire politique française depuis les années 1960 est celle d'une lente et profonde dérive institutionnelle, dans le sens d'une présidentialisation accrue. La logique constitutionnelle limite simultanément la responsabilité du président de la République et de son pouvoir, le posant comme arbitre nécessaire face au gouvernement et au Parlement qui disposent, eux, de pouvoirs étendus. Mais, comme l'a montré Marie-Anne Cohendet, cet arrangement institutionnel de bon sens qui organise pouvoirs, responsabilités et contrôles devient pervers dès lors que l'importance politique du président de la République est telle qu'il devient « surpuissant et incontrôlable[3] ».

Ces considérations constitutionnelles et politiques entrent évidemment en résonance avec le mode de scrutin utilisé dans le pays : le système majoritaire uninominal à deux tours. Par construction, ce mode de scrutin permet à l'élu de se prévaloir de l'adhésion de la majorité du corps électoral : si une majorité n'est pas acquise initialement, on force les choses avec un second tour. Cette légitimation majoritaire à tout prix a pu jouer un rôle dans le phénomène de présidentialisation renforcée observé au cours du dernier demi-siècle.

Si de nombreux pays recourent au vote majoritaire à deux tours pour leurs élections présidentielles, il est très rare que ce système électoral soit aussi généralisé qu'en France. Rappelons que, dans l'Union européenne, la France est le seul pays à élire sa chambre basse (l'Assemblée nationale) *via* plusieurs centaines d'élections uninominales à deux tours[4]. Cette prééminence absolue du système à deux tours ne caractérise que cinq grands pays à travers le monde : la Biélorussie, la France, Haïti, l'Iran et le Mali*.

On sait que l'élection des membres de l'Assemblée nationale suivant la règle majoritaire dans des districts uninominaux accorde mécaniquement une prime importante au parti arrivant en tête. Cette disposition peut avoir des avantages – par exemple dégager une majorité parlementaire nette –, mais toute médaille a son revers : dans ce cas, l'existence de majorités successives et opposées a pu constituer un facteur de bipolarisation de la vie politique.

Polarisation des idées, surimportance donnée au « vainqueur » légitime : voilà les ingrédients d'une crise de la démocratie, dont certains ne manquent pas de lire les signes dans l'actualité récente[5]. À la base, un sentiment de crise de la représentation s'exprime, qui s'est fait jour à partir des années 2000. Ce qui, à l'époque, était une idée originale pour les commentateurs politiques, ou a pu constituer une surprise en 2002 – avec la présence de Jean-Marie Le Pen, leader du Front national, au second tour de l'élection présidentielle –, est aujourd'hui devenu un lieu commun[6].

Face à ce constat, le vote par évaluation apporte une certaine fraîcheur de réflexion, qui peut fonctionner à deux niveaux. D'une part, on peut y penser comme une réforme envisageable. On se trouve alors face à un travail d'ingénierie sociale bien circonscrit, impliquant des considérations très variées, d'ordre juridique, psychologique, voire mathématique. On peut, d'autre part, considérer cette idée comme offrant un décalage de perspective dans l'observation de notre vie politique. Tenir la chronique du réel est indispensable, mais il est également utile de « sortir la tête du guidon » pour tenter d'imaginer ce qui pourrait être. On le constatera plus loin dans ces pages à propos des expériences réalisées dans le cadre des principales élections politiques depuis 2002 : ce que les explications

* En France, elle déborde d'ailleurs de la sphère politique, puisqu'il est courant d'utiliser deux tours pour toutes sortes de décisions.

a posteriori font paraître inéluctable a tenu parfois à peu de chose et aurait pu tourner autrement.

Sortir la tête du guidon, c'est aussi penser ce que pourrait être une démocratie moderne, à même de répondre à la demande sociale d'une représentation améliorée et d'une participation citoyenne plus directe. La technique du vote est un des aspects de cette question, et les modes de scrutin que nous étudierons ici sont évidemment à considérer dans le cadre d'une réflexion sur le renouvellement des pratiques de consultation et de représentation.

Indépendamment de l'ambition, quelque peu hasardeuse, on le verra, d'une réforme effective, réfléchir et faire réfléchir au vote par évaluation constitue un travail des plus instructifs, aussi bien comme exercice de philosophie politique que comme analyse de l'actualité.

Contenu du chapitre

Il existe plusieurs manières de voter par évaluation, selon à la fois l'échelle d'évaluation utilisée et la manière dont on convertit les bulletins en une décision finale unique. Une question importante consiste donc à distinguer, parmi toutes ces méthodes, celles qui semblent raisonnables et celles qui ne le sont visiblement pas ; nous nous efforcerons d'apporter des réponses sur ce point. Pour ce qui concerne les méthodes qui paraissent utilisables en pratique, nous nous emploierons à les trier et à comprendre quelles pourraient être les conséquences politiques de leur usage.

Dans les États modernes, le vote par évaluation n'est pas, ou presque pas, pratiqué. L'objet de nos recherches est donc largement hypothétique, et nous aurons recours, pour l'appréhender, aussi bien au raisonnement *a priori* qu'à diverses formes d'expérimentation.

Le raisonnement *a priori* est le domaine de la théorie du choix social et de l'analyse économique. Un certain nombre de résultats mathématiques sont disponibles depuis les années 1950, qui donnent des indications précieuses sur la logique de l'agrégation des jugements et des préférences. Il s'agit bien du cœur logique de notre sujet : le passage de l'individuel, multiple, au collectif, agrégé. Ces résultats seront rappelés dans notre partie « Quelques définitions et théories ». Mais la théorie pure n'est pas suffisante. De même que la théorie de la décision individuelle a été renouvelée sous la pression des observations « paradoxales » de Maurice Allais[7] et la théorie des jeux par le développement de l'économie expérimentale[8], le domaine du vote appelle désormais l'expérimentation. Il importe de savoir comment les électeurs sont susceptibles de s'approprier une méthode de vote, comment chacun la comprend, comment chacun l'utilise de manière simple ou sophistiquée, et comment chacun la juge.

Ces questions comportementales se révèlent assez délicates et constituent la majeure partie des travaux recensés dans cet ouvrage. Pour y répondre, les chercheurs ont été amenés à utiliser différentes méthodes d'investigation expérimentale, parfois innovantes. Ils utilisent l'expérimentation en laboratoire, suivant les canons de l'économie expérimentale (voir notre partie « Des expériences en laboratoires ») et deux formes d'expérimentation avec le public : l'expérimentation dite *in situ*, dans les bureaux de vote, et l'expérimentation en ligne. Les élections réelles sur lesquelles ces travaux ont pu être menés sont les élections présidentielles françaises de 2002 à 2017, béninoise de 2011 et américaine de 2016. Ces études se sont appuyées sur des protocoles d'enquêtes initialement très simples (voir notre partie « Premières expériences *in situ* »), puis sur des protocoles plus lourds permettant des analyses plus fines ; nous renvoyons pour ces derniers à notre approche des présidentielles américaine (2016) et française (2017).

La plupart des recherches décrites s'intéressent à des élections de type présidentiel, dans lesquelles la question est toute simple : choisir collectivement une personne. L'archétype en est l'élection du président de la République française, mais c'est plus généralement le cas de toute décision collective formelle qui consiste à faire un choix parmi un ensemble bien défini de choix possibles. Le problème est d'une simplicité et d'une pureté logique qui ont pu fasciner nombre de philosophes, d'économistes et de mathématiciens. Puisqu'on s'intéresse ici aux élections politiques, il faut noter que l'opposition classique entre représentation proportionnelle et représentation majoritaire est un autre problème, comme donc la question du mode de scrutin pour l'élection d'un parlement. Nous ne les aborderons pas dans cette étude.

On s'intéressera enfin, au terme de ce chapitre, à la question de la faisabilité de la réforme électorale, en laissant de côté les aspects proprement juridiques et en s'intéressant plutôt aux aspects politiques.

Notons enfin que nombre de ces expériences sont réalisées avec la participation active du public, ce qui place ces recherches dans la catégorie de la « science participative » : de fait, les travaux dont il sera question sont souvent l'occasion pour les chercheurs de travailler directement avec les citoyens et pour les citoyens, de participer activement à la recherche en train de se faire. On reviendra sur ce point tout au long du chapitre.

Quelques définitions et théories

Afin de faciliter la lecture et la bonne compréhension des développements qui vont suivre, il importe de définir d'entrée quelques termes.

Les systèmes utilisés dans le monde

Le vote à la pluralité, dit aussi « *first past the post* » (que l'on pourrait traduire par « le premier qui passe la ligne »), est le système de vote qui demande simplement à l'électeur de voter pour un et un seul candidat, sans prévoir de second tour. Le candidat obtenant le plus de voix est élu (majorité relative). Ce système est utilisé pour de nombreuses élections politiques, lorsque les parlementaires sont élus au suffrage universel direct dans des circonscriptions à député unique. C'est le cas au Canada, aux États-Unis, en Inde, au Royaume-Uni et dans plusieurs pays d'Afrique anglophone.

Ce système est plus rarement utilisé pour élire le chef de l'État au suffrage universel ; le Mexique en fournit un exemple.

L'autre système d'usage fréquent dans le monde pour l'élection d'une personne au suffrage universel est le système à deux tours. Il présente quelques variantes concernant le seuil d'accession au second tour, mais, dans tout ce qui suit, nous nous en tiendrons à la règle en vigueur pour l'élection présidentielle française : à l'issue d'un premier vote uninominal, si aucun candidat n'obtient la majorité absolue des suffrages, on organise un second tour (*runoff*) entre les deux candidats ayant obtenu le plus de voix. Ce système est notamment utilisé dans la plupart des pays qui élisent leur président au suffrage universel direct.

La problématique de la représentation proportionnelle étant en dehors du champ de cet ouvrage, les deux systèmes précités décrivent l'essentiel des usages dans le monde. Pour être complet, nous mentionnerons trois autres règles utilisées dans divers endroits du monde.

L'élection présidentielle américaine est une élection au suffrage universel indirect (*via* les grands électeurs). Elle est généralement analysée comme une variante du système *first past the post.*

Le système de vote unique transférable est appliqué en Irlande et à Malte. Des explications un peu plus longues sont ici nécessaires. Comme son nom l'indique et comme pour les systèmes précédents, il s'agit d'un système uninominal. Toutefois, l'attachement de l'électeur à un candidat est réalisé de manière dynamique, de la façon suivante.

L'électeur soumet un classement des candidats par ordre de préférence. Son vote est d'abord compté en faveur de son candidat de prédilection. On compte les supports de premier rang des différents candidats. On élimine le candidat le moins souvent en tête. Si le favori d'un électeur se trouve ainsi éliminé, le vote de cet électeur est transféré sur le deuxième candidat de son classement. On recommence l'opération en éliminant successivement les candidats un par un jusqu'à ce qu'il n'en reste que deux, et c'est alors la règle majoritaire qui s'applique. Cette règle est utilisée sous le nom d'« *alternative vote* » en Irlande : l'électeur dont le vote de premier choix n'est pas pris en compte voit un autre de ses votes retenu, un vote alternatif. Cette méthode est connue aux États-Unis où elle est appelée « *instant runoff* » : c'est en quelque sorte une élection à plusieurs tours, dans laquelle les tours successifs se font à partir des bulletins de classement. Notons qu'il existe des variantes de ce système adaptées à l'élection de plusieurs candidats, qui autorisent la représentation proportionnelle des partis tout en permettant à l'électeur d'effectuer des votes individualisés. Des règles alternatives de ce type sont utilisées, en Australie notamment[9].

Enfin, la « règle de Borda » est un système de points qui demande à chaque électeur de procéder à un classement complet de l'ensemble des candidats. S'il y a *n* candidats, le candidat en première position dans le vote de l'électeur gagne *n–1* points, le candidat en deuxième position, *n*–2 points, etc., jusqu'au candidat en dernière position qui ne reçoit aucun point. Le candidat élu est celui qui a reçu le plus grand nombre de points. Quelques usages de ce système ou des variantes sont décrits dans la littérature politique[10].

La règle de Borda, comme le vote unique transférable, appartient à la famille des votes par classement, au sens où il est demandé à l'électeur de classer les candidats, mais l'esprit (et les effets réels) diffère entre ces deux règles. La règle de Borda utilise une évaluation pondérée des différents candidats ; en ce sens, elle pourrait être considérée comme un vote par notes (voir plus loin), dans lequel les notes autorisées sont contraintes (une et une seule note 0, une et une seule note 1, etc., une et une seule note maximale). Cependant, cette contrainte empêche l'électeur de juger chaque candidat indépendamment des autres s'il le souhaite, et l'éloigne donc de la philosophie du vote par évaluation. C'est pourquoi nous n'intégrons pas le vote « à la Borda » dans cette catégorie. Quant au vote unique transférable, étant donné qu'il ne cherche pas à pondérer les soutiens d'un électeur à différents candidats, le bulletin-classement de ce système doit plutôt être considéré comme une série d'instructions conditionnelles : « Je donne ma voix à Madame A, mais, si elle n'est pas dans la course, comptez-moi plutôt pour Monsieur B, ou Madame C, etc. ». Ce qui, sur un point essentiel, rapproche le vote unique transférable d'un vote uninominal.

Vote par évaluation : par approbation et par notes

Les systèmes dont il sera principalement question dans cet ouvrage ne sont pas, ou presque pas, utilisés pour des élections politiques. On s'attardera longuement sur le vote par approbation[11], dont le principe est réellement original et diffère de celui, usuel, du vote sur un seul nom. Dans le vote par approbation, l'électeur considère tous les candidats et, pour chacun d'eux, émet un jugement binaire : « oui » ou « non » à l'élection de ce candidat. Le candidat soutenu par le plus grand nombre d'électeurs est élu.

Les avantages et les inconvénients de ce système seront décrits plus loin dans cet ouvrage, mais gardons déjà à l'esprit qu'il existe trois autres manières équivalentes de définir le vote par approbation. La première consiste à dire simplement que l'électeur peut voter pour autant de candidats qu'il le souhaite, sans limitation. La deuxième rapproche ce système d'un système à points : chaque électeur donne une note à chaque candidat ; le candidat qui obtient la meilleure note globale est élu, mais l'échelle de notation est ici réduite à sa plus simple expression : {0, 1}. La troisième définition, enfin, conçoit ce système comme une évaluation : chaque électeur évalue chaque candidat comme « bon » ou « mauvais ».

Soulignons aussi que le vote par approbation est en adéquation avec une certaine idée de la responsabilité *ex post* de l'électeur : « En votant pour un candidat, je prends ma part de responsabilité dans son élection. » Dans le vote par approbation, quand un candidat est élu, il est moralement clair que les électeurs qui ont pris la responsabilité de cette élection sont précisément tous ceux qui l'ont approuvé et seulement ceux-là. Le vote par approbation conserve une caractéristique importante des méthodes uninominales usuelles : une fois un candidat élu on peut compter qui s'est prononcé pour son élection. Mais ce compte fait plus de sens dans le vote par approbation car, dans le vote usuel, il est perturbé par les dilemmes du vote sincère ou stratégique que certains électeurs ont dû résoudre d'une manière ou d'une autre.

Les mots utilisés pour définir ce mécanisme inhabituel (approuver, accepter, voter pour, soutenir, juger, donner son assentiment, évaluer, etc.) peuvent suggérer telle ou telle interprétation de l'acte de vote. Or, comme pour le vote uninominal, ce n'est certainement pas aux professeurs, juristes, philosophes ou mathématiciens de dicter aux citoyens quelle doit être la signification de leur vote – signification qui varie d'ailleurs grandement d'une personne à l'autre. Par conséquent, nous préférerons, dans un premier temps, définir le vote par approbation de manière factuelle : voici le bulletin, voici ce que vous pouvez en faire, voici comment les bulletins sont comptabilisés. Dans un second temps, nous observerons comment les électeurs s'approprient un tel mécanisme : comment chacun l'utilise et quel sens personnel il lui donne. Tel est l'un des objectifs des recherches décrites ici.

L'idée du vote par notes est très intuitive : sur une échelle numérique fixe, par exemple {0, 1, 2, 3, 4, 5}, l'électeur évalue librement les différents candidats, indépendamment les uns des autres ; le candidat élu est celui qui obtient au total le plus de points. Le système se rapproche de la règle de Borda, à la différence que l'électeur peut donner la même note à plusieurs candidats et qu'il peut même, s'il le désire, donner des notes globalement bonnes, ou globalement mauvaises, à tous les candidats.

Le vote par notes propose à l'électeur d'indiquer l'intensité de sa préférence (ou de son rejet) pour les différents candidats, et tient compte de cette intensité. Ce n'est pas un système majoritaire, car le nombre peut être compensé par l'intensité (particulièrement si les échelles sont longues). Imaginons que, sur 100 électeurs, 60 donnent la note 2 à Madame A et la note 1 à Monsieur B, et que 40 donnent la note 0 à Madame A et la note 3 à Monsieur B. Le vote par notes désigne Monsieur B ($60 \times 1 + 40 \times 3 = 180$ points), alors que Madame A ne reçoit que $60 \times 2 = 120$ points. Pourtant, une majorité des électeurs (60 contre 40) préféraient (légèrement)

Madame A. Cela signifie que la majorité préférait faiblement Madame A et que la minorité préférait fortement Monsieur B.

Le vote par notes est également proche du système de vote cumulatif, dans lequel l'électeur dispose d'un nombre fixe de points à distribuer entre les candidats de son choix. Cette procédure est souvent utilisée quand il s'agit d'élire non pas une, mais plusieurs personnes simultanément – une question que nous n'aborderons pas ici. Le vote par notes obéit toutefois à une logique différente, puisqu'il donne la possibilité d'évaluer chaque candidat pour lui-même. Sur ce point essentiel, il peut être regardé davantage comme une variante du vote par approbation, ce dernier n'étant alors qu'un vote par notes sur une mini-échelle de note {0, 1}. Ces systèmes sont alors qualifiés de votes par évaluation, catégorie à laquelle n'appartient pas le vote cumulatif.

Autres systèmes

La plupart des systèmes mentionnés jusqu'à présent utilisent la mécanique simple du comptage et de l'addition de points pour définir le vainqueur. Le vote simple transférable, qui utilise un algorithme itératif, ainsi que le système à deux tours sont deux exceptions évidentes à ce mode de calcul, mais les théoriciens ont imaginé bien d'autres manières de dépouiller les différents types de bulletins de vote.

Il convient tout d'abord de mentionner les méthodes de comparaison par paires. À la suite de Nicolas de Condorcet (voir l'encadré qui lui est consacré plus loin), la notion de choix majoritaire peut être étendue du cas de deux candidats au cas général de la manière suivante : un « gagnant de Condorcet » est un candidat qui, face à n'importe quel adversaire, peut réunir une majorité sur son nom[12]. Le paradigme du vainqueur de Condorcet est un candidat centriste qui bat en duel n'importe quel candidat de gauche en recueillant les voix de droite, et n'importe quel candidat de droite en recueillant les voix de gauche. Si l'on demande aux électeurs d'évaluer les candidats sur une échelle assez fine, ou si on leur demande de classer tous les candidats, il est possible de détecter le gagnant de Condorcet, du moins quand il existe (il arrive qu'aucun candidat ne satisfasse la condition). Mieux : il est possible de définir des règles de vote « cohérentes avec Condorcet », c'est-à-dire telles que le vainqueur choisi est précisément le gagnant de Condorcet chaque fois qu'il existe[13].

Le problème de ces règles de vote est qu'elles ne sont guère utilisables : elles reposent souvent sur des calculs complexes, que les électeurs ne peuvent pas anticiper ni même appréhender de manière intuitive. L'une des rares de ce type à être utilisée en pratique – avec succès, semble-t-il, par des organisations de taille moyenne telles que Debian (le projet communautaire qui développe le système d'exploitation éponyme en logiciel libre), Wikipédia, Ubuntu ou les partis pirates de plusieurs pays – est la méthode de Schulze, une ingénieuse méthode de Condorcet basée sur les classements[14].

Il existe enfin de très nombreuses propositions, plus ou moins utilisables, qui prennent pour données initiales des évaluations ou des classements, sont directes ou séquentielles et que la recherche théorique s'efforce de comprendre, de distinguer et de catégoriser. Ce sujet revêt une certaine importance pour d'autres domaines de la recherche comme l'économie normative et la théorie de la justice. On peut relever, en effet, une analogie formelle entre les notions de « règle de vote » et de « procédure d'agrégation des préférences » dès lors que l'on considère comme « candidats » les différents états possibles de la société et comme « vote » l'expression par chaque citoyen de ses préférences sur ces états sociaux[15]. Une « règle de vote » n'est alors rien d'autre qu'une manière d'agréger les préférences individuelles en un choix collectif, c'est-à-dire la formalisation d'une notion de « bien » collectif.

Donnons un seul exemple : le principe du maximin, connu sous le nom de règle de Rawls en philosophie économique, indique que l'état socialement le plus juste est celui, parmi les états possibles, dans lequel l'individu le plus défavorisé l'est le moins possible. L'évaluation sociale commence « par le bas », et on essaie de rendre les plus malheureux le moins malheureux possible et de diminuer leur nombre le plus possible. Ce principe définit une règle de vote par évaluation que l'on pourrait qualifier de vote « à la Rawls », c'est-à-dire le choix du candidat qui reçoit le moins souvent l'évaluation la plus négative.

Une multitude d'autres systèmes de vote ont été proposés et sont parfois mis en œuvre. Le vote « à la Bucklin » a été brièvement utilisé aux États-Unis. À partir de classements, on cherche le numéro d'ordre (premier choix, deuxième choix, etc.) le meilleur qui permette de dire que 50 % des électeurs évaluent le candidat à ce niveau au moins. Cette idée, plusieurs fois réinventée, apparaît sous diverses appellations : « *majoritarian compromise* », « *robust voting* », « *fallback voting* », ou « jugement majoritaire », ce dernier faisant de même à partir d'évaluations recueillies sous forme verbale (« très bon », « bon », « moyen », etc.)[16]. Toutes ces méthodes basées sur la notion de meilleure médiane doivent être complétées par des techniques de choix entre les candidats ayant le même rang médian ou la même évaluation médiane[17].

Les méthodes de Nanson et de Baldwin sont des variantes itératives de la méthode de Borda. Le vote quadratique est une forme de vote cumulatif dans lequel l'électeur dispose d'un budget et où les points alloués ne sont pas comptés directement mais suivant leur racine carrée[18]. Le système STAR (pour *score then automatic runoff*) consiste à demander aux électeurs des évaluations numériques puis à choisir, entre les deux candidats ayant les meilleures évaluations globales, celui qui est préféré par une majorité ; il s'agit donc, en quelque sorte, d'un vote par notes préparant un second tour[19].

La liste que nous venons de dresser est loin d'être exhaustive, du moins démontre-t-elle que les scientifiques, les professionnels ou les amateurs ne manquent pas d'imagination pour proposer des systèmes différents et plus ou moins innovants.

VOTER SUR LE VOTE ?

En août 2010, au château du Baffy, en Normandie, une conférence (« Voting power and democracy ») réunit des théoriciens spécialistes du domaine des modes de scrutin ainsi que quelques personnes n'appartenant pas au monde académique, mais impliquées dans un référendum à venir au Royaume-Uni et portant sur le choix du mode de scrutin. Prévu en mai 2011, ce référendum devait proposer aux citoyens le remplacement du scrutin uninominal majoritaire à un tour par le vote alternatif pour l'élection des députés à la Chambre des communes.

La conférence de 2010 s'est achevée par un vote organisé de manière assez impromptue[20]. La méthode retenue pour ce « vote sur le vote » fut celle de l'approbation. Le tableau 1 ci-dessous présente les résultats obtenus. Le vote alternatif (qui est pratiqué dans plusieurs pays du Commonwealth et qui ne fut finalement pas retenu par les électeurs britanniques) fut approuvé par un peu moins de la moitié des chercheurs présents. Le vote par approbation fut retenu par environ les deux tiers d'entre eux, tous les autres systèmes recevant des scores faibles, voire très faibles, et le vote à un seul tour (que les électeurs britanniques choisirent de conserver) n'étant approuvé par aucun participant.

Tableau 1. Résultats d'un vote sur les méthodes de vote[21].

Méthode de vote	% d'approbation
Vote par approbation	68,18
*Vote alternatif	45,45
*Majoritaire à 2 tours	27,27
Jugement majoritaire	22,73
Règle de Borda	18,18
Range voting	9,09
*Vote à 1 tour	0

Les trois règles désignées par des astérisques sont celles couramment utilisées pour des élections politiques. Alternative vote *est le terme irlandais ; aux États-Unis on utilise l'expression* instant runoff. *Le range voting est un vote par notes avec une échelle numérique continue, de 0 à 1. Voir plus haut pour les définitions.*
Source : Laslier (2012). Votes de 22 experts en théorie du vote. Août 2010.

Éléments de théorie politique

On distingue classiquement deux types d'effets des règles de vote : les effets mécaniques et les effets psychologiques. Les effets mécaniques résultent de la seule manière de dépouiller les bulletins : par exemple, même si chaque électeur vote toujours pour son candidat préféré parmi ceux en lice et même si ces préférences sont stables, le résultat peut varier, avec les mêmes candidats, selon que l'on organise un seul ou deux tours de scrutin. Les effets psychologiques représentent la manière dont un électeur adapte son vote au mode de scrutin : par exemple, un électeur peut utiliser le premier tour d'une élection à deux tours pour voter de manière « expressive » pour un candidat qui sera certainement éliminé, alors que le même électeur voterait pour un des deux candidats principaux si la même élection était faite sous le régime *first past the post*. L'étude des effets psychologiques comprend en particulier la problématique du vote utile et de la stratégie du vote.

De façon quelque peu abusive, on range parfois dans la même catégorie des effets psychologiques les phénomènes liés au fait que l'offre politique (qui sont les candidats ? quelle campagne mènent-ils ?) dépend elle aussi du mode de scrutin. Nous préférons parler d'effets de concurrence électorale. Ces derniers sont particulièrement importants lors des principales élections – c'est-à-dire, selon les pays, les législatives ou la présidentielle, qui structurent l'ensemble de la vie politique nationale –, mais ils s'exercent aussi, différemment, lors des élections secondaires.

Nous verrons plus que les expériences de laboratoire permettent d'étudier de manière assez fine les effets mécaniques et certains effets psychologiques des modes de scrutin, mais on peut déjà mentionner les principales idées mises en avant par la science politique traditionnelle à ce sujet.

L'observation de la vie politique aux États-Unis et, dans une moindre mesure, au Royaume-Uni indique que le système à un tour tend à produire deux partis dominants. Cela s'explique facilement, en théorie : puisque l'élection ne prévoit qu'un tour, uninominal, mon vote est perdu s'il ne se porte pas sur l'un des deux partis qui ont une chance de l'emporter (effet mécanique). En tant qu'électeur réactif, qui anticipe le phénomène ou qui en a l'habitude, je ne vais donc pas gaspiller ma voix en la plaçant sur un troisième parti (effet psychologique, ou stratégique). Il s'ensuit (effet de concurrence) qu'il n'y a pas de troisième parti en lice puisque sa candidature ne serait pas viable. C'est la première loi de Duverger[22] : *first past the post* génère une structure politique à deux partis seulement. Les États-Unis en sont l'exemple parfait ; le Canada, un contre-exemple.

Un autre exemple classique est la « théorie » du système français à deux tours. De nombreux électeurs votent au premier tour suivant leurs idées, sans se soucier de la viabilité des candidats, ce qui a pour conséquence directe que, contrairement aux États-Unis par exemple, de nombreux partis peuvent exister en France, pays dont le régime est pourtant largement présidentiel. Une autre conséquence est le phénomène du « laminage du centre » : un candidat centriste peut échouer au premier tour, alors même qu'il gagnerait au second tour contre n'importe quel adversaire.

Les mathématiques du vote

L'étude logico-mathématique des procédures de vote est une tradition qui remonte au moins au XVIIIe siècle[23]. Plus récemment, les économistes normatifs se sont penchés sur les effets mécaniques des règles de vote, d'abord de manière indirecte à partir d'une réflexion sur les critères d'évaluation sociale, puis en poursuivant l'analogie formelle mentionnée plus haut entre critères d'évaluation et règles de vote. C'est ce qu'on appelle la théorie du choix social.

Condorcet

Mathématicien, philosophe et homme politique, Nicolas de Condorcet (1743-1794) est une figure incontournable de la théorie du vote. Mathématicien au siècle des Lumières, il participe à la création de la théorie des probabilités et entrevoit, au début de sa carrière, la possibilité d'utiliser cette science nouvelle pour les affaires économiques et sociales. Ce que l'on appelle le théorème du jury de Condorcet, développé dans son *Essai sur l'application de l'analyse à la probabilité des décisions rendues à la pluralité des voix*, contient un énoncé précurseur de la loi faible des grands nombres ainsi qu'une longue discussion sur la pertinence et la robustesse du résultat en vue de son application aux questions de décisions collectives et d'agrégation d'opinions. La trajectoire de Condorcet est ensuite celle d'un « intellectuel en politique », pour reprendre le titre de la passionnante biographie que lui ont consacré Élisabeth et Robert Badinter[24]. Économiste sous Turgot, il est longtemps secrétaire de l'Académie royale des sciences. Pendant la Révolution, élu député (girondin), il exerce une activité politique intense, tant institutionnelle que journalistique et polémique*. Il défend en particulier le principe d'une instruction publique généralisée, les droits des femmes et des Noirs, et s'oppose à la peine de mort. Après qu'il a voté contre l'exécution du roi (il suggère la déportation aux galères), son parti perd rapidement le contrôle de l'Assemblée, et la Convention le déclare en état d'arrestation en 1793. Il se cache pendant plusieurs mois à Paris, s'enfuit, avant d'être arrêté et de mourir en prison.

Les principaux résultats de ces travaux ont été obtenus durant les années 1950 avec l'étude mathématique du concept d'utilité, certains de ces résultats pouvant être exportés vers la théorie du vote par évaluation, en utilisant la similitude formelle entre utilitarisme et vote par notes : une note est un niveau d'utilité, la note moyenne obtenue par un candidat est donc son utilité sociale au sens de l'utilitarisme pur.

* En matière de théorie politique, l'œuvre de Condorcet est volumineuse et éparpillée. Elle n'a jamais fait l'objet d'une édition critique complète et n'est que très partiellement traduite en anglais.

Pour arbitrer entre des choix possibles, il semble indispensable de comparer, d'une manière ou d'une autre, les gains de ceux qui gagnent avec les pertes de ceux qui perdent, ce qui implique une forme de « comparaison interpersonnelle des utilités », selon le langage des économistes. Effectivement, le plus célèbre résultat de la théorie du choix social, le théorème d'impossibilité d'Arrow, indique qu'il n'existe pas de procédure satisfaisante définie de manière générale à partir des seuls classements des options par les individus, c'est-à-dire sans comparaisons interpersonnelles des utilités[25]. En d'autres termes, toute procédure admissible doit, d'une manière ou d'une autre, poser un argument du type : « Ce changement est socialement souhaitable car la perte pour certains est plus que compensée par le gain pour les autres. »

Par exemple, les règles majoritaires fondées sur des classements ne font que compter le nombre d'électeurs qui préfèrent A à B ou le contraire : quand je préfère A à B, peu importe l'intensité de cette préférence. Les règles majoritaires sont donc soumises à la « tyrannie de la majorité » : 51 % de la population peuvent imposer A contre B, même si pour ces électeurs A est seulement à peine mieux que B et que les membres de la minorité perdent beaucoup avec la défaite de B. Autre exemple, dans le jugement majoritaire, bien que l'on demande aux électeurs des évaluations assez fines, la manière dont on calcule le résultat (rechercher la meilleure médiane) impose de ne pas tenir compte des intensités. Quand mon évaluation est plus faible que la médiane, peu importe donc qu'elle soit beaucoup plus faible ou un peu plus faible.

Outre ces approches normatives, les économistes se sont intéressés aux mécanismes à l'œuvre dans la politique démocratique sous un angle plus descriptif. Le terme de « théorie économique de la démocratie », qui reprend le titre de l'ouvrage classique d'Anthony Downs[26], paru en 1957, tend aujourd'hui à se référer aux théories qui considèrent que les acteurs politiques (électeurs et partis) agissent rationnellement. Cette théorie a contribué à la compréhension de certains effets psychologiques et de concurrence électorale[27].

Toutes ces approches formelles, souvent développées par les économistes, fournissent un réservoir de définitions et de concepts dans lequel nous puiserons par la suite.

Des expériences en laboratoire

Les spécialistes des modes de scrutin ont toujours cherché à observer, dans le détail, des votes réels sous différents systèmes, mais ces observations ne sont pas si simples à réaliser pour la raison que chaque élection est faite sur un mode particulier et que des élections différentes impliquent des candidats ou des électeurs différents. Les premières expériences de laboratoire se conformant aux canons de l'économie expérimentale datent des années 1980 et sont dues à des chercheurs américains comme Charles Plott, Roger Myerson et Thomas Palfrey, tous théoriciens de l'économie. Pour expliquer la méthode, le plus simple est de présenter d'emblée un protocole expérimental complet.

Un protocole expérimental de base

L'expérience que nous allons décrire utilise un protocole défini précisément en 2006[28] suivant un schéma initié par Robert Forsythe, Thomas Rietz, Roger Myerson et Robert Weber[29]. Les vingt et un participants sont tous des volontaires, pour une bonne part des étudiants recrutés ponctuellement pour participer à des sessions d'économie ou de psychologie expérimentale. Typiquement, une session dure une heure, et les participants gagnent en moyenne une somme correspondant à un salaire horaire relativement faible, mais raisonnable. Les participants ne savent pas *a priori* quel genre d'expérience va leur être proposé, et ils peuvent à tout moment quitter la salle. Hormis le fait de participer, qui implique de s'être inscrit auparavant sur le site du laboratoire, l'expérience elle-même respecte l'anonymat des participants. On évite en particulier les communications informelles, et les paiements s'effectuent en dehors du regard des autres participants.

Dans cette expérience, les participants sont des « électeurs ». Ils vont voter pour choisir une option parmi cinq possibles, notées A, B, C, D et E. Ces options sont repérées par 5 points sur une échelle graduée de 0 à 20, l'option A est à la position 1, B en 6, C en 10, D en 14 et E en 19 (figure 1).

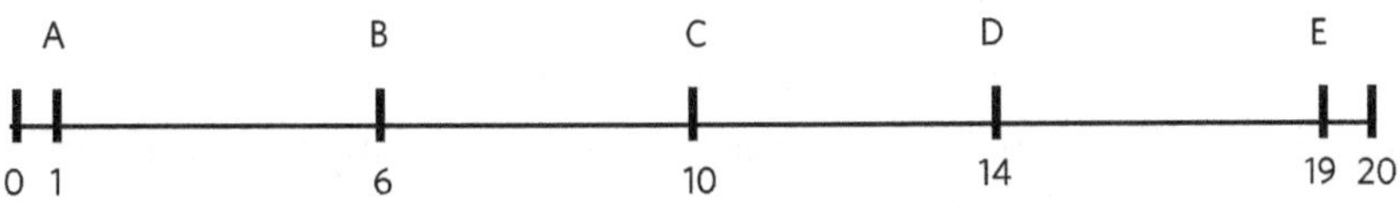

Figure 1.

Les participants ont eux aussi des positions sur la même échelle {0,…,20} : chacun se voit attribuer une de ces 21 positions. Chaque participant connaît sa propre position et sait que toutes les positions sont occupées. La structure des paiements reprend la notion intuitive de proximité. Précisément, si la position du candidat élu est x, le participant se trouvant à la position p reçoit un nombre de points égal à 20 moins la distance $|p\text{-}x|$ entre lui et l'élu. Cette règle est expliquée aux participants avec la formule, avec des exemples, et une table de gain est fournie à chaque participant avec sa position. Il est donc clair que chaque participant a intérêt à ce que le candidat élu soit le plus proche possible de sa propre position.

Les positions des cinq candidats sont immuables ; chaque session comporte de nombreuses élections avec cette même structure. Concrètement, une session d'environ une heure testant trois modes de scrutin pourra comprendre la séquence détaillée suivante :

a. Installation des participants, signature des formulaires de consentement.
b. Explication de la structure candidats/paiement.
c. Explication du vote « en un tour ».
d. Attribution des positions individuelles.

e. Une série de quatre élections successives, en un tour ; après chaque élection, le résultat, y compris les scores des différents candidats, est annoncé.
f. Explication du vote « en deux tours ».
g. Attribution de nouvelles positions individuelles.
h. Une série de quatre élections successives en deux tours ; après chaque élection, le résultat, y compris les scores des différents candidats, est annoncé.
i. Explication du vote « par approbation ».
j. Attribution de nouvelles positions individuelles.
k. Une série de quatre élections successives par approbation ; après chaque élection, le résultat, y compris les scores des différents candidats, est annoncé.
l. On tire au sort deux des douze élections qui viennent d'avoir lieu, et ces deux élections déterminent les paiements des sujets.
m. Les participants viennent un par un chercher leurs gains.

Ces opérations sont généralement réalisées dans une salle dite « d'économie expérimentale » comportant des postes informatiques installés dans des box individuels. Les explications sont données oralement par l'expérimentateur, et toutes les interactions se font par l'intermédiaire des ordinateurs. Il est cependant très facile, et tout aussi efficace, de réaliser cette expérience avec du papier, des enveloppes et des crayons ; en particulier, elle peut être facilement réalisée dans une salle de classe.

Le fait de procéder à des séries de plusieurs élections identiques successives (ici, quatre) permet de laisser le temps aux éventuels phénomènes dynamiques d'apprentissage et de coordination de se développer. On verra que ces phénomènes sont importants.

Il est clair que de nombreuses variantes peuvent être envisagées, dont certaines ont été réalisées : variantes sur le nombre et les positions des candidats, sur les modes de scrutin, sur leur ordre de présentation, sur le nombre de participants, etc. Si l'expérience n'est pas trop longue, on peut aussi demander aux participants de remplir un questionnaire à la fin ou au début de la session.

Résultats

Examinons maintenant les principaux résultats obtenus à partir de l'expérience décrite et de ses variantes.

DYNAMIQUE COLLECTIVE DANS LE VOTE À UN SEUL TOUR

La figure 2 montre comment, dans les élections à un tour, les voix se concentrent progressivement sur deux candidats au cours des séquences de quatre élections successives. Les données présentées correspondent à l'agrégation de 23 sessions au total.

Cette concentration des voix n'a rien de mystérieux : dans une telle expérience où les participants ont pour seul objectif de gagner le plus possible d'argent, ils votent de manière stratégique, en délaissant les candidats qui n'ont aucune chance de gagner. Au départ, il n'est pas évident de savoir quels candidats ont une chance de l'emporter, mais cette information se dévoile progressivement. La répétition des élections à l'identique joue comme une suite de sondages d'opinion préélectoraux.

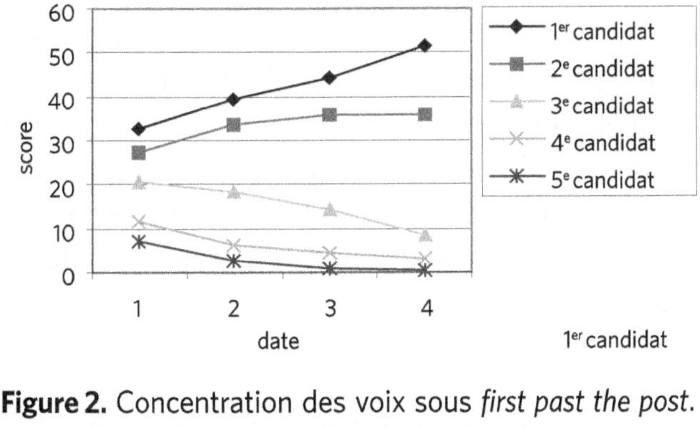

Figure 2. Concentration des voix sous *first past the post*.

Source : K. Van der Straeten et al., « Strategic, sincere, and heuristic voting under four election rules : An experimental study », Social Choice and Welfare, *2010, 35 (3), p. 435-472. Évolution dans le temps (4 périodes) des scores des candidats, en pourcentage des électeurs. Moyennes sur des données recueillies en laboratoire, en France et au Canada en 2006.*

Sur quels candidats les voix se concentrent-elles ? De manière remarquable, la paire gagnante est largement imprévisible : on constate que les candidats extrêmes n'en font jamais partie, mais la paire gagnante peut être une quelconque des trois paires (B, C), (B, D) ou (C, D). Selon un effet typique de dépendance au chemin*, dans chaque série de quatre élections, chaque groupe de vingt et un participants se polarise sur deux candidats, et seulement deux, parmi les deux candidats modérés et le candidat centriste, mais cette polarisation peut se produire sur n'importe laquelle des trois paires.

Pour un observateur extérieur, le résultat de l'élection est essentiellement imprévisible, la seule prévision valide étant l'élimination des candidats extrêmes. À l'inverse, les participants ressentent exactement le contraire, constatant plutôt une dérive inéluctable vers l'exclusion de trois des cinq candidats.

L'identité du vainqueur n'est pas plus prévisible. Les 23 sessions qui fournissent les données de la figure 2 représentent un total de 92 élections. Le candidat centriste est élu dans 49 % des cas, les deux candidats modérés se partageant les 51 % restants. Les candidats extrêmes ne sont jamais élus.

On voit ainsi comment l'économie expérimentale est capable de mettre en scène le vote stratégique et comment elle permet d'affiner les conclusions d'une analyse purement théorique. En ce qui concerne ce type de vote, les modèles de théorie des jeux pointent l'existence de nombreux équilibres, ce qui renvoie à l'indétermination que l'on vient de décrire[30]. L'expérience montre que certains équilibres sont pertinents – on voit la convergence se faire en un temps raisonnable – et que d'autres ne le sont pas – les extrêmes sont en fait éliminés.

---

* La dépendance au chemin (*path dependence* en anglais) est une propriété d'un système dynamique, physique ou social qui fait que, pour expliquer l'état actuel du système, il ne suffit pas de connaître ses caractéristiques actuelles, mais il est nécessaire de connaître ses états antérieurs. Il y a notamment dépendance au chemin lorsque des variations infimes des conditions initiales peuvent être amplifiées au cours du temps jusqu'à avoir des conséquences qualitatives.

DYNAMIQUE COLLECTIVE DANS LE VOTE À DEUX TOURS

Que se passe-t-il dans le vote à deux tours ? On vient d'observer que le vote à un seul tour est sujet à une grande variabilité (en ce qui concerne le résultat final), elle-même liée à la grande incertitude quant au candidat susceptible de gagner l'élection. Le vote à deux tours semble pouvoir introduire un peu de solidité : le candidat centriste bat tout autre candidat au second tour, la difficulté pour ce candidat étant justement de parvenir au second tour. Dans l'expérience, on note encore que les extrêmes ne gagnent jamais et que le candidat centriste sort vainqueur dans 54 % des cas.

Au premier tour, la concentration des voix s'opère non plus sur deux candidats, mais sur trois. Ce point correspond à la prédiction de la règle de Cox : quand une élection doit choisir *n* élus, il ne peut y avoir que *n* + *1* candidats viables ; au premier tour d'un scrutin à deux tours, *n* = 2. Contrairement au vote à un tour, cette coordination se fait toujours sur les mêmes : ce sont les candidats extrêmes qui se trouvent délaissés. Mais cela ne suffit pas à rendre l'élection prévisible. En effet, dans près de la moitié des cas, le candidat centriste est victime du phénomène de laminage du centre : des votes d'électeurs extrêmes se portent, dès le premier tour, sur les candidats modérés les plus proches, le centre ne bénéficie pas de ce type de report et ne peut donc passer la barre du premier tour qui se joue entre les deux modérés.

Même si la dynamique dans cette expérience est quelque peu différente, on constate que le vote stratégique produit à peu près le même effet sous le système à deux tours que sous le système à un seul tour : un résultat final qui ne peut pas être prévu à partir de ces données fondamentales que constituent les positions des électeurs et des candidats.

RÉSULTATS SUR LE VOTE PAR APPROBATION

Contrairement à ce que nous venons de décrire à propos des votes uninominaux, le vote par approbation est peu soumis aux effets de dépendance au chemin, les effets dynamiques y sont plus faibles, et le résultat est plus prévisible : le vote par approbation tend à faire élire le candidat centriste.

Dans la série d'expériences précédemment décrite, seules six sessions ont été réalisées en utilisant le vote par approbation, mais les résultats sont assez clairs : sur 24 élections, le centriste l'emporte 19 fois, et, si l'on se restreint aux deux dernières élections de chaque série de quatre, le centriste gagne toujours. Cela correspond à la prédiction théorique selon laquelle, si les électeurs sont stratégiques, cette règle de vote conduira à l'élection du vainqueur de Condorcet s'il existe[31]. Ici, le centriste est le vainqueur de Condorcet, et il est effectivement élu après une très courte période d'apprentissage. Les reproductions de l'expérience révèlent un résultat moins spectaculaire, mais qui va dans le même sens : à la dernière élection, le centriste est élu dans 61 % des cas[32].

RÉSULTATS SUR LE VOTE UNIQUE TRANSFÉRABLE

Si l'on ne dispose que de quatre sessions réalisées avec ce système selon le protocole étudié ici, du moins sont-elles extrêmement simples à interpréter : le centriste n'est jamais élu. Ce résultat, qui peut paraître surprenant, s'explique en fait très facilement.

Avec le vote unique transférable, il n'est pas du tout évident de savoir comment voter « stratégiquement ». En effet, à la différence de la plupart des systèmes de vote, la bonne heuristique ne consiste pas à *exagérer* sa préférence en faveur d'un candidat que l'on aime mais qui ne parvient pas à gagner, mais au contraire à renoncer à le soutenir[33]. Si cette idée peut présenter un intérêt pour les partis qui se demandent quels candidats présenter, elle est sans doute trop peu intuitive pour être pertinente dans le cadre de ce protocole d'expérimentation en laboratoire. N'ayant pas de vote utile évident, les participants aux expériences votent donc de la manière la plus simple possible en indiquant leurs préférences sincères.

Or il se trouve qu'avec des électeurs sincères le vote simple transférable est soumis au phénomène décrit plus haut à propos du vote à deux tours, le laminage du centre. Le vote simple transférable fait pire, en quelque sorte, que le scrutin à deux tours, car le laminage du centre y est systématique : dans l'expérience, puisque les électeurs donnent leurs classements sincères complets, les voix extrêmes sont systématiquement transférées aux candidats modérés, jamais au centre, et le centriste est donc toujours éliminé avant le dernier tour (qu'il aurait pourtant gagné). Un cas typique d'élimination prématurée du vainqueur de Condorcet.

D'autres expériences

La structure unidimensionnelle des préférences utilisée dans ce qui précède n'est pas la seule intéressante du point de vue politique. D'autres expériences ont été faites dans le même esprit, mais avec d'autres structures. Donnons deux exemples.

UNE SOCIÉTÉ DIVISÉE

Imaginons que la société soit divisée en deux groupes, A et B, de tailles plus ou moins égales, et considérons trois options : l'option *a* est très favorable aux membres du groupe A et très défavorable aux membres du groupe B ; l'option *b* est au contraire favorable à B, mais non à A ; enfin, il existe une option *c*, qui est favorable aux deux groupes simultanément, mais un peu moins que leurs options préférées.

L'option *c* est typiquement une option « consensuelle », qui n'est pas choisie par les règles de vote uninominales, avec ou sans second tour. Dans une série d'expériences utilisant cette structure de base, Jonathan Baron, Nicole Altman et Stephan Kroll ont pu démontrer que l'usage de la règle de vote par approbation permettait à l'électorat de choisir l'option consensuelle[34]. À nouveau, la mécanique est facilement compréhensible : l'option consensuelle attire un certain nombre d'approbations de « secondes préférences », que ce soit pour des raisons stratégiques (crainte de voir l'option opposée l'emporter) ou simplement expressives.

UNE MAJORITÉ DIVISÉE

Dans le cadre des règles de vote uninominales se pose en politique un problème très important, celui de la division des voix : des candidats politiquement proches l'un de l'autre se nuisent en divisant leur électorat potentiel. Ce phénomène se présente dans le scrutin à un tour comme dans celui à deux tours, et pour les « petits » candidats comme pour les « grands ».

Une série d'expériences de Robert Forsythe, Thomas A. Rietz, Roger B. Myerson et Roger J. Weber met cette problématique en scène dans le laboratoire[35]. On dispose de nouveau de trois options, Orange, Vert et Bleu. Il y a trois groupes d'électeurs : 4 électeurs forment le groupe O, 4 le groupe V et 6 le groupe B. Les préférences sont les suivantes :

- Les 4 membres du groupe O préfèrent légèrement Orange à Vert, mais ne veulent surtout pas de Bleu.
- Les 4 membres du groupe V préfèrent légèrement Vert à Orange, mais ne veulent surtout pas de Bleu.
- Les 6 membres du groupe B préfèrent fortement Bleu et sont indifférents au choix entre Vert et Orange.

Cette structure (déjà proposée par Borda) reproduit bien le problème : elle crée une majorité de 8 contre 6 contre *Bleu* et en faveur d'*Orange* ou de *Vert*, mais cette majorité est divisée en deux sous-groupes de 4. Forsythe *et al.* étudient successivement le vote à un seul tour, la règle de Borda et le vote par approbation, la principale variable d'intérêt étant la probabilité d'élection de l'option minoritaire. Ils parviennent aux conclusions suivantes (en présence de sondages préélectoraux) :

- Le scrutin uninominal à un tour est la règle qui élit le plus fréquemment le candidat minoritaire (dans environ 20 % des cas).
- Le vote par approbation réduit ce pourcentage à environ 15 %.
- La règle de Borda le réduit encore davantage, à environ 10 %.

Conclusions sur les expériences en laboratoire

LEÇONS POLITIQUES

On constate que le laboratoire permet de reproduire de manière assez fine, sur de tout petits groupes, des phénomènes collectifs décrits dans la politique réelle : les phénomènes de division et de report des voix, la concentration sur deux candidats sous *first past the post*, le laminage du centre sous le scrutin à deux tours. Cette capacité des expériences de laboratoire à reproduire le réel permet en outre une certaine subtilité d'analyse des comportements individuels – un point sur lequel nous ne nous sommes pas attardés dans le cadre de cet ouvrage[36]. Elle laisse surtout penser que ce que l'on observe à propos de règles plus exotiques nous informe sur ce que l'on constaterait si ces règles étaient utilisées en pratique.

Notons à ce stade de notre réflexion que les expériences de laboratoire ont permis d'affiner notre compréhension du vote par approbation, compréhension qui, auparavant, reposait uniquement sur quelques considérations *a priori*. Certains des arguments en faveur du vote par approbation sont confirmés, d'autres sont contredits.

L'idée est parfois avancée que, pour des raisons stratégiques, les électeurs auraient intérêt à ne voter que pour une seule personne lors d'un vote par approbation, pratique désignée par l'expression « *bullet voting*[37] ». Une telle assertion, qui n'est d'ailleurs pas étayée par les modèles stratégiques usuels, est battue en brèche par les observations en laboratoire : les participants cherchent à maximiser leurs gains, et cela ne les conduit pas au *bullet voting*.

Les idées développées notamment par Steve Brams, Robert Weber et Roger Myerson sur la capacité du vote par approbation à éviter les pièges de la dispersion des voix et à élire les candidats consensuels sont, elles, confirmées par le laboratoire. Comme on l'a vu, la tendance « centripète » du vote par approbation, en particulier, est bien mise en évidence en laboratoire. Cette tendance n'est certes pas absolue, car les effets individuels et de groupe ne sont pas strictement identiques d'une session à l'autre. Toutefois, les résultats de laboratoire nous mettent la puce à l'oreille à propos du vote par approbation : finalement, voter pour plusieurs personnes, ce n'est peut-être pas si mal.

LEÇONS MÉTHODOLOGIQUES

Il est regrettable que l'on ne dispose pas de plus d'expériences de ce type. D'une part, l'éventail des règles de vote étudiées est assez limité – nous n'avons, par exemple, presque aucune expérience sur d'autres formes d'évaluation que l'approbation –, et il en va de même pour les structures de préférences. D'autre part, certains résultats reposent sur un nombre faible, voire très faible, d'observations. Nous nous sommes contenté dans ce chapitre de mentionner les résultats qui paraissaient les plus robustes[38].

Indépendamment du nombre et de la qualité des expériences, la méthode expérimentale pose, par elle-même, des problèmes de « validité externe » : dans quelle mesure ce qui se passe dans le laboratoire se retrouve-t-il à l'identique dans le réel ?

La technique de l'économie expérimentale donne toutes ses chances au vote stratégique : littéralement, l'expérimentateur paie les participants pour qu'ils considèrent l'élection comme un jeu où seul le résultat (monétaire) compte. La littérature moderne en science politique montre clairement que des motifs multiples doivent être invoqués pour expliquer le choix électoral, de sorte qu'aucune des deux théories de la rationalité parfaite ou de la pure expression ne correspond à la réalité. Il semble dès lors raisonnable de penser que, dans la vraie vie, les électeurs sont parfois stratégiques, mais certainement moins qu'en laboratoire.

Il faut donc se garder de surinterpréter les résultats qui précèdent. L'économie expérimentale ne démontre pas que le vote par approbation fait systématiquement élire un candidat centriste ; et le lecteur attentif et critique aura déjà noté les limites de l'approche générale par les expériences de laboratoire, et les limites de l'expérience particulière décrite ici. Mentionnons quelques-unes de ces limites.

L'hypothèse de structure spatiale unidimensionnelle (l'axe gauche-droite) n'est qu'une hypothèse, qui possède une certaine pertinence politique, mais qui simplifie la réalité : dans les expériences, tous les électeurs suivent exactement cette logique de proximité ; ce n'est pas le cas dans le monde réel, comme nous le verrons dans les sections suivantes.

En outre, l'expérience décrite considère les partis ou les candidats comme des entités amorphes et immobiles, réduites à une position fixe sur l'axe gauche-droite. En réalité, et quoi qu'ils en disent, les partis et les candidats adaptent leurs positionnements idéologiques et leurs promesses électorales, les élections venant rythmer ces dynamiques de concurrence politique.

D'une manière générale, la méthode de l'économie expérimentale, avec ses incitations monétaires, ne peut capturer que certains aspects abstraits et désincarnés des phénomènes sociaux. Pour aller plus loin, il est donc indispensable de se tourner vers d'autres méthodes d'expérimentation, mettant en jeu de véritables élections politiques.

Premières expériences in situ *sur le vote par approbation*

Les premières études empiriques sur le vote par approbation ont été conduites à l'occasion d'élections dans des sociétés savantes ; en effet, plusieurs sociétés professionnelles utilisent ce mode de scrutin, ainsi l'Institute of Electrical and Electronics Engineers et ses centaines de milliers de membres[39], ou encore la Social Choice and Welfare Society, la société savante qui réunit les chercheurs en théorie du choix social et qui utilise précisément ce mode de scrutin pour élire, tous les deux ans, son président et les membres de son conseil.

Depuis 2011, une série d'articles ont été publiés sur le sujet des élections à la Social Choice and Welfare Society. Ces travaux n'ont pas mis en évidence des phénomènes particulièrement remarquables à propos de ces élections[40], mais il est vrai que celles-ci sont peu conflictuelles. Lorsqu'une élection est serrée, c'est-à-dire quand plusieurs candidats ont à peu près le même score sous un mode de scrutin donné, il en va généralement de même sous d'autres modes de scrutin, et le résultat final peut donc dépendre du système utilisé. Pour aller plus loin, il importe de comprendre quel genre de candidat est favorisé par telle ou telle règle de vote, mais cette question n'a de sens que lorsqu'il existe une structure non triviale induite par les préférences individuelles sur l'ensemble des candidats. Or les études faites jusqu'à présent n'ont pas permis de mettre en évidence des structures fortes dans l'électorat. Le seul résultat approchant est la mise en évidence d'un effet de genre dans les coapprobations reçues par les candidats et par les candidates[41].

Les élections au sein des sociétés savantes présentant des situations très particulières, *a priori* différentes de véritables élections politiques au suffrage universel, les chercheurs ont entrepris de développer une méthode nouvelle, dite d'expérimentation *in situ*, qui implique le grand public à l'occasion d'une élection politique importante.

Le protocole d'expérimentation sur le terrain

Dans cette expérience *in situ*, il s'agit de proposer aux électeurs, le jour même d'une élection importante et juste après leur vote officiel, de voter suivant une règle alternative. L'opération se déroule dans un certain nombre de bureaux de vote. Elle s'apparente à une enquête « sortie des urnes » habituelle, en ce qu'il s'agit simplement de répondre à une (ou plusieurs) questions à la sortie du bureau de vote officiel, mais elle s'en distingue sur plusieurs points importants.

Premièrement, avant l'élection, les électeurs reçoivent une lettre à leur domicile personnel leur expliquant les tenants et aboutissants de l'opération : la méthode de vote testée et les objectifs scientifiques de ce test qui cherche à évaluer les effets possibles de différents modes de scrutin. À cette fin, les scientifiques leur demandent leur coopération, irremplaçable pour comprendre comment, eux, citoyens, réagissent face à ces modes de scrutin alternatifs.

Deuxièmement, dans le même esprit, des réunions publiques sont organisées, avant et après l'élection, et les relais journalistiques locaux sont mobilisés pour expliquer la démarche, en insistant de nouveau sur son but scientifique, puis pour rendre compte des résultats.

Troisièmement, l'organisation matérielle se distingue d'une simple enquête par l'utilisation d'un matériel identique à celui d'un véritable bureau de vote : les isoloirs et les urnes. L'opération se déroule, suivant la configuration des lieux et le bon vouloir de la mairie, soit dans la même pièce que le bureau de vote officiel, soit dans une pièce adjacente. L'anonymat des réponses est respecté de manière tangible et stricte.

Toutes ces précautions visent à instaurer une atmosphère de coopération bénévole, mais sérieuse. Les termes « expérience » ou « expérimentation » sont utilisés pour signifier, d'une part, que les participants vont expérimenter, pour eux-mêmes, de nouvelles techniques et, d'autre part, que les chercheurs se doivent d'aller ainsi sur le terrain pour découvrir comment les électeurs comprennent et utilisent ces techniques.

La participation peut être étonnamment forte. Les premières expériences de ce type ont été organisées par Michel Balinski, Rida Laraki, Jean-François Laslier et Karine Van der Straeten lors du premier tour de l'élection présidentielle française de 2002, dans cinq bureaux de vote de la ville d'Orsay (banlieue de Paris) et dans le village de Gy-les-Nonains (Loiret). L'unique bureau de vote de ce village comptait 482 inscrits. Au premier tour de l'élection présidentielle, 395 personnes sont venues voter (dont 8 votes nuls). Sur ces 395 personnes, 365, soit 92,41 %, ont accepté de prendre part à l'expérience proposée (dont un vote nul).

Le tableau 4 de la section suivante indique les pourcentages de participation (calculés comme précédemment par rapport aux électeurs votant au scrutin officiel) dans les expériences suivant ce protocole. La participation fut variable, mais généralement supérieure à 50 %, une forte participation coopérative très encourageante pour les chercheurs.

L'élection présidentielle française de 2002

Le premier tour de l'élection présidentielle française de 2002 a été marqué par un coup de tonnerre politique : pour la première fois sous la Ve République, l'extrême droite parvenait au second tour. Avant d'analyser les résultats de l'expérience du vote par approbation, il convient de rappeler le paysage politique au moment de l'élection, et le déroulement de l'élection elle-même[42].

Les 16 candidats en lice au premier tour étaient les suivants (avec leur score de premier tour entre parenthèses) :

- Lionel Jospin (16,18 %) était le chef du gouvernement sortant. Les autres candidats de gauche étaient Christiane Taubira (2,32 %), Noël Mamère (5,25 %), Robert Hue (3,37 %) et Jean-Pierre Chevènement (5,33 %). Ces cinq candidats totalisaient donc 32,45 % au premier tour.
- Jacques Chirac (19,88 %) était le président sortant, élu en 1995 contre le socialiste Lionel Jospin. Après le fiasco de la dissolution de 1997, Jacques Chirac avait dû « cohabiter » avec Lionel Jospin comme Premier ministre, qui se présentait maintenant contre lui pour la présidence. Les autres candidats de droite étaient Jean Saint-Josse (4,23 %), Christine Boutin (1,19 %) et Alain Madelin (3,91 %). Ces quatre candidats totalisaient donc 29,21 %.
- Jean-Marie Le Pen (16,86 %) était le leader historique du Front national, le principal parti d'extrême droite, aussi représenté par Bruno Mégret (2,34 %), un dissident du Front national. Ces deux candidats totalisaient donc 19,20 %.

• Au centre, François Bayrou (6,84 %) et Corinne Lepage (1,88 %) représentaient en tout 8,72 %.

• À l'extrême gauche, Arlette Laguiller (5,72 %), Olivier Besancenot (4,25 %) et Daniel Gluckstein (0,47 %) représentaient en tout 10,44 %.

Les sondages et les commentateurs, jusqu'à quelques jours du scrutin, prévoyaient un second tour entre Jacques Chirac et Lionel Jospin, et une victoire finale de Jospin, mais le premier tour qualifia Jean-Marie Le Pen. Au second tour, Chirac battit facilement Le Pen en réunissant plus de 80 % des suffrages exprimés, dont de nombreuses voix de gauche.

Que donne ici le vote par approbation ? Malgré les difficultés inhérentes au mode d'enquête utilisé (participation ouverte à l'intérieur des bureaux de vote), notamment la moindre participation des électeurs lepénistes, on peut tenter, en jouant sur les observations dans les différents bureaux étudiés, une extrapolation au niveau national qui corrige ce biais de participation[43]. L'exercice est parsemé de difficultés méthodologiques, et les résultats doivent être considérés comme seulement illustratifs. Ils sont présentés dans le tableau 2 et dans la figure 3.

Chaque électeur approuve en moyenne environ trois candidats, mais aucun candidat ne parvient à être approuvé par une majorité, loin de là : Jacques Chirac, le mieux placé, n'est approuvé que par 36,7 % des électeurs.

La figure 3 facilite la lecture des données du tableau 2. Chaque candidat est représenté par un point, les candidats sont ordonnés de gauche à droite suivant leur score national du premier tour. L'axe vertical donne le score d'approbation (3e colonne du tableau 2). En prenant les points de la droite vers la gauche, on observe que Jacques Chirac, en tête au premier tour, est également vainqueur du vote par approbation. Jean-Marie Le Pen, en deuxième place au vote officiel, fait nettement moins bien par approbation, puisqu'il est devancé par Lionel Jospin et même (légèrement) par François Bayrou.

Tableau 2. Extrapolation nationale à partir de l'expérimentation de 2002.

	Rappel 1er tour (%)	Approbations pour 100 électeurs
Jacques Chirac	19,9	36,7
Jean-Marie Le Pen	16,9	25,1
Lionel Jospin	16,2	32,9
François Bayrou	6,8	27,1
Arlette Laguiller	5,7	16,8
Jean-Pierre Chevènement	5,3	22,4
Noël Mamère	5,2	24,3
Olivier Besancenot	4,2	17,6
Jean Saint-Josse	4,2	13,4
Alain Madelin	3,9	20,4
Robert Hue	3,4	11,3
Bruno Mégret	2,3	13,8
Christiane Taubira	2,3	12,6
Corinne Lepage	1,9	13,4
Christine Boutin	1,2	6,6
Daniel Gluckstein	0,5	5,5

Source : Laslier et Van der Straeten, 2004 ; données recueillies à Orsay et Gy-les-Nonains, France 2002.

Les résultats précédents mettent en évidence deux idées fortes que les analyses théoriques et en laboratoire laissaient entrevoir et que les études ultérieures viendront confirmer pour l'essentiel : le vote par approbation favorise les candidats consensuels et défavorise les candidats clivant (ici, l'extrême droite).

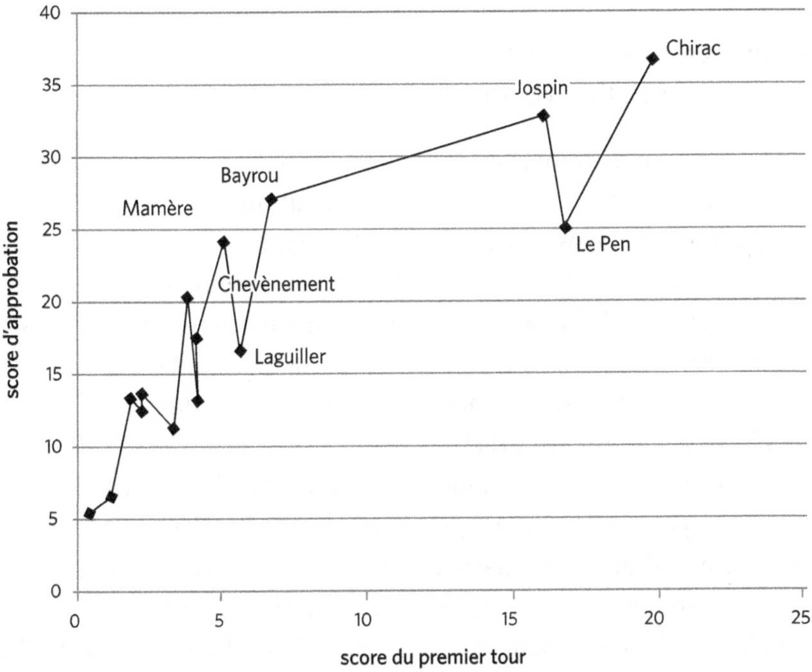

Figure 3. Extrapolation nationale à partir de l'expérimentation de 2002.
Source : Laslier et Van der Straeten, 2004 ; données recueillies à Orsay et Gy-les-Nonains, France 2002.

Bien que les données collectées cette année-là ne permettent pas de relier, au niveau individuel, les votes officiels et les approbations, on peut remarquer que les données agrégées ne sont pas incompatibles avec l'idée avancée par la théorie : le principal problème des systèmes uninominaux à un ou à deux tours est celui de la dispersion des voix ; le vote par approbation résout ce problème. Dans le cas d'espèce, Lionel Jospin n'a recueilli au premier tour qu'environ la moitié des voix de son camp (16,18 % sur 32,45 % d'après les chiffres donnés plus haut) et a été battu par le chef d'un camp moins populaire mais très homogène. Le vote par approbation évite largement ce problème, ce qui se confirme avec les totaux (32,9 % d'approbation pour Lionel Jospin) et avec l'analyse des approbations croisées : les électeurs ont tendance à approuver simultanément les candidats politiquement proches[44].

Une élection africaine : la présidentielle béninoise de 2011

L'expérience française de 2002 a montré que les électeurs acceptaient l'idée de voter par approbation. Une réplique de l'expérience française, réalisée en Allemagne, a confirmé l'observation[45]. Cependant, comme de nombreux auteurs l'ont souligné, les conceptions de la vie politique et sociale peuvent varier sérieusement d'une culture à l'autre. Il a donc paru important de renouveler l'expérience française sous des cieux radicalement différents, ce qui a été fait au Bénin en 2011[46].

Comme plusieurs anciennes colonies françaises, le Bénin possède un système largement présidentiel, et l'élection du président de la République y est particulièrement importante. Elle s'effectue au suffrage universel suivant un système à deux tours, comme en France. Les candidats en 2011 étaient nombreux (13 en tout), mais seuls deux d'entre eux avaient une chance d'être élu : Yayi Boni, le président sortant, et Adrien Houngbédji, son adversaire de longue date. Les autres candidats étaient soit des politiciens connus, comme le « troisième homme » Abdulaye Bio Tchané, président de la West African Development Bank, et Marie-Élise Gbèdo, la principale femme politique du pays, soit des « petits » candidats implantés localement.

L'opération « Vote par approbation au Bénin » s'est déroulée le jour du scrutin suivant un protocole similaire à celui utilisé en France en 2002, mais adapté aux circonstances. Elle a eu lieu dans trois bureaux de vote du sud du pays. Les résultats sont à considérer par rapport à ces bureaux de vote eux-mêmes, comme le fait le tableau 3.

Intéressons-nous d'abord au vote officiel. On observe une grande concentration des votes sur les deux candidats principaux : ils recueillent à eux deux environ 90 % des suffrages et ne laissent que des miettes aux 11 autres candidats. Ce point distingue le cas béninois du cas français, et, de fait, l'électeur béninois ressemble plus à son homologue américain qu'à son homologue français. Plusieurs explications sont possibles. Premièrement et contrairement à ce qui se passe en France, la possibilité d'une élection directe au premier tour, avec un candidat obtenant la majorité absolue, est réelle. Cela rapproche l'élection béninoise d'une élection à un seul tour, dans laquelle les voix qui échappent aux deux candidats principaux sont perdues. La concentration des votes peut donc découler d'un comportement stratégique des électeurs. Deuxième explication possible : les autres candidats ne sont tout simplement pas appréciés des électeurs ; sincèrement et en toute connaissance de cause, ces deux candidats sont les meilleurs pour 90 % des électeurs. Troisième explication, les autres candidats ne sont pas connus des électeurs.

Cette dernière explication (manque d'information) s'applique certainement à plusieurs petits candidats, mais probablement pas à des politiciens célèbres comme Bio Tchané ou Gbèdo. Dans tous les cas, que l'attachement exclusif aux grands candidats soit stratégique ou sincère, la question se pose du passage à l'approbation : l'électeur béninois saisira-t-il l'occasion présentée par l'opération pour approuver plusieurs candidats simultanément ?

La réponse est oui. Les électeurs approuvent en moyenne 2,1 candidats. Même si le classement des principaux candidats ne s'en trouve pas affecté, le tableau 3 montre à quel point le vote par approbation ouvre le jeu politique. Bio Tchané, qui ne recueille que 7,7 % des votes au premier tour, est approuvé par 35,9 % des électeurs. La candidature de Gbèdo, qui pouvait paraître symbolique avec 1,1 % des votes au premier tour, reçoit l'approbation de 16,4 % des répondants. Il en résulte une image de l'offre politique bien différente de celle projetée par le système à deux tours. Tout se passe comme si la polarisation de la politique béninoise sur le duel Yayi Boni contre Adrien Houngbédji était un artefact du système à deux tours.

Tableau 3. Scores d'approbation et de premier tour pour l'expérience béninoise de 2011 (moyenne en % des trois bureaux de vote étudiés).

	Approbation (1)	Premier tour (officiel) (2)	Premier tour (déclaré) (3)
Yayi Boni	59,1	47,6	51,6
Adrien Houngbédji	51,4	41,6	38,4
Abdulaye Bio Tchané	35,9	7,6	7,7
Marie-Élise Gbèdo	16,4	0,9	1,1
Christian Lagnidé	11,2	0,3	0,3
Salifou Issa	10,4	0,3	0,4
Janvier Yahouédéou	9,1	0,8	0,1
Kessilé Tchala	3,6	0,1	0,0
Victor Topanou	3,2	0,1	0,0
Jean-Yves Sinzogan	2,9	0,2	0,0
Salomon Biokou	2,8	0,1	0,1
Joachim Dahissiho	2,1	0,0	0,1
Cyr Kouagou	2,0	0,1	0,0
Observations (n)	1425	3185	693

La colonne 1 indique le score moyen d'approbation parmi les 1 425 participants à l'expérience ; la colonne 2, le score moyen officiel au premier tour dans les trois bureaux considérés ; la colonne 3, le score moyen au premier tour pour les 693 participants à l'expérience qui ont accepté de nous indiquer leur vote officiel. L'écart entre les colonnes 2 et 3 mesure donc un biais de de participation. Les candidats sont classés par score d'approbation décroissant.
Source : Kabre et al., *2015 ; données recueillies à Cotonou et Ouidha, Bénin 2011.*

La recherche d'un système politique permettant d'apaiser les tensions latentes dans la société, au lieu de les exacerber, est une question lancinante de la politique africaine[47]. Or, bien souvent, il semble que le système présidentiel avec une élection à deux tours construise plutôt la division de la société en deux camps opposés. Un nombre non négligeable de participants à l'expérience béninoise en a profité pour exprimer son soutien simultané aux deux candidats principaux ; ainsi, parmi les participants qui déclarent voter pour Yayi Boni au vote officiel à un tour, 18 % approuvent (aussi) son principal concurrent, Adrien Houngbédji. Dans une remarque ajoutée sur son bulletin, une électrice commente ainsi son choix : « J'ai voté pour la paix. » Une telle réaction indique que le vote par approbation peut être un des ingrédients d'une recette institutionnelle promouvant le consensus plutôt que la division.

Premières expériences sur le vote par notes

Les opérations de 2002 ayant démontré la faisabilité de ce type de recherche, il est apparu possible d'utiliser des protocoles légèrement plus complexes, permettant de comparer différentes règles de vote. Cette section présente des expériences faites en France en 2007 et en 2012.

L'idée de choisir en évaluant

Voter par évaluation signifie que l'électeur évalue chaque candidat indépendamment, sur une échelle prédéfinie. Le vote par approbation (étudiée dans la section précédente) est un vote par évaluation particulièrement simple puisque l'échelle d'évaluation est réduite à deux degrés. Les divers votes par évaluation se distinguent, d'une part, par l'échelle utilisée (échelle verbale ou numérique, finesse plus ou moins grande) et, d'autre part, par la manière dont on agrège les bulletins d'évaluation en un choix collectif.

Les nombres se comparent (plus grands, plus petits), s'additionnent et se soustraient. Les évaluations verbales sont à la fois plus riches (en signification) et moins riches (elles ne s'additionnent pas). Il faut distinguer entre la manière dont l'échelle d'évaluation est présentée et celle dont elle est utilisée dans le décompte, les deux aspects étant également importants. Une échelle verbale peut être utilisée numériquement : cela se produit, par exemple, quand on demande aux électeurs de dire si chaque candidat est « souhaitable », « acceptable » ou « inacceptable » et que l'on dépouille les bulletins en comptant 2 points à chaque mention « souhaitable », 1 point à chaque mention « acceptable » et 0 point à chaque mention « inacceptable[48] ». Une échelle qui se présente comme verbale fait toujours l'objet d'un décompte à un moment ou à un autre, mais ce décompte n'est pas forcément additif ni même quantitatif. Par exemple, dans le jugement majoritaire, on choisit le candidat dont la médiane des évaluations est la plus élevée ; dans ce décompte, on confond les évaluations qui sont un peu ou très inférieures à la médiane.

On utilise le terme « vote par notes » quand l'échelle est numérique et que le dépouillement est fait de manière additive. Notons qu'une échelle peut se présenter sous forme numérique, mais, si le dépouillement n'utilise jamais le caractère proprement quantitatif de ces évaluations et ne fait que les comparer, on n'a pas affaire à un vote par notes.

La théorie formelle du choix collectif a étudié avec force détails les procédures d'agrégation d'évaluations qualitatives ou quantitatives, et a abouti à la conclusion qu'il était extrêmement difficile, voire impossible en toute généralité, d'éviter de traiter les évaluations individuelles comme des quantités. La raison profonde de ce phénomène a déjà été indiquée : un jugement collectif raisonnable doit, d'une manière ou d'une autre, arbitrer entre les intérêts des uns et ceux des autres. Il doit utiliser des arguments du type « A est globalement préférable à B car ceux qui gagnent au choix de A par rapport à B gagnent globalement plus que ce que perdent les autres ».

Dès lors que l'on accepte les comparaisons interpersonnelles, les règles numériques additives sont les plus simples et les plus intuitives. De plus, elles sont les seules à satisfaire un certain nombre de propriétés formelles désirables qui évitent les « paradoxes » du vote. Restent plusieurs points à résoudre, théoriques et pratiques : comment les électeurs utilisent-ils ces systèmes ? Quelle échelle choisir ?

Protocole *in situ* pour étudier le vote par notes

Afin de tester le vote par notes sur le terrain, le protocole décrit précédemment à propos du vote par approbation est utilisé, en le compliquant un peu. Les expériences réalisées depuis l'élection présidentielle de 2007 proposent aux participants de tester non pas une, mais plusieurs méthodes et leur demandent aussi de répondre (de manière facultative) à un nombre restreint de questions de nature socio-économique et politique. Il est notamment proposé aux participants d'indiquer quel a été leur vote à l'élection officielle.

En conséquence de ces choix, le protocole est plus lourd, ce qui pourrait faire craindre une participation moindre. Cette crainte se révèle partiellement fondée : la participation aux opérations de test *in situ* passe, *grosso modo*, de 75 à 50 %. Qu'un électeur sur deux accepte ainsi de remplir un questionnaire le jour du vote reste une proportion élevée et, en tout cas, une base de travail sérieuse. La lourdeur du protocole ne constitue donc pas un obstacle rédhibitoire.

Les avantages du protocole comparatif sont nombreux. Listons-en trois.

- Ces enquêtes étant toujours à participation libre, les différentes catégories de citoyens n'y prennent pas part également, et, en particulier, les électeurs conservateurs participent moins que les autres. Constituer un échantillon représentatif à partir de ces données est délicat, voire impossible, si l'on ne peut pas s'appuyer sur d'autres variables que les variables d'étude[49]. Le premier travail sur l'expérience du vote par approbation conduite en 2002 utilisait le fait que l'opération avait été menée dans plusieurs bureaux de vote sociologiquement et politiquement différents pour effectuer le redressement, mais l'absence de variables individuelles rendait la chose extrêmement difficile[50]. Pouvoir disposer de variables individuelles telles que le vote officiel, sans résoudre tous les problèmes, constitue un progrès considérable.

• Proposer *plusieurs* règles de vote permet d'observer des variations, au niveau individuel, dans l'usage comparé des règles. On verra que l'on peut, par exemple, relever et étudier les seuils, en termes de notes, d'approbation et de vote uninominal, pour différents candidats.

• Un autre avantage important de la présentation de plusieurs règles de vote est que celle-ci concrétise l'idée que l'opération en cours est bien une expérimentation scientifique et non une opération de propagande en faveur d'une méthode spécifique. Ce point est crucial pour qui veut étudier l'acceptabilité des différents systèmes, comme nous le verrons plus loin.

Le tableau 4 résume les différents systèmes testés au cours des dernières années.

Tableau 4. Synthèse des principales expérimentations *in situ* sur la comparaison des modes de scrutin.

Date	Lieu	Modes de scrutin	Participation
Enquêtes sans variables supplémentaires ni vote officiel			
2002	Gy-les-Nonnains ; Orsay (5)	AV	2587 (78 %)
2007	Faches-Thumesnil (2)	(classement)	960 (60 %)
2007	Orsay (3)	JM	1752 (74 %)
2008	Messel (3) Konstantz (6)	AV	2398 (50 %)
Enquêtes avec variables supplémentaires et vote officiel			
2007	Cigné (1) Illkirch-Graffenstaden (3) Louvigny (2)	AV et EV [0,1,2] *idem* *idem*	2836 (62 %)

2012	Bénin (3)	AV	1425
2012	Louvigny (2) Saint-Étienne (1) Strasbourg (2)	AV et EV[0,1,2] AV et EV[-1,0,1] AV et EV[0,..,20]	2340 (54 %)
2017	Hérouville-S.-C. (2) Strasbourg (2) Grenoble (3) Crolles (5) Allevard (3)	AV, EV[0,1,2,3], EV[0,1,2,3,4,5] AV, EV[0,1,2], EV[-1,0,1], EV[0,1,2,3], EV[-1,0,1,2] AV et EV[*cont*] AV et AV2T EV[-.5,0, 1], EV[-1,0, 1], EV[-2,0, 1]	6358 (48 %)

Notes : AV : vote par approbation ; AV2T : approbation avec deux tours ; JM : jugement majoritaire ; EV : vote par évaluation et échelle utilisée ; EV[cont.] : vote par évaluation sur une échelle graphique continue. Entre parenthèses : le nombre de bureaux.

Résultats des expériences sur le vote par notes en 2007 et 2012

LA PRÉSIDENTIELLE DE 2007

Lors de l'élection présidentielle de 2007, un protocole légèrement plus complexe que celui de 2002 a été utilisé dans six bureaux de vote à Cigné (Mayenne), Illkirch-Graffenstaden (banlieue de Strasbourg) et Louvigny (grande banlieue de Caen), et auprès d'un total de 2836 participants[51]. Les objectifs principaux étaient d'obtenir un nouveau cas de figure pour le vote par approbation et de tester la réaction des citoyens à l'idée de voter en utilisant une échelle numérique à trois niveaux {0, 1, 2}.

En 2007, le président sortant Jacques Chirac n'était pas candidat, et les 12 candidats en lice au premier tour étaient les suivants (avec leur score de premier tour entre parenthèses) :

• Nicolas Sarkozy (31,18 %) était le candidat du principal parti de droite (dénommé à l'époque Union pour un mouvement populaire ou UMP). Les autres candidats de droite étaient Philippe de

Villiers (2,23 %), et Frédéric Nihous (1,15 %). Ces trois candidats totalisaient donc 34,56 %.

• Ségolène Royal (25,87 %) était la candidate désignée par le Parti socialiste. On peut comptabiliser comme autres candidats de gauche modérée l'écologiste Dominique Voynet (1,57 %), l'indépendant José Bové (1,32 %) et la communiste Marie-George Buffet (1,93 %). Ces trois candidats totalisaient donc 30,69 %.

• Jean-Marie Le Pen (10,44 %) était toujours le leader du Front national.

• Au centre, François Bayrou (18.57 %).

• À l'extrême gauche, Arlette Laguiller (1,33 %) et Olivier Besancenot (4,08 %) représentaient en tout 5,41 %.

• Gérard Schivardi, inclassable, a reçu très peu de voix (0,34 %).

Les sondages et les commentateurs prévoyaient un second tour Royal-Sarkozy, et une victoire finale de Nicolas Sarkozy. Ce pronostic s'est révélé exact : au second tour Nicolas Sarkozy a battu Ségolène Royal en réunissant 53 % des suffrages exprimés.

Si les expériences de 2002 montraient que le même candidat, Jacques Chirac, était destiné à être élu quel que soit le mode de scrutin, l'élection de 2007 est très différente, et les expérimentations laissent entrevoir la possibilité que le mode de scrutin ait eu un impact décisif sur le résultat. Le tableau 5 présente les données brutes de ces expériences. L'ensemble des participants semblent pencher assez nettement en faveur de Nicolas Sarkozy si l'on considère le vote du premier tour : 34,11 % d'entre eux déclarent avoir voté Sarkozy au premier tour, alors que son score national réel n'est que 31,18 %. L'échantillon n'est donc pas biaisé contre ce candidat, au contraire. Pourtant, ces mêmes personnes élisent (expérimentalement) François Bayrou aussi bien par le vote par approbation que par le vote par évaluation sur l'échelle {0, 1, 2}. D'après ces chiffres, François Bayrou devance assez nettement Nicolas Sarkozy, et Ségolène Royal talonne ce dernier.

L'analyse des bulletins montre que le mécanisme qui permet d'arriver à cette situation est celui, intuitif, précédemment décrit :

à cause de la dispersion des voix, les candidats consensuels sont pénalisés par les systèmes uninominaux. Le cas de cette élection montre comment un candidat clivant peut arriver au pouvoir par un effet mécanique et, somme toute, assez pervers de la règle de vote.

Tableau 5. Données brutes des expérimentations de 2007. Approbation et évaluation sur l'échelle {0, 1, 2}.

	1er tour %	Score d'approbation %	Évaluation moyenne sur {0, 1, 2}
Nicolas Sarkozy	34,11	45,15	0,96
Ségolène Royal	23,60	43,67	0,94
François Bayrou	22,98	49,76	1,08
Jean-Marie Le Pen	7,61	11,59	0,28
Olivier Besancenot	4,65	23,65	0,60
Philippe de Villiers	1,69	8,99	0,28
Marie-George Buffet	0,81	7,35	0,33
Dominique Voynet	2,13	16,93	0,54
Arlette Laguiller	1,01	9,28	0,40
José Bové	1,10	11,47	0,39
Frédéric Nihous	0,64	3,38	0,15
Gérard Schivardi	0,26	1,41	0,10

LA PRÉSIDENTIELLE DE 2012

En 2012, le président sortant Nicolas Sarkozy était candidat à sa réélection, et on comptait en tout dix candidats en lice au premier tour (score de premier tour entre parenthèses) :

• François Hollande (28,63 %) était le candidat désigné par le Parti socialiste. On peut comptabiliser comme candidate de gauche modérée l'écologiste Eva Joly (2,31 %). Ces deux candidats totalisaient donc 30,94 %.

• Nicolas Sarkozy (27,18 %) était le candidat du principal parti de droite. L'unique autre candidat de droite était Nicolas Dupont-Aignan (1,79 %). Ces deux candidats totalisaient donc 28,97 %.

• Marine Le Pen (17,90 %) succédait à son père, Jean-Marie, comme leader du Front national.

• À l'extrême gauche, Jean-Luc Mélenchon (11,10 %), Philippe Poutou (1,15 %) et Nathalie Arthaud (0,56 %) représentaient au total 12,81 %.

• Au centre, François Bayrou (9,13 %).

• Jacques Cheminade, inclassable, a reçu très peu de voix (0,25 %).

Les sondages et les commentateurs prévoyaient un second tour Hollande-Sarkozy et une victoire finale de François Hollande. Cette prédiction s'est révélée exacte : au second tour, François Hollande a battu Nicolas Sarkozy en réunissant 51,64 % des suffrages exprimés.

Les développements qui suivent sont fondés sur les expérimentations réalisées dans cinq bureaux de vote, à Strasbourg, Louvigny et Saint-Étienne, pour un total de 2 249 participants ayant répondu de manière exhaustive[52]. Dix candidats se présentaient aux électeurs. Le tableau 6 présente des extrapolations nationales faites à partir de ces observations et obtenues en redressant les données brutes recueillies par rapport au vote officiel déclaré par l'enquêté. Les corrections faites pour tenir compte en particulier, mais pas uniquement, du biais de non-participation des électeurs d'extrême droite, sont très importantes : on peut estimer qu'un électeur de Jean-Luc Mélenchon avait, dans cette expérience, une probabilité de participation quatre ou cinq fois plus élevée que celle d'un électeur de Marine Le Pen. Il est donc évident que les chiffres indiqués ne peuvent prétendre à l'exactitude et ne reflètent que des tendances, à confirmer par ailleurs. Pour plus de lisibilité, la figure 4 reprend les données du tableau avec les seuls classements et pour deux échelles d'évaluation numérique.

On remarque que les quatre méthodes alternatives proposées aboutissent toutes à l'élection de François Hollande. Cependant, au contraire de Jacques Chirac dix ans plus tôt, l'intéressé est approuvé par environ la moitié des électeurs.

La figure 4 fait ressortir l'effet pénalisant pour Marine Le Pen de la possibilité de note négative. L'analyse des bulletins croisant chaque fois le vote officiel, le vote par approbation et un vote par notes conduit à distinguer trois types de candidats[53].

- Un candidat est « exclusif » si son profil d'évaluation contient de nombreuses notes très mauvaises, d'assez nombreuses notes très bonnes et relativement peu de notes moyennes. Les électeurs qui soutiennent un tel candidat ont généralement tendance à soutenir un nombre faible d'autres candidats.
- Un candidat est « inclusif » si son profil d'évaluation contient de nombreuses notes moyennes et peu de notes faibles. Les électeurs qui soutiennent un tel candidat ont généralement tendance à soutenir aussi d'autres candidats.
- Enfin, les « candidats secondaires » ont peu de bonnes notes et peu de notes moyennes, ainsi qu'un nombre faible de soutiens.

Typiquement, Jean-Marie Le Pen, Marine Le Pen et Nicolas Sarkozy sont des candidats exclusifs, François Hollande et François Bayrou, des candidats inclusifs. De manière plus inattendue, lors de l'élection de 2012, Jean-Luc Mélenchon apparaît comme candidat inclusif. Cette catégorisation n'est donc pas redondante avec le positionnement politique sur l'axe gauche-droite, le centre étant consensuel, et les extrêmes, exclusifs. Des effets de personnalisation (*valence effects*) sont aussi à l'œuvre et viennent compliquer les analyses. La caractérisation de Jean-Luc Mélenchon comme candidat inclusif, qui pouvait paraître surprenante en 2012, sera largement confirmée cinq ans plus tard, comme nous le verrons au moment d'étudier l'élection présidentielle de 2017.

Tableau 6. Extrapolations nationales à partir des expérimentations de 2012. Approbation et trois échelles d'évaluation.

	1er tour officiel, %	Score d'approbation %	Évaluation moyenne sur {0,..,20}	Évaluation moyenne sur {-1, 0, 2}	Évaluation moyenne sur {0, 1, 2}
François Hollande	28,63	49,44	9,70	0,14	0,94
Nicolas Sarkozy	27,18	40,47	7,74	- 0,11	0,85
Marine Le Pen	17,90	27,43	4,98	- 0,35	0,68
Jean-Luc Mélenchon	11,10	39,07	8,22	0,06	0,78
François Bayrou	9,13	39,20	8,22	0,11	0,92
Eva Joly	2,31	26,69	6,84	- 0,17	0,46
Nicolas Dupont-Aignan	1,79	10,69	3,69	- 0,34	0,32
Philippe Poutou	1,15	13,28	4,28	- 0,29	0,33
Nathalie Arthaud	0,56	8,35	3,67	- 0,40	0,26
Jacques Cheminade	0,25	3,32	2,35	- 0,50	0,12

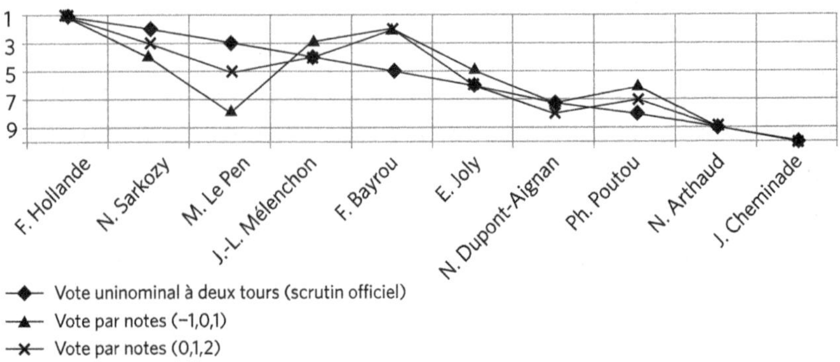

Figure 4. Extrapolations nationales à partir des expérimentations de 2012. Classements pour l'approbation et pour deux échelles d'évaluation.

Source : Beaujard et al., *2014 ; données recueillies dans différents bureaux de vote, France 2012. L'axe horizontal indique le rang du candidat au scrutin officiel, l'axe vertical, le rang suivant les méthodes alternatives.*

Deux autres expériences in situ : *la présidentielle américaine de 2016 et la présidentielle française de 2017*

La présidentielle américaine de 2016

L'élection américaine de 2016 a vu la victoire du candidat républicain Donald Trump sur la candidate démocrate Hillary Clinton.

DÉROULEMENT DE L'ÉLECTION

L'élection présidentielle américaine suit un processus très particulier.

D'une part, elle comporte toujours deux candidats sérieux, et deux seulement, désignés par les deux grands partis à l'issue de deux longs processus d'élections primaires. D'autres candidats sont présents sur les bulletins, dans tous les États ou quelquefois dans certains d'entre eux seulement, mais ces petits candidats ne récoltent en pratique que très peu de voix.

D'autre part, l'élection n'est pas une élection au suffrage universel direct, mais une élection indirecte, en deux temps. Dans tout le pays, les électeurs votent pour les noms des candidats à la présidence – c'est le vote dit « populaire » –, mais la circonscription n'est pas nationale, et les comptes sont d'abord faits État par État. Ensuite, chaque État désigne des grands électeurs dont le rôle sera d'élire le président. Une règle majoritaire est très généralement appliquée au niveau de chaque État, dont tous les grands électeurs vont voter, unanimement, pour le candidat majoritaire chez eux. Le nombre de grands électeurs dans chacun des États est grossièrement proportionnel à sa population. Ce système complexe a pour conséquence que, même en présence de deux candidats seulement, le président peut être élu par une majorité de grands électeurs, alors même qu'il aurait obtenu moins de voix que son adversaire lors du vote populaire.

C'est ce qui s'est produit en 2016 : le résultat du vote populaire national plaçait Hillary Clinton devant Donald Trump, mais, *in fine*, 304 grands électeurs ont voté pour Donald Trump et seulement 227 pour Hillary Clinton.

Au terme des primaires, Donald Trump s'était imposé pour le Parti républicain de manière surprenante, alors que Hillary Clinton l'avait emporté conformément aux prévisions ; cependant, la surprise du côté démocrate venait de la bonne tenue, lors des primaires, d'un candidat, Bernie Sanders, qui se présentait comme « démocrate socialiste ».

Les sondages préélectoraux se sont trompés de manière quasi constante et unanime en pronostiquant une victoire de Hillary Clinton contre Donald Trump. Ce n'est qu'au cours de la dernière semaine avant le vote que l'élection fut annoncée comme « serrée » ou « incertaine ».

Protocole de l'enquête

L'enquête réalisée peu avant cette élection demandait aux participants : 1) de voter suivant la pluralité simple, donc sans second tour, qui est la méthode usuelle dans ce pays ; 2) de classer les candidats en vue d'un « vote unique transférable » ; 3) de voter par approbation ; 4) de voter suivant le vote par notes, avec l'échelle {0, 1, 2, 3, 4, 5} ; 5) d'indiquer, sur une échelle de 0 à 5, leur évaluation sincère de chaque candidat. Les différents modes de scrutins étaient présentés aux électeurs dans un ordre aléatoire[54].

Deux listes de candidats étaient envisagées, chaque participant se voyant présenter l'une des deux. La liste courte comportait quatre candidats : Trump et Clinton ainsi que Gary Johnson, du parti libertaire (Libertarian Party), et Jill Stein, écologiste (Green Party). La liste longue comprenait en plus Ted Cruz (républicain battu lors de la primaire républicaine), Bernie Sanders (démocrate battu à la primaire démocrate) et trois autres politiciens plus ou moins connus, Evan McMullin, Michael Bloomberg et Darrell Castle.

Les deux sous-échantillons de participants qui ont répondu chacun à propos de quatre ou de neuf candidats ayant été tirés au sort, l'enquête satisfait une des conditions méthodologiques parfois exigée d'une expérience en sciences sociales : la constitution aléatoire de sous-échantillons suffisamment nombreux d'une population donnée permet d'isoler les effets des variables de traitement. Les deux sous-populations étant ici de taille suffisante, les différences significatives qui apparaîtraient entre ces deux groupes peuvent être attribuées à la variation de la liste.

Résultats de l'enquête

Les analyses faites à partir de cette enquête montrent tout d'abord, et de manière particulièrement remarquable, comment le résultat de l'élection dépend de la règle de vote, ainsi que de certaines propriétés de ces règles.

Tableau 7. Vainqueurs possibles de l'élection présidentielle américaine, 2016.

Règle de vote	Liste de 4 candidats	Liste de 9 candidats
Vote à un tour	Clinton	Clinton
Vote unique transférable	Clinton	Clinton
Vote par approbation	Clinton	Clinton-Sanders*
Vote par notes {0, 1, 2, 3, 4, 5}	Clinton	Sanders
Évaluation sincère	Clinton	Sanders

Source : Igersheim et al., *2016. données recueillies en ligne, États-Unis, 2016.*

* La fiabilité statistique de l'enquête ne permet pas de trancher entre H. Clinton et B. Sanders.

Premièrement, à la pluralité simple, c'est bien Hillary Clinton, et non Donald Trump, qui aurait été élue au suffrage universel direct. On retrouve dans l'enquête ce que les Américains savent : Clinton a recueilli plus de voix que Trump, mais la manière dont ces voix se répartissent entre les différents États a donné davantage de grands électeurs à Trump. Les Américains disent que Clinton a gagné le vote populaire.

Deuxièmement, s'agissant des quatre candidats, la victoire populaire de Clinton est claire et nette, quel que soit le mode de scrutin : comme l'indique le tableau 7, c'est toujours elle qui sort vainqueur de la liste des quatre candidats sélectionnés lors des primaires. En pratique, entre Trump et Clinton, la volonté populaire ne fait pas de doute, et Trump ne doit son élection qu'au système des grands électeurs, dont les effets pervers apparaissent ici assez nettement.

Intéressons-nous maintenant à Bernie Sanders, le candidat éliminé lors de la primaire du Parti démocrate. Quand Sanders est présent, Clinton l'emporte toujours avec le vote (direct) à un tour. Il est facile d'interpréter ce résultat. Au moment de l'enquête, les primaires démocrates avaient déjà désigné Clinton, et non Sanders, comme candidate au nom du parti. La candidature de Sanders – y compris pour les participants à l'enquête prêts à la soutenir (ils étaient nombreux, comme on va le voir) en tant que candidature supplémentaire – n'était donc plus que celle d'un candidat ayant perdu, en réalité, toute chance de l'emporter. Ce sont exactement les circonstances du vote utile selon lequel il est préférable de ne pas perdre sa voix sur un candidat faible.

Comme nous l'avons souligné plus haut, l'enquête demandait aussi aux participants de donner une évaluation des candidats, indépendamment de la perspective d'un vote. L'analyse de ces évaluations montre que, quel que soit le critère envisagé, Sanders paraît collectivement préféré à Clinton[55]. C'est vrai, par exemple, du point de vue strictement utilitariste (somme des évaluations) qui montre des évaluations sincères moyennes de 2,35 sur 5 pour Sanders, de 2,11 pour Clinton et de 1,77 pour Trump. C'est aussi vrai du point de vue majoritaire, avec 54 % pour Sanders en face de Clinton et 57 % en face de Trump.

Cette préférence collective se reflète-t-elle dans les votes ? Ainsi que l'indique le tableau 7, c'est le cas pour le vote par notes, mais non pour le vote à un tour, comme on l'a vu, ni pour le vote unique transférable, et la question n'est pas statistiquement tranchée pour le vote par approbation.

Les données sur le vote par notes montrent des notes très robustes. D'une part, les notes moyennes sont presque les mêmes, qu'elles soient obtenues en réponse à la question « Si on votait en évaluant… » ou à la question : « Indépendamment de la question du vote, comment évaluez-vous… ? » D'autre part, les notes moyennes restent très semblables, qu'elles soient recueillies à propos de la liste à 4 candidats ou de la liste à 9 candidats. Ce dernier point, qui peut paraître naturel, est en fait un enjeu théorique important : dans la pratique, le vote par notes vérifie-t-il une forme d'indépendance des alternatives non pertinentes ? La réponse semble donc être positive dans le cas considéré.

L'analyse des résultats du vote unique transférable est particulièrement instructive. Sanders, le candidat « de Condorcet », est éliminé par cette méthode alors que les promoteurs de cette dernière privilégient souvent l'idée, en particulier aux États-Unis, qu'elle permet d'élire le vainqueur de Condorcet. En examinant les transferts de voix qui conduisent au résultat observé, on comprend que le mécanisme à l'œuvre est le même que celui qui permet l'élimination d'un candidat centriste dans un vote à deux tours, quand bien même ce candidat aurait gagné n'importe quel second tour. Curieusement, ici, c'est Sanders qui joue le rôle du centriste, ce qui ne correspond pas à son positionnement idéologique. Or le problème n'est pas d'ordre idéologique, il s'agit simplement d'une question de préférences. Le rejet de Clinton est suffisamment fort dans l'électorat pour qu'une majorité préfère le candidat Sanders, idéologiquement marqué à gauche, à la candidate Clinton, mais la logique du vote unique transférable ne permet pas au candidat pourtant plus consensuel, Sanders, de résister au dernier tour d'éliminations successives. Il est éliminé tout comme un centriste peut être laminé au premier tour dans une élection française.

Reste le vote par approbation, que les données chiffrées placent à un niveau intermédiaire entre le vote par notes et les votes uninominaux (à un tour ou itérés). Concrètement, le taux d'approbation de Clinton passe de 50 % dans le groupe de 4 candidats à 40 % dans le groupe de 9 candidats. Dans ce dernier groupe, Clinton et Sanders sont pratiquement à égalité*. Dans cette expérience, on observe que certains électeurs décident d'approuver ou non Clinton en fonction de l'identité des autres candidats. C'est le même phénomène que pour un vote uninominal, mais, alors qu'il joue un rôle majeur dans ce dernier type de scrutin, son rôle est mitigé lors d'un vote par approbation. L'expérience étudiée ici permet de faire l'estimation suivante : dans la population des personnes qui approuvent Clinton sur la liste de quatre candidats, une personne sur cinq renonce à l'approuver quand la liste comprend neuf noms. Plusieurs explications sont envisageables, dont la plus naturelle tient probablement à ce que de nombreux électeurs ne veulent pas voter pour un trop grand nombre de candidats, car cela ne correspond pas à leur idée de ce qu'est un vote. En tout état de cause, ces observations montrent que les électeurs dans leur ensemble utilisent le vote par approbation de manière parcimonieuse : même quand ils peuvent voter pour plusieurs candidats, ils n'accordent pas leur vote à la légère.

La présidentielle française de 2017

L'élection présidentielle française de 2017 sort de l'ordinaire sur de nombreux points : recours aux primaires chez les deux partis principaux, affaiblissement de ces mêmes partis, montée des

* Précisément, 39,78 % pour Clinton et 39,25 % pour Sanders.

extrêmes, apparition (et victoire) d'un homme nouveau… Ces bouleversements conduisent des observations nouvelles pour notre sujet d'étude.

UNE ÉLECTION QUI SORT DE L'ORDINAIRE

En 2017, le président sortant François Hollande avait décidé de ne pas se représenter, et onze candidats ont participé à l'élection (leur score de premier tour est entre parenthèses) :

- À droite, François Fillon (20,01 %), qui avait battu Nicolas Sarkozy lors de la primaire de droite, Nicolas Dupont-Aignan (4,70 %) et Jean Lassalle (1,21 %). Ces trois candidats totalisaient donc 25,92 %.
- Au centre, Emmanuel Macron (24,01 %).
- À l'extrême droite, Marine Le Pen (21,30 %), candidate du Front national, et François Asselineau, avec un score modeste (0,92 %), soit en tout 22,22 %.
- À l'extrême gauche, Jean-Luc Mélenchon (19,58 %), Philippe Poutou (1,09 %) et Nathalie Arthaud (0,64 %). Ces trois candidats totalisaient donc 21,31 %.
- Benoît Hamon (6,36 %), candidat désigné par le Parti socialiste.
- Jacques Cheminade, inclassable, qui n'a recueilli que très peu de voix (0,18 %).

Les sondages et les commentateurs pronostiquaient, plusieurs mois avant l'élection, une victoire facile pour le candidat de la droite modérée. Mais une affaire de corruption touchant François Fillon est venue disloquer la droite et l'ensemble du paysage politique, rendant les prévisions peu fiables et faisant du premier tour l'occasion de plusieurs surprises : effondrement du parti du président sortant (Parti socialiste), déroute de la droite classique, émergence d'un jeune politicien (Emmanuel Macron) et d'un leader charismatique à l'extrême gauche (Jean-Luc Mélenchon).

Le premier tour s'est révélé étonnamment serré entre quatre candidats, et les effets de dispersion des voix ont joué à plein : les voix de Philippe Poutou (1,9 %) auraient suffi à Jean-Luc Mélenchon pour accéder au second tour, et François Fillon peut aussi bien penser que c'est la présence de Nicolas Dupont-Aignan qui lui a coûté sa place au second tour. Finalement, c'est Emmanuel Macron qui a battu Marine Le Pen en réunissant 66,10 % des suffrages exprimés.

Les expériences réalisées en 2017 se sont efforcées, elles aussi, de comprendre l'usage possible des échelles de notation. Elles ont raffiné le protocole sur quelques points en recourant, notamment, au tirage au sort aléatoire à l'intérieur de certains bureaux. Au total, plus de 40 000 personnes, dans quinze bureaux de vote et en ligne, ont participé d'une manière ou d'une autre à cette opération[56]. Surtout, le paysage politique de cette élection, très nouveau, a offert une nouvelle perspective sur notre sujet.

PROTOCOLE EN LIGNE ET SUR LE TERRAIN

Dans le même esprit et avec les mêmes objectifs que les expériences *in situ*, des enquêtes en ligne, à participation libre, sont réalisées lors d'élections politiques importantes. Elles consistent à créer un site Web en libre accès, sur lequel les personnes intéressées prennent connaissance d'informations de base sur des modes de scrutin envisageables pour l'élection en question, puis sont invitées à tester ces systèmes par elles-mêmes en indiquant comment elles voteraient, dans cette élection, suivant ces différents systèmes. Enfin, les participants sont invités à remplir un court questionnaire socio-économique et d'opinion.

Ces sites Web sont donc des sources d'information pour les citoyens, et la présentation en est nécessairement simple et pratique.

Par exemple, lors de l'élection présidentielle française de 2012, l'opération « Vote au pluriel[57] » a étudié quatre règles de vote : le vote uninominal à un tour (système mexicain), à deux tours (système français), le vote unique transférable (système irlandais) et le vote par approbation. Environ 22 000 personnes ont visité ce site, dont 11 000 ont pris part aux quatre votes proposés, et 8 000 ont répondu à l'ensemble du questionnaire. On voit que le public touché est vaste. La participation étant libre, le groupe des répondants n'est pas représentatif de l'ensemble de la population, cependant la taille de ce groupe permet d'effectuer les redressements statistiques.

Des opérations similaires ont été menées à l'occasion à la fois de l'élection présidentielle française de 2017 – en lien avec des expériences *in situ* semblables à celles présentées dans les pages précédentes[58] –, des élections au Parlement européen en 2015 dans l'ensemble des pays européens[59] et même de l'élection du « Ballon d'or » qui récompense le meilleur joueur de football de l'année (votefoot.org). Pour la présidentielle du 23 avril 2017, des expériences sur le terrain ont été menées à Strasbourg, à Hérouville-Saint-Clair (Calvados), à Grenoble, à Allevard-les-Bains et à Crolles (Isère). Le site de l'opération « Voter autrement » (vote.imag.fr), réalisé par le Laboratoire d'informatique de Grenoble, permettait le vote en ligne.

Au total, 6 304 personnes ont participé dans les bureaux de vote et 37 736 en ligne. On dispose donc d'une base de données importante, mais il convient de rappeler que, la participation étant libre, l'exploitation de ces données ne peut pas être immédiate. En particulier, le grand nombre des données recueillies en ligne ne doit pas faire illusion : les effets de réseau sont tels que les biais de participation y sont en réalité plus grands qu'avec d'autres techniques. Par exemple, dans l'opération « Voter autrement » de 2017, en plus des votes factices étudiés, environ 18 000 participants ont indiqué leur intention de vote au premier tour pour le scrutin officiel. La comparaison entre les chiffres ainsi observés et l'élection réelle est éloquente. Le tableau 8 présente, pour les principaux candidats, les votes officiels déclarés par les répondants, les résultats officiels nationaux et les ratios correspondants.

Tableau 8. Biais de représentativité de l'enquête en ligne de 2017.

Candidat	% déclaré	% réel	Ratio réél/déclaré
Emmanuel Macron	22,11	18,30	0,83
Marine Le Pen	1,57	16,24	10,32
Jean-Luc Mélenchon	42,37	14,93	0,35
François Fillon	4,38	15,25	3,49
Vote blanc	2,38	1,40	0,59
Abstention	3,02	22,37	7,41

Lecture : Votes de premier tour déclarés dans les questionnaires en ligne et résultats nationaux réels, en pourcentages.
Source : Bouveret et al.*, 2018 ; données recueillies en ligne, France 2017.*

Ces chiffres se lisent de la manière suivante : la population des participants à l'enquête compte environ trois fois plus d'électeurs de Jean-Luc Mélenchon que la population française, et dix fois moins d'électeurs de Marine Le Pen. Avec de tels chiffres, il est pratiquement impossible d'obtenir des résultats précis et fiables. Les électeurs (déclarés) de Marine Le Pen ne sont que 282 dans la base de données.

RÉSULTATS : L'EXTRAORDINAIRE M. MÉLENCHON ET LE PAUVRE M. HAMON

Les résultats obtenus *in situ* sont aussi biaisés dans le sens où les électeurs conservateurs tendent à moins participer ; mais ce biais est nettement moins important que celui observé en ligne. Le tableau 9 et la figure 5 présentent l'extrapolation au niveau national des données d'approbation de 2017, recueillies sur le terrain dans des bureaux de vote de plusieurs régions. On constate qu'Emmanuel Macron, arrivé en tête du premier tour et finalement élu contre Marine Le Pen au second, gagne aussi suivant le vote par approbation. Chaque électeur approuve en moyenne 2,42 candidats.

Tableau 9. Scores d'approbation extrapolés au niveau national, 2017 (en % des électeurs).

Emmanuel Macron	46,1
Marine Le Pen	27,5
François Fillon	30,1
Jean-Luc Mélenchon	39,4
Benoît Hamon	36,3
Nicolas Dupont-Aignan	21,1
Jean Lassalle	7,41
Philippe Poutou	15,5
François Asselineau	6,12
Nathalie Arthaud	8,68
Jacques Cheminade	3,59
Total	242

Source : S. Bouveret et al., 2019 ; données recueillies dans plusieurs bureaux de vote, France 2017.

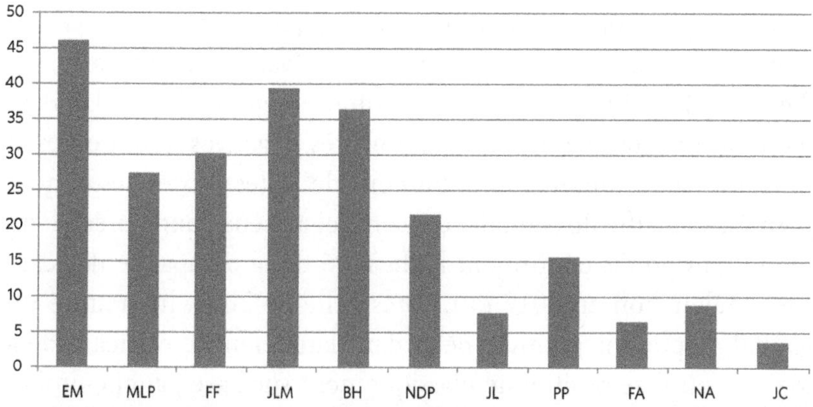

Figure 5. Scores d'approbation extrapolés au niveau national, 2017 (en % des électeurs).

Source : S. Bouveret et al., 2019 ; données recueillies dans plusieurs bureaux de vote, France 2017.

La fiabilité statistique de ces résultats, pris un par un, n'est pas excellente. Le résultat sur le vote par approbation provient de nombreux bureaux de vote et semble assez robuste, mais les résultats sur les autres modes de scrutin doivent être interprétés sous leur forme faible : incontestablement, et qu'elles le fassent finalement élire ou non, les méthodes de vote par notes profitent à Jean-Luc Mélenchon dans cette élection. À titre d'exemple, le tableau 10 et la figure 6 présentent le résultat des principaux candidats avec les systèmes par notes {– 1, 0, 1} et {0, 1, 2}, tels qu'on peut les extrapoler au plan national à partir d'observations faites à Strasbourg. Le tableau indique les scores (notes moyennes), et la figure détaille, pour chaque candidat, comment se répartissent ses notes entre notes hautes, moyennes et basses. On voit que, avec ces deux systèmes, Emmanuel Macron et Jean-Luc Mélenchon sont plus ou moins à égalité en tête, le candidat de la France insoumise arrivant même légèrement devant le futur président. Benoît Hamon n'est pas loin derrière, ce qui montre que le naufrage du candidat du Parti socialiste dans cette élection est peut-être un artefact du mode de scrutin uninominal. Toutes nos observations attestent que, dans cette élection, dès lors qu'est évité le piège du vote uninominal, Benoît Hamon affiche un potentiel de soutiens très important.

Le succès de Jean-Luc Mélenchon confirme la remarque faite cinq ans plus tôt. Un candidat idéologiquement loin du centre peut, lui aussi, bénéficier du vote par évaluation. Dans le cas d'espèce, Jean-Luc Mélenchon, contrairement à Marine Le Pen, n'est pas pénalisé par des évaluations très négatives nombreuses et recueille, au contraire, suffisamment de notes moyennes-bonnes pour être qualifié de candidat consensuel au sens donné précédemment. Ces points confirment l'efficacité de la campagne de Jean-Luc Mélenchon en 2017 qui, après celle de 2012, lui a attiré un capital d'opinions positives débordant largement le créneau idéologique où il se positionne classiquement sur l'axe gauche-droite.

Aux élections de 2012 et 2017, le cas Mélenchon ressemble donc fortement au cas Sanders de la présidentielle américaine de 2016. Ces cas sont instructifs, car ils permettent d'affiner la compréhension des conséquences possibles de l'utilisation du vote par évaluation et de commencer à distinguer entre différentes échelles d'évaluation ; un point subtil, mais peut-être important en pratique.

Tableau 10. Deux variantes du vote par notes. Scores des principaux candidats, extrapolations à partir d'observations faites à Strasbourg en 2017.

	{0, 1, 2}	{- 1, 0, 1}
Emmanuel Macron	0,93	0,07
Marine Le Pen	0,38	- 0,38
François Fillon	0,46	- 0,37
Jean-Luc Mélenchon	0,96	0,07
Benoît Hamon	0,70	0,04

Source : S. Bouveret et al., *2019 ; données recueillies dans des bureaux de vote à Strasbourg, France 2017.*

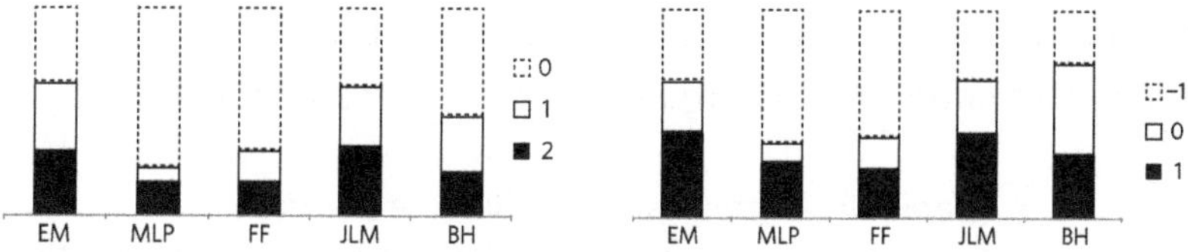

Figure 6. Deux variantes du vote par notes : {0, 1, 2} et {- 1, 0, 1}.

Distribution des trois notes pour chacun des principaux candidats. Données corrigées à partir d'observations faites à Strasbourg en 2017.

Source : S. Bouveret et al., *20019 ; données recueillies dans des bureaux de vote à Strasbourg, France 2017.*

FINESSE DES ÉCHELLES ET VOTES NÉGATIFS

L'argument du « bonheur d'expression », c'est-à-dire le fait que les électeurs apprécient et demandent de larges possibilités d'expression de leurs préférences dans leurs votes, plaide directement en faveur d'échelles fines et comprenant des notes négatives. Les enquêtes montrent que les personnes interrogées préfèrent les systèmes qui leur offrent des possibilités d'expression plus larges. La limite est atteinte avec des échelles très fines, comme on a pu le constater en testant l'échelle {0, 1,..., 20} auprès du public. De ce point de vue, les meilleures échelles sont celles qui ont seulement quelques niveaux d'expression (de l'ordre de 7) ; c'est ce que l'on constate pour les échelles d'évaluation utilisées dans divers domaines : marketing, science politique ou psychométrie[60].

En ce qui concerne le résultat du vote, et si l'on considère uniquement des échelles positives, l'ensemble des observations montre que le choix d'une échelle plus ou moins grande n'a, finalement, qu'une importance secondaire. En d'autres termes, le vote par approbation, le vote par notes avec l'échelle {0, 1, 2}, avec l'échelle {0, 1, 2, 3, 4, 5} ou avec l'échelle {0, 1,..., 20} sont des systèmes assez semblables dans leurs résultats et peuvent être considérés comme de petites variations autour d'une même idée. À titre d'illustration, le tableau 11 et la figure 7 comparent les scores des principaux candidats aux élections présidentielles françaises de 2017 suivant les trois systèmes {0, 1}, {0, 1, 2, 3} et {0, 1, 2, 3, 4, 5}. Pour rendre la figure lisible, les scores du tableau ont été normalisés, afin de faire ressortir les éventuelles différences entre les trois variantes. De fait, il y a peu de différences.

Tableau 11. Trois variantes du vote par notes.
Scores des principaux candidats, extrapolations à partir d'observations faites à Hérouville-Saint-Clair, 2017.

	AV (%)	**{0, 1, 2, 3}**	**{0, 1, 2, 3, 4, 5}**
Emmanuel Macron	42,75	1,26	2,10
Marine Le Pen	26,12	0,81	1,32
François Fillon	27,26	0,85	1,24
Jean-Luc Mélenchon	39,02	1,22	1,94
Benoît Hamon	34,42	1,06	1,69

AV : score d'approbation, en pourcentage des électeurs, colonnes suivantes : évaluations moyennes.
Source : S. Bouveret et al., 2019 ; données recueillies dans des bureaux de vote à Hérouville-Saint-Clair, France 2017.

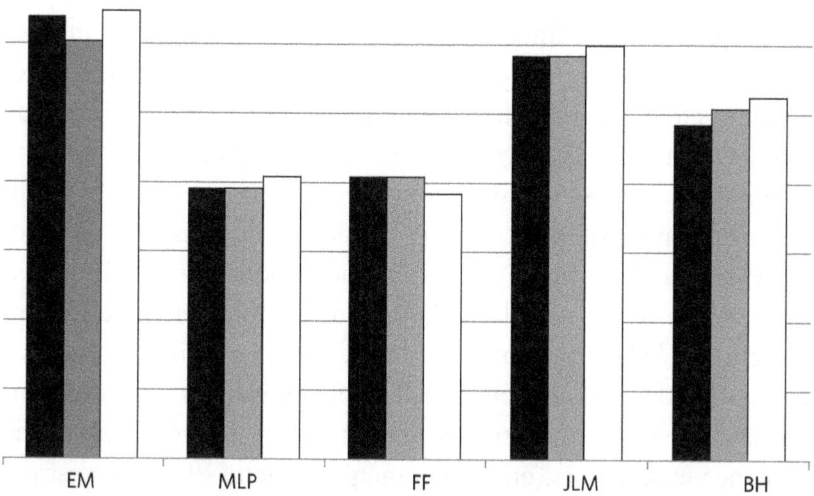

Figure 7. Trois variantes du vote par notes. Représentation normalisée des scores des principaux candidats, à partir d'observations faites à Hérouville-Saint-Clair, 2017.

De gauche à droite : {0, 1}, {0, 1, 2, 3}, {0, 1, 2, 3, 4, 5}.
Source : S. Bouveret et al., *2019 ; données recueillies dans des bureaux de vote à Hérouville-Saint-Clair, France 2017.*

Suivant le poids accordé aux différents arguments, on pourra préférer l'un ou l'autre de ces systèmes : les échelles fines valorisent la possibilité d'une expression individuelle plus subtile, mais peuvent donner l'impression d'une surpondération des électeurs qui affichent des opinions extrêmes ; le vote par approbation est plus fruste et plus simple, mais conserve le caractère qualitatif des modes de scrutin habituels. En tout cas, l'état actuel des connaissances ne fournit pas d'arguments discriminants fondés sur les conséquences pratiques que pourraient avoir ces différents systèmes.

Une autre question, un peu plus critique, est celle des notes négatives. L'histoire ne dit pas comment le vote spartiate par acclamation traitait la question des évaluations négatives. Peut-être la norme ou l'usage imposaient-ils que les acclamations ne soient que positives, auquel cas les juges devaient simplement évaluer le niveau sonore obtenu par chaque candidat : exactement une mesure physique quantitative additive. Mais imaginons, au contraire, que les citoyens aient eu la possibilité d'applaudir ou de huer. Les juges auraient été confrontés alors à un problème un peu plus délicat de pondération entre les jugements positifs et négatifs.

Faut-il proposer des notes négatives ? À nouveau, l'argument de l'expressivité vient à l'esprit et plaide pour l'utilisation de notes négatives, tout particulièrement à une époque où la détestation devient une figure usuelle de la politique[61]. Il convient cependant d'examiner la question plus en détail. On met facilement en évidence que l'utilisation ou non de notes négatives n'est pas sans conséquences. Ce qui est bien connu en psychométrie est vérifié dans nos expériences, et, typiquement, l'échelle {0, 1, 2} n'est pas équivalente à l'échelle {– 1, 0, 1}[62].

Un premier effet peut se produire concernant les candidats à la notoriété moindre, qui ne sont pas nécessairement connus de tous les électeurs. Ces candidats reçoivent plus de « 0 » dans l'échelle {0, 1, 2} que de « – 1 » dans l'échelle {– 1, 0, 1}. On reconnaît le sens symbolique du « 0 » comme « je ne sais pas ». Nos expériences montrent cependant que cet effet n'est pas très marqué et qu'en tout cas il n'a pas de conséquences importantes.

Un second effet possible est celui de notes négatives qui tendraient à accentuer la différence entre candidats exclusifs et candidats inclusifs. L'agrégation peut alors conduire à des résultats assez différents. Comme le montrent le tableau 10 et la figure 6 ci-dessus, l'échelle {– 1, 0, 1}, comparée à l'échelle {0, 1, 2}, est défavorable au Front national et favorable à Benoît Hamon. La figure 6 révèle notamment que les électeurs ont donné relativement peu souvent la note « – 1 » à Benoît Hamon.

Il ressort principalement des observations faites jusqu'à présent que la possibilité de notes négatives est relativement néfaste pour les candidats dits exclusifs. Or il s'agit précisément des candidats déjà défavorisés par le vote par notes sur échelle positive (et par le vote par approbation), relativement aux votes uninominaux. Il semble donc que la présence ou non de notes négatives puisse avoir une influence décisive sur le classement des candidats suivant leurs scores, mais son influence potentielle sur le résultat du vote (qui est finalement élu ?) n'est pas démontrée.

Les sens du vote

Sens symbolique et sens factuel

La comparaison entre les différentes échelles d'évaluation invite à une réflexion sur la signification de ces évaluations pour l'électeur. Les étiquettes marquant les barreaux de l'échelle d'évaluation sont appelées « labels » en psychométrie. Qu'ils soient verbaux, visuels (« émoticônes ») ou numériques, les labels portent toujours une signification. Ainsi, choisir comme évaluation une note numérique négative signifie, en fait, porter un jugement négatif. Convenons d'appeler « sens symbolique » la signification, pour un électeur expressif, de son évaluation. Le terme n'est peut-être pas le mieux choisi car les sentiments éventuellement exprimés dans un vote peuvent être très concrets, mais il présente quelques avantages.

D'une part, il rappelle que tout symbole étant un élément de communication, son sens est partagé collectivement, jusqu'à un certain point. Si les labels sont des adjectifs, il existe une compréhension commune attachée à des expressions comme : « Ce candidat est satisfaisant » ou : « Je soutiens ce candidat ». Cette compréhension commune, bien réelle, n'est d'ailleurs pas absolue : par exemple, le sens symbolique des expressions : « J'approuve ce candidat » ou : « Ce candidat est satisfaisant » peut varier d'un individu à l'autre suivant son degré d'exigence.

D'autre part, l'expression « sens symbolique » rappelle que, les symboles n'étant que ce qu'ils sont, le sens symbolique du vote coexiste avec son sens simplement opérationnel et factuel. Contrairement au sens symbolique du vote, qui préserve une certaine dimension personnelle, le sens factuel du vote est parfaitement identique pour tout le monde (du moins si le vote est anonyme). Le sens factuel est précis, mais dépend de la règle de vote. Dans un vote uninominal, mon vote a pour sens factuel d'ajouter une unité au nombre de voix reçues par le candidat que j'ai choisi, avec toutes les conséquences qui peuvent en découler. Le processus de comptage étant parfaitement clair, chacun comprend bien et de manière identique le sens factuel du vote uninominal, quand bien même son sens symbolique est discutable, personnel et variable.

Le dépouillement des bulletins de vote par notes suit une logique quantitative familière : ajouter ou retirer une unité à un total, sachant que c'est ce total qui fera résultat. Si le sens factuel des votes par notes est ainsi transparent, leur sens symbolique ne l'est pas : par exemple, différentes personnes donneront des sens symboliques divers à la note « 0 » dans l'échelle {– 1, 0, 1}. Les labels numériques ne sont de bons signifiants que de leur sens factuel.

La désapprobation

Cette caractéristique du vote par notes – pas de sens symbolique précisé – peut être considérée comme bonne ou mauvaise.

D'une part, on peut penser que le manque de symbolique explicite est une bonne chose car il en va de la liberté de l'électeur de donner le sens symbolique qu'il souhaite à ses actions, du moment qu'il ne se trompe pas sur leur sens factuel.

D'autre part, si l'on estime au contraire que ce degré de liberté pose problème, on peut être tenté de forcer l'interprétation des labels en utilisant des étiquettes verbales. C'est ce qui est fait dans le « vote par désapprobation », dans le « jugement majoritaire », et chaque fois que des explications complémentaires sont données à l'électeur sur le sens de son vote. Le vote par désapprobation est un vote par évaluation à trois niveaux, dits positif, négatif et neutre. Annick Laruelle a étudié ces votes trichotomiques de manière abstraite[63] et réalisé des tests en 2017 dans le cadre de l'opération « Voter autrement » en Isère. On indiquait aux participants que les bulletins seraient dépouillés en numérisant l'échelle verbale en {– 1, 0, 1} (c'est le plus naturel), en {– 2, 0, 1} ou en {– 0,5, 0, 1}. Ces variantes n'induisent pas de différences importantes de comportement, du moins c'est ce qui a été constaté dans cette expérience. Le tableau 12 ainsi que la figure 8 qui en est tirée montrent exactement les mêmes tendances dans les trois systèmes : Emmanuel Macron et Jean-Luc Mélenchon ensemble en tête, Benoît Hamon, presque à égalité avec eux, Marine Le Pen et François Fillon nettement plus bas, surtout quand la pénalité négative est forte.

Tableau 12. Trois variantes de vote par désapprobation. Scores des principaux candidats, extrapolations à partir d'observations faites à Allevard, 2017.

	{- 0,5, 0, 1}	**{- 1, 0, 1}**	**{- 2, 0, 1}**
Emmanuel Macron	0,20	- 0,09	- 0,48
Marine Le Pen	- 0,08	- 0,31	- 1,05
Jean-Luc Mélenchon	0,20	- 0,08	- 0,47
François Fillon	- 0,04	- 0,35	- 1,05
Benoît Hamon	0,09	- 0,18	- 0,53

Source : S. Bouveret et al., 2019 ; données recueillies dans des bureaux de vote à Allevard, France 2017.

Cela confirme ce qui a été esquissé plus haut : la différence la plus importante entre les systèmes additifs par notes tient à la possibilité ou à l'impossibilité de donner des notes négatives. Pour aller plus loin dans la direction du vote par désapprobation, on peut utiliser des évaluations verbales plus fines, ce qui est souvent fait en marketing. Par exemple, le jugement majoritaire utilise une échelle à six labels : {à rejeter, insuffisant, passable, assez bien, bien, très bien} ou à sept labels : {à rejeter, insuffisant, passable, assez bien, bien, très bien, excellent}. Ces systèmes proposent aux électeurs le sens symbolique à attacher à leur vote.

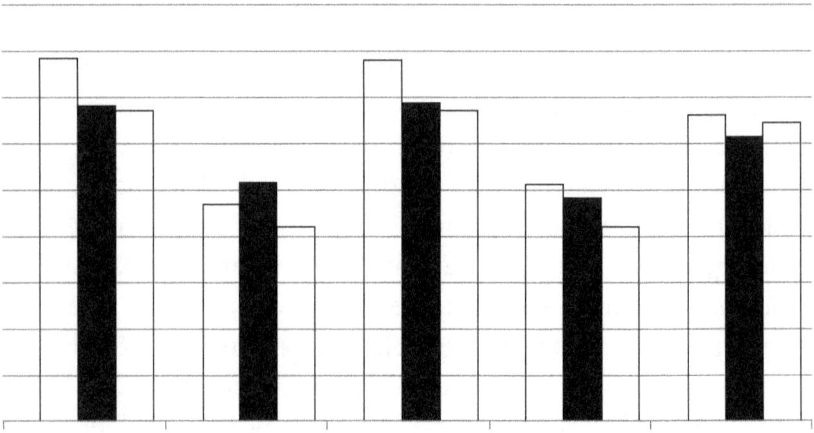

Figure 8. Trois variantes de vote par désapprobation. Représentation normalisée des scores des principaux candidats, extrapolations à partir d'observations faites à Allevard, 2017.

De gauche à droite, {- 0,5, 0, 1}, {- 1, 0, 1} et {- 2, 0, 1}.

Source: S. Bouveret et al., *2019 ; données recueillies dans des bureaux de vote à Allevard, France 2017.*

Forcer l'interprétation ?

Le sens symbolique d'un vote est important, mais il ne doit pas occulter son sens factuel. En réalité, quoi que l'on imagine, croie ou pense, chaque vote est finalement pris en compte dans un calcul plus ou moins complexe. Or certaines méthodes peuvent être très peu transparentes de ce point de vue. Ainsi, la méthode de Schulze, une approche de type Condorcet que nous n'avons pas décrite dans le détail, demande aux électeurs de classer les candidats[64]. À partir de ce classement, un calcul est fait qui choisit immanquablement le gagnant de Condorcet s'il existe, ou, à défaut de vainqueur, casse, de manière astucieuse, les cycles de Condorcet. Cette méthode peut donc être utilisée en pratique car, sauf cas rares, elle donne bien un résultat unique. Malheureusement, avec ce genre de système, l'algorithme est tellement compliqué que la relation entre le bulletin de vote et le résultat final est tout sauf transparente. Ce qui montre qu'il est possible d'occulter, ou du moins d'obscurcir, le sens factuel du vote personnel.

L'aspect dit paradoxal de certains résultats peut servir de révélateur à ce phénomène. Il est ainsi étonnant qu'un candidat battu dans une élection dite majoritaire soit préféré par plus de la moitié des électeurs au candidat vainqueur ; c'est pourtant possible avec le scrutin majoritaire à deux tours ou avec le « jugement majoritaire ». Il est également surprenant que le choix entre deux candidats dépende de la présence d'un troisième ; c'est pourtant possible avec le scrutin majoritaire à deux tours et avec toute règle basée sur les classements, comme la règle de Borda et la règle de Schulze. Il est de même curieux que le choix entre deux options dépende d'électeurs qui sont indifférents à ces deux options ; c'est pourtant possible avec le jugement majoritaire, etc. Chaque paradoxe révèle simplement une inadéquation entre un résultat intuitivement attendu et le fonctionnement réel du système, et nous montre que le « sens factuel » du vote, plus subtil que nous le pensions, nous a échappé.

Contrairement au vote par notes et à sa logique additive, le vote à la Bucklin ainsi que le jugement majoritaire utilisent une technique plus originale d'agrégation des votes pour le choix final : le choix à la meilleure médiane, ainsi que nous l'évoquions lors des définitions préliminaires. Si la logique additive se fonde sur une intuition simple (peser plus ou moins), le choix de la meilleure médiane ne correspond à aucune expérience sensible usuelle. Comme cette technique ne possède pas, par ailleurs, de très bonnes propriétés axiomatiques, son utilisation conduit facilement à des résultats contre-intuitifs ou paradoxaux.

Dans toutes les règles que nous avons évoquées jusqu'à présent, le sens « symbolique » et le sens « opérationnel » des évaluations sont disjoints. On peut toutefois imaginer des règles de votes hybrides, dans lesquelles le sens opérationnel de certains labels est précisé verbalement. Par exemple, on peut utiliser une échelle trichotomique avec les labels {0 : inacceptable, 1 : acceptable, 2 : favorable} et dépouiller de la manière suivante : seuls les candidats jugés acceptables par plus de la moitié des électeurs sont pris en considération ; parmi eux, celui ayant reçu le plus grand total est élu. Si aucun d'entre eux n'est jugé acceptable par plus de la moitié des électeurs, il est procédé à un second tour. De nombreuses règles hybrides qui tentent de mélanger deux (bonnes) idées ont été proposées ; elles ont généralement de mauvaises propriétés formelles, du moins en théorie[65].

Tous ces points doivent être pris en compte pour se forger une opinion sur les mérites des différentes méthodes de vote ; des convictions philosophiques et sociétales peuvent conduire à prendre position dans un sens ou dans l'autre sur les questions que nous venons d'aborder. Derrière ces prises de position s'expriment des conceptions profondes de la citoyenneté.

Notre opinion personnelle privilégie l'autonomie interprétative du citoyen : l'électeur est libre de donner le sens symbolique qu'il souhaite à son action, mais ne doit pas être induit en erreur sur son sens opérationnel. Cela nous conduit à préconiser les modes de scrutin dont le dépouillement est intuitif, c'est-à-dire les votes par approbation ou par notes. Parmi ceux-ci, et de manière secondaire, nous privilégions les échelles courtes, voire très courtes comme dans le cas du vote par approbation : selon nous, l'idée attachée apparemment aux échelles détaillées que l'agrégation de nombreuses opinions permettrait de prendre en compte chacune de ces dernières de manière fine n'est qu'une illusion. Remarquons que le vote par approbation fait apparaître une coïncidence remarquable entre les sens symbolique et opérationnel du vote. En approuvant un candidat, je demande à être compté au nombre de ceux qui soutiennent son élection (sens symbolique). Le dépouillement consiste ainsi simplement à faire ce compte.

Les chemins de la réforme électorale

Le vote par évaluation est une idée neuve qui suscite tantôt un grand enthousiasme, tantôt l'expression d'un scepticisme blasé. Au fil des études présentées ici, nous avons tenté de porter un regard distancié sur cette idée en la considérant pour elle-même. Cependant, nous souhaitons replacer le sujet dans la perspective qui devrait être la sienne : le choix par une société de son mode de fonctionnement et, plus précisément, d'une règle de vote.

La théorie standard : l'opportunisme politicien

Contrairement à ce que l'on pourrait penser, les règles d'élection changent souvent, notamment en France. En seulement un siècle, ce pays a utilisé des scrutins directs et indirects, majoritaires et proportionnels, avec et sans panachage, à un ou deux tours, etc., avec éventuellement des formules mixtes et des complications variées[66]. On considère généralement que le moteur principal du changement (et surtout du non-changement) électoral est l'intérêt personnel et partisan des hommes politiques[67]. Les décisions sont prises par les élites et, en bonne logique, devraient leur être favorables. Effectivement, il est très facile de trouver des cas de changement de règles évidemment injustifiables du point de vue de l'intérêt général. Des cas classiques sont fournis par certains découpages électoraux aux États-Unis, où le cynisme des politiciens s'expose à travers ce qu'il est convenu d'appeler le *gerrymandering*, équivalent américain du « charcutage » électoral français.

La volonté populaire

Cependant, les chemins de la réforme électorale sont complexes ; ils ne se résument pas à la (mauvaise) volonté des pouvoirs en place et laissent aussi, parfois, avancer les idées nouvelles et les principes du droit[68]. Leurs détours peuvent être inattendus, comme l'adoption « par surprise » du suffrage universel pour les hommes en France en 1848[69]. L'initiative populaire peut aussi fournir l'impulsion décisive, comme le montre le cas récent de l'adoption du vote par approbation par la ville américaine de Fargo (Dakota du Nord).

Fargo est la plus grande ville du Dakota du Nord, aux États-Unis. Le 6 novembre 2018, elle a adopté par référendum l'usage du vote par approbation pour les élections officielles, par 30 041 voix pour et 17 264 voix contre.

L'histoire qui s'est ainsi conclue est instructive. Son point de départ remonte à une élection difficile, en 2015, pour le poste unique de *commissioner* (membre du gouvernement de la ville qui équivaut plus ou moins au conseil municipal français). Suivant l'usage américain, l'élection se fait au scrutin uninominal à un tour, si bien que, même pour ces élections locales, les candidats ayant une chance de l'emporter sont souvent très peu nombreux ; ce sont principalement les représentants des deux grands partis nationaux. Cette fois cependant, six candidats se sont présentés pour un seul poste, et le nouveau *commissioner* été élu avec seulement 22 % des suffrages. À la suite de cette élection et compte tenu de la situation politique qui en avait résulté, le conseil municipal a décidé d'explorer le sujet des règles de vote et de créer une commission *ad hoc*. Après étude, cette commission s'est prononcée en faveur du vote par approbation et a proposé que la question de l'adoption de cette méthode pour les élections municipales soit soumise à la population par référendum. Comme on pouvait s'y attendre, le conseil municipal élu suivant la méthode traditionnelle a systématiquement refusé, pendant plusieurs années, d'entériner la recommandation de sa propre commission. Le blocage politique semblait complet. Ce sont des citoyens militants qui ont débloqué la situation : après une intense campagne de proximité, ils ont réuni suffisamment de signatures pour forcer, suivant la procédure de référendum d'initiative populaire ouverte dans cet État, la mise aux voix de la proposition. C'est ainsi que, pour la première fois dans le monde, la question de l'adoption du vote par approbation a été soumise au référendum et, finalement, largement acceptée.

Le grand public est loin d'être insensible à la recherche sur les modes de scrutin. Le sujet intrigue souvent et passionne parfois. Les expériences de terrain permettent d'appréhender ce fait et d'en prendre la mesure. L'intérêt pour les modes de scrutin se traduit aussi par l'existence, en France et ailleurs, d'associations militant en faveur d'un système ou d'un autre.

Aux États-Unis, l'association Fair Vote milite pour plusieurs réformes électorales, dont l'adoption de la représentation proportionnelle et d'un système de vote simple transférable pour les élections uninominales. En 2016, cette organisation disposait de revenus annuels supérieurs à 3 millions de dollars, ce qui en fait un acteur important, à même d'intervenir comme lobby en différentes occasions, en particulier pour l'adoption en 2018 du vote alternatif par l'État du Maine*. De même, le Center for Election Science promeut le vote par approbation aux États-Unis et a levé plus de 600 000 dollars en 2017. D'après Steve Brams, auteur des premiers travaux théoriques sur le vote par approbation et propagandiste actif de cette méthode, ces groupes de pression auraient un impact sur le monde réel plus important que les universitaires. L'action du Center for Election Science a effectivement été décisive pour l'adoption du vote par approbation à Fargo.

En France, les usages philanthropiques sont différents, mais on trouve cependant, comme ailleurs, des citoyens engagés agissant pour la réforme électorale. L'association Citoyens pour le vote de valeur milite ainsi en faveur d'un système de vote par notes semblable à ceux dont il a été longuement question dans ces pages, et qui utiliserait une échelle de valeurs positives et négatives : {– 2, – 1, 0, 1, 2} ; l'association Mieux voter milite de même pour le jugement majoritaire.

Le facteur déclenchant de ce type de militantisme est toujours une insatisfaction quant aux dispositifs usuels de représentation politique et d'élection. Aux États-Unis, les citoyens blâment la mainmise de deux partis seulement sur l'ensemble du dispositif ; en France, on fait souvent référence au dilemme du vote utile dans le système à deux tours.

---

* Le vote alternatif (*alternative vote*) suivant sa dénomination irlandaise est généralement appelé *instant runoff* aux États-Unis, mais c'est sous le nom de *ranked choice voting* que la publicité en a été faite dans le Maine.

L'assemblée citoyenne de Colombie-Britannique

Dans plusieurs cas récents, des réformes électorales au niveau d'un État ont été étudiées et proposées par des assemblées de citoyens. Le premier exemple important est celui de l'assemblée citoyenne de Colombie-Britannique, au Canada, qui a siégé durant l'année 2004. Cette assemblée, constituée sous l'égide de la commission électorale, comprenait 160 personnes, tirées au sort dans les listes électorales[70]. L'enjeu était de modifier le système en usage pour les élections législatives (vote uninominal à un seul tour).

Durant une première phase, dite d'information, les participants ont suivi, pendant six week-ends, des cours et des conférences assurés par des professionnels et diverses parties prenantes, afin d'expliquer les enjeux et les possibilités. Ils ont pu aussi, pendant ces sessions, discuter longuement entre eux pour commencer à envisager la suite (janvier-mars 2004).

Durant une deuxième phase, dite de consultation, les participants ont organisé des réunions publiques dans leurs villes et villages d'origine. Soixante réunions locales ont permis de recueillir 1 600 contributions en provenance de toutes les régions de la province (mai-juin 2004).

Durant une troisième phase, dite de délibération et couvrant six week-ends, les jurés se sont réunis afin de travailler à leurs conclusions. À l'issue de cette troisième phase, l'assemblée a produit une recommandation précise et l'a soutenue fortement : l'adoption, pour les élections législatives, d'une variante du système australien de vote unique transférable (septembre-novembre 2004).

Conformément à la promesse gouvernementale, cette proposition a fait l'objet d'un référendum, le 17 mai 2005. Elle a recueilli 58 % d'avis favorables. Le gouvernement s'était engagé à mettre en œuvre la proposition de l'assemblée si celle-ci obtenait au moins 60 % d'avis favorables. La réforme ne fut donc pas adoptée, malgré un soutien majoritaire.

L'assemblée citoyenne de Colombie-Britannique de 2004 constitue un épisode remarquable de démocratie citoyenne, d'autant plus passionnant qu'il est extrêmement bien documenté : l'ensemble du processus a été suivi très soigneusement par des universitaires dont les notes, analyses et réflexions ont été publiées. Ces travaux abordent toutes sortes de questions à propos de l'assemblée elle-même : comment ce groupe de citoyens est-il arrivé à une décision ? Dans quelle mesure cette décision peut-elle être considérée comme autonome ? Les membres de l'assemblée défendaient-ils des principes et, si oui, lesquels ? Dans quelle mesure cette décision peut-elle être considérée comme correcte ? Les membres de l'assemblée sont-ils devenus de « meilleurs citoyens » ?

Lors de la campagne préréferendaire de 2004-2005, la question devint un sujet de politique intérieure. La présentation des enjeux par les partis eux-mêmes ne s'appuya guère sur les arguments qui avaient étayé la recommandation de l'assemblée. Comme pour tout sujet politique, il fallut, tant bien que mal, le fondre dans la structure rigide habituelle de la concurrence entre les partis en place. Ce point, lui aussi précisément documenté, semble être la raison principale d'un soutien à la réforme plus faible lors du référendum (58 %) que dans le cadre de l'assemblée citoyenne. Le même mécanisme explique pourquoi un référendum ultérieur (mai 2009) eut encore moins de succès. À nouveau consultés en novembre 2018, les citoyens de Colombie-Britannique ont rejeté l'adoption d'un système de représentation proportionnelle. Le vote uninominal à un seul tour est donc toujours en vigueur.

Des expériences plus ou moins similaires ont eu lieu aux Pays-Bas en 2006, en Ontario en 2007, dans l'île du Prince-Édouard en 2016. Des référendums sur les règles de vote ont également eu lieu récemment en Italie, en Irlande, en Nouvelle-Zélande et en Slovénie.

Ce que pensent les électeurs des systèmes électoraux

Même si, comme on l'a noté, le processus qui conduit à une réforme électorale se déroule toujours dans le cadre des jeux politiciens du moment, le rôle des principes, voire des idées générales désintéressées, ne doit pas être négligé. C'est par exemple ce qui ressort de l'étude fine de l'évolution des positions des membres de l'assemblée citoyenne de Colombie-Britannique sur la réforme parlementaire, s'agissant, d'une part, de leur évaluation des différents systèmes de vote et, d'autre part, de leur attachement aux différents principes en jeu : représentation juste des différents partis, liberté de choix de l'électeur, représentation locale identifiable, simplicité, sentiments anti-parti, aversion au changement, place des petits partis[71]. Les citoyens informés sont à même de formuler des jugements cohérents, et cela se vérifie à tous les niveaux de sophistication politique, même si la cohérence exprimée est plus forte chez les personnes les plus éduquées.

Les enquêtes présentées dans cet ouvrage et dans d'autres nous ont amené à observer l'attirance des citoyens pour la possibilité de s'exprimer plus finement durant les élections. Une illustration particulièrement claire est la question des listes ouvertes et fermées.

Dans presque tous les pays, les élections parlementaires se déroulent avec des scrutins de liste, mais de nombreuses variantes sont en usage[72]. Celles-ci induisent, en pratique, des degrés très divers de proportionnalité de la représentation et autorisent une plus ou moins grande flexibilité dans l'expression de vote. De ce point de vue, les deux cas extrêmes sont, d'un côté, les listes bloquées à la française, qui n'autorisent aucun vote individuel, et, de l'autre, les scrutins de listes ouvertes avec panachage autorisé et votes cumulatifs, pratiqués par exemple au Luxembourg et en Suisse. Les citoyens d'un pays sont souvent loin d'imaginer que d'autres systèmes sont envisageables et pratiqués. D'une manière générale, les électeurs que l'on informe sur ce point expriment une préférence pour les systèmes ouverts, qui maximisent les possibilités d'expression[73]. Il existe au moins une exception à cette loi : l'Italie a utilisé un système ouvert jusqu'en 1993, et utilise un système fermé depuis. On peut montrer que les électeurs italiens assez âgés pour avoir voté avant 1993 ne favorisent pas le système ouvert[74]. Cela vient rappeler que les préférences politiques sont des objets complexes, qui mêlent des considérations de nature diverse : des attendus d'un haut degré de généralité (« Il est bon de pouvoir s'exprimer ») et des expériences concrètes, personnelles ou collectives. Cela signale aussi que l'attirance, réelle, pour des méthodes plus expressives n'est pas le fin mot de l'histoire ; les citoyens ne sont certainement pas naïfs au point de juger l'institution électorale à l'aune de cet unique critère.

Élément important qui vient prolonger et approfondir la question de l'expression, les électeurs attachent une valeur intrinsèque au fait que la décision collective soit en partie la leur.

L'économie expérimentale a ainsi montré que l'on accorde une valeur (monétaire) plus grande à une décision collective lorsque, au cours du processus qui a conduit à cette décision, on a été amené à l'approuver explicitement[75]. Ce phénomène est peut-être une des bases psychologiques de la légitimité politique.

Dans les enquêtes où l'on présente (de manière neutre) plusieurs méthodes de vote, il est naturel de demander aux participants ce qu'ils en pensent. À partir des données de 2012, on a pu étudier assez finement les déterminants de la préférence pour tel ou tel mode de scrutin[76]. On voit comment se mélangent, à ce niveau, les préférences égoïstes indirectes (« Je préfère la règle de vote qui favorise mon camp »), l'attirance pour la simplicité (« Je rejette les règles de vote trop compliquées ») et une composante proprement idéologique : les règles uninominales (systèmes à un ou deux tours) sont relativement plus valorisées par les électeurs de droite. Les déterminants des préférences individuelles ne sont donc pas simplement réductibles à des préférences indirectes, conséquentialistes et égoïstes (« Je préfère le système favorable à mon camp »).

La préférence relative des électeurs de droite pour les règles uninominales peut être liée au fait que ces électeurs sont proportionnellement plus conservateurs et privilégient donc les règles qui s'écartent le moins possible de l'existant. Une autre piste explicative lie la préférence pour telle ou telle règle de vote à des différences proprement idéologiques entre la gauche et la droite à propos du concept de représentativité. L'élu est-il un leader ou un délégué ? Un chef ou un mandataire ? Est-il le meilleur membre de sa famille politique parvenue au pouvoir, ou bien est-il le candidat qui a su rassembler, y compris les électeurs qui auraient pu en préférer un autre ?

Parce que l'élection est un moment fort de la vie démocratique, les citoyens chargent de sens l'acte personnel de vote, comme l'institution elle-même. Les détails de la technique de vote reflètent des conceptions différentes de la démocratie, que nos études laissent entrevoir et que la psychologie politique devrait approfondir.

Conclusion

Les travaux que nous avons présentés ici autorisent des conclusions assez nettes sur le point de vue des électeurs concernant l'utilisation des systèmes de vote par évaluation. La question de l'usage que feraient les partis politiques, ou le système politique en général, de ces institutions reste au contraire largement ouverte à la spéculation. En ce qui concerne les électeurs, les principales conclusions sont les suivantes :

- Les électeurs intègrent sans aucune difficulté la logique quantitative à l'œuvre dans les systèmes de vote par notes, dans lesquels chaque électeur note chaque candidat sur une échelle numérique imposée et où le candidat qui reçoit le plus de points est élu. C'est la logique familière du « peser plus ou moins ».
- Les électeurs intègrent aussi la logique plus qualitative à l'œuvre dans le vote par approbation, dans lequel chaque électeur déclare

pour chaque candidat s'il approuve ou non son élection, et où le candidat dont l'élection est approuvée par le plus grand nombre est élu. C'est la logique familière du « être pour ou contre ».

• Ces systèmes, qui diffèrent par l'échelle de notation utilisée, sont cependant, en première approximation, très semblables.

• Comparés aux systèmes majoritaires, tous ces systèmes favorisent les candidats consensuels, c'est-à-dire ceux qui reçoivent des soutiens de la part d'électeurs variés.

Les conclusions précédentes sont les résultats opérationnels qui montrent que certaines des méthodes envisagées pourraient être utilisées en pratique et qu'elles tendraient sans doute à favoriser les résultats consensuels. Quelques conclusions d'ordre méthodologique et d'ordre sociologique peuvent aussi être tirées. Le travail de terrain révèle que le grand public est extrêmement réceptif à l'idée d'expérimentation scientifique sérieuse sur ce genre de sujet, ce qui ouvre des possibilités méthodologiques intéressantes pour la recherche en science politique et pour la science citoyenne. Cela souligne aussi qu'il existe un réservoir important d'opinions positives sur la « politique non politicienne » et une appétence intacte pour l'expression démocratique. L'idéal démocratique est vivant et bien vivant.

CHAPITRE 3

Le bonheur est sur Twitter

Un baromètre du moral des Français

Thomas Renault

Introduction : vox populi

En France, plus de 12 millions de personnes se connectent chaque mois sur Twitter pour s'informer, discuter avec des amis, partager des informations, exprimer leurs émotions ou se divertir. Un Français sur cinq environ utilise Twitter de manière active ce qui fait de cette plateforme le cinquième réseau social le plus important dans l'Hexagone derrière Facebook, Instagram, Snapchat et TikTok[1]. Nous nous proposons ici de construire un ensemble d'indicateurs à haute fréquence du moral des Français, à partir des messages postés sur Twitter par un échantillon de plusieurs millions d'utilisateurs. En tant que source, Twitter présente un intérêt particulier : celui de fournir une expression directe et volontaire de l'état d'esprit des internautes. À la différence des enquêtes d'opinion qui interrogent des personnes sur des sujets qu'elles n'ont pas choisis, ou des études qui cherchent à interpréter le comportement des individus, les messages postés sur Twitter sont des expressions actives et délibérées des idées et des sentiments que les personnes ont envie de rendre publics. Certes, de ce fait, on ne connaît que ce que les intéressés ont souhaité communiquer. Il faut donc considérer ce corpus de tweets en tant que tel et l'interpréter comme un ensemble de manifestations intentionnelles de la population, en réaction aux aléas de la vie économique, sociale et politique.

L'intérêt des chercheurs pour les traces numériques laissées par les internautes n'est pas récent. Depuis une dizaine d'années, des chercheurs en sciences sociales, en économie, en finance, en psychologie et en informatique les exploitent pour construire des indicateurs à haute fréquence et faire du *nowcasting*. Chaque jour, en naviguant sur Internet, en recherchant des informations sur Google, en lisant des pages sur Wikipédia ou en publiant des messages sur des blogs, des forums de discussions ou bien encore sur les réseaux sociaux, les individus laissent des traces de leurs passages qui pourraient permettre de saisir leurs opinions et pensées du moment[2]. Ces nouvelles données permettent de dépasser certaines limites des indicateurs construits à partir de sondages : les données peuvent être disponibles à haute fréquence (journalière, voire infrajournalière), le coût de collecte est limité, voire nul, et cette approche consistant à « écouter » plutôt qu'à « demander » permet de réduire le biais de non-réponse souvent très important dans les données de sondage[3]*. Bien entendu, la construction de ce nouveau type d'indicateurs soulève un grand nombre de questions en ce qui concerne la non-représentativité susmentionnée de l'échantillon des utilisateurs en ligne, la possibilité d'estimer le bien-être d'un individu à partir de ses traces numériques (biais de désirabilité sociale), ou bien encore les risques de manipulation de ces

* Il existe aussi d'autres biais : le risque de réponse biaisé (lié notamment au choix de l'ordre des questions) ou encore le problème lié au « Hawthorne effect » (voir A. Deaton, « The financial crisis and the well-being of Americans », Oxford Economic Papers, 2012, 64 (1), p. 1-26) : être observé quand on nous demande notre avis sur notre bonheur personnel tend à changer notre comportement (voir, par exemple, D. Kahneman, A. B. Krueger, « Developments in the measurement of subjective well-being », *Journal of Economics Perspective*, 2006, 20 (1), p. 3-24).

indicateurs si ces derniers venaient à être utilisés plus directement dans le cadre du choix ou de l'évaluation de politiques publiques. Gardant ces limites à l'esprit, nous tirons parti du fait que la plateforme Twitter est ouverte aux chercheurs et rend ses données publiques, afin de mesurer le « pouls de la nation » et le moral des Français. Les métriques d'émotions ainsi élaborées à partir des messages postés sur le service de *microblogging* Twitter n'ont pas vocation à remplacer les indicateurs de bien-être calculés à partir des enquêtes, mais plutôt à compléter ces dernières de manière à enrichir notre compréhension des évolutions du bien-être en France.

Ce travail s'inscrit dans le cadre de l'Observatoire du bien-être du Cepremap. Il s'agit, à notre connaissance, du premier projet de cette ampleur sur la base de données françaises. L'ensemble des indicateurs et des informations présentés dans ce chapitre sont disponibles gratuitement en téléchargement et visibles dans le *Tableau de bord du bien-être en France* de l'Observatoire du bien-être.

Avant de présenter les séries élaborées, nous commencerons par décrire la méthodologie utilisée pour constituer notre base de données originale en évitant les robots et les spams, pour qualifier la teneur des sentiments et des émotions des messages et pour reconnaître les préférences politiques, la tranche d'âge et le genre de chaque utilisateur afin de caractériser l'évolution du « moral » de différents sous-groupes de la population.

Notons que nous nous alignons sur la terminologie en vigueur dans ce champ de recherche et employons le terme « sentiment » pour désigner la *valence nette* des messages, c'est-à-dire la teneur plutôt positive ou négative de leurs termes.

Notre score de « sentiment » fondé sur l'analyse textuelle des messages et sur les émojis suit la chronique des chocs positifs et négatifs qui affectent le pays, plongeant ainsi au moment de la crise des Gilets jaunes, puis des confinements et, plus récemment, lors du déclenchement de la guerre en Ukraine, le 24 février 2022. Il présente également de grands écarts autour de la tendance, notamment les jours des attentats de *Charlie Hebdo*, de l'Hyper Cacher ou du Bataclan. À l'inverse, les moments de sentiment positif sont moins visibles, à l'exception régulière des jours de fêtes tels que les veilles et jours de Noël et du Nouvel An.

Par rapport au niveau déprimé de 2020, l'année 2021 a vu une augmentation du sentiment de joie et une diminution du sentiment de tristesse, même si aucun de ces deux indicateurs n'a retrouvé son niveau antérieur à la crise des Gilets jaunes. En revanche, la peur et la colère restent à des niveaux élevés, avec un pic du sentiment de colère, en juillet 2021, à l'annonce de la mise en place du passe sanitaire.

Le score de sentiment connaît aussi des fluctuations régulières au cours de la semaine, et même de la journée. Les utilisateurs de Twitter partent d'un point bas le lundi, puis leur sentiment s'améliore au cours de la semaine pour atteindre un sommet le vendredi et le samedi. À l'échelle de la journée, le sentiment de tristesse, comme celui de peur, atteint un maximum aux petites heures du matin, entre 3 heures et 5 heures, et les expressions de colère et de dégoût connaissent un pic matinal vers 7 heures. Mais la fin d'après-midi et la soirée affichent des émotions plus positives. Les horaires de travail sont plus neutres émotionnellement, tandis que l'on s'exprime l'après-midi et en soirée sur des sujets plus personnels et, surtout, plus réjouissants.

Si, dans l'ensemble, on ne distingue pas de différence nette entre les scores émotionnels des hommes et des femmes, on relève cependant quelques différences. Le point le plus haut du score des hommes sur la période correspond à la Coupe du monde masculine de football en 2018 (la victoire de l'équipe de France), sans que l'on puisse distinguer un effet sur le score des femmes. Quant à ces dernières, leur score émotionnel s'est plus dégradé que celui des hommes au moment des confinements imposés par la pandémie.

Enfin, grâce à la représentation du score de sentiment selon les orientations politiques, on observe une séparation de plus en plus nette entre les abonnés aux comptes des partis extrêmes d'un côté et aux partis du centre (EELV, PS, LREM, LR) de l'autre. Au tout début de la période étudiée, en 2013, les abonnés à l'extrême gauche exprimaient des sentiments plus négatifs que les autres. Puis, les sentiments exprimés par les abonnés à des figures de l'extrême droite se sont dégradés au cours de l'année 2014, venant occuper une position intermédiaire entre l'extrême gauche et les partis traditionnels. L'année 2018 a marqué un tournant : les abonnés à des comptes d'extrême droite ont exprimé au cours de l'année des sentiments de plus en plus négatifs, rejoignant le niveau des abonnés à l'extrême gauche, dont le sentiment était par ailleurs également en baisse. Les abonnés aux comptes de la gauche traditionnelle ont connu, eux aussi, une baisse de leurs sentiments exprimés, mais à partir d'un niveau beaucoup plus élevé. Le fort écart entre les sentiments des extrêmes et ceux des abonnés aux partis traditionnels reste élevé et constant depuis 2019.

Si on classe les internautes en fonction des médias qu'ils suivent sur Twitter, on aboutit à un constat similaire. Les personnes qui suivent des médias proches des extrêmes du spectre politique, ici *L'Humanité* et *Valeurs actuelles*, expriment les émotions les plus négatives. Au-delà de cette forte polarisation, les personnes suivant les comptes de médias plutôt à gauche (*Libération*, *Le Monde*, *L'Obs*) ont tendance à exprimer des émotions plus négatives que celles suivant des médias plutôt à droite (*Le Figaro*, *Challenges*).

Nous relevons enfin un effet de génération au sens où les abonnés, généralement jeunes, des deux médias Web que sont HugoDécrypte et ThinkerView expriment des émotions très négatives, au même niveau que les personnes suivant *L'Humanité* ou *Valeurs actuelles*.

Notre indice met donc en évidence une polarisation multiple de l'espace des émotions : d'une part, le contraste politique bien identifié entre le centre et les extrêmes, ces derniers étant caractérisés par un bien-être plus faible et des émotions plus négatives, et, d'autre part, un contraste générationnel, avec des médias jeunes associés à une plus forte expression de sentiments négatifs. Ce mal-être a sans doute trouvé une traduction dans les urnes au premier tour de l'élection présidentielle de 2022.

Comment mesurer le moral des Français en ligne ?

Poussés par les progrès des méthodes d'analyse textuelle, par l'importance grandissante des traces numériques laissées par les individus en ligne et par l'ouverture (partielle) des données de certaines grandes plateformes privées, de nombreux chercheurs se sont intéressés à la construction de nouveaux indicateurs de bien-être, d'état émotionnel ou de préoccupation des internautes. Les principales sources de données analysées comportent les requêtes faites par les individus sur Google, les statuts publiés sur Facebook et les messages envoyés sur Twitter. Nous nous attacherons ici à analyser ces dernières.

La méthodologie utilisée pour dériver des indicateurs quantitatifs de sentiment à partir des données Twitter peut se décomposer de la manière suivante : 1) constituer une base de documents (tweets) avec des méthodes de *Web scraping* ou *via* l'utilisation d'interface de programmation (API) ; 2) identifier le sentiment et les émotions de chaque tweet à partir de méthodes d'analyse textuelle ; 3) construire des indicateurs de sentiment par période/localisation en agrégeant le sentiment de différents tweets ; 4) utiliser ces nouveaux indicateurs pour prévoir, comprendre ou expliquer d'autres variables du monde réel (résultats des élections, évolution des marchés financiers, bien-être des individus, etc.)[4].

Construire une base de données de tweets

La première étape – avant l'analyse de sentiment ou la construction de nouveaux indicateurs – consiste à construire une base de données de messages. Depuis sa création en 2006 et jusqu'en mi-2020, l'accès aux données Twitter pour les chercheurs était très limité. Il était possible de récupérer, pour un mot clé donné, un historique des tweets des derniers jours, mais il était impossible de constituer, *via* l'API officielle, des jeux de données sur longue période*. La constitution de bases de données historiques n'était possible que par une extraction en temps réel des messages, ce qui limitait donc la possibilité de constituer des séries sur longue période et rendait complexe la réplicabilité des études réalisées sur le sujet**. La pandémie de Covid-19 a entraîné une première modification des conditions d'accès aux données de la part de Twitter avec l'ouverture, en avril 2020, d'un jeu de données de tweets contenant des mots clés en lien avec la pandémie permettant de faciliter la recherche académique[5]. Ce changement s'inscrit dans un cadre plus général d'ouverture des données de la part de grandes entreprises américaines durant la période Covid, comme les données de mobilité ouvertes temporairement par Google et Apple. Par la suite, en janvier 2021, Twitter a ouvert un accès gratuit – pour les chercheurs – à l'historique complet des conversations publiques, un accès autrefois réservé aux clients « premium » ou aux entreprises. Ce changement majeur dans la politique d'accessibilité des données par Twitter offre de nombreuses nouvelles possibilités. Dans le cadre de l'accès académique, les données sont accessibles *via* une interface de programmation (API) qui permet d'extraire jusqu'à 10 millions de tweets par mois. De multiples filtres sont disponibles permettant de collecter des tweets à partir d'un ou de plusieurs mots clés définis par l'utilisateur. Il est également possible de filtrer en indiquant une localisation, une langue ou un intervalle de temps.

---

* Une API (*application programming interface*) est une interface de programmation d'application. Il s'agit d'un ensemble de règles permettant à des programmes informatiques (ici ceux utilisés par les scientifiques) d'envoyer des demandes normées à un autre programme informatique (ici, les systèmes d'information de Twitter). Ces règles se différencient du *Web scraping* par lequel un programme récolte des informations conçues pour être consultées par un humain.

** Il était possible aussi d'acheter ces bases de données – mais cela était excessivement coûteux – ou bien de collecter les données en passant par des outils non officiels mais ne respectant pas les conditions d'utilisation de Twitter et *via* lesquels la qualité des données récoltées était très imparfaite.

Cette limite de 10 millions de messages par mois est importante, mais ne permet pas d'extraire l'ensemble des messages publiés sur Twitter (environ 500 millions de messages par jour). Il est cependant possible de tirer de manière aléatoire un échantillon de tweets en spécifiant des intervalles de temps de quelques secondes chaque jour et en indiquant une langue et/ou en utilisant un mot clé commun (*stop words*) tel que « le » ou « la » dans la requête. Dans le cadre de l'analyse du bien-être, et comme proposé par Yang et Srinivasan[6], il est possible d'utiliser les mots clés « *I* », « *I'm* », « *my* » et « *mine* » (ou la traduction de ces mots clés dans une autre langue) ainsi que des intervalles de temps aléatoires afin de constituer un échantillon de tweets.

Nous avons utilisé l'API Twitter pour extraire un échantillon de tweets publiés entre 2010 et 2022 en langue française. Plus précisément, nous avons extrait l'ensemble des tweets contenant le mot clé « je » publiés durant les soixante premières secondes de chaque heure. Cette méthodologie nous a permis de construire un échantillon aléatoire de plus de 23 millions de messages sur longue période – tout en respectant les limites d'utilisation de l'accès académique à l'API Twitter, soit 10 millions de messages par mois. Nous avons choisi le mot clé « je » afin de sélectionner principalement des messages dans lesquels les utilisateurs expriment leurs actions, opinions et pensées personnelles, comme recommandé par Yang et Srinivasan. Tout du moins ce que les utilisateurs de notre échantillon ont envie d'exprimer sur les réseaux sociaux : ce qui n'est pas nécessairement équivalent à ce qu'ils pensent au fond d'eux-mêmes, mais qui – en moyenne sur un ensemble d'utilisateurs – doit tout de même être fortement corrélé avec leurs opinions, émotions, sentiment et envies. La figure 1 montre l'évolution du nombre de tweets durant l'ensemble de la période ainsi que la répartition du nombre moyen de tweets en fonction de l'heure de la journée. Notre base de données est donc un échantillon contenant environ 1/60 de l'ensemble des tweets contenant le mot clé « je ».

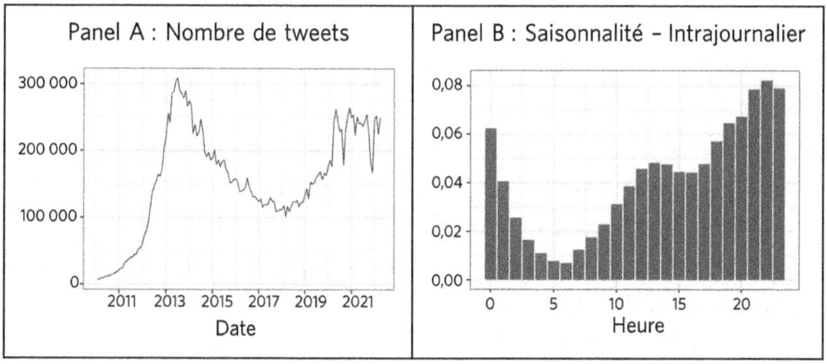

Figure 1. Nombre de tweets et échantillon de tweets en français.

Comme nous pouvons le voir sur la figure 1, le nombre de tweets a largement augmenté de 2010 à mi-2013, avant de connaître une baisse marquée de mi-2013 à 2017, puis de fortement réaugmenter au moment du confinement. Cette augmentation durant le confinement est liée au désir de nombreuses personnes, confinées et isolées, de garder contact avec leurs proches et de « passer le temps » : Twitter a par exemple connu son record d'utilisation durant la pandémie de Covid-19, selon un article du *Washington Post*[7]. L'analyse de la fréquence des tweets en fonction de l'heure de la journée montre que l'utilisation la plus importante de Twitter – tout du moins en ce qui concerne les tweets en français contenant le mot clé « je » – peut être observée entre 18 heures et 1 heure du matin. La nuit – entre 2 heures et 6 heures – le volume de tweets est plus faible.

Les 23 millions de messages de notre échantillon ont été envoyés par un total de plus de 3 millions d'utilisateurs : soit une moyenne d'environ 7 tweets par utilisateur. Cependant, une première analyse montre qu'une cinquantaine d'utilisateurs de notre échantillon ont envoyé plusieurs milliers de messages : un nombre très important étant donné que notre échantillon ne contient que un soixantième de l'ensemble des tweets et uniquement des tweets contenant le mot clé « je ». Par exemple, l'utilisateur ayant envoyé le plus de tweets dans notre échantillon – et qui publie ses messages sous le pseudo « Afalistolec » – est en réalité un programme informatique (un *bot*, ou robot) qui publie chaque heure un message énigmatique dans le cadre d'une performance artistique*. Nous utilisons alors pour ce compte – comme pour tous les comptes ayant envoyé un nombre important de messages – l'outil Botometer de Davis *et al.* afin de supprimer de manière automatique les bots[8]. Dans notre exemple, l'utilisateur Afalistolec obtient un score Botometer de 4,5/5 ce qui indique qu'il s'agit bien d'un robot. Nous calculons – en plus du Botometer – un score de similarité de tweets pour chaque utilisateur dans le but de supprimer les spams qui ne sont pas toujours parfaitement détectés par Botometer, et un filtre en prenant en compte la présence de liens dans les tweets[9] ayant montré que les robots utilisent beaucoup plus de liens dans les messages que les humains**. L'application de ces trois filtres permet la suppression d'environ 1,5 million de messages envoyés par un total de 440 robots identifiés, soit environ 5 % de l'ensemble des tweets.

Mesurer les sentiments et les émotions

La seconde étape qui conduit à l'analyse de sentiment consiste à convertir une variable qualitative, un tweet par exemple, en variable quantitative. La classification la plus commune consiste à identifier pour chaque texte une polarité – 1 / + 1 (positif / négatif) ou – 1 / 0 / + 1 (positif / neutre / négatif) et ce, à partir d'un dictionnaire de mots préclassifiés comme étant positifs ou négatifs. De nombreux dictionnaires de mots positifs/négatifs sont disponibles – en anglais

---

* L'auteur de cette performance est Rico de Halvarez. Le programme en question publie des extraits de textes ; voir https://actonart.fr/rico-da-halvarez/.

** Ces filtres permettent de supprimer, par exemple, les messages d'un utilisateur ayant envoyé 5 000 fois un tweet contenant le mot clé #galaxys6 afin de participer à un concours pour gagner un téléphone. Si cet utilisateur n'est pas supprimé, du fait de la présence du mot clé « gagner » dans les tweets relatifs à ce concours, les indicateurs de sentiment agrégé seront fortement biaisés durant les mois de mars, avril et mai 2015.

en très grande majorité – et permettent de calculer rapidement un score de sentiment pour un document donné*.

Dans le cadre de ce chapitre, notre objectif étant de quantifier le moral des Français à partir de tweets en français, nous utilisons les deux méthodes suivantes. Tout d'abord, nous employons la méthode VADER[10], spécifique à l'analyse de sentiment des messages publiés sur les réseaux sociaux et dont une implémentation pour l'analyse de tweets en français existe depuis mai 2020[11]. La méthode VADER présente l'avantage de prendre en compte les émojis, les négations, la casse et la ponctuation – en plus des mots contenus dans les tweets –, afin de calculer un score de sentiment pour chaque message (voir le tableau 1 pour des exemples de texte et le score calculé par VADER dans chacun des cas). Pour chaque tweet, nous utilisons le score de sentiment de VADER afin de calculer pour chaque message un score entre – 1 et + 1 (de très négatif à très positif).

Tableau 1. Exemples de tweets classifiés avec l'approche VADER.

Tweet	Score de sentiment
Je suis heureux	0,5719
Je suis trop heureux	0,6115
Je suis TROP heureux	0,7200
Je suis TROP heureux ☺	0,9070

* Étant donné la plus grande disponibilité de packages et d'outils d'analyse textuelle en anglais, il est aussi possible de traduire les tweets vers l'anglais – *via* DeepL ou Google Translate – afin d'appliquer les méthodes d'analyse développées pour les textes en anglais. Cette méthode est cependant coûteuse – la traduction automatique d'un nombre important de tweets est payante – et convient principalement à l'analyse de tweets dans des langues pour lesquelles il n'existe aucun outil ; ce qui n'est pas le cas pour le français. Une limite de cette méthode est que nous classifions un utilisateur, et donc l'ensemble de ses messages passés, en fonction de ses abonnements actuels. Cela nous conduit certainement à mal classifier les personnes dont l'orientation politique a évolué au cours du temps, mais, à cette échelle de temps, les orientations des utilisateurs sont certainement suffisamment stables pour que les abonnements actuels reflètent de manière suffisamment solide une orientation politique latente.

Tweet	Score de sentiment
Je suis TROP heureux ☺ ! ! !	0,9219
Je ne suis pas heureux	- 0,4585
Je suis triste	- 0,4767
Je suis triste 😭	- 0,6705
J'en ai marre	- 0,4215
J'en ai jamais marre	0,3252

Pour la mesure des émotions, la méthode FEEL – *French expended emotions lexicon* – permet de classifier chaque message selon les six émotions : la joie, la colère, la peur, la tristesse, le dégoût et la surprise[12]. Cependant, ce dictionnaire ayant été développé pour analyser des textes traditionnels, il ne permet pas de capturer les spécificités des messages publiés sur les réseaux sociaux, notamment parce qu'il ne contient pas d'émojis. C'est pourquoi nous privilégions dans ce chapitre une approche fondée sur l'analyse des émojis, en utilisant EmoTag1200 – une liste de 150 émojis classifiés en fonction de 8 émotions[13]. Nous détaillons ces choix et les différentes mesures. Sur l'ensemble de notre échantillon, environ 13 % des messages envoyés contiennent au moins un émoji : un nombre équivalent à celui calculé par Emojipedia à partir de l'analyse de plus 6 milliards de tweets envoyés partout dans le monde[14]. Pour construire nos indicateurs, et afin de contrôler la forte variation du nombre de tweets contenant des émojis dans le temps et la variation de l'émotivité, nous divisons pour chaque période le score d'émotions calculé à partir d'EmoTag1200 par l'émotivité de l'ensemble des tweets (la somme des scores associés à toutes les émotions).

Le moral des Français au prisme de Twitter

Le moral global des Français sur Twitter : du mois à la journée

La figure 2 présente l'évolution de notre indicateur sur l'ensemble de la période – en considérant VADER pour l'analyse de sentiment et en agrégeant par période en prenant la moyenne du score de sentiment de l'ensemble des tweets – après suppression des messages envoyés par des robots et ajustement pour les variations saisonnières pour corriger du score de sentiment anormalement élevé chaque année au moment de Noël, du Nouvel An, de la Saint-Valentin ainsi que durant les vacances. Notre indicateur est centré (moyenne 0) et standardisé afin de faciliter la lecture.

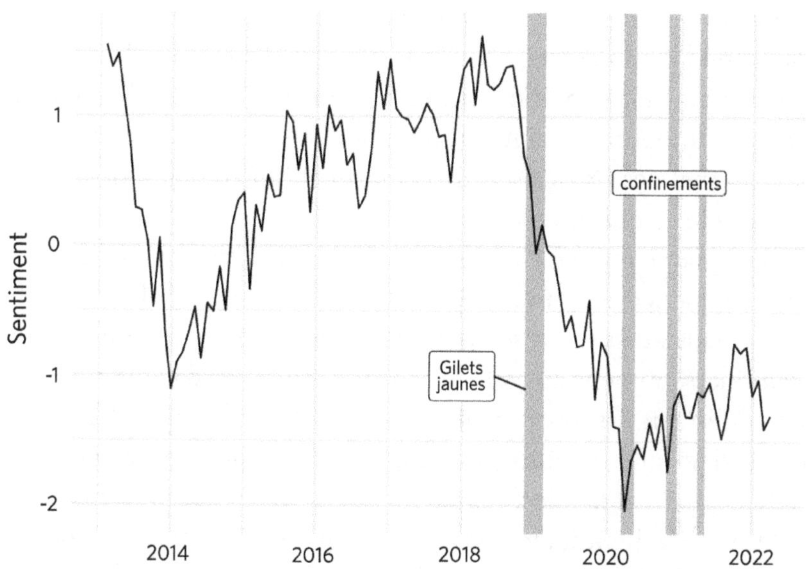

Figure 2. Indicateur du moral des Français Twitter, fréquence mensuelle.

Note de lecture : Les zones grises sur le graphique correspondent respectivement au début des Gilets jaunes (novembre 2018), puis aux trois confinements (mars 2020, novembre 2021, avril 2021).

Durant la période étudiée, nous observons une chute rapide du score de sentiment entre 2013 et 2014, suivie d'une progression irrégulière de 2014 à 2019. Cette augmentation révèle qu'à cette aune des événements tragiques comme les attentats de janvier (*Charlie Hebdo*) et de novembre 2015 n'ont eu qu'un impact ponctuel sur les sentiments exprimés (voir aussi la figure 4 ci-après). A *contrario*, le graphique fait apparaître assez nettement la dégradation des sentiments exprimés à partir de l'automne 2018, prélude à la crise des Gilets jaunes. Si les occupations de ronds-points et les manifestations ont progressivement diminué en intensité au cours de l'année 2019, l'indicateur suggère que les sentiments négatifs qui ont propulsé une partie de cette crise n'ont pas disparu pour autant. On voit certes une amélioration fin 2019, mais on entre ensuite en plein dans la pandémie et ses conséquences. En particulier, les entrées dans le premier et le second confinement ont marqué une nouvelle dégradation des sentiments exprimés. Ce n'est qu'à la sortie du second confinement que l'indicateur se stabilise quelque peu à son niveau, déjà déprimé, d'avant la pandémie. À l'échelle du mois, notre indicateur met donc en relief les grandes tendances de l'état émotionnel des Français, qui évolue à cet horizon en fonction des grands chocs qui traversent la société.

Un grand intérêt des données issues des réseaux sociaux est leur fréquence : on peut regarder ce qui se passe à l'échelle du mois, mais aussi de la semaine ou de la journée. L'évolution du score de sentiment au jour le jour est présentée dans la figure 3. Le sentiment est, on le voit, volatil : autour de la tendance, les écarts d'un jour à l'autre sont importants. La plupart des jours, ils restent dans une bande de variation autour de la tendance. Plusieurs dates se détachent toutefois nettement par un sentiment beaucoup plus négatif. Ces jours sont le 7 janvier 2015 (attentats de *Charlie Hebdo* et de l'Hyper Cacher), le 14 novembre 2015 (lendemain des attentats du Bataclan), le 15 juillet 2016 (attentat de Nice), le 26 janvier 2020 (mort accidentelle de Kobe Bryant), les 15 et 16 mars 2020 (annonce du premier confinement), le 24 février 2022 (guerre en Ukraine), ainsi que le 10 avril 2022 (1er tour des élections présidentielles).

À l'opposé, les moments de sentiment positif sont moins directement visibles. En pratique, et c'est un constat qui avait déjà été fait sur les statuts Facebook, les jours les plus heureux sont les jours de fêtes : veille/jour de Noël, ou veille/jour du Nouvel An*. Une fois corrigé de ces variations saisonnières, le jour ayant connu le score de sentiment le plus élevé sur l'ensemble de notre période d'étude est le 15 juillet 2018 : jour de la victoire de l'équipe de France de football en Coupe du monde.

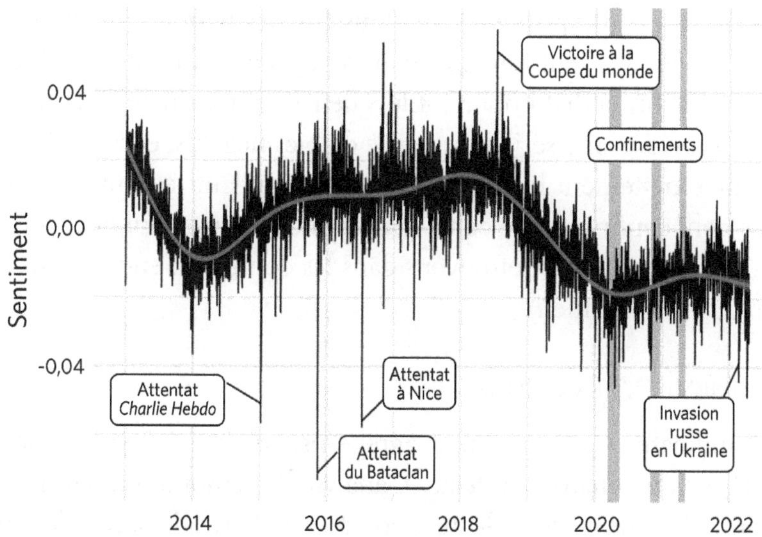

Figure 3. Indicateur Twitter du moral des Français, fréquence journalière.

* Thanksgiving Day est aux États-Unis le jour où le sentiment est le plus élevé. En France, il s'agit du Nouvel An. Un biais possible concernant ces jours est la très forte présence de messages comme « bonne année » ou « joyeux Noël » qui tendent à être classifiés positivement dans les méthodes d'analyse de sentiment.

Un point important à relever est que ces scores extrêmes de sentiment, négatifs comme positifs, sont très ponctuels : on peut les associer directement à une journée, et il semble que l'indicateur retrouve très rapidement son niveau d'avant l'événement. Les utilisateurs passent-ils aussi rapidement à autre chose, ou est-ce que l'ampleur de l'écart le jour même nous empêche de voir une tendance les jours suivants ? Pour trancher entre ces deux possibilités, nous observons la variation de sentiment autour des 9 principaux chocs négatifs de notre échantillon en analysant le sentiment sur une fenêtre de 15 jours autour de chaque événement. La figure 4 présente nos résultats. Elle confirme que ces chutes de score de sentiment sont concentrées sur une journée, ou au plus quelques jours. Avec notre indicateur, nous mesurons donc la réaction *immédiate* à un événement, la façon dont les utilisateurs actifs de Twitter le reçoivent et l'expriment dans l'instant. La période du premier confinement apparaît toutefois comme un peu particulière. Plutôt qu'un effet immédiat important lors de l'annonce du confinement, nous observons une série plus dense de pics négatifs, et surtout une tendance nettement infléchie à la baisse pendant le confinement. Cela vient confirmer que celui-ci a été une épreuve pour beaucoup, un élément que nous retrouvons dans les données d'enquête sur le bien-être émotionnel.

SENTIMENTS ET ÉMOTIONS

L'indicateur de sentiment agrégé est un indice synthétique, fondé sur une analyse du texte. L'analyse des émotions à partir des émojis offre une grille de lecture complémentaire à l'analyse de sentiment à partir de VADER. La figure 5 présente les indicateurs par émotions – ajustés du nombre total d'émojis pour chaque période. Il apparaît immédiatement que l'indice de sentiment évolue globalement de la même manière que la série qui indique la fréquence des expressions de la joie, et à l'inverse de celles qui expriment la tristesse, la peur ou la colère.

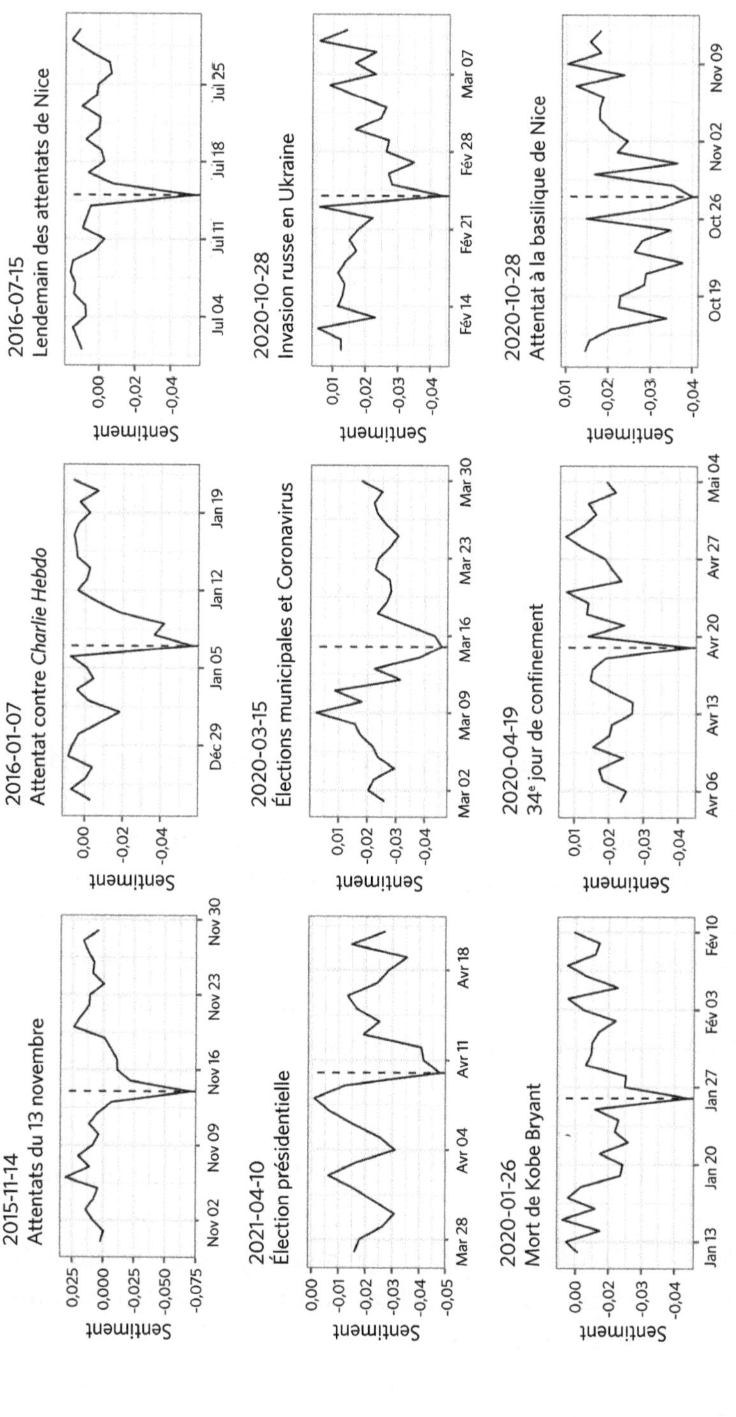

Figure 4. Évolution du score de sentiment autour des chocs négatifs majeurs.

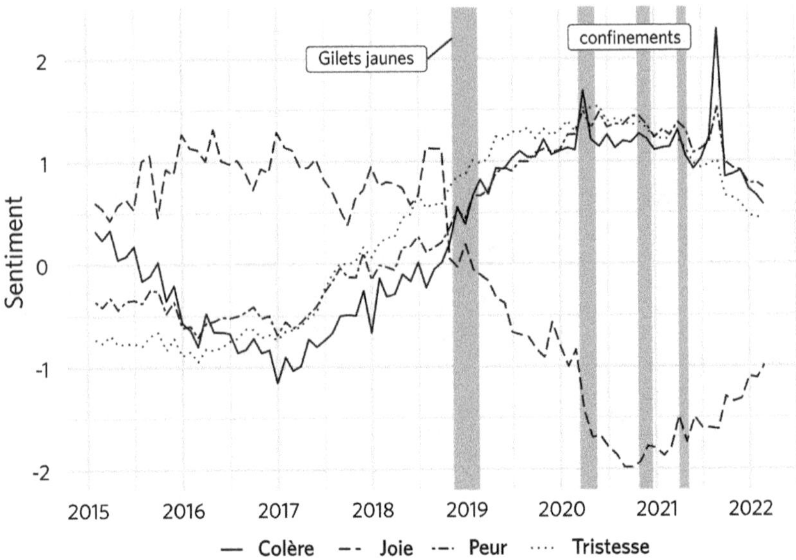

Figure 5. Évolution des indicateurs d'émotion, fréquence mensuelle.

Cette approche en plusieurs sentiments (émotions) permet de constater que, par rapport au niveau déprimé de 2020, 2021 a vu une augmentation du sentiment de joie et une diminution du sentiment de tristesse. On se rapproche ainsi fin 2021 des niveaux d'avant la pandémie. Ce n'est qu'une maigre consolation : la joie reste moins fréquente qu'avant la crise des Gilets jaunes, et la tristesse, plus fréquente. En revanche, la peur et la colère restent à des niveaux élevés. Le pic du sentiment de colère, en juillet 2021, correspond à l'annonce de la mise en place du passe sanitaire, et avec lui d'une forte incitation à la vaccination.

LES HEURES ET LES JOURS

Il y a des moments de la journée et des jours de la semaine plus propices aux sentiments positifs – un phénomène déjà relevé par Dodds *et al.*[15]. À l'échelle de la semaine (figure 6), les utilisateurs de Twitter partent d'un point bas le lundi, puis leur sentiment s'améliore au cours de la semaine. Le vendredi et le samedi sont assez nettement les jours où le sentiment est le plus positif. Il faut garder à l'esprit que les personnes qui utilisent Twitter ne sont pas les mêmes tout du long. On peut s'attendre à ce que les utilisateurs en semaine soient à peu près les mêmes d'un jour à l'autre. La pente du lundi au vendredi peut donc être lue comme reflétant un rapport tendu avec le travail. Le pic du vendredi traduit un sentiment très positif du passage en week-end, cohérent avec ce que l'on connaît par ailleurs des activités et des sorties. L'usage de Twitter le week-end constitue en revanche un filtre sans doute plus fort. Certains profils – typiquement les parents ou les personnes utilisant Twitter dans le cadre de leur activité professionnelle – sont beaucoup moins présents sur le réseau le week-end, ce qui modifie la composition de l'échantillon. À ce titre, la baisse du dimanche peut traduire simplement le fait que les personnes actives sur Twitter ce jour-là ont moins que les autres des activités en famille ou en groupe, ce qui en fait un public *a priori* moins propice à l'expression de sentiments positifs.

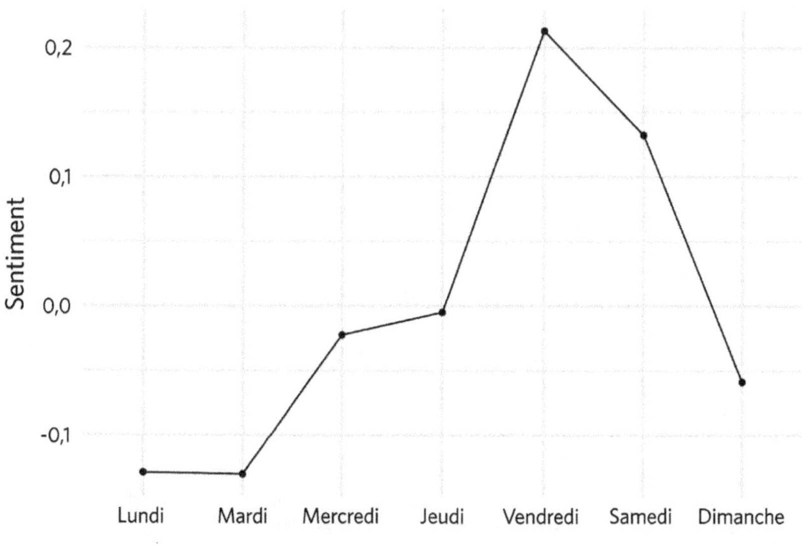

Figure 6. Score de sentiment moyen en fonction du jour de la semaine.

À l'échelle de la journée, nous observons aussi des variations importantes selon l'heure, probablement liées là aussi à *qui* utilise Twitter à un moment donné – un élément déjà relevé par Golder et Macy[16]. Le sentiment de tristesse, comme celui de peur, atteint un maximum aux petites heures du matin, entre 3 heures et 5 heures, et les expressions de joie sont à leur étiage à ce même moment (voir la figure 7). Ce phénomène montre que Twitter sert à certaines personnes de moyen d'expression de leur détresse, particulièrement à des moments où il est difficile de parler à d'autres personnes. La colère et le dégoût connaissent de la même manière un pic matinal, décalé vers 7 heures, probablement sous l'influence des personnes qui consultent Twitter au moment de leur réveil.

La fin d'après-midi et la soirée affichent un niveau de sentiment positif plus élevé, et de sentiments négatifs moins élevés. On ne parle pas de la même chose sur Twitter en fonction de l'heure. Les horaires de travail sont plus neutres émotionnellement, tandis que l'on s'exprime l'après-midi et en soirée sur des sujets plus personnels et, surtout, plus réjouissants.

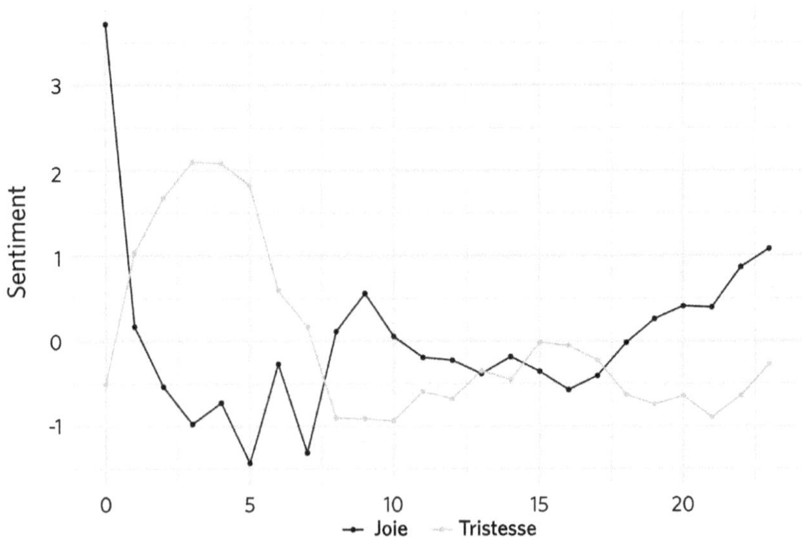

Figure 7. Variation infrajournalière des émotions.

Genre, politique et émotions

Certains profils Twitter affichent clairement des informations les concernant, comme leur genre, leur profession ou leur orientation politique, à l'image des sympathisants de La France insoumise qui utilisent le φ comme symbole. Il s'agit toutefois d'une minorité. Pour autant, un survol rapide des échanges permet souvent de se faire une idée des penchants politiques de la personne et souvent de son genre et de sa classe d'âge. Des travaux, par exemple Jaidka *et al.*, ont construit des corpus de mots révélateurs de ces éléments[17], mais ceux-ci n'existent que pour la langue anglaise et sont fréquemment spécifiques au contexte politique et social des États-Unis. Pour autant, il semble fondamental de pouvoir distinguer l'état des sentiments selon ces dimensions afin de comprendre quelles forces contribuent au mouvement d'ensemble de l'état des Français. Nous employons donc une série d'approches alternatives en fonction des dimensions visées : le prénom pour en inférer le genre, les comptes politiques suivis pour les préférences politiques, les médias suivis pour les préférences politiques et l'âge. Ces éléments permettent de dessiner un espace des sentiments structurés à la fois par le genre, par l'orientation politique et par la génération.

LES FEMMES DANS LA PANDÉMIE

Le tableau de bord de l'Observatoire du bien-être du Cepremap montre que les femmes connaissent en moyenne une satisfaction dans la vie plus faible que les hommes, une propension à s'être senties heureuses la veille plus forte, mais aussi à se sentir plus déprimées[18]. Ainsi, si le bien-être émotionnel a une dimension genrée, il n'est pas évident *a priori* de savoir quelle dimension va dominer dans les sentiments exprimés sur Twitter.

Une difficulté : de nombreux utilisateurs et de nombreuses utilisatrices n'indiquent pas leur genre dans leur biographie Twitter. Pour repérer le genre, nous nous limitons aux personnes qui déclarent un prénom, et classifions celui-ci à l'aide d'une liste de 11 627 prénoms identifiés comme féminins et masculins[19]. Nous sommes ainsi en mesure de calculer sur cet échantillon réduit les indicateurs de sentiment en fonction du caractère masculin ou féminin du prénom que les utilisateurs et utilisatrices de Twitter ont choisi de se donner*.

La figure 8 présente l'évolution de ces deux indicateurs. Dans l'ensemble, les deux séries sont proches et évoluent de manière parallèle. Il n'y a le plus souvent pas de différence massive entre hommes et femmes. Nous relevons toutefois un ensemble de divergences révélatrices. Le point le plus haut du sentiment des hommes sur la période correspond à la Coupe du monde masculine de football en 2018, qui a vu la victoire de l'équipe de France. Cela s'accompagne d'une amélioration assez durable des émotions exprimées par les hommes, sans que l'on puisse distinguer un tel effet auprès du genre féminin.

En outre, les femmes semblent avoir été plus affectées par les deux premiers confinements que les hommes. Leur sentiment déclaré se détériore plus que celui de ces derniers. Malgré une amélioration sensible à la suite du second déconfinement, il reste jusqu'à la fin de la période nettement inférieur à celui des hommes. Cette observation est cohérente avec de nombreuses études[20], et des sondages réalisés durant la période Covid. Tous documentent une hausse de l'anxiété des femmes durant cette période. Sur un plan très pratique, les femmes ont eu plus que les hommes à gérer les aléas de la situation, en particulier lorsqu'il a fallu organiser la garde des enfants, les arrêts et les reprises des activités. Dans le domaine professionnel, celles qui étaient en télétravail avaient beaucoup moins souvent que leurs conjoints un espace dédié pour travailler. Début 2022, l'écart est toujours persistant, et, en moyenne, les femmes ont un indice de sentiment d'environ 15 % inférieur à celui des hommes.

* Une limite potentielle de cette méthode réside dans le fait que la propension à afficher un prénom peut être différente entre hommes et femmes. Ces dernières peuvent être plus enclines à dissimuler leur genre afin d'éviter le harcèlement ou les messages à caractère sexuel. L'échantillon des femmes serait alors biaisé d'une manière différente de celui des hommes.

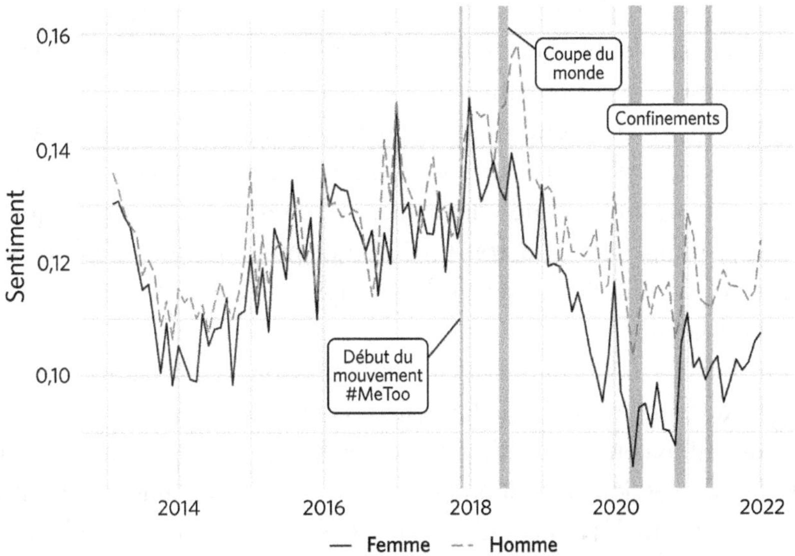

Figure 8. Indicateur Twitter du moral des Français selon le genre.

LE CENTRE ET LES EXTRÊMES : LA POLARISATION POLITIQUE DES ÉMOTIONS

Sur Twitter, vous devez vous abonner à un compte pour que ses messages arrivent directement dans votre fil d'actualité. Suivre un compte implique donc un choix et une action de la part des utilisateurs, l'expression de la volonté de savoir ce que dit le compte en question. Même si ce n'est pas systématiquement vrai, beaucoup de gens vont avoir tendance à suivre les comptes avec lesquels ils sont en accord, partagent des idées. C'est particulièrement le cas pour les comptes de personnalités ou de partis politiques qui servent essentiellement de relais à la communication partisane.

Cette méthode d'analyse des relations a été utilisée par Barbera aux États-Unis afin de dériver les préférences politiques de chaque utilisateur (Démocrate ou Républicain)[21]. Un algorithme de *machine learning* est entraîné à partir de l'analyse des amis d'une liste de personnalités politiques – dont les préférences politiques sont connues par leur rattachement à un parti – et utilisé ensuite pour classifier l'ensemble des autres utilisateurs. Golbeck et Hansen[22] utilisent une méthode semblable pour dériver les préférences politiques à partir des comptes de personnalités politiques suivis par chaque utilisateur et indiquent que cette méthodologie est généralisable à d'autres attributs (âge, revenu) à partir du moment où un jeu d'entraînement d'utilisateurs pour lesquels des caractéristiques sociodémographiques sont connues peut être constitué. Ludu propose ainsi d'inférer le genre d'un utilisateur à partir des comptes de célébrités suivies par cet utilisateur[23].

En ce qui concerne les préférences politiques, nous utilisons une méthode proche de celle de Barbera en analysant les comptes suivis par chaque utilisateur et en estimant les préférences politiques en fonction du nombre et de l'orientation des comptes de personnalités politiques et de partis suivis par cet utilisateur. Nous construisons pour cela une liste d'environ 500 personnalités politiques françaises ayant un compte Twitter, puis nous utilisons cette liste pour classer chaque utilisateur sur une échelle allant de l'extrême gauche à l'extrême droite.

Notre indicateur est construit en analysant *rétrospectivement* les messages des personnes suivant – aujourd'hui – un ensemble de comptes politiques*. Nous sommes évidemment conscients que le fait de suivre un compte n'implique pas toujours une adhésion aux idées exprimées par ce compte. Il semble cependant plausible que les personnes abonnées au compte officiel d'une personnalité politique soient *majoritairement* des personnes proches des idées de cette dernière. Nous nous concentrons uniquement sur les utilisateurs qui suivent au moins deux politiciens afin de diminuer le bruit lié, par exemple, au fait que plusieurs millions d'utilisateurs suivent le compte d'Emmanuel Macron sans nécessairement soutenir ce dernier. Nous relions ensuite un utilisateur à une préférence politique

* Une limite de cette méthode est que nous classifions un utilisateur, et donc l'ensemble de ses messages passés, en fonction de ses abonnements actuels. Cela nous conduit certainement à mal classifier les personnes dont l'orientation politique a évolué au cours du temps, mais, à cette échelle de temps, les orientations des utilisateurs sont certainement suffisamment stables pour que les abonnements actuels reflètent de manière suffisamment solide une orientation politique latente.

seulement si, parmi l'ensemble des comptes politiques qu'il suit, au moins 50 % appartiennent à une même tendance politique. Cette approche permet de représenter la manière dont, au sein de la population française, les émotions exprimées diffèrent en fonction des préférences politiques identifiées à partir des comptes suivis.

La représentation du score de sentiment selon les orientations politiques ainsi inférées se lit sur la figure 9. L'élément le plus significatif est la séparation de plus en plus nette entre les extrêmes d'un côté et les partis du centre (EELV, PS, LREM, LR) de l'autre. Au tout début de nos séries, en 2013, la ligne de partage passe entre une extrême gauche qui exprime des sentiments plus négatifs et les autres partis. Au cours de l'année 2014, les sentiments exprimés par les abonnés à des figures de l'extrême droite se dégradent, venant occuper une position intermédiaire entre l'extrême gauche et les partis traditionnels. L'année 2018 marque un tournant : jusque-là proches des autres partis, les abonnés à des comptes d'extrême droite expriment au cours de l'année des sentiments de plus en plus négatifs., rejoignant le niveau des abonnés à l'extrême gauche, dont le sentiment est par ailleurs aussi en baisse. Les abonnés aux comptes de la gauche traditionnelle connaissent aussi une baisse de leurs sentiments exprimés, mais à partir d'un niveau beaucoup plus élevé. À partir de début 2019, on observe ainsi un écart fort entre les sentiments des extrêmes et ceux des abonnés aux partis traditionnels. En d'autres termes, les sentiments exprimés sont restés significativement différents tout au long des deux années de pandémie, ce qui suggère que les Français n'ont pas vécu de la même manière ces deux ans selon leur orientation politique.

Cette vision recoupe un ensemble de travaux sur la façon dont le bien-être et les émotions structurent le paysage politique français, en particulier l'opposition entre les partis traditionnels et les extrêmes. Algan *et al.* ont ainsi montré que le vote aux extrêmes s'explique largement par une faible satisfaction dans la vie, la différence entre les deux camps se faisant entre un niveau de confiance envers les autres plus élevé à l'extrême gauche et plus faible à l'extrême droite[24].

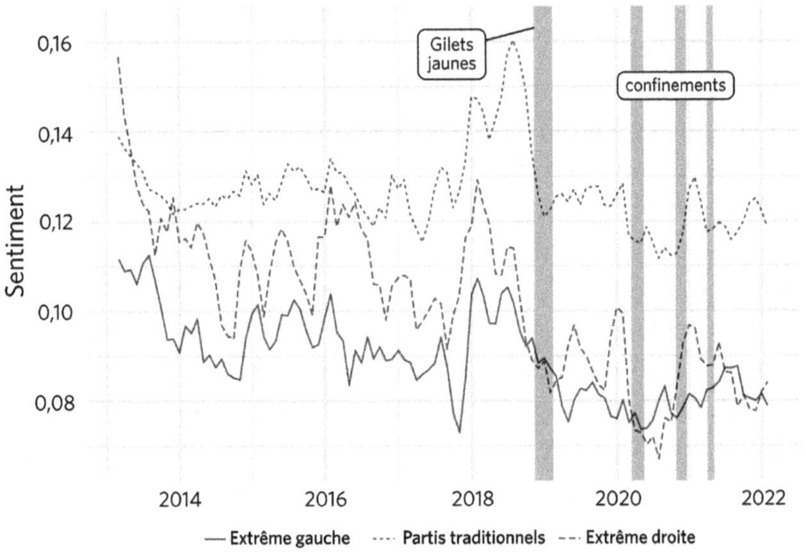

Figure 9. Moral des Français sur Twitter par préférence politique.

Notre indicateur de sentiment indique un changement, entre 2014 et 2018, de l'état des sympathisants d'extrême droite. À la dégradation initiale s'est ajoutée une chute concomitante de l'émergence du mouvement des Gilets jaunes et qui n'a pas été compensée depuis. Ainsi, les proches de l'extrême droite n'ont pas abordé l'élection présidentielle dans le même état émotionnel que lors du scrutin de 2017.

POLARISATION DE L'ESPACE MÉDIATIQUE

Une autre manière d'aborder ce décalage est d'inférer les penchants politiques des utilisateurs de Twitter des médias suivis. Il s'agit d'un vaste chantier d'analyse du paysage médiatique français, dont nous ne présentons ici que quelques éléments exploratoires, que nous développerons dans des travaux ultérieurs. Parmi les cent comptes les plus suivis de notre échantillon, nous extrayons une liste des médias les plus suivis, que nous classons par type (tableau 2).

Tableau 2. Médias sur Twitter par type.

Quotidiens nationaux
L'Humanité, Libération, Le Monde, L'Équipe, Les Échos, Le Figaro
Quotidiens régionaux
La Voix du Nord, La Provence, Ouest-France, Le Parisien, Sud-Ouest
Hebdomadaires d'information
Le Canard enchaîné, Courrier international, L'Obs, L'Express, Le Point, Le Journal du dimanche, Challenges, Valeurs actuelles
Hebdomadaires culturels et de divertissement
Télérama, Télé-Loisirs, Elle, Paris Match, Le Figaro Madame
Mensuels
Sciences et avenir, SoFoot, Vogue, Les Inrockuptibles
Télévision
Quotidien
Web
HugoDécrypte, ThinkerView, Mediapart, Les Jours

Ce regroupement fait apparaître des contrastes marqués selon le type de média (figure 10). Les émotions exprimées par les personnes qui suivent les hebdomadaires culturels et de loisir sont en moyenne nettement plus positives que celles exprimées par les personnes qui suivent la presse d'information, quotidienne ou hebdomadaire. La presse quotidienne régionale occupe une place intermédiaire.

Titre par titre, ce regroupement reste apparent, avec d'un côté les hebdomadaires culturels et de loisir, et une grande proximité de la presse quotidienne régionale, à l'exception notable du *Parisien*, qui vient s'intercaler dans le groupe des titres d'information (figure 11).

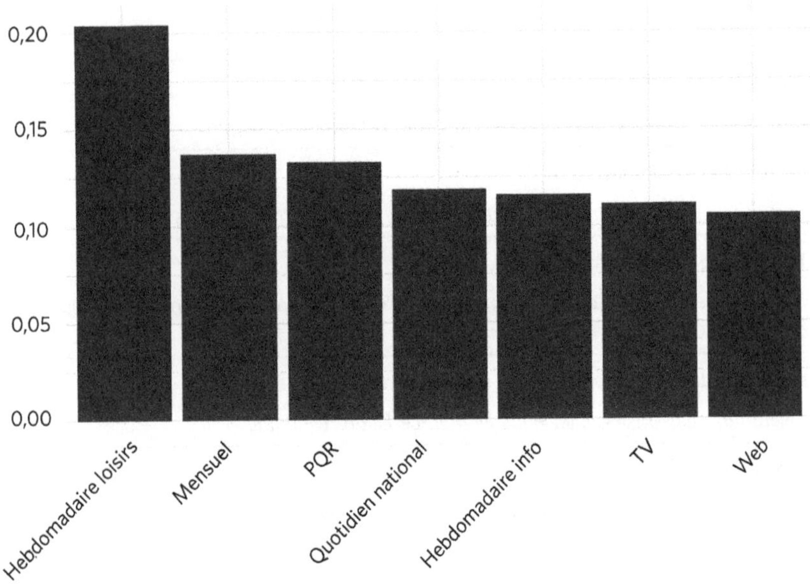

Figure 10. Indice moyen de sentiment et médias.

Nous remarquons en particulier que les deux médias Web ayant une audience plutôt jeune (Hugo Décrypte et Thinker View) sont parmi les quatre titres ayant les *followers* exprimant les émotions les plus négatives. En moyenne, ils se positionnent au même niveau que les personnes suivant *L'Humanité* ou *Valeurs actuelles*. Il ne s'agit pas ici à notre sens d'un effet de polarisation politique : si Thinker View a une orientation qu'on peut qualifier volontiers d'antisystème, Hugo Décrypte se situe à peu près au centre du spectre politique en termes de ligne éditoriale. Nous pensons donc que nous relevons là un effet de génération, avec des jeunes qui sont en moyenne plus anxieux et plus en colère que leurs aînés. Ces deux émotions peuvent avoir des racines et des formes d'expression différentes. HugoDécrypte fait la part belle aux questions d'environnement qui sont particulièrement source d'anxiété chez les jeunes[25], tandis que ThinkerView invite plus volontiers des figures controversées.

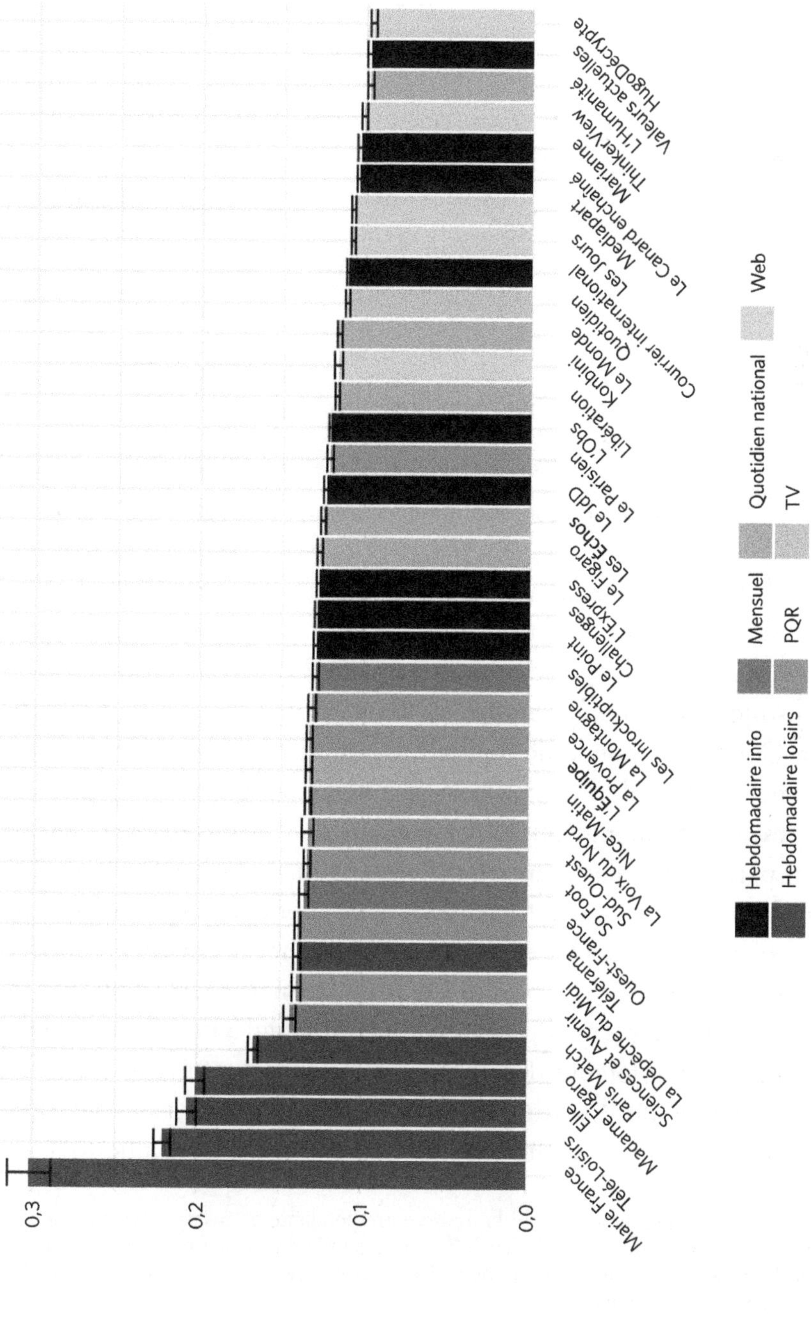

Figure 11. Indice moyen d'émotions et médias.

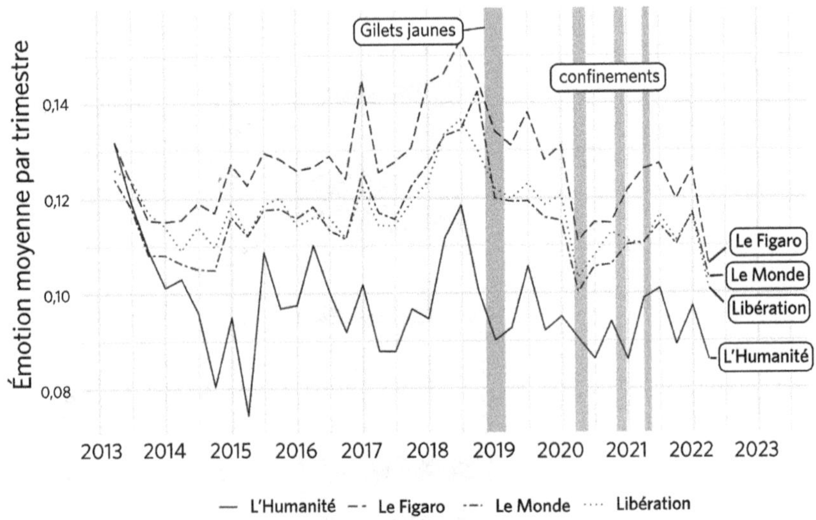

Figure 12. Presse quotidienne nationale et émotions.

À l'échelle de la presse quotidienne nationale (figure 12), nous voyons que l'écart entre les personnes suivant le compte de *L'Humanité* et les autres commence dès 2014. Les évolutions sont ensuite relativement parallèles. Nous retrouvons le pic positif de la Coupe du monde de football masculin en 2018, puis la chute concomitante de l'émergence du mouvement des Gilets jaunes. C'est à ce moment-là, fin 2018 et début 2019, que semble se mettre en place le décalage entre *Le Monde* et *Libération* d'une part, *Les Échos* et *Le Figaro* d'autre part. Ces deux derniers titres connaissent avec la fin de la phase la plus aiguë du mouvement un regain d'émotions positives, alors que les deux premiers restent à un niveau plus faible. Le premier confinement correspond à une chute brutale pour la quasi-totalité des abonnés, puis une lente reprise au fur et à mesure de la sortie progressive de l'épidémie et des mesures de confinement*. Cette réaction à l'épidémie est d'ailleurs plus

* Nous ne représentons pas ici la figure correspondante pour la presse quotidienne régionale dans la mesure où les évolutions sont similaires à celles des principaux titres de la presse nationale, et que nous n'observons pas de contrastes marqués entre les différents titres régionaux.

marquée chez les personnes suivant des comptes de médias que dans l'ensemble des utilisateurs de Twitter. En d'autres termes, l'exposition – volontaire, puisque ces personnes se sont abonnées aux comptes en question – aux informations engendre une réponse émotionnelle plus orientée que celle du reste de la population.

Du côté des hebdomadaires d'information, nous observons les mêmes dynamiques d'ensemble. Comme pour *L'Humanité*, le décrochage entre la majorité des titres et *Valeurs actuelles* s'opère au tournant de 2014. Les personnes qui suivent *Le Canard enchaîné* expriment également des émotions plus négatives que la moyenne – l'aspect satirique du journal ne semblant pas compenser l'impact négatif des révélations qui font la ligne éditoriale de ce titre (figure 13).

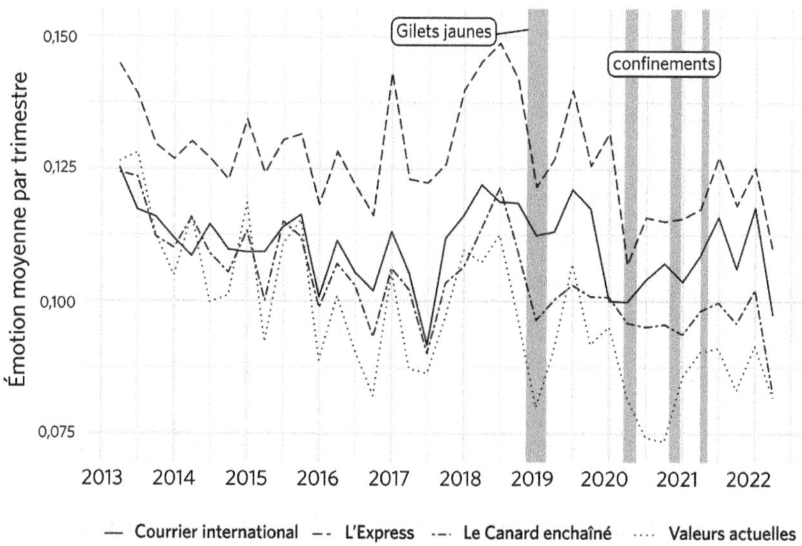

Figure 13. Hebdomadaires d'information et émotions.

Pour finir ce tour d'horizon du paysage médiatique, nous positionnons les médias Web au regard de leurs homologues classiques. Le caractère plus négatif des sentiments exprimés par les abonnés à HugoDécrypte et à ThinkerView apparaît structurel durant la période : la moyenne a pratiquement toujours été en dessous de celle correspondant aux titres classiques et se trouve aussi en dessous du niveau d'autres médias Web tel que Les Jours et Mediapart (figure 14).

Notre indice met en évidence une polarisation multiple de l'espace des sentiments. D'un côté, nous retrouvons le contraste politique bien identifié entre le centre et les extrêmes, ces derniers étant caractérisés par un bien-être plus faible et des sentiments plus négatifs. D'un autre côté, et de manière sans doute plus originale, nous mettons en évidence un contraste générationnel, avec des médias jeunes associés à une plus forte expression de sentiments négatifs. Ce mal-être a sans doute trouvé une traduction dans les urnes au premier tour de l'élection présidentielle de 2022, avec un soutien marqué des plus jeunes générations à Jean-Luc Mélenchon.

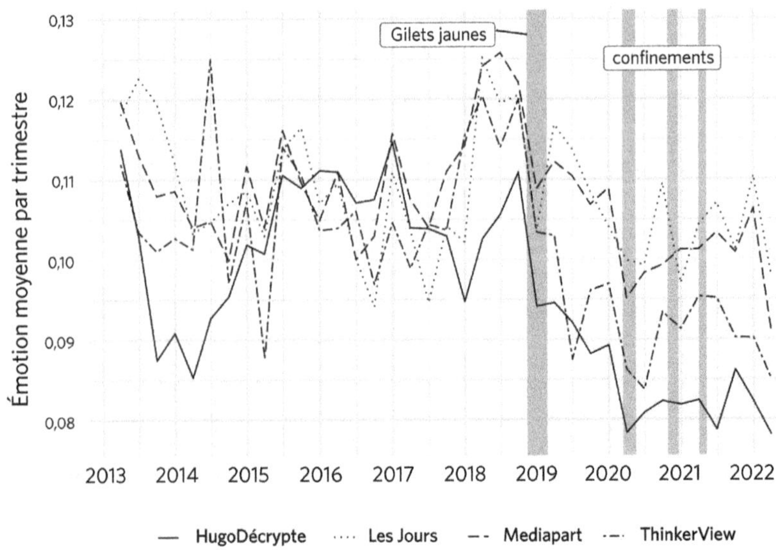

Figure 14. Sélection de médias.

Robustesse et extensions de l'indicateur

Comparaison avec l'indice Hedonometer

Afin de mesurer la robustesse de notre mesure, nous comparons notre indicateur à celui calculé à partir de tweets par Dodds *et al.*[26] et disponible *via* l'indicateur Hedonometer (figure 15).

Notre indicateur de sentiment suit les mêmes mouvements que l'indicateur Hedonometer en français, très utilisé. La corrélation entre les deux indicateurs – à fréquence mensuelle – est de 0,73 pour notre indicateur calculé avec l'approche VADER. Cette analyse permet de confirmer la fiabilité de notre indicateur, construit à partir des données Twitter, en comparaison avec les autres indicateurs existants dans la littérature.

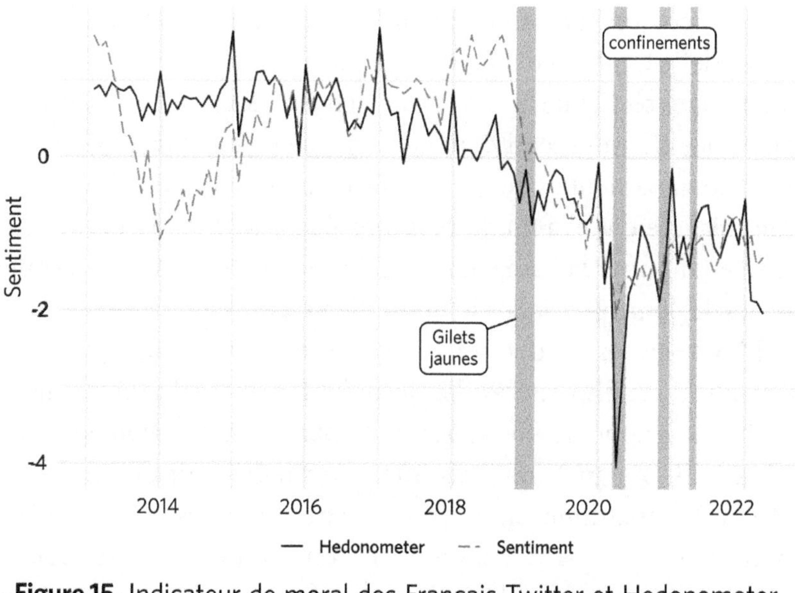

Figure 15. Indicateur de moral des Français Twitter et Hedonometer.

La différence entre notre indicateur de sentiment basé sur VADER et l'indicateur de Dodds *et al.*[27] basé sur le dictionnaire lab-MT-fr s'explique selon nous par le fait que certains mots sont classifiés de manière trop extrême dans ce dernier dictionnaire. Par exemple, le mot « coronavirus » est le plus négatif de l'ensemble du dictionnaire lab-MT-fr avec un score inférieur à celui de mots comme « suicide », « souffrance » ou « malheur », ce qui nous semble exagéré. La mise à jour du dictionnaire lab-MT-fr en 2020, avec l'inclusion de nouveaux mots liés au coronavirus, entraîne une chute très importante de l'indicateur Hedonometer à partir de 2020 étant donné le volume de tweets contenant le mot « coronavirus » (et ses variantes).

Indicateur de sentiment et indicateurs de bien-être

Depuis juin 2016, la plate-forme « Bien-être » de l'enquête mensuelle de conjoncture auprès des ménages (Camme) est administrée trimestriellement, avec 20 questions sur le bien-être subjectif. Une question en particulier porte sur le bien-être émotionnel – « À quel point vous êtes-vous senti(e) heureux(se) hier ? » – et pourrait se rapprocher en particulier de notre indicateur de sentiment. L'enquête étant réalisée entre la fin du mois précédent et le 17 du mois, nous ne retenons pour la comparaison qu'un score de sentiment calculé sur les 15 jours précédant la fin de l'enquête.

L'exercice est structurellement limité par le faible nombre d'observations disponibles. De juin 2016 à décembre 2021, nous ne disposons que de 20 vagues de la plate-forme « Bien-être » de Camme. Il apparaît toutefois que notre indicateur de sentiment est peu lié aux dimensions du bien-être mesurées par l'enquête. Pratiquement, tous ces indicateurs ont connu un fort rebond à la suite du premier déconfinement, une évolution que nous n'observons pas dans notre indicateur de sentiment *via* les données Twitter. D'un autre côté, ce dernier indique une dégradation durable depuis 2018 et la crise des Gilets jaunes, alors que celle-ci n'a eu qu'un impact ponctuel sur les indicateurs de bien-être disponibles dans Camme.

Les causes de ces écarts sont potentiellement multiples. L'enquête Camme porte sur un échantillon représentatif de la population française, alors que Twitter constitue un échantillon biaisé. Surtout, nous ne mesurons pas la même chose, en dépit de la ressemblance apparente des indicateurs. Le tweet est le plus souvent une action instantanée, une réaction immédiate à quelque chose qu'on a vu ou lu. On « tweete » parce que l'on ressent une émotion forte et l'envie de l'exprimer. Twitter va donc donner un échantillon de sentiments lorsque les individus sont dans un état émotionnel « chaud », positivement comme négativement. À l'inverse, les questions de la plate-forme « Bien-être » présentent une dimension rétrospective ou réflexive. Lorsque l'on nous demande à quel point nous nous sommes sentis heureux hier, la question invite explicitement à tenir compte de l'ensemble de la journée précédente, non pas seulement des moments de grande joie ou d'énervement. Nous voyons sans doute ici la différence entre une humeur d'ensemble, mesurée par les questions d'enquête, et une humeur plus instantanée avec l'indicateur de sentiment Twitter. D'où l'intérêt de suivre en parallèle ces deux familles d'indicateurs.

Que mesure-t-on en analysant le contenu des messages ?

L'analyse du contenu des tweets – et plus particulièrement des hashtags – permet de comprendre les principales thématiques ayant entraîné une dégradation du sentiment depuis 2018. Pour cela, nous calculons le sentiment moyen associé à chaque hashtag afin d'identifier chaque mois les hashtags associés à un sentiment négatif. Le tableau 3 présente chaque année les 20 hashtags associés à un sentiment négatif.

Tableau 3. Hashtags les plus fréquemment associés à des émotions négatives (par an).

2013	['#suicide', '#fdp', '#honte', '#stress', '#putain', '#triste', '#marre', '#insomnie', '#malade', '#peur', '#merde', '#fatigue', '#dilemme', '#nul', '#pourquoi', '#splash', '#yenaassez', '#sad', '#greysanatomy', '#dur']
2014	['#triste', '#fatigue', '#gameofthrones', '#suivezlemouvement', '#omgserv', '#gameinsi', '#ipa', '#gam', '#sncf', '#csrclassics', '#seum', '#twd', '#confessionsintimes', '#rip', '#fraall', '#vdm', '#flemme', '#flappybird', '#hollande', '#polqc']
2015	['#teamchief', '#halo5', '#encantransat', '#fusillade', '#trecru', '#sospascal', '#rip', '#facetoface', '#gam', '#clem', '#csrclassics', '#mtvstars', '#prayforparis', '#game', '#tvshowtime', '#thewalkingdead', '#theflash', '#help', '#got', '#hollande']
2016	['#prayfornice', '#loitravailnonmerci', '#nice06', '#vdm', '#nice', '#thewalkingdead', '#htgawm', '#titanic', '#gam', '#pll', '#electionnight', '#tvshowtime', '#the100', '#orangesponsorsyou', '#moto', '#twd', '#loitravail', '#oitnb', '#brexit', '#héliporteur']
2017	['#cuphead', '#noelbundlekey', '#riverdale', '#words', '#4mariagespour1lunedemiel', '#esign', '#lsf', '#tvshowtime', '#balancetonporc', '#tvtime', '#lepen', '#bbmas', '#2017ledebat', '#wordbrain', '#fcbpsg', '#got', '#fn', '#rouen', '#bac2017', '#ess']
2018	['#participer', '#queljoueurjvcom', '#tvtime', '#giletsjaunes', '#bac2018', '#onpc', '#benalla', '#kohlanta', '#macron', '#adp2018', '#lrem', '#lrt', '#fakenews', '#sncf', '#nowplaying', '#quotidien', '#xboxpgw', '#eds', '#forzahorizon4', '#pekinexpress']
2019	['#generose', '#moneyslave', '#notredame', '#tvtime', '#giletsjaunes', '#benalla', '#gameofthrones', '#jeudiconfession', '#macron', '#kohlanta', '#lrem', '#rn', '#got', '#lesanges11', '#lrt', '#eurovision', '#polqc', '#balancetonpost', '#thevoice', '#nouvellephotodeprofil']
2020	['#generose', '#trump', '#covid-19', '#tvtime', '#macron20h', '#moneyslave', '#coronavirus', '#macron', '#lmac', '#covid19france', '#kohlanta2020', '#lrem', '#covid19', '#kohlanta', '#missfrance2021', '#cesoirchezbaba', '#covid_19', '#10edereduction', '#', '#topchef']
2021	['#soumis', '#kohlanta2021', '#covid_19', '#covid', '#findom', '#poupettekenza', '#moneyslave', '#tvtime', '#faceababa', '#macron20h', '#kohlanta', '#vaccin', '#lrem', '#passsanitaire', '#nonaupassdelahonte', '#polqc', '#macron', '#ordm', '#kohlantalalegende', '#tpmp']

2022	['#twitch', '#twitchfr', '#stream', '#kcorp', '#zemmourpresident2022', '#teamom', '#france', '#can2021', '#presidentielle2022', '#teamcameroon', '#zemmour', '#covid19', '#rayan', '#zemmourpresident', '#macron', '#', '#tpmp', '#ukraine']

On retrouve pour chaque année – au milieu d'autres hashtags relatifs à des événements ou à des émissions de télévision – les grandes thématiques ayant impacté négativement le sentiment des Français : les attentats en 2015, la loi Travail en 2016, #balancetonporc en 2017, les Gilets jaunes et l'affaire Benalla en 2018 et 2019, le coronavirus en 2020 et le passe sanitaire en 2021, et #zemmour et #ukraine en 2022. Le hashtag #macron est aussi largement associé à un sentiment négatif qui montre la forte opposition et la polarisation des sentiments autour des actions et de la personnalité du président Macron pendant son mandat (chose que l'on ne retrouvait pas par exemple durant le quinquennat précédent de François Hollande dont le nom n'apparaît pas directement dans la liste des hashtags négatifs).

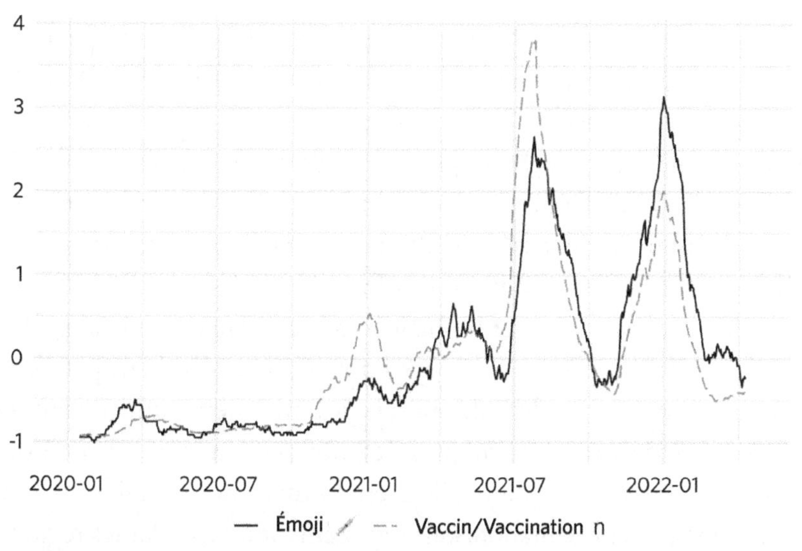

Figure 16. Évolution du nombre de tweets contenant l'émoji 💉 en 2020-2021.

Nous pouvons aussi mesurer l'évolution de l'intérêt pour différents sujets/thématiques à partir de l'analyse des émojis et des mots clés utilisés dans les tweets. La figure 16 montre, à fréquence journalière, l'évolution de la fréquence de l'émoji 💉 avec la fréquence des mots clés « vaccin » et « vaccination » entre 2020 et 2022 (moyenne mobile 30 jours). Cet exemple illustre la possibilité de créer des indicateurs thématiques *via* les données Twitter permettant de suivre de manière plus fine l'évolution des sentiments et des émotions autour d'un sujet spécifique.

Localisation et origine des tweets

Afin de déterminer précisément la localisation des messages de notre échantillon et d'identifier les biais géographiques possibles, nous analysons plus en détail l'ensemble des tweets géolocalisés de notre échantillon. Pour ceux-ci – qui représentent environ 1 % de l'ensemble des tweets – nous identifions le pays d'origine ainsi que les coordonnées GPS précises (latitude et longitude). Nous trouvons tout d'abord qu'approximativement 70 % des tweets de notre échantillon proviennent d'utilisateurs localisés en France. Le reste des tweets en français proviennent du Canada (8 %), du Cameroun (4 %), de Belgique (3 %), de Côte d'Ivoire (2 %), du Sénégal (2 %) et d'autres pays francophones. Cette analyse confirme que nos indicateurs basés sur des tweets en français capturent très majoritairement le sentiment des Français, tout en montrant qu'il peut tout de même exister un biais lié à la présence non négligeable de tweets en provenance de pays francophones. Ce biais peut être diminué lors de l'analyse des tweets des utilisateurs qui suivent les médias français ou des comptes de politiciens français. En ce qui concerne les tweets géolocalisés en France, nous analysons tout d'abord la surreprésentation/sous-représentation de certaines régions, en comparant le nombre de tweets par région au nombre d'habitants de cette même région. Nous trouvons que l'Île-de-France est surreprésentée et que la Corse est sous-représentée. En ajustant par le nombre d'habitants, il y a environ quatre fois plus d'utilisateurs de Twitter en Île-de-France qu'en Corse – à supposer que l'utilisation de l'option géolocalisation soit identique partout en France et que le pourcentage des utilisateurs qui « tweetent » depuis leur téléphone soit relativement constant. La figure 17 présente une cartographie réalisée à partir des données Twitter géolocalisées (latitude et longitude). En dehors de la situation spécifique de Paris, la localisation des tweets est relativement homogène entre les différents départements, ce qui laisse à penser que l'indicateur de moral des Français que nous construisons à partir des données Twitter n'est pas trop biaisé géographiquement.

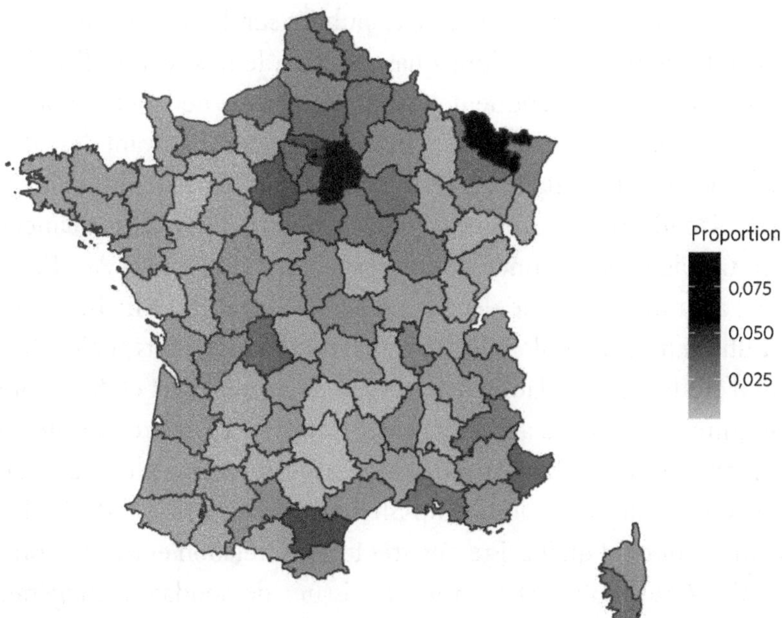

Figure 17. Localisation des tweets de l'échantillon.

Pour ceux qui ont (encore) des doutes sur la validité des données Twitter

Mesurer le bien-être *via* Twitter

De nombreux travaux récents ont tenté d'extraire de Twitter des informations sur l'état de l'opinion et sur le bien-être ressenti par la population. On pourra se reporter à la *Note de l'Observatoire du Bien-être*, 2020-09, « Twitter, mesure du bien-être ? » pour une revue de la littérature. L'article fondateur de la littérature sur la mesure du bien-être *via* Twitter est celui de Dodds *et al.*[28]. Ses auteurs ont créé un nouvel indicateur – Hedonometer[29] – qui mesure l'évolution du sentiment des millions de messages publiés sur Twitter chaque jour. Cet indicateur est mis à jour quasiment en temps réel, et l'analyse de sentiment a été étendue depuis à une dizaine de langues dont le français. Cette première étude a permis de mettre en avant des effets de saisonnalité importants : les individus sur Twitter sont plus heureux le week-end que la semaine et plus heureux durant les vacances, avec un pic chaque année autour de Noël et du Nouvel An. Par la suite, à partir du lexique développé par Dodds *et al.*, Mitchell *et al.* ont utilisé un échantillon de plusieurs millions de tweets géolocalisés afin d'étudier la corrélation – au niveau de chaque État et de chaque communauté urbaine aux États-Unis – entre le bien-être mesuré *via* Twitter et le bien-être issu de données de sondages plus traditionnels (entre autres avec le Gallup-Sharecare Well-Being Index)[30]. Les auteurs montrent qu'il existe une très forte corrélation entre la mesure du bien-être Twitter et les mesures issues de sondages, suggérant donc que cette approche permet d'obtenir des indicateurs robustes en temps réel permettant de suivre l'évolution du bien-être à l'échelle locale ou régionale. À un niveau agrégé, Schwartz *et al.* montrent que l'analyse des tweets provenant de 1 300 comtés américains différents est prédictive du bien-être subjectif des personnes vivant dans ces comtés, tel que mesuré par des enquêtes représentatives[31]. Dans cette étude, bien que les utilisateurs analysés *via* Twitter soient différents des personnes sondées, l'agrégation du bien-être de l'échantillon Twitter est prédictive du bien-être agrégé des sondés. Ces résultats viennent confirmer ceux de Quercia *et al.* qui ont montré que le sentiment des individus sur Twitter à Londres et dans la banlieue londonienne était fortement corrélé à l'« Index of Multiple Deprivation » calculé par l'Office statistique national du Royaume-Uni pour 78 zones de recensement[32]. Jaidka *et al.* ont réalisé ce qui nous semble à ce jour l'étude la plus complète et la plus robuste concernant l'utilisation de données Twitter pour la construction d'indicateurs de bien-être subjectif[33]. Les auteurs utilisent un jeu de données de plus d'un milliard de tweets géolocalisés – entre 2009 et 2015 – afin de construire des indicateurs de bien-être au niveau de chaque comté et comparent leurs résultats aux données issues du sondage Gallup-Sharecare Well-Being Index. Ils montrent à ce propos qu'une approche de *machine learning* permet à la fois de mieux capturer le bien-être des individus qu'une approche fondée sur un dictionnaire et d'augmenter significativement la corrélation entre le bien-être mesuré *via* Twitter et le bien-être issu de données d'enquêtes.

En Italie, sous l'impulsion de Andrea Ceron, Luigi Curini, Stefano Iacus et Giuseppe Porro, de nombreuses études ont été réalisées utilisant des tweets géolocalisés en italien afin de dériver des mesures du bien-être à l'échelle régionale et nationale[34]. Les auteurs ont proposé une méthodologie permettant de construire un indice de bien-être à partir du contenu publié sur les réseaux sociaux – le Social Well-Being Index ou SWBI[35]. Iacus et Porro ont d'ailleurs publié en mai 2021 un ouvrage complet de 220 pages, intitulé *Subjective Well-Being and Social Media*, qui synthétise de manière remarquable l'ensemble de la littérature sur la mesure du bien-être *via* Twitter. En Turquie, Durahim et Coşkun ont construit un indicateur de Gross National Happiness à partir des données Twitter et ont comparé leurs résultats à ceux d'un indicateur de bien-être produit par l'Institut national statistique turc à partir de sondages et disponible pour chaque localité[36]. Les auteurs trouvent une corrélation faible entre la mesure Twitter et la mesure *via* sondage et attribuent cette différence au fait que la mesure *via* sondage est un « instantané » à une date donnée, tandis que leur indicateur Twitter capture un sentiment sur l'ensemble d'une période. En Chine, où Twitter est interdit, Hao *et al.* ont étudié les données du réseau social Weibo et réalisé une expérimentation en demandant à des individus de remplir un questionnaire psychologique, avant de comparer les résultats du questionnaire au sentiment exprimé par ces mêmes individus sur Weibo[37].

Récemment, à la suite de l'ouverture d'un jeu de données Twitter durant la pandémie, de nombreuses recherches ont analysé l'impact du Covid-19 sur le sentiment et les émotions des individus (Lwin *et al.*[38] ; Xue *et al.*[39]). Pour leur part, Wang *et al.* ont analysé les données de Weibo pour mesurer les différences de bien-être subjectif des confinements dans différentes villes chinoises[40]. Sarracino *et al.* ont montré que, durant la pandémie de Covid, un indicateur construit à partir de Twitter pour dix pays produisait des résultats comparables à ceux de l'Eurobaromètre et du *World Happiness Report*[41]. Ces auteurs publient leur indicateur (Gross National Happiness Today) avec une fréquence journalière depuis 2020[42]. Díaz et Henríquez ont également eu recours aux données issues de Twitter (et Google Trends) pour mesurer les effets sur le bien-être des confinements différenciés mis en place dans les municipalités chiliennes[43]. Utilisant la forte hétérogénéité sociale de ces municipalités, ils ont pu montrer que le confinement avait eu un effet négatif sur le bien-être des habitants des villes les plus aisées.

Dans un chapitre du *World Happiness Report*, Bellet et Frijters reprennent différentes études afin de discuter de la prédictibilité de la satisfaction dans la vie au niveau individuel, local et national *via* l'utilisation des données Big Data (issus de Twitter, mais aussi de Google Trends et Facebook[44]). La synthèse des résultats révèle la très forte hétérogénéité de la prédictibilité du bien-être avec des données Big Data. En fonction de la période d'étude, de la fréquence d'analyse, du pays considéré, de la mesure de bien-être (satisfaction dans la vie ou bonheur) et de l'unité d'analyse (individuel, local, agrégé), les résultats varient fortement d'une étude à l'autre. Dans le dernier *World Happiness Report*, Metzler *et al.* s'intéressent spécifiquement à la mesure du bien-être *via* Twitter lors de la pandémie de Covid[45]. Les auteurs confirment, à travers leurs mesures, que les sentiments d'anxiété ou de tristesse ont augmenté durant les premières semaines de la période Covid dans les dix-huit pays qu'ils ont considérés, avec un effet légèrement plus important pour les femmes que pour les hommes.

Pour reprendre la classification de Diener – classification reprise par exemple par le *World Happiness Report* –, le bien-être comporte trois principales dimensions que sont la satisfaction dans la vie, les émotions positives et les émotions négatives[46]. La satisfaction dans la vie est une mesure relativement stable, tandis que les émotions (les affects) positives et négatives sont davantage changeantes en fonction des événements. À partir d'une même source de données, il est possible, en choisissant certains mots clés ou en utilisant un dictionnaire spécifique, de construire des proxys de la satisfaction dans la vie ou des proxys des affects. Yang et Srinivasan se concentrent uniquement sur les tweets contenant explicitement des mots en lien avec la satisfaction dans la vie – par exemple « je déteste/j'aime ma vie » – pour constituer leur échantillon[47]. Par la suite, ils interrogent directement un échantillon d'utilisateurs Twitter afin de comparer la mesure calculée à partir des messages de ces utilisateurs et leur bien-être subjectif exprimé *via* le sondage ; ils trouvent une corrélation élevée entre la satisfaction déclarée sur Twitter et la satisfaction exprimée *via* sondage. Cela tend à confirmer la validité de l'utilisation des tweets comme indicateur de la satisfaction dans la vie, tout du moins lorsqu'un filtre strict est appliqué sur les messages afin de ne garder que les tweets qui évoquent directement cette notion de satisfaction dans la vie. Cela implique de ne garder qu'un très faible échantillon de l'ensemble des tweets – environ 0,1 % dans l'échantillon de Yang et Srinivasan.

Les limites des données en ligne

Pour reprendre le titre d'un article de Waldherr *et al.*, on peut affirmer que le « *Big Data comes with Big Noise* » (« Le Big Data s'accompagne de beaucoup de bruits »)[48]. En ce qui concerne la mesure du bien-être *via* les données Twitter, les biais peuvent principalement être causés par la non-représentativité des utilisateurs Twitter, le faible ratio « signal-bruit » et le risque de manipulation de ces indicateurs.

Premièrement, la non-représentativité des utilisateurs Twitter est sûrement le biais le plus communément cité dans les études utilisant des données Big Data pour mesurer le bien-être subjectif. Selon une étude du Pew Research Center réalisée en 2019, les utilisateurs Twitter – tout du moins aux États-Unis – sont plus jeunes, plus éduqués et plus urbains que la population générale[49]. Des résultats similaires ont été mis en avant par Mislove *et al.*[50]. Dans une seconde étude, le Pew Research Center a montré en 2021 que les 18-29 ans sont plus susceptibles de se connecter sur la plateforme et d'utiliser Twitter comme une source d'information, ce qui permet notamment d'améliorer la compréhension de certains événements (notamment en direct) et de favoriser l'engagement politique[51]. Un autre élément particulièrement important souligné dans cet article est le fait que, sur Twitter, 97 % des tweets sont produits par 25 % des utilisateurs. On peut ainsi distinguer deux types d'utilisateurs sur Twitter, ceux qui ont une utilisation active, à travers leurs messages, leurs *retweets*, et ceux qui ont une utilisation plus passive, mais qui peuvent néanmoins, à travers des *retweets* ou des *likes*, nous fournir des informations sur leurs opinions ou leurs sentiments.

Jaidka *et al.* montrent que l'échantillon des sondés du Gallup Well-Being Index est plus âgé et plus aisé que la « population Twitter ». Ce biais tend d'ailleurs à être renforcé dans les études concentrées sur les tweets géolocalisés qui proviennent des messages envoyés depuis l'application mobile de Twitter et pour lesquels la population est différente de la population générale Twitter (plus jeune encore). Pour tenir compte de la non-représentativité des utilisateurs sur Twitter, les auteurs proposent une poststratification des échantillons de Gallup et de Twitter de façon qu'ils correspondent aux données démographiques du recensement en termes d'âge, de sexe, d'éducation et de revenus. Ces variables n'étant pas disponibles directement sur les comptes Twitter des utilisateurs, Jaidka *et al.* utilisent des méthodes d'analyses textuelles afin d'inférer ces caractéristiques à partir du contenu des messages des utilisateurs[52]. Pour cela, les auteurs utilisent le lexique développé par Sap *et al.*[53] et Schwartz *et al.*[54] à partir de statuts Facebook croisés avec des données sociodémographiques collectées *via* l'application Facebook de test de personnalité « myPersonality[55] ». Giorgi *et al.* ont montré par la suite que la correction des biais de sélection sociodémographiques pour la prédiction des populations à partir des médias sociaux pouvait permettre d'améliorer significativement la précision des indicateurs de satisfaction dans la vie issus de Twitter[56]. Sur les données italiennes, Iacus *et al.* proposent une méthode de correction du biais d'échantillonnage considérant le taux d'utilisation d'Internet et de Twitter dans chaque province d'Italie[57], afin de prendre en compte la plus faible utilisation de Twitter dans les provinces rurales*. Ainsi, en Italie, 92 % des habitants ont un accès Internet, et 59 % sont des utilisateurs actifs des réseaux sociaux ; mais ces chiffres varient fortement d'une région à l'autre. Cette méthode implique de travailler sur des messages géolocalisés – qui ne représentent que 1 % des messages publiés sur Twitter – ou bien de dériver la localisation à partir de la description de chaque utilisateur (le champ « Localisation » sur Twitter est un champ libre, et un utilisateur est libre d'indiquer ou non sa localisation).

Deuxièmement, en ce qui concerne le faible ratio signal-bruit, un pourcentage important de tweets est envoyé par des robots, ce qui

* Même dans les pays développés, environ 10 % des individus n'ont pas d'accès à Internet selon les chiffres de l'International Telecommunication Union. L'importance du redressement lié au pourcentage d'utilisation d'Internet dépend de chaque pays.

risque de biaiser les indicateurs de bien-être subjectif et ce, d'autant plus en cas de construction d'indicateurs agrégés sans ajustement en fonction du volume de messages envoyés par chaque utilisateur – les bots étant très actifs sur Twitter. Il existe cependant de nombreuses méthodes pour détecter ces comptes. Davis *et al.* proposent un système de détection des robots à partir de l'analyse des tweets (contenu, fréquence, régularité), du réseau (amis et *followers*) et de centaines d'autres variables explicatives[58]. Les auteurs ont développé une API gratuite et un site Web permettant de calculer un score Botometer – entre 0 et 5 – pour chaque compte[59]. Pour améliorer le ratio « signal-bruit », on peut aussi filtrer les tweets en appliquant une suite de règles ou bien en restreignant l'analyse à certaines thématiques. Les sujets discutés par les utilisateurs sur Twitter sont très variés – sport, jeux vidéo, politique, news, vie personnelle, vie professionnelle –, et il est possible que seuls certains d'entre eux soient pertinents pour mesurer le bien-être. Yang et Srinivasan[60] appliquent une méthode de modélisation de thématique (allocation de Dirichlet latente) pour identifier automatiquement la thématique de chaque message avant de réaliser des indicateurs de bien-être thématique.

Enfin, et troisièmement, un risque commun à l'utilisation de ces nouvelles données est le risque de manipulation des indicateurs. Lazer soulignait déjà ce problème pour la prévision des épidémies de grippe, en indiquant que les données peuvent être manipulées à la fois par le fournisseur de services et par les utilisateurs (comme les entreprises commercialisant un produit)[61]. Le risque le plus important est que des individus tentent de manipuler le processus de génération de données pour atteindre leurs propres objectifs (gain économique ou politique par exemple). Les fausses informations sont déjà très nombreuses sur les réseaux sociaux – comme cela a été particulièrement visible au moment des élections américaines[62] –, et le risque de manipulation est d'autant plus grand que les indicateurs seront ensuite utilisés dans des décisions de politiques publiques.

Plus généralement, les résultats issus des données Big Data ne sont donc pas un substitut aux données de sondage, mais bien un complément[63]. L'analyse Big Data nécessite de construire soigneusement un cadre de recherche, afin à la fois de limiter au maximum les risques de manipulation et d'augmenter le ratio signal-bruit[64]. De plus, à long terme, des questions relatives à l'endogénéité peuvent se poser : les recherches sur l'utilisation de Twitter pour mesurer le bien-être peuvent pâtir d'un biais lié à l'impact négatif causal de l'utilisation des réseaux sociaux sur le bien-être. Cependant, tout en reconnaissant les limites des données Twitter, nous restons convaincus de la possibilité de construire *via* les données Twitter des indicateurs pertinents et robustes permettant de mesurer les sentiments et les émotions des Français en complément des approches traditionnelles et des indicateurs existants.

Ce qu'on a appris

Les mesures fondées sur les données en ligne offrent aux chercheurs en sciences sociales de nombreuses nouvelles opportunités : mesure quasiment en temps réel et à haute fréquence, analyse détaillée des émotions, analyse des thématiques impactant le bien-être ou encore désagrégation selon des caractéristiques sociodémographiques. Les difficultés posées par ce type de sources sont multiples (biais de représentativité, désirabilité sociale, dynamique spécifique à une plateforme, etc.), mais des travaux récents proposent des solutions à ces différents problèmes. Au total, malgré leurs limites, les données Twitter permettent de prendre de manière fiable le « pouls de la nation », de quantifier la teneur des messages que les Français ont voulu exprimer et d'être utiles ainsi aux décideurs publics.

La dégradation du score de sentiment à partir de l'automne 2018, prélude à la crise des Gilets jaunes, est un fait saillant qui ressort de l'ensemble de nos analyses. Cette dégradation s'est accompagnée d'une polarisation de plus en plus marquée entre les sentiments et les émotions des abonnés à des comptes d'extrême droite et d'extrême gauche, d'une part, et ceux des abonnés à des comptes plus proches des partis traditionnels, d'autre part. L'analyse des messages émis par les abonnés aux comptes des personnalités politiques et des médias permet d'illustrer d'une nouvelle manière – et de quantifier – cette polarisation du paysage politique français.

Les données à haute fréquence permettent également de mesurer l'importance des chocs et la longueur de leur écho dans les messages des Français. Les attentats (Bataclan, *Charlie Hebdo*, Nice), les annonces de confinement, la guerre en Ukraine et la mort soudaine d'une célébrité (Kobe Bryant) sont les événements qui ont le plus dégradé le moral des Français au cours de la période étudiée. Mais certains chocs n'ont qu'un impact limité dans le temps (mort d'une célébrité) tandis que d'autres – comme le confinement – exercent une influence beaucoup plus durable sur le moral des Français.

Au total, en permettant de quantifier la tonalité des émotions exprimées sur Twitter – de manière agrégée ou en fonction des préférences politiques, de l'âge ou du genre –, ces indicateurs proposent un nouveau regard sur les facteurs influençant le bonheur des Français.

Épilogue. Le Twitter d'Elon Musk

Les indicateurs présentés dans ce chapitre couvrent une période allant de janvier 2010 à avril 2022 jusqu'en juin 2023, et nous les avons rendus accessibles au grand public sur notre application dédiée[65] et sur DBnomics[66]. Mais un événement majeur est venu ensuite perturber la pérennité de la construction de nos indicateurs : le rachat de Twitter par Elon Musk.

Les conséquences de ce rachat sur l'accès aux données pour les chercheurs et le fonctionnement de la plateforme ont été nombreuses. La plus importante dans le cadre de notre projet est la fermeture de l'API (interface de programmation d'application) qui permettait auparavant aux chercheurs d'extraire gratuitement jusqu'à 10 millions de tweets par mois et d'obtenir des informations sur les utilisateurs (*followers*, nom, description, localisation déclarée…). Cette API a été remplacée par une « API Pro » qui permet d'extraire 1 million de tweets par mois et coûte 5 000 dollars HT par mois.

La fermeture de l'API Recherche a entraîné la fin de nombreux projets que nous citions ou utilisions : le projet Hedonometer[67] proposant une mesure du bonheur dans dix langues de Dodds *et al.*[68] n'est plus à jour depuis le 26 mai 2023, le projet Botometer de Stanford permettant de détecter les bots n'est plus accessible, et le dernier rapport du Climatoscope analysant les discours sur Twitter indique dans sa conclusion que ce type d'études ne sera plus possible dans le futur[69].

La base de données que nous avons utilisée est composée de 23 millions de messages envoyés entre 2010 et 2022. Il serait donc possible de mettre à jour nos indicateurs, mais le coût semble prohibitif. De plus, le rachat de Twitter a entraîné de nombreuses modifications dans le fonctionnement de la plateforme qui pourraient rendre plus complexe la comparabilité dans le temps de nos indicateurs (voir le tableau suivant pour une synthèse des principaux événements depuis la première offre de rachat de Twitter par Elon Musk le 14 avril 2022).

Tableau 4. Présentation des principaux événements depuis avril 2022.

14 avril 2022	Offre d'achat d'Elon Musk pour 43 milliards de dollars
25 avril 2022	Offre acceptée pour 44 milliards de dollars
27 octobre 2022	Finalisation de l'acquisition
4 novembre 2022	Licenciement de la moitié des 7 500 employés
9 novembre 2022	Lancement de X Premium et possibilité d'obtenir un badge bleu
17 novembre 2022	Démission de plusieurs centaines d'employés en réponse à des annonces de Musk

20 novembre 2022	Retour de Donald Trump sur Twitter
16 décembre 2022	Suspension du compte de Mastodon par Twitter
2 février 2023	Annonce de la fermeture à venir de l'API Academic Research
31 mai 2023	Fermeture définitive de l'API Academic Research
24 juillet 2023	Changement de nom de Twitter en X

À l'annonce du rachat et des premiers licenciements opérés par Elon Musk, un mouvement de départ vers d'autres plateformes – et principalement au départ vers le réseau social libre et distribué Mastodon – a été observé. Dans les mois suivants, des solutions concurrentes cherchant à capturer l'attention des utilisateurs insatisfaits de la direction prise par Twitter ont été lancées par Meta (Threads) et par l'ancien cofondateur de Twitter (Bluesky Social). Nous présentons dans le graphique ci-dessous le volume de requêtes sur Google sur les mots clés « Mastodon », « Threads » et « Bluesky » (en France). Le point le plus haut pour Mastodon correspond à la semaine du 6 novembre 2022 après l'annonce du licenciement de la moitié des employés de Twitter et le lancement de la monétisation du badge bleu[70]. Les points les plus hauts pour Bluesky et Threads correspondent au lancement des applications aux États-Unis ou en Europe. Aujourd'hui, l'alternative la plus sérieuse à Twitter semble être Threads, qui compterait déjà plus de 100 millions d'utilisateurs dans le monde (contre plus de 600 millions pour Twitter).

Cette recherche de solution alternative à Twitter a donc pu entraîner des effets de composition qui pourraient rendre la comparabilité de nos indicateurs plus complexe. Les travaux de Valero et de Chang *et al.* ont ainsi montré que, suite à ce rachat, une part importante d'activistes et de scientifiques ont quitté la plateforme en raison de la hausse de la présence de fausses informations et de comportement de harcèlement de la part de certains groupes d'utilisateurs propageant ces fausses nouvelles[71].

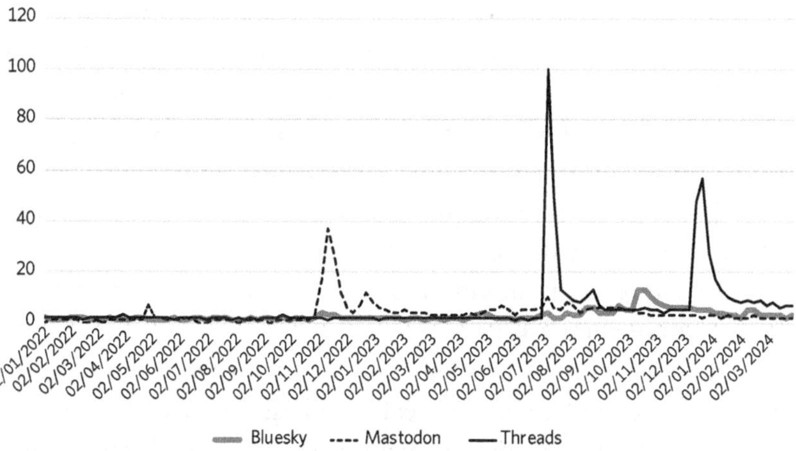

Figure 18. Indicateur Google Trends sur les requêtes Mastodon, Bluesky et Threads.

Il est malheureusement difficile d'avoir des chiffres fiables sur l'évolution du nombre d'utilisateurs actifs sur Twitter et sur l'importance de ces départs. La société d'intelligence économique Sensor Tower estime par exemple que le nombre d'utilisateurs a baissé de 23 % entre novembre 2022 et février 2024[72], tandis que SimilarWeb (fournisseur d'audience de sites Web) a constaté une baisse de 14 % de l'audience du site de X entre septembre 2022 et septembre 2023. Mais ces estimations souffrent de limites et peuvent être biaisées par le travail important réalisé par X pour supprimer les bots de la plateforme en 2023.

Le seul chiffre fiable disponible à ce jour a été publié dans le cadre du règlement européen sur les services numériques (*Digital Services Act*, DSA). La nouvelle régulation européenne oblige en effet les plateformes à publier des informations sur les politiques de modération mises en place mais aussi sur le nombre d'utilisateurs actifs dans chaque pays de l'Union européenne. Dans la première version de ce rapport, X a déclaré un total de 11,47 millions d'utilisateurs actifs mensuels en France en moyenne entre avril et octobre 2023[73]. Pour des raisons méthodologiques, ce chiffre est difficilement comparable avec les estimations antérieures au rachat. Mais il semble tout de même que – sans négliger les départs entraînés par le rachat – on n'assiste pas pour le moment à un exode massif et durable d'utilisateurs en France. Cette hypothèse est d'ailleurs confirmée par une analyse réalisée dans le cadre de cette étude et qui montre que le volume de tweets en français est relativement stable depuis 2020 (figure 19). Cela est aussi cohérent avec des sondages qui montrent une stabilité du taux de pénétration de X en France en 2023[74].

X demeure donc un acteur majeur parmi les réseaux sociaux en France. Actuellement, la création d'indicateurs de bien-être est principalement freinée non pas par un éventuel effet de composition – qui pourrait, en théorie, être ajusté en intégrant des effets fixes par utilisateur –, mais par le manque d'accès aux données.

Nombre de tweets contenant le mot clé « est »*

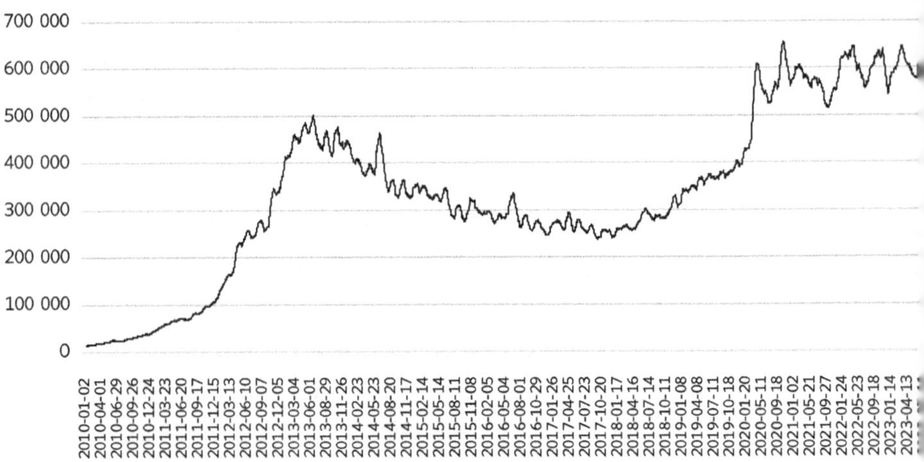

Figure 19. Estimation du nombre de tweets en français.

Note : ce graphique montre le volume total de tweets contenant le mot clé « est » entre 2010 et 2024 (moyenne mobile 30 jours).

* Nous utilisons ici le stopwords « est » comme proxy de l'activité totale en langue française sur longue période. Nous avons réalisé cette extraction *via* un accès à l'API de Twitter Pro.

Il semble cependant peu probable que cette situation évolue favorablement dans un avenir proche. X a quitté en juillet 2023 le code de pratiques de l'UE en matière de désinformation, et la Commission européenne a ouvert une enquête préliminaire en décembre 2023 portant, entre autres, sur des manquements présumés dans l'accès des chercheurs aux données accessibles au public de X, conformément à l'article 40 du DSA.

Pour continuer les recherches sur la construction d'indicateurs de bien-être à partir des données de réseaux sociaux, une alternative existe (autre que de débourser 5 000 euros mensuellement) : se tourner vers d'autres plateformes qui commencent à s'ouvrir davantage. En janvier 2024, Meta s'est par exemple associé au Center for Open Science pour partager des données afin d'étudier des sujets liés au bien-être[75]. TikTok a aussi récemment lancé, en juillet 2023, son API pour les chercheurs, et l'une des thématiques des appels à projets concerne la santé mentale. C'est désormais vers ces réseaux qu'il nous faut nous tourner afin de continuer à sonder le moral de nos concitoyens.

CHAPITRE 4

Les femmes au pouvoir

Que change vraiment la parité en politique ?

Quentin Lippmann

Introduction

En 1925, Joséphine Pencalet devint l'une des premières femmes élues en politique. Elle siégea durant six mois au conseil municipal de la ville de Douarnenez en Bretagne. Puis le Conseil d'État annula son élection. À cette époque, les femmes n'avaient pas le droit d'être élues. Joséphine Pencalet avait profité d'une faille de la loi qui n'obligeait à aucune déclaration de candidature lors des élections municipales. On pouvait potentiellement élire n'importe qui. La conformité des élections était vérifiée plus tard. Le Parti communiste français avait identifié cette faille et incité les acteurs locaux à l'exploiter pour faire élire des femmes.

En 2023, les femmes ne sont plus exclues de la vie politique française. Au contraire, leur présence s'est banalisée à quasiment tous les niveaux. Le Conseil d'État n'annule plus l'élection des femmes aux élections municipales. Au contraire, les candidatures des listes sont invalidées lorsqu'elles n'incluent pas assez de femmes. Les partis politiques n'exploitent plus les failles de la loi pour faire élire des femmes. Au contraire, ces failles sont exploitées pour réduire le nombre des femmes devant être élues.

À quoi est due cette évolution de la place des femmes en politique ? On serait tenté de l'attribuer uniquement à l'obtention du droit d'éligibilité des femmes en 1944. Les femmes auraient ensuite investi la sphère politique, gravi les échelons et progressivement acquis l'égalité en politique. Ce n'est pas ce qu'il s'est passé. Les femmes en politique sont restées rares, même après l'acquisition du droit d'être élues. Cela a provoqué des débats sur la nécessité d'une intervention législative pour accroître le nombre de femmes élues. Cette intervention a pris forme avec le vote d'une loi.

Le 6 juin 2000, les parlementaires ont voté la loi tendant à favoriser l'égal accès des femmes et des hommes aux mandats électoraux et aux fonctions électives, loi dite « sur la parité ». Cette loi a introduit diverses mesures obligeant ou incitant les acteurs politiques à nominer des femmes lors des élections. Par exemple, lors des élections municipales, elle a obligé les listes candidates à inclure moitié de femmes. Cette loi s'est appliquée à presque tous les scrutins qui rythment la vie politique. Son objectif est toujours le même : augmenter le nombre des femmes élues et atteindre à terme la parité en politique.

Controverses sur la parité

Le vote de la loi sur la parité a fait l'objet d'intenses controverses. Ses défenseurs soutiennent que cette loi vient corriger une inégalité insupportable, à savoir la sous-représentation des femmes en politique. La loi ne devrait pas être perçue comme de la discrimination positive en faveur des femmes, mais plutôt comme une compensation pour les barrières injustes qui empêchent les femmes d'être élues. D'autres insistent sur le fait que la représentation des femmes en politique permettrait de mieux représenter les intérêts des femmes dans la population. Les femmes politiques connaîtraient mieux les expériences et les opinions de celles-ci, et leur sous-représentation produirait des politiques publiques inadaptées aux intérêts des femmes. Enfin, les avocats de la loi sur la parité admettent qu'elle suscite de l'opposition et du ressentiment, mais ils ajoutent aussi que cela ne peut être que temporaire. À terme, les électeurs et acteurs politiques s'habitueront à élire des femmes, les discrimineront moins, et davantage de femmes auront envie de faire carrière en politique. La loi pourrait même devenir superflue.

Les opposants à la loi sur la parité tiennent un autre discours. Pour eux, la loi sur la parité est profondément antidémocratique. Elle supprimerait le droit des électeurs à élire l'individu de leur choix en les forçant à élire des femmes. Les opposants avancent également qu'avec cette loi on en viendrait à élire des individus en fonction de leur identité plutôt que de leur compétence. Il en résulterait un affaiblissement du niveau de qualification des élus. Enfin, ils affirment que cette loi peut amener à stigmatiser les femmes en politique. On considérerait que les femmes sont élues seulement grâce à la loi, et cela les rendrait moins légitimes que les hommes en politique.

Les arguments en faveur de la parité ont fini par l'emporter, et la loi fut votée. En 2023, la présence des femmes en politique est ainsi devenue quasiment ordinaire en France. Les chiffres sont connus et commentés à chaque élection. Mais, au-delà de l'aspect comptable, la parité a-t-elle vraiment changé la place des femmes en politique ? Ce chapitre se propose de répondre à cette question en trois volets.

Le premier porte sur l'accès au pouvoir. L'introduction de la parité transforme le processus de sélection des élus. De nombreux hommes sont amenés à céder leur place à des femmes. Par ailleurs, ces femmes nouvellement élues peuvent ensuite mener une carrière en politique et accéder aux positions les plus convoitées pour lesquelles il n'existe pas de mesure paritaire. Est-ce le cas en pratique ?

Nous verrons que les partis politiques rivalisent d'ingéniosité pour respecter la loi tout en minimisant le nombre des femmes élues. Nous montrerons également que les femmes restent souvent cantonnées dans les seconds rôles. Leur carrière s'arrête fréquemment aux positions visées par la parité et ne les amène pas vers le sommet de la hiérarchie.

Le deuxième concerne l'exercice du pouvoir. Cet enjeu est au cœur de l'une des principales controverses sur l'introduction de la parité. Les défenseurs de la parité soutiennent que les femmes en politique défendent mieux les intérêts des femmes dans la population. Ses opposants contestent cette idée et affirment que la loi sur la parité diminuerait la compétence moyenne des élues. Qu'observe-t-on dans la réalité ? Nous confronterons ces arguments aux travaux de recherche les plus récents pour tester leur validité.

Le troisième se concentre sur la perception des femmes au pouvoir. Dans une société où le pouvoir reste profondément associé aux hommes, comment l'élection des femmes en politique est-elle perçue ? Cela permet-il de réduire la discrimination et de susciter des vocations ? Ou, au contraire, cela produit-il du ressentiment et de la stigmatisation à l'encontre des femmes ? De nombreux travaux de recherche ont essayé de répondre à ces questions. Puisque la perception des politiques passe aussi par leur médiatisation, nous étudierons également les différences de traitement médiatique entre les élus.

Ces questions sont loin d'être spécifiques à la France. En 2023, des mesures paritaires ont été introduites par près de 140 pays dans le monde. Ces lois sont souvent désignées sous l'appellation de « quotas » et parfois identiques à celles mises en place en France. Elles ont affecté la vie politique de tous ces pays, soulevé des controverses similaires et attiré l'attention des chercheurs. Nous mobiliserons les travaux de recherche menés en France et dans de nombreux contextes afin d'éclairer et de comprendre dans quelle mesure la parité transforme la vie politique.

L'accès des femmes au pouvoir

La parité a-t-elle augmenté le nombre de femmes en politique ?

Le premier objectif de la loi sur la parité est d'augmenter le nombre des femmes en politique. Nous commençons donc notre enquête en essayant de comprendre si cet objectif a été atteint. La figure 1 ci-dessous apporte des éléments de réponse. Elle présente l'évolution de la part des femmes élues du début des années 1950 jusqu'au début des années 2020 pour plusieurs mandats parmi les plus emblématiques de la vie politique en France. Qu'observe-t-on ?

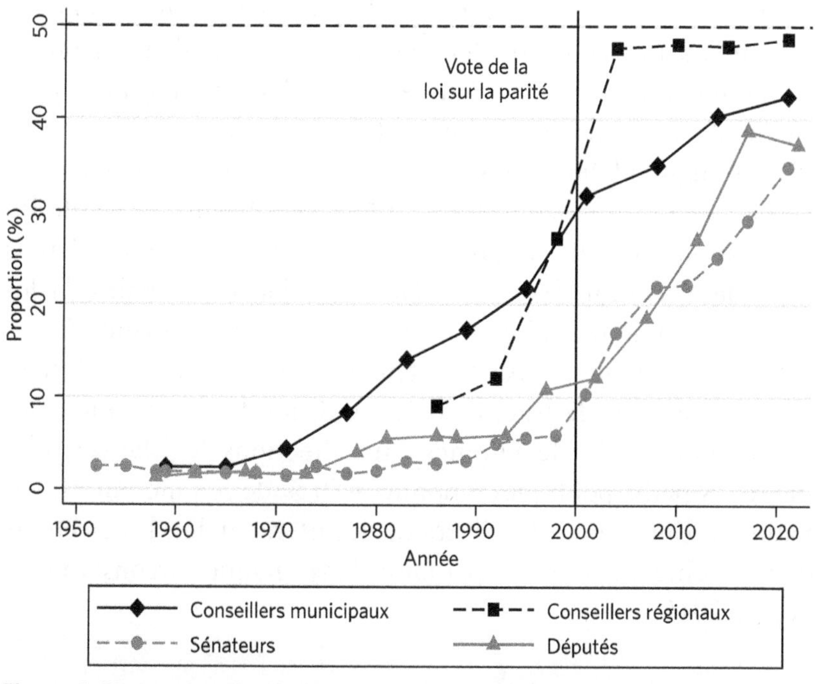

Figure 1. Proportion des femmes parmi les élus selon les mandats.

Source : données du ministère de l'Intérieur.

On note d'abord que la part des femmes parmi les élus était très faible avant le vote de la loi sur la parité. Vers la fin des années 1990, seuls 11 % des députés et moins de 6 % des sénateurs étaient des femmes. Parmi les élus locaux, les femmes étaient plus nombreuses mais restaient largement minoritaires. Seuls 21 % des conseillers municipaux et 26 % des conseillers régionaux étaient des femmes. Il y avait certes une tendance à la hausse, en particulier au niveau local, mais la situation évoluait lentement depuis le début des années 1950.

Tout a changé après l'introduction de la loi sur la parité. Au Parlement, cette loi a donné un élan, augmentant la part des femmes à chaque élection. En moins de vingt ans, cette part a ainsi plus que triplé parmi les députés et elle a été multipliée par presque six parmi les sénateurs. En 2022, environ 37 % des députés et 35 % des sénateurs étaient des femmes. On observe le même résultat au niveau local. Immédiatement après l'introduction des lois sur la parité, la part des femmes parmi les conseillers régionaux a quasiment atteint 50 %. Pour les conseillers municipaux, elle a augmenté à chaque élection pour dépasser 40 % en 2020.

Ces augmentations sont la conséquence directe de la loi sur la parité votée en France le 6 juin 2000. Le tableau 1 présente les applications de cette loi pour tous les scrutins en France depuis cette date. Hormis le cas des élections départementales, la loi s'applique toujours au niveau des candidats et non des élus. C'est-à-dire qu'elle n'impose pas directement une obligation de résultat. Pour les scrutins de liste, la loi prescrit que les listes candidates contiennent 50 % de femmes. Aux élections législatives, elle incite les partis politiques à nominer 50 % de femmes au niveau national. Enfin, pour les élections départementales, les électeurs doivent élire un binôme paritaire dans chaque circonscription depuis 2015.

Tableau 1. Liste des scrutins en France et des mesures de parité.

Élections	Parité	Depuis quand ?	Que dit la loi ?
Municipales	Oui	2001	50 % de femmes sur les listes dans les communes de plus de 1 000 habitants
Sénatoriales	Oui	2001	50 % de femmes sur les listes dans les départements élisant plus de 3 sénateurs
Législatives	Oui	2002	50 % de femmes parmi les candidats pour un parti au niveau national
Régionales	Oui	2004	50 % de femmes sur les listes
Européennes	Oui	2004	50 % de femmes sur les listes
Départementales	Oui	2015	Binôme paritaire
Présidentielle	Non		

Source : établi par l'auteur à partir de https://www2.assemblee-nationale.fr/decouvrir-l-assemblee/role-et-pouvoirs-de-l-assemblee-nationale/les-institutions-francaises-generalites/l-egal-acces-des-femmes-et-des-hommes-aux-mandats-electoraux-et-fonctions-electives2.

Ainsi, la loi sur la parité a indiscutablement permis d'augmenter le nombre des femmes en politique en France. Ces résultats ne sont pas très étonnants car ils dépendent seulement de la bonne application de la loi. Ce qui peut sembler plus étonnant, c'est qu'il n'y a pas 50 % de femmes dans toutes ces positions après l'introduction de la loi alors qu'elle fixe un objectif à 50 %. Début 2020, malgré l'introduction de la loi sur la parité, il y a toujours plus d'hommes que de femmes dans toutes les positions politiques. Pourquoi ?

La loi sur la parité vise-t-elle vraiment à avoir 50 % de femmes parmi les élus ?

Pour répondre à cette question, il faut revenir au texte de la loi sur la parité. Cette loi va introduire une exigence de parité à 50 % de candidats de chaque sexe pour la plupart des scrutins*. Elle va aussi contenir certaines dispositions – ou failles – permettant de la respecter tout en ayant moins de 50 % de femmes parmi les élus. Ces failles ont-elles été exploitées par les acteurs politiques ?

SCRUTINS DE LISTE : QUAND LA LOI OBLIGE

Les scrutins de liste correspondent aux élections où il faut voter pour une liste d'individus. En France, ils sont appliqués dans de nombreuses élections telles que les élections régionales, européennes, municipales dans les grandes communes et sénatoriales dans les grands départements.

Comment la loi sur la parité s'est-elle appliquée aux scrutins de liste ? À partir de 2001, elle a obligé les listes candidates à présenter 50 % de femmes. Comme toutes les listes doivent être validées par une autorité administrative avant le scrutin, il a été facile de vérifier la bonne application de cette loi. Il s'est ensuivi une forte augmentation du nombre des femmes élues, comme on peut le voir sur la figure 1 pour les conseillers municipaux et régionaux**.

Mais pourquoi cette part reste-t-elle légèrement inférieure à 50 % ? La réponse est simple. Dans un scrutin de liste, les individus ont tous un rang d'élection, et moins une liste reçoit de suffrages, moins les individus situés dans le bas de la liste ont des chances d'être élus. Ainsi, en plaçant les femmes en bas de la liste, on peut respecter la loi, c'est-à-dire avoir une liste avec 50 % de femmes candidates et, en même temps, élire moins de 50 % de femmes. Pour empêcher que toutes les femmes soient placées dans

* Dans le cadre de ce chapitre, nous utilisons le terme « sexe » pour nous référer aux obligations introduites par la loi. Le terme « genre » est utilisé pour désigner la dimension sociale du sexe. Notons qu'à ce jour la loi ne dit rien sur les personnes non binaires ou transgenres.

** Pour les élections municipales, la loi sur la parité s'appliquait uniquement aux élections dans les communes de plus de 3 500 habitants ; ce seuil a été abaissé à 1 000 en 2014. Pour les élections sénatoriales, elle s'applique uniquement aux grands départements. Cela explique pourquoi la proportion de femmes élues est significativement inférieure à 50 % sur la figure 1.

la moitié inférieure des listes, la loi impose une alternance stricte entre les femmes et les hommes. Si l'individu inscrit en tête de liste est un homme, le deuxième sera une femme, le troisième un homme, etc.

En pratique, on observe que les premières positions dans les listes sont occupées de manière écrasante par les hommes. Ainsi, aux élections municipales, ces derniers sont largement majoritaires dans les positions impaires, à commencer par la 1re position, et les femmes dans les positions paires (figure 2). En 2020, seules 23 % des têtes de liste étaient des femmes, et près de 77 %, des hommes. La conséquence de ces nominations est que les hommes sont toujours légèrement plus nombreux parmi les élus dans les scrutins de liste.

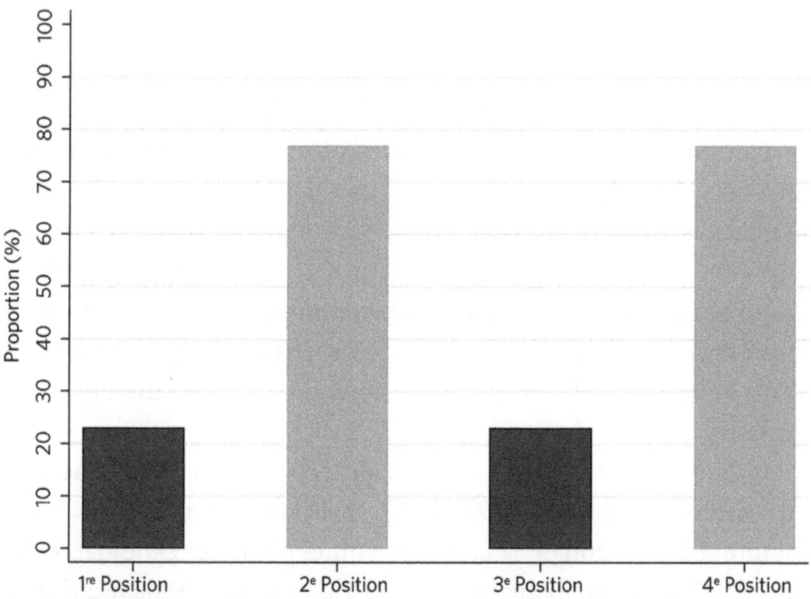

Figure 2. Proportion des femmes selon leur position sur les listes aux élections municipales de 2020.

Lecture : aux élections municipales de 2020, environ 23 % des têtes de liste étaient des femmes. Les hommes sont majoritaires dans les positions impaires (en noir), et les femmes sont majoritaires dans les positions paires (en gris).

Source : données du ministère de l'Intérieur.

Une autre stratégie mise en œuvre pour minimiser le nombre des femmes élues consiste à créer des listes dissidentes[1]. Cela fonctionne particulièrement bien dans le cas des listes de petite taille, comme aux élections sénatoriales où il est rare d'avoir plus de 2 ou 3 élus. Dans ce cas, avant l'introduction de la loi sur la parité, il était possible d'avoir un homme en 1re position et un en 2e position. Après l'introduction de la parité, l'homme en 2e position devrait être remplacé par une femme et se retrouver en 3e position. Si la liste n'obtient pas assez de voix pour élire 3 individus, cela pourrait remettre en question l'élection du deuxième homme. La stratégie pour respecter la parité tout en gardant les deux hommes élus consiste à couper la liste en deux. L'homme qui aurait dû être en troisième position ira prendre la tête de la seconde liste. Cela éparpille les voix entre les deux listes et rend possible l'élection de deux hommes : aucune femme n'est élue.

SCRUTINS UNINOMINAUX : QUAND LA LOI INCITE

Comment appliquer la parité lors d'élections où un seul individu est élu ? Une réponse innovante a été donnée pour les élections législatives. Celles-ci visent à élire 577 députés dans 577 circonscriptions. Autrement dit, il n'y a qu'un seul élu par circonscription. La loi sur la parité a incité les partis politiques à nominer 50 % de femmes à l'échelle du territoire. Si ce seuil n'est pas atteint, les partis s'exposent à devoir payer des amendes proportionnelles à leur déviation vis-à-vis du seuil.

Que s'est-il passé ? J'ai essayé de répondre à cette question en analysant la période 1978-2017 en France[2]. Les figures 3 et 4 montrent l'évolution de la part des femmes parmi les candidats et les élus des deux principaux partis de la vie politique française durant cette période*. Pour le Parti socialiste (figure 3), la proportion des

* L'analyse est concentrée sur le Parti socialiste et sur le principal parti de droite (aujourd'hui appelé Les Républicains) car ces deux partis ont emporté plus de 85 % des sièges disponibles à l'Assemblée nationale durant la période 1978-2017.

femmes parmi les candidats est ainsi passée d'environ 30 % en 1997 à 36 % en 2002, puis à 45 % en 2007 avant d'atteindre près de 50 % en 2017. Dans le même temps, la proportion des femmes parmi les élues a d'abord stagné à environ 18 % entre 1997 et 2002, augmentant ensuite à chaque élection. Elle atteignait près de 45 % en 2017.

Pour Les Républicains (figure 4), on observe également un écart saisissant entre la part des femmes candidates et la part des femmes élues*. La part des femmes candidates est passée de moins de 10 % en 1997 à 25 % en 2002, pour atteindre près de 40 % en 2017. La part des femmes élues est restée significativement plus basse : elle n'atteignait que 10 % en 2002 et près de 25 % en 2017.

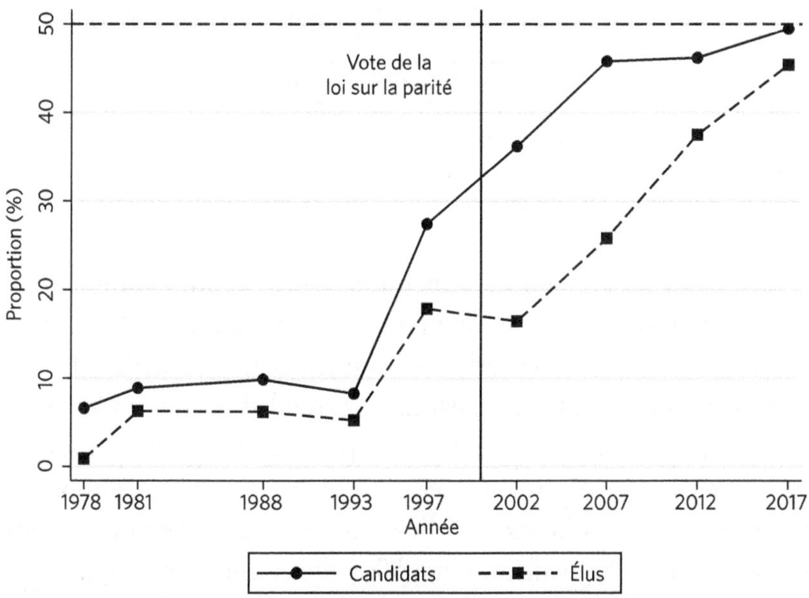

Figure 3. Proportion des femmes nominées aux élections législatives par le Parti socialiste et proportion des élues.

Source : calculs de l'auteur à partir des données du ministère de l'Intérieur.

* Le parti Les Républicains ayant été créé en 2015 pour remplacer l'Union pour un mouvement populaire (UMP), on utilise ici les données portant sur l'UMP pour la période 2002-2015. Pour la période antérieure à 2002, on utilise les données portant sur le Rassemblement pour la République (RPR).

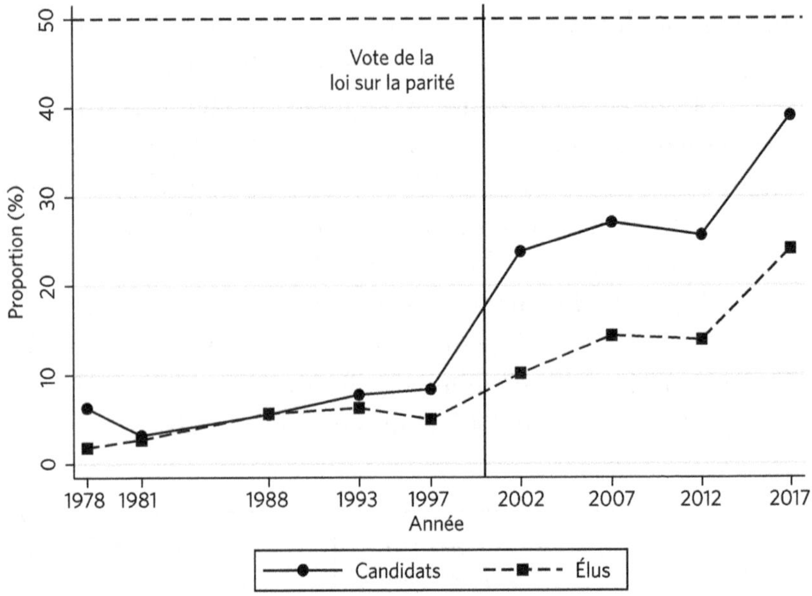

Figure 4. Proportion des femmes nominées aux élections législatives par Les Républicains et proportion des élues.

Source : calculs de l'auteur à partir des données du ministère de l'Intérieur.

Au vu de ce graphique, deux questions se posent : comment les partis font-ils pour nominer moins de 50 % de femmes parmi les candidats malgré la loi sur la parité ? Comment expliquer qu'il y ait significativement plus de femmes parmi les candidats que parmi les élus ?

La réponse à la première question peut paraître surprenante. Les partis politiques ont préféré – et pour certains préfèrent toujours – payer des pénalités financières liées au non-respect de la parité aux législatives plutôt que de nominer 50 % de femmes. En réalité, l'aide publique aux partis dépend des résultats électoraux et de l'écart entre le nombre de candidats de chaque sexe. Plus un parti reçoit de voix et a d'élus, plus son aide publique est élevée. Dans le même temps, plus l'écart entre le nombre de candidats de chaque sexe est important, plus l'aide publique est réduite. Les partis peuvent effectuer un calcul les amenant à préférer payer des pénalités financières s'ils considèrent qu'ils auraient eu des résultats significativement moins bons en nominant des femmes (ou s'ils ne souhaitent tout simplement pas nominer des femmes)[3]. Le tableau 2 montre le montant de ces pénalités financières en 2022. Parmi les six principaux partis ou mouvements politiques, elles étaient positives pour seulement deux d'entre eux : Les Républicains et La France insoumise. Ces pénalités représentaient respectivement 13,6 et 5,7 % du montant de l'aide publique reçue. Dans le passé, d'autres partis ont également vu une fraction de leur aide supprimée. Par exemple, ces pénalités représentaient environ 4 % du budget du Parti socialiste en 2002, 2 % en 2012 et 0 en 2017. Le montant des pénalités financières applicables a été relevé à plusieurs reprises depuis 2002, ce qui a contribué à l'augmentation du nombre des femmes candidates, mais il n'est visiblement toujours pas assez dissuasif.

Tableau 2. Montant de l'aide publique et des pénalités financières (en euros) liées au non-respect de la parité pour les six principaux partis ou mouvements politiques en France en 2022.

Partis et mouvements politiques	Montant de l'aide publique	Montant des pénalités financières	Ratio pénalités financières/ aide publique
La République en marche	20 981 736	0	0
Les Républicains	13 048 417	1 787 354	13,6 %
Parti socialiste	5 946 460	0	0
Rassemblement national	5 179 574	0	0
Mouvement démocrate	5 056 240	0	0
La France insoumise	4 385 898	252 443	5,7 %

Source : données de la Commission nationale des comptes de campagne et des financements politiques.

Quant à savoir pourquoi il y a toujours plus de femmes parmi les candidates que parmi les élues, la réponse est plus subtile. La loi a certes incité les partis politiques à nominer 50 % de femmes parmi les candidats au niveau national, mais elle n'a jamais indiqué à quel endroit. Les partis politiques ont ainsi la possibilité de nominer des femmes dans des circonscriptions où ils savent à l'avance qu'elles ne gagneront pas.

Afin de montrer l'existence de ces stratégies de nomination, j'ai estimé un modèle calculant la probabilité pour un parti politique de gagner une circonscription en fonction des résultats passés[4]. Ensuite, j'ai divisé les circonscriptions en deux groupes de taille égale : l'un rassemblant les circonscriptions faciles à gagner où la probabilité de l'emporter est forte (supérieure à la médiane) et l'autre, les circonscriptions difficiles à gagner où la probabilité de l'emporter est faible (inférieure à la médiane). Puis j'ai mesuré l'évolution de la proportion de femmes nominées dans ces deux types de circonscription au cours de la période 1993-2017. Pour les deux partis politiques majeurs durant cette période, la proportion des femmes candidates a particulièrement augmenté dans les circonscriptions difficiles à gagner (figures 5 et 6).

Pour le Parti socialiste (figure 5), la proportion des femmes candidates est passée d'environ 35 % à presque 50 % de 1997 à 2002 dans les circonscriptions difficiles, alors qu'elle n'augmentait que de 21 à 28 % dans les circonscriptions faciles à gagner. Au cours des élections suivantes, on observe une réduction de l'écart de nomination entre ces deux types de circonscription. En 2012, le Parti socialiste a nominé un peu plus de 50 % de femmes dans les circonscriptions difficiles, et environ 40 % dans les circonscriptions faciles. En 2017, il semble y avoir eu autant de femmes que d'hommes dans les deux types de circonscriptions.

Pour Les Républicains (figure 6), l'écart est plus flagrant. La proportion des femmes dans les circonscriptions difficiles à gagner a plus que triplé entre 1997 et 2002, passant d'environ 10 % à plus de 35 %, alors qu'elle a augmenté plus modérément dans les circonscriptions faciles à gagner (6 à 12 %). De plus, l'écart a persisté pour toutes les élections suivantes. En 2017, on trouve près de 50 % de femmes candidates dans les circonscriptions difficiles et moins de 30 % dans les circonscriptions faciles à gagner.

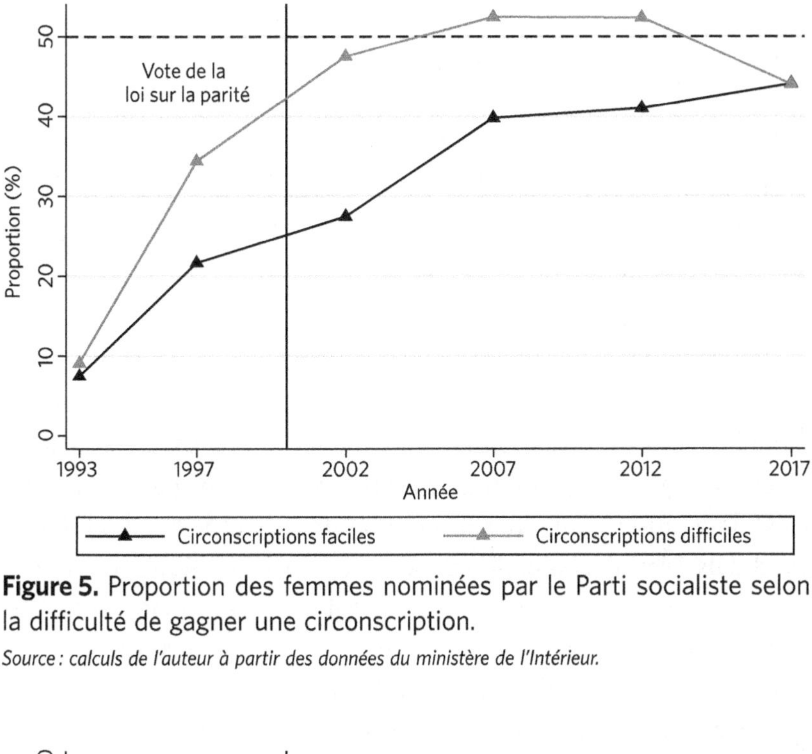

Figure 5. Proportion des femmes nominées par le Parti socialiste selon la difficulté de gagner une circonscription.

Source : calculs de l'auteur à partir des données du ministère de l'Intérieur.

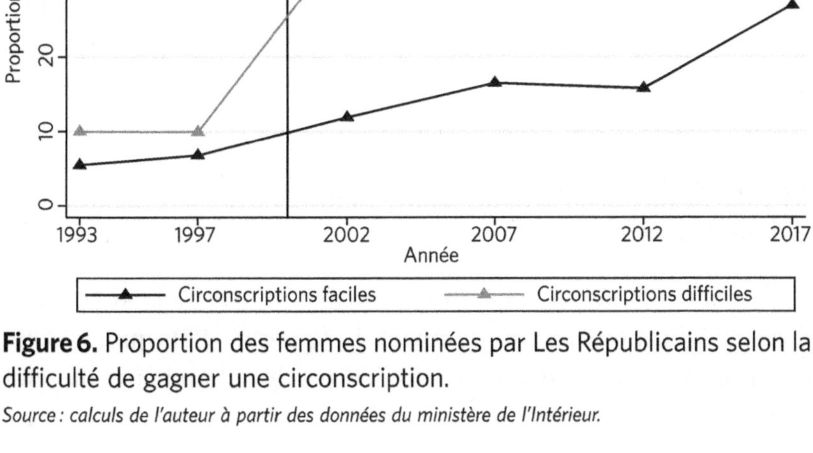

Figure 6. Proportion des femmes nominées par Les Républicains selon la difficulté de gagner une circonscription.

Source : calculs de l'auteur à partir des données du ministère de l'Intérieur.

Ces stratégies de nomination sont loin d'être spécifiques aux principaux partis ayant dominé la vie politique française au cours des dernières décennies. En 2002 et 2007, la plupart des partis politiques ont nominé plus d'hommes dans des circonscriptions « gagnantes » et ont laissé les femmes dans les circonscriptions les plus difficiles[5]. Ce phénomène peut être observé au sein des partis aussi bien de gauche que de droite.

À L'ÉTRANGER

L'existence de stratégies pour réduire l'impact de la parité est un fait bien établi au niveau international. Des résultats très semblables à ceux de la France ont ainsi été observés en Espagne. Au niveau local, les femmes sont plus souvent nommées dans le bas des listes de candidats[6]. Au niveau parlementaire, les partis politiques nomment plus souvent les femmes dans des positions désavantageuses[7]. Ces phénomènes ont également été observés dans d'autres pays tels que le Canada, la Corée du Sud ou le Royaume-Uni[8].

Ainsi, la parité impose certes des obligations de nommer 50 % de femmes parmi les candidats, mais elle contient aussi des dispositions qui permettent de ne pas avoir 50 % de femmes parmi les élus. Lors des scrutins de liste, cela consiste à inclure des femmes dans des positions plus basses sur la liste ou alors à créer une liste concurrente. Lors des scrutins où un seul individu est élu, cela consiste à nominer des femmes candidates dans des circonscriptions difficiles à gagner.

Pourquoi les partis politiques cherchent-ils à éviter la parité ?

Les partis politiques et autres acteurs politiques mettent en place des stratégies pour réduire l'impact de la parité. Pourquoi ? Cette question a été très largement étudiée par les chercheurs qui ont retenu trois hypothèses.

La première est d'ordre institutionnel. Elle consiste à dire que les femmes sont simplement nominées là où il y a des places libres. Ces places s'avèrent plus désavantageuses car les places déjà occupées par un élu correspondent le plus souvent aux circonscriptions faciles à gagner. Les partis politiques privilégieraient ainsi les candidats sortants au détriment des nouveaux candidats, souvent de sexe féminin. C'est l'argument avancé par Jean-François Copé, à la tête de l'UMP en 2012, lorsqu'il répondait aux questions des journalistes sur le non-respect de la parité aux législatives : « Je plaide coupable avec regret, c'est un arbitrage que nous avons eu à rendre et qui était difficile dès lors que nous avions 317 députés sortants et qu'une bonne part d'entre eux se représentent[9]. » Cet argument est assez commode car il implique que les stratégies de nomination n'ont rien à voir avec le genre des candidats, mais sont entièrement déterminées par un calcul rationnel aboutissant à privilégier les sortants et à nominer l'individu ayant le plus de chances de gagner.

Dans une publication récente, j'ai cherché à tester la validité de cet argument[10]. Je me suis concentré sur les circonscriptions où il n'y a pas d'élu sortant. L'idée étant que, même si ces circonscriptions sont désavantageuses en moyenne, certaines restent gagnables et d'autres non. Si Jean-François Copé disait vrai, nous aurions dû constater que les femmes sont aussi nombreuses à être nominées dans les circonscriptions gagnables que dans celles ingagnables. En pratique, ce n'est pas ce que l'on observe. Parmi les circonscriptions sans élu sortant, les femmes sont plus souvent nominées dans les « ingagnables ». On pourrait penser que cela est dû à leur inexpérience en politique. Mais ce n'est pas non plus le cas. Les hommes inexpérimentés ont toujours plus de chances d'être investis dans de meilleures circonscriptions que les femmes inexpérimentées. Autrement dit, ni la présence d'un élu sortant ni l'expérience politique ne semblent en mesure d'expliquer entièrement les stratégies qui conduisent les partis à nominer les femmes dans des circonscriptions désavantageuses. Comment l'expliquer ?

La deuxième hypothèse avancée par les chercheurs est du côté de l'offre. C'est celle du bassin de candidats. Elle consiste à dire que les partis politiques ne disposent pas de l'offre de candidates qualifiées pouvant être nominées en politique. Cet argument est certainement vrai à court terme. Bousculés par les réformes de la parité au début des années 2000, les partis politiques n'ont pas eu le temps de s'adapter et doivent réagir immédiatement avec les ressources humaines dont ils disposent. Néanmoins, comment expliquer que les partis politiques puissent encore manquer de femmes candidates pour les législatives de 2017, soit dix-sept ans après le vote des lois sur la parité ? Les partis devraient avoir eu le temps de trouver des femmes qualifiées, d'autant que, durant ce laps de temps, le nombre des femmes élues a augmenté à toutes les élections, donnant l'opportunité aux partis politiques de découvrir de nouveaux talents. Comme l'ont noté D. Dahlerup et L. Freidenval, dans un panorama de la mise en place des quotas en politique au niveau européen : « Si les partis politiques ne cherchent pas de femmes, ils n'en trouveront pas[11]. »

La troisième hypothèse repose sur l'idée de discrimination. Celle-ci pourrait émaner des électeurs eux-mêmes qui voteraient moins pour les femmes, ou bien des directions des partis politiques qui privilégieraient les candidatures masculines. Les recherches les plus récentes ont mis au jour plusieurs preuves de ces comportements discriminatoires par les électeurs. En France, T. Le Barbanchon et J. Sauvagnat ont étudié ces biais dans le cadre des élections législatives[12]. Ils montrent d'abord que les femmes obtiennent moins de voix dans les communes où les attitudes sexistes prévalent et où l'écart de salaire entre les femmes et les hommes est plus élevé. Puis ils étudient les stratégies de nomination des partis politiques et trouvent que ces partis s'adaptent aux préférences des électeurs. Dans les régions où les électeurs sont les plus sexistes, les partis politiques nominent relativement moins de femmes de manière à maximiser leurs chances de gagner. L'existence d'un biais des électeurs français a également été montrée lors des élections départementales[13]. Depuis 2015, un binôme homme-femme se présente, et les noms des deux candidats apparaissent dans l'ordre alphabétique sur le bulletin de vote. Lorsque le premier nom est celui d'une femme, les électeurs votent moins souvent pour le binôme. Mais cela est vrai seulement pour les candidats de droite, ce qui laisse penser que les électeurs de ce bord politique sont peut-être plus biaisés à l'encontre des femmes que les autres électeurs.

La preuve que les candidatures masculines sont directement privilégiées par les partis politiques a aussi été apportée dans d'autres contextes que la France. Cela pourrait être dû à des attitudes sexistes à l'encontre des femmes, mais aussi aux réseaux de recrutement qui favorisent les hommes. En Espagne, la nomination de femmes dans des positions défavorables pourrait s'expliquer par l'existence de réseaux de « *old boys* », c'est-à-dire des groupes d'hommes installés à la tête des partis qui se favorisent mutuellement[14]. Aux États-Unis, les partis politiques semblent également plus enclins à sélectionner des hommes du fait des réseaux de recrutement traditionnels qui sont moins favorables aux femmes[15].

La parité a-t-elle brisé ou déplacé le plafond de verre en politique ?

La parité augmente le nombre des femmes en politique. Cela est vrai malgré la résistance des acteurs politiques pour réduire l'impact de la loi sur la parité. Mais que deviennent ces femmes une fois entrées en politique ? Progressent-elles vers des positions de pouvoir pour lesquelles la parité ne s'applique pas ? Ou restent-elles bloquées dans les positions visées par la parité ?

L'ARGUMENT DE L'EFFET D'ACCÉLÉRATION

Répondre à ces questions revient à tester l'argument de l'effet d'accélération. Cet argument soutient qu'en augmentant le nombre de femmes en politique on enclencherait une dynamique permettant aux femmes de progresser vers des positions de pouvoir non visées par la parité. La parité donnerait ainsi l'impulsion nécessaire pour éradiquer les inégalités en politique.

Cet argument est séduisant, mais sa validité reste douteuse Tout dépend des raisons qui expliquent la sous-représentation des femmes en politique[16]. Si les femmes sont absentes des positions de pouvoir à cause de la discrimination à leur encontre, alors l'effet d'accélération pourrait avoir lieu. La parité introduirait des femmes en politique peut-être moins enclines à discriminer les autres femmes, et les hommes découvriraient que les femmes sont aussi compétentes qu'eux et par conséquent les discrimineraient moins également. De la même manière, si le seul obstacle à la progression vers les positions politiques les plus élevées tenait à la plus faible expérience des femmes en politique, alors la parité leur permettrait de combler ce manque et de progresser vers les postes les plus convoités.

Mais il n'est pas sûr que l'absence des femmes dans les positions de pouvoir tienne entièrement à la discrimination ou à la plus faible expérience des femmes dans des positions subalternes. Les femmes pourraient être handicapées par le caractère chronophage des positions les plus élevées dans la hiérarchie qui sont incompatibles avec leurs plus grandes responsabilités familiales. Les femmes pourraient aussi être moins ambitieuses que les hommes et moins désireuses d'occuper ces positions de pouvoir. Dans ces deux cas, introduire la parité n'entraînerait pas d'effet d'accélération.

LE CAS DES ÉLECTIONS MUNICIPALES EN FRANCE

Pour tester la validité de cet argument, je me suis intéressé à l'évolution de la présence des femmes dans les conseils municipaux en France[17]. Un conseil municipal dispose d'une hiérarchie claire où les conseillers municipaux occupent la base, et le ou la maire est à son sommet. Depuis 2001, la loi impose que les listes candidates aux élections municipales contiennent 50 % de femmes. Cette loi a deux particularités : i) elle ne s'impose qu'aux communes de plus de 3 500 habitants (plus de 1 000 depuis 2014) ; ii) elle n'impose aucune restriction sur le sexe du futur maire. Elle fournit donc un cadre idéal pour tester l'argument de l'effet d'accélération. Si cet effet est avéré, on devrait observer à la fois une augmentation du nombre des femmes conseillères municipales et du nombre des femmes maires occupant l'échelon hiérarchique supérieur dans les communes de plus de 3 500 habitants. Si l'effet n'existe pas, on devrait observer seulement une augmentation du nombre de femmes conseillères municipales et aucune évolution sur la position de maire.

La réponse est donnée par la comparaison entre les figures 7 et 8. Elle fait apparaître l'augmentation de la proportion des femmes parmi les conseillers municipaux (figure 7) et parmi les maires (figure 8) dans les communes de plus et de moins de 3 500 habitants. Après 2001, on observe une très nette augmentation de la proportion des femmes parmi les conseillers municipaux dans les communes de plus de 3 500 habitants. Leur proportion double et passe d'environ 25 % à près de 50 %. Dans les communes de moins de 3 500 habitants, non visées par la loi sur la parité jusqu'en 2014, il semble y avoir eu une légère augmentation mais aucunement comparable, passant de 20 % à près de 30 %*. Ainsi, la base de la pyramide s'est largement féminisée à la suite de l'introduction de la loi sur la parité dans les communes initialement visées par la loi. *Quid* du sommet de la hiérarchie ?

Dans la figure 8, on note que la proportion des femmes maires est restée très semblable dans les communes de plus et de moins de 3 500 habitants de 1995 à 2020. Autrement dit, l'augmentation du nombre des femmes conseillères municipales n'a eu aucun impact significatif sur le nombre des femmes maires. On pourrait penser que c'est parce qu'il faut du temps aux femmes nouvellement élues pour acquérir de l'expérience politique et se décider à devenir maires. Pourtant, il n'y a aucun effet ni à court terme en 2001 ni à plus long terme en 2014 ou 2020 par exemple. Dans les conseils municipaux en France, la parité n'a pas brisé mais seulement surélevé le plafond de verre en politique**.

* Les communes de 1 000 à 3 500 habitants ont dû également appliquer la parité au sein des listes candidates à partir de 2014. Cela explique en partie l'augmentation de la part des femmes conseillères municipales dans les petites communes en fin de période.

** La sous-représentation des femmes politiques dans le haut de la hiérarchie fait écho à la situation des femmes en entreprise (sur ce sujet, voir D. Meurs, *Hommes/femmes. Une impossible égalité professionnelle ?*, Éditions ENS Rue d'Ulm, 2014).

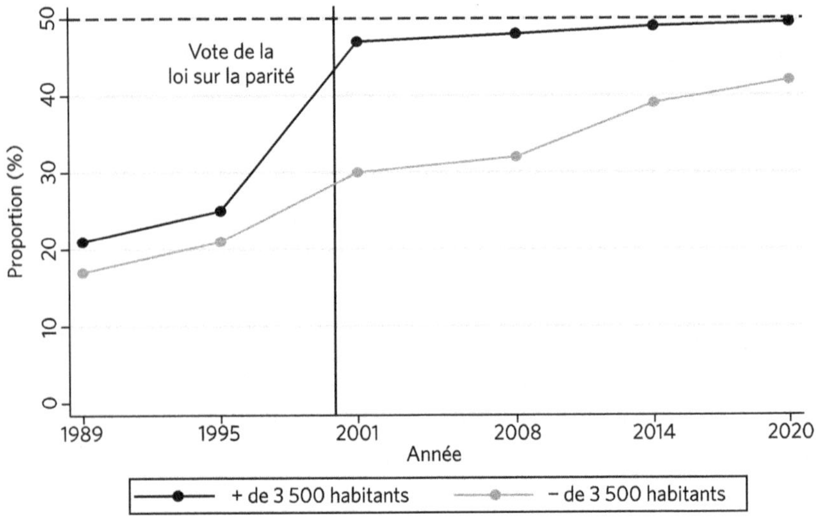

Figure 7. Proportion des femmes parmi les conseillers municipaux selon la taille de la commune.

Source : calculs de l'auteur à partir des données du ministère de l'Intérieur.

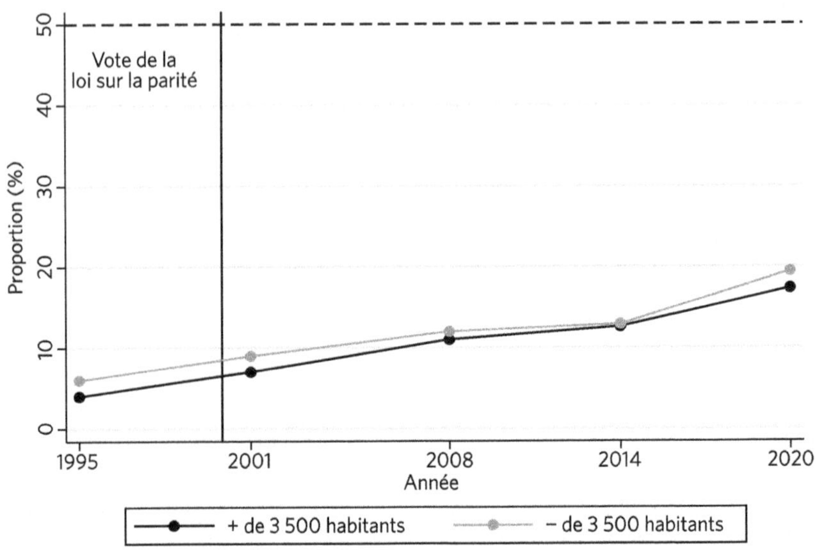

Figure 8. Proportion des femmes parmi les maires selon la taille de la commune.

Source : calculs de l'auteur à partir des données du ministère de l'Intérieur.

Pourquoi les femmes ne deviennent-elles pas maires ? Pour répondre à cette question, il faut d'abord remarquer que les femmes sont très peu nombreuses à candidater à la position de maire. Comme on l'a vu plus haut (figure 2), seuls 23 % des listes candidates sont dirigées par une femme qui vise explicitement la position de maire d'une commune. Le problème intervient donc en amont de l'élection du conseil municipal. Reformulons la question : pourquoi les femmes ne sont-elles pas plus nombreuses à être candidates à la position de maire ?

En analysant les données des élections municipales en France, J. Lassébie soutient que ce serait parce que les femmes ne restent pas assez longtemps en politique[18]. Elle montre que les femmes sont significativement plus nombreuses que les hommes à quitter la politique après un seul mandat. Cela les empêcherait d'acquérir une expérience solide et de pouvoir prétendre à la position de maire. Pourquoi les femmes quitteraient la politique plus vite que les hommes ? Plusieurs réponses sont possibles. Les obligations (notamment familiales) en dehors de la politique pourraient les pousser à l'abandon. La plus forte opposition sexiste à laquelle elles font face dans la sphère politique pourrait également les décourager. Ce dernier mécanisme est intéressant car il résonne avec les résultats d'études dans d'autres pays. Ainsi, en Italie, les femmes maires démissionnent plus souvent que les hommes car elles font face à une plus forte contestation au sein du conseil municipal[19]. Cette contestation est plus forte dans les régions les plus sexistes et dans les conseils municipaux entièrement masculins, suggérant que c'est le fait que le maire soit une femme qui pose problème.

À L'ÉTRANGER

De nombreux pays ont introduit des réformes comparables à celle de la France dans les conseils municipaux. En Europe, c'est le cas de l'Espagne qui a introduit un quota de 40 % en 2004, de l'Italie qui a fixé un quota de 33 % en 2012 et de la Suède où un quota de 50 % est en place depuis 1994. Que s'est-il passé dans ces pays ?

Pour les deux pays les plus proches de la France que sont l'Espagne et l'Italie, les conséquences de la parité sont quasiment identiques à celles de la France. En Espagne, les quotas sur les listes des conseils municipaux ont certes permis d'augmenter le nombre des femmes conseillères municipales, mais ils n'ont eu aucun effet sur le nombre des femmes maires élues[20]. De la même manière en Italie, les quotas ont mécaniquement augmenté le nombre des femmes conseillères municipales, mais ils n'ont pas permis d'accroître la part des femmes maires[21]. Ces résultats sont très similaires à ceux observés en France et laissent penser que la parité ne fait que déplacer les barrières d'accès aux positions politiques vers des positions plus élevées où elle ne s'applique pas.

Pourtant, en Suède, des chercheurs ont montré que ces quotas avaient amené une augmentation significative à la fois du nombre des femmes conseillères municipales et du nombre des femmes maires[22]. L'effet d'accélération semblait donc bel et bien présent. Qu'est-ce qui explique cette différence ?

Plusieurs hypothèses sont plausibles. La première serait liée aux différences culturelles et institutionnelles sur le rôle des femmes. En Suède, près de 81 % des femmes sont sur le marché du travail contre respectivement environ 71 % en Espagne, 70 % en France et 55 % en Italie. Dans ces trois pays, les femmes font certainement face à de plus fortes barrières pour prendre un poste à responsabilité. Ces barrières pourraient inclure les aides à la garde d'enfants qui sont moins développées qu'en Suède, une division plus inégale du travail domestique au sein du couple ou des attitudes plus défavorables à l'encontre des femmes dans des positions de pouvoir. La deuxième hypothèse serait liée au processus de recrutement des politiciens. En Suède, ce processus est plus transparent qu'ailleurs et permet de réduire l'influence d'individus opposés à l'entrée des femmes en politique. Enfin, la troisième hypothèse repose sur la perception différente de la parité entre la Suède et les trois autres pays. En Suède, la parité au niveau local a été adoptée spontanément par les partis politiques sans qu'il soit nécessaire d'imposer une loi coercitive comme dans les trois autres pays. Cela pourrait être dû à des différences dans l'importance accordée à l'égalité entre les femmes et les hommes. Cela pourrait aussi résulter d'une forte pression de la société civile, et en particulier des mouvements féministes, amenant les partis politiques à craindre de perdre des voix lors de futures élections. Mais, dans tous les cas, les partis politiques suédois pourraient s'être sentis plus engagés et plus impliqués dans le respect de l'esprit de la parité, amenant des femmes à accéder aux positions de pouvoir les plus convoitées.

L'effet d'accélération dans les entreprises

De nombreux pays ont introduit des quotas dans les conseils d'administration des grandes entreprises. Par exemple, en France, la loi dite « Copé-Zimmermann » introduite en 2011 a fixé un objectif de 40 % de femmes dans les conseils d'administration des grandes entreprises d'ici à 2017. Observe-t-on l'effet d'accélération ?

L'étude la plus complète sur cette question a été menée dans le cadre de la Norvège où une loi très semblable à la loi Copé-Zimmermann a été votée en 2003[23]. Cette loi a imposé aux entreprises d'inclure 40 % de femmes au sein des conseils d'administration d'ici au 1er janvier 2008. Les auteurs de cette étude montrent que cette loi a certes augmenté le nombre des femmes dans les conseils d'administration mais aussi qu'elle n'a eu aucun effet sur les positions les plus élevées au sein de l'entreprise. L'effet d'accélération ne semblait donc pas observable en entreprise.

L'exercice du pouvoir par les femmes

Les femmes en politique défendent-elles plus les intérêts des femmes dans la population ?

Les défenseurs de la parité soutiennent que l'identité des politiciens détermine leurs priorités et les politiques publiques qu'ils mettent en place. Selon cet argument, les femmes politiques défendraient plus les intérêts des femmes dans la population. Introduire la parité permettrait ainsi de bénéficier de politiques publiques qui prennent mieux en compte les intérêts des femmes dans la population. D'où vient cet argument ? Est-il valide ?

L'EXISTENCE D'UN INTÉRÊT COMMUN AUX FEMMES

L'argument que les femmes politiques défendraient plus les intérêts des femmes dans la population repose sur une idée : l'existence d'un intérêt commun aux femmes qui différerait de celui des hommes. Comme les femmes n'ont pas les mêmes expériences, ne sont pas exposées aux mêmes risques et n'ont pas les mêmes contraintes biologiques que les hommes, elles n'auraient pas les mêmes intérêts que les hommes. Si cette idée est extrêmement influente, elle reste parfois contestée au motif qu'elle réduirait les individus à une seule dimension – le genre –, alors que cette dimension contiendrait une multitude de situations différentes ou qu'elle serait secondaire par rapport à d'autres dimensions telles que la position sociale[24].

Lorsque l'on interroge les femmes et les hommes sur l'importance qu'ils attachent à différents sujets, on observe souvent des différences nettes. Mais que sait-on sur les priorités en politique ? P. Funk et C. Gathmann ont essayé de répondre à cette question en étudiant les votes des individus en Suisse[25]. Ce pays est bien connu pour sa démocratie directe qui conduit les citoyens à s'exprimer plusieurs fois par an sur des thématiques précises. Les deux chercheuses ont étudié le vote des femmes et des hommes suisses lors de 185 référendums tenus entre 1981 et 2003. Les résultats de cette étude révèlent l'existence d'une différence claire entre les priorités politiques des femmes et des hommes dans la population. Les thématiques liées à l'environnement, la santé, l'armée ou les prestations sociales figurent parmi les plus clivantes, celles où les différences sont les plus fortes. Ces divergences se reflètent-elles dans les priorités des politiciens ?

L'EXPÉRIENCE DES POSITIONS RÉSERVÉES AUX FEMMES EN INDE

En 1992, l'Inde a modifié sa Constitution pour introduire un quota augmentant le nombre de femmes en politique. Ce quota consistait à réserver aux femmes un tiers de l'équivalent des positions de maires (*Pradhan*). Dans une société où elles sont largement absentes de la vie politique, certains villages allaient être obligés d'élire une femme à la position la plus prestigieuse et la plus puissante au niveau local. Les villages ont dû se soumettre à ce quota par roulement. Lors de la première élection suivant l'introduction du quota, un tiers des villages ont dû élire une femme à leur tête, puis, lors de la seconde élection, un autre tiers a été sélectionné, et ainsi de suite. Par ailleurs, l'ordre de participation des villages a été déterminé de manière aléatoire.

Dans un célèbre article publié en 2004, R. Chattopadhyay et E. Duflo ont utilisé le contexte de cette loi pour quantifier l'impact des femmes sur les décisions politiques[26]. Ils ont récolté des données sur les infrastructures mises en place dans plusieurs dizaines de villages indiens. Puis ils ont comparé les choix politiques faits par les villages qui avaient dû subitement élire une femme à leur tête avec ceux des villages qui n'avaient aucune obligation d'élire une femme. Comme l'ordre de participation des villages au quota avait été décidé aléatoirement, cette comparaison a permis d'identifier l'impact causal de l'élection d'une femme.

Les deux chercheurs ont montré que les villages dirigés par une femme investissent plus dans des infrastructures bénéficiant plus aux femmes telles celles liées à l'eau potable et aux routes. Ils ont mis en évidence que ces différences n'étaient pas liées à l'inexpérience des femmes ou à leur milieu socio-économique, mais qu'elles semblaient dues uniquement à leur genre. Ces résultats sont ainsi passés à la postérité comme les premiers à avoir apporté une preuve causale du fait que les femmes politiques prennent des décisions différentes de celles des hommes. Le débat est-il clos pour autant ?

Non, car ces résultats pourraient très bien ne pas être reproduits dans un autre pays en développement et encore moins dans les pays occidentaux. L'Inde reste une société dans laquelle les différences entre femmes et hommes sont très marquées. Il est donc possible que les femmes politiques prennent des décisions différentes seulement dans un tel contexte. Que disent les études dans le cadre des pays occidentaux ?

EN FRANCE : LES FEMMES PARLEMENTAIRES PORTENT-ELLES DES AMENDEMENTS DIFFÉRENTS DE CEUX DES HOMMES ?

Dans des travaux récents, je me suis intéressé au cas de la France. J'ai voulu savoir si les femmes élues au Parlement fabriquent des lois différentes de celles des hommes[27]. J'ai analysé tous les amendements discutés au Parlement de 2002 à 2017, à l'Assemblée nationale et au Sénat. J'ai ensuite utilisé des méthodes d'analyse de texte pour classer tous les amendements par thème, puis calculer la part relative des femmes travaillant sur chacun de ces thèmes. Les résultats sont présentés dans la figure 9.

On observe que le thème où les différences sexuées sont les plus marquées est précisément celui de l'égalité femmes-hommes. La première ligne de la figure 9 montre qu'au cours d'un mandat la probabilité qu'une femme députée présente au moins un amendement sur les thématiques liées à l'égalité femmes-hommes est supérieure de 75 % à celle d'un homme (40 % des femmes le font contre 23 % des hommes). Les questions liées à l'enfance viennent en deuxième position, les femmes ont 25 % plus de chances qu'un homme de présenter au moins un amendement sur ce sujet. Pour les thématiques liées à l'immigration et à la santé, les femmes députées ont environ 10 % plus de chances que les hommes de présenter au moins un amendement. Ces thématiques arrivent devant celles de la famille pour laquelle les différences sexuées sont relativement faibles.

Figure 9. La division sexuée du travail parlementaire à l'Assemblée nationale.

Lecture : Pour la première ligne, la probabilité qu'une femme députée présente au moins un amendement sur les thématiques liées à l'égalité femmes-hommes est supérieure de 75 % à celle d'un homme.
Source : calculs de l'auteur à partir des données de l'Assemblée nationale.

Pour leur part, les hommes sont plus actifs sur les thématiques militaires et liées à l'armée. En moyenne, au cours d'un mandat, la probabilité qu'un homme présente au moins un amendement sur ces sujets est supérieure de 25 % à celle d'une femme. En deuxième position viennent les sujets liés à l'outre-mer où les hommes ont environ 10 % plus de chances de présenter au moins un amendement. Enfin, pour les sujets liés aux élections et à l'environnement, les hommes ont entre 5 et 10 % plus de chances que les femmes de présenter au moins un amendement. Les différences sur ces deux derniers sujets ne sont néanmoins pas significatives d'un point de vue statistique.

Pour le reste des thèmes, il n'existe que de très faibles sinon aucune différence dans l'implication des femmes et des hommes députés. L'absence de différence est ici intéressante car elle va parfois à rebours de certains stéréotypes. Par exemple, l'éducation est souvent regardée comme un domaine davantage associé aux « femmes », notamment parce que les femmes sont très majoritaires dans le corps professoral. Pourtant, il ne semble y avoir aucune différence sexuée sur ce thème. De la même manière, l'agriculture, parfois considérée comme un thème davantage associé aux hommes, ne présente pas de différences sexuées.

Que s'est-il passé au Sénat ? À partir de 2001, la loi sur la parité a imposé que les listes candidates contiennent 50 % de femmes dans les circonscriptions élisant plus de trois élus. Dans celles élisant moins de trois élus, cette loi n'a fait aucune différence. Il est donc intéressant de comparer le contenu des amendements dans les deux types de circonscription avant et après l'introduction de la loi sur la parité en 2001.

La figure 10 montre d'abord l'évolution du nombre de femmes en conséquence de l'application de la loi sur la parité au Sénat. On voit que, dans les circonscriptions élisant plus de trois élus (avec parité depuis 2001), le nombre de femmes élues en moyenne a bondi de 0,5 à près de 2, alors que ce nombre est resté très faible dans les autres circonscriptions. La loi sur la parité a eu un effet certain sur le nombre de femmes élues au Sénat. A-t-elle eu un effet substantif sur le contenu des lois ?

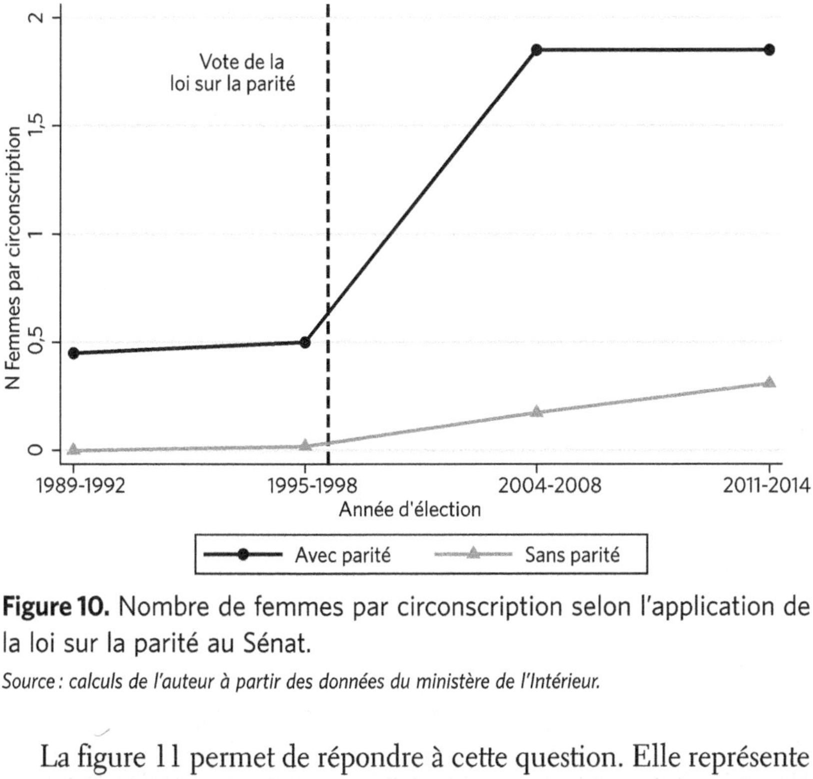

Figure 10. Nombre de femmes par circonscription selon l'application de la loi sur la parité au Sénat.

Source : calculs de l'auteur à partir des données du ministère de l'Intérieur.

La figure 11 permet de répondre à cette question. Elle représente l'évolution de la part des amendements liés à l'égalité femmes-hommes produits par les deux types de circonscription. On observe que, dans les circonscriptions où le nombre des femmes a le plus augmenté, la part d'amendements liée à l'égalité femmes-hommes a également significativement augmenté. Elle était d'environ 0,5 % avant l'introduction de la parité et dépassait 2 % au début des années 2010. On n'observe pas d'évolution similaire dans les circonscriptions qui n'ont pas introduit la parité. La part des amendements liés à l'égalité femmes-hommes y est restée à environ 0,5 % durant toute la période. Cette différence suggère que l'entrée des femmes en politique a eu un impact substantiel sur le contenu des lois proposées au Parlement. Il est aussi intéressant de noter que la plus forte activité des circonscriptions touchées par la parité sur les thématiques liées à l'égalité femmes-hommes ne s'est pas faite au détriment d'une diminution de l'activité des autres circonscriptions. Ainsi, les thématiques liées à l'égalité femmes-hommes semblent devenir plus importantes au fil du temps.

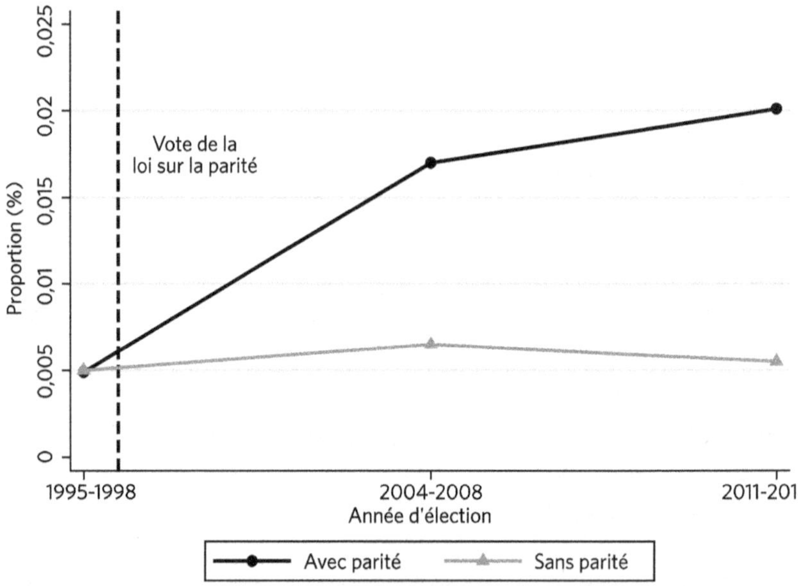

Figure 11. Proportion des amendements produits sur l'égalité femmes-hommes dans les circonscriptions avec et sans parité au Sénat.
Source : calculs de l'auteur à partir des données du Sénat.

QUE SIGNIFIE LA DIVISION SEXUÉE DU TRAVAIL PARLEMENTAIRE ?

Ces différences d'activité parlementaire traduisent-elles une différence de priorité entre les femmes et les hommes politiques ? Pas nécessairement. Plusieurs explications alternatives pourraient intervenir. Une première explication tiendrait au rôle des circonscriptions et des électeurs. Les femmes pourraient être élues dans des circonscriptions plus égalitaires et plus demandeuses de mesures en faveur de l'égalité femmes/hommes. Cela pourrait expliquer le plus fort investissement des femmes sur certaines thématiques. Cette explication ne résiste pas à une analyse plus poussée car, lorsque l'on étudie des circonscriptions où une femme remplace un homme, on retrouve une division très similaire. De la même manière, cette interprétation ne peut pas expliquer l'évolution du travail parlementaire au Sénat consécutive à l'introduction de la parité.

La deuxième explication repose sur le concept de « paroi de verre ». Il désigne le fait que les femmes et les hommes sont assignés à des rôles différents une fois élus. Les femmes se seraient dédiées à des thématiques considérées comme féminines telles que celles liées à l'égalité femmes/hommes, l'enfance ou la famille. Les hommes seraient, eux, affectés à des thématiques considérées plus masculines comme les finances, la politique étrangère ou l'armée. Ces différences d'assignation pourraient être le résultat de stéréotypes liés au rôle des femmes et des hommes ou à des anticipations de réussite de la part des partis politiques. Ces derniers pourraient anticiper que des amendements sur des thématiques liées aux femmes ont plus de chances d'être acceptés lorsqu'ils sont défendus par une femme plutôt que par un homme. L'existence d'une « paroi de verre » est régulièrement critiquée par les observateurs de la parité, notamment au niveau local[28]. Elle est certainement influente au Parlement également. Néanmoins, lorsque l'on restreint l'étude aux amendements les plus à même de refléter les préférences individuelles des députés plutôt que celles du parti politique, on observe une division sexuée encore plus marquée. Par exemple, sur les thématiques liées à l'égalité femmes-hommes, lorsque les amendements sont présentés par un député de la majorité et rejetés par cette même majorité, on observe des différences sexuées encore plus fortes. Cela suggère que cette paroi de verre ne peut pas expliquer entièrement les différences d'activité entre les femmes et les hommes parlementaires.

La troisième explication tient à la différence d'objectif individuel entre les femmes et les hommes. Cette différence pourrait être motivée par un désir d'agir sur des sujets différents. Les femmes députées pourraient avoir des motivations intrinsèques différentes des hommes, et cela pourrait se refléter dans leur travail parlementaire. Cette différence pourrait aussi être due à des anticipations de réussite à faire passer certaines politiques. Les femmes pourraient par exemple intégrer l'idée qu'elles sont plus crédibles sur certaines thématiques et donc se spécialiser sur celles-ci. Ces deux explications sont probables, mais il est difficile de les distinguer.

Ainsi, au Parlement français, les femmes travaillent sur des thèmes distincts de ceux des hommes. Elles portent des amendements différents et transforment les lois qui sont votées. Observe-t-on les mêmes résultats au niveau local ?

À L'ÉTRANGER : QU'OBSERVE-T-ON AU NIVEAU PARLEMENTAIRE ?

Les résultats obtenus dans le contexte français font écho à plusieurs études à l'étranger. A. Clayton et P. Zetterberg ont réalisé l'une des études les plus exhaustives sur le sujet[29]. Ils ont récolté des données provenant de 139 pays au cours de la période 1995-2012. Ils ont montré qu'à la suite de l'introduction d'une politique de quotas l'augmentation du nombre des femmes parlementaires entraîne un accroissement significatif des dépenses publiques dans le domaine de la santé. Cette hausse des dépenses est partiellement compensée par une diminution dans le domaine militaire. De surcroît, ces augmentations de dépenses dans le domaine de la santé ont un impact substantiel sur la société. Elles permettent de réduire significativement la mortalité maternelle et d'augmenter les soins prodigués aux femmes enceintes[30]. D'autres études se sont aussi intéressées à des contextes précis[31]. De la même manière, elles ont montré que les femmes proposent des lois plus en lien avec les intérêts des femmes dans la population et votent plus souvent en faveur de ce type de loi.

Au niveau parlementaire, il semble que les femmes défendent plus les intérêts des femmes dans la population. Il est parfois difficile de savoir si cela est dû à leur envie d'agir sur ces sujets ou à la pression des partis politiques qui les poussent à se spécialiser dans ces domaines. Néanmoins, les résultats portant sur des variables de dépenses ou de vote ne peuvent s'expliquer par une simple réallocation des tâches entre les femmes et les hommes. Une hausse des dépenses implique souvent un arbitrage financier entre plusieurs domaines. Le fait que l'élection de femmes fasse pencher cet arbitrage en faveur de thématiques plus proches des intérêts des femmes dans la population suggère donc que les politiques de parité transforment les politiques publiques.

AU NIVEAU LOCAL : LES FEMMES EXERCENT-ELLES LE POUVOIR DIFFÉREMMENT ?

M. Bagues et P. Campa ont tenté de quantifier les différences de priorité entre les femmes et les hommes en politique au niveau local. Ils se sont intéressés au cas de l'Espagne[32]. Une loi très semblable à celle qui est en place en France est appliquée depuis 2007. Lors des élections municipales, les listes candidates doivent comporter au moins 40 % de femmes dans les villes de plus de 5 000 habitants. Les deux chercheurs ont ainsi comparé l'évolution de la composition du budget dans les villes de plus et de moins de 5 000 habitants, avant et après 2007. Si l'expérience indienne était reproductible en Espagne, ils auraient dû observer une augmentation des dépenses sur les postes budgétaires plus proches des intérêts des femmes dans la population. Est-ce le cas ? Contrairement à ce qu'on pourrait attendre, les deux chercheurs montrent que la hausse du nombre de femmes élues n'a eu aucun impact significatif ni sur la composition des dépenses budgétaires des communes, ni sur les infrastructures mises en place. Cette absence d'effet est vérifiée aussi bien à très court terme qu'à plus long terme près de dix ans plus tard.

Ce résultat contraste avec celui de l'expérience indienne qui était aussi obtenu au niveau local. Comment l'expliquer ? Au-delà de différences culturelles potentielles, il faut noter qu'en Inde le quota a été imposé sur l'équivalent de la position de maire, c'est-à-dire le poste avec les plus hautes responsabilités au niveau du village. En Espagne, le quota a été imposé sur les listes des candidats. Pour M. Bagues et P. Campa, c'est ce mode d'élection qui est responsable de l'absence d'effet de la présence des femmes sur les dépenses des municipalités. Comme les femmes sont élues sur des listes dirigées par des hommes, elles sont peut-être sélectionnées par le chef de la liste parce qu'elles n'ont pas des priorités différentes de celui-ci, ou alors elles restent dans des positions subalternes qui ne leur offrent pas une grande marge de manœuvre. Ces résultats ne remettent en cause ni l'existence d'un intérêt commun aux femmes ni la possibilité de priorités différentes entre les femmes et les hommes en politique. Ils suggèrent néanmoins que les conditions d'élection déterminent les actions des politiciens. En particulier, les quotas sur des listes de candidats ne semblent pas donner un réel pouvoir politique aux femmes.

La parité dans les conseils d'administration profite-t-elle aux femmes dans l'entreprise ?

En politique, les femmes élues grâce aux mesures de parité mettent en place des politiques publiques représentant mieux les intérêts des femmes dans la population lorsqu'elles ont une marge de manœuvre suffisante. Dans les entreprises, les mesures de parité ont entraîné le recrutement de femmes dans les conseils d'administration. On pourrait penser que cela a permis d'améliorer les positions des femmes dans les entreprises, en facilitant leur promotion ou en réduisant la discrimination à leur égard. Est-ce le cas ?

Il semblerait que non. En Norvège, l'introduction d'un quota dans les conseils d'administration des grandes entreprises n'a eu aucun effet sur l'écart des salaires entre les femmes et les hommes, ou encore sur la promotion des femmes[33]. Cela pourrait s'expliquer de plusieurs manières. Les femmes recrutées dans les conseils d'administration pourraient ne pas vouloir utiliser leur influence pour aider les femmes dans l'entreprise. Elles pourraient aussi avoir une marge de manœuvre limitée ne leur permettant pas de changer les recrutements ou les politiques salariales au sein de l'entreprise.

Les femmes en politique sont-elles plus ou moins qualifiées que les hommes ?

Le principal argument contre la parité porte peut-être sur la qualification et la compétence des élus. Selon ses opposants, la parité favoriserait injustement une partie de la population

– les femmes – au détriment d'une autre – les hommes. Les meilleurs candidats ne seraient plus élus car la démocratie sélectionnerait des identités plutôt que des compétences. La parité amènerait ainsi une baisse du niveau de compétence et de qualification des élus. Qu'observe-t-on en pratique ?

L'EFFET JACKIE ROBINSON

Pour répondre à cette question, il faut d'abord s'intéresser à ce qu'il se passe en l'absence de parité. Selon les opposants à la parité, le processus démocratique devrait sélectionner les meilleurs candidats. S'il aboutit à sélectionner 42 femmes sur 577 sièges, comme c'était le cas à l'Assemblée nationale en 1993, cela signifierait qu'il y a simplement plus d'hommes compétents que de femmes. Augmenter le nombre de femmes – et donc diminuer le nombre d'hommes – entraînerait forcément une baisse du niveau de qualification des élus. Ce raisonnement est-il valide ?

Pas nécessairement. La raison tient dans ce que les chercheurs S. Anzia et C. R. Berry ont appelé l'« effet Jackie Robinson[34] ». En 1947, Jackie Robinson est devenu le premier Afro-Américain à jouer au base-ball en Major League aux États-Unis. Il s'est rapidement distingué sur les terrains et a remporté les meilleures récompenses individuelles. Depuis, il est resté dans la postérité comme l'un des meilleurs joueurs de l'histoire du base-ball. Robinson n'aurait jamais pu jouer en Major League s'il avait eu le niveau d'un joueur professionnel moyen. Étant afro-américain, il devait être meilleur que la quasi-totalité des joueurs blancs pour qu'une équipe prenne le risque de le recruter. Du fait du racisme latent dans la société américaine des années 1940, le processus de sélection était plus exigeant pour les Afro-Américains, et seuls les joueurs exceptionnels pouvaient espérer devenir professionnels.

Selon S. Anzia et C. R. Berry, cet effet s'applique aussi aux femmes en politique. Pour être élues, elles doivent surmonter plus d'obstacles que leurs collègues masculins. Elles sont discriminées par les électeurs qui votent moins souvent pour elles. Elles peuvent également anticiper cette discrimination ou dévaloriser leurs propres compétences, ce qui les amène à se porter moins souvent candidates. Dans les deux cas, elles doivent être significativement meilleures que les hommes pour décider de se lancer en politique et tenter de remporter une élection. Ces auteurs ont testé leur théorie en analysant le comportement des législateurs américains de 1984 à 2004. Durant cette période, il y a eu environ dix fois plus d'hommes élus que de femmes. Pourtant, Anzia et Berry montrent que les femmes sont effectivement meilleures que les hommes pour obtenir et diriger des financements vers leurs circonscriptions, ce qui constitue un enjeu important pour les élus américains. Elles présentent et participent également à un plus grand nombre de propositions de loi que leurs collègues masculins. Les deux chercheurs en concluent que, si le processus de sélection est biaisé à l'encontre des femmes, alors la qualification des femmes élues sera supérieure à celle des hommes.

Cette étude soulève plusieurs questions. La première porte sur l'impact potentiel de la parité. Les résultats discutés ici sont obtenus dans un contexte sans parité où les incitations à nominer et à élire des femmes sont rares. Il y a donc des raisons de penser que seules les plus qualifiées réussiront à être élues. Obtiendrait-on des résultats comparables dans un contexte avec la parité ? La seconde question porte sur la mesure de la qualification d'un élu. Le travail d'un élu est par nature multidimensionnel, et il est difficile de créer un indicateur unique du niveau de compétence de cet élu. Peut-on le mesurer à travers le prisme de son efficacité législative comme le font Anzia et Berry ou doit-on plutôt utiliser d'autres mesures telles que le niveau d'éducation, la capacité à diriger une équipe ou encore la perception de ces politiciens ? Examinons ces deux questions tour à tour.

LA PARITÉ OU LA CRISE DE L'HOMME MÉDIOCRE

L'effet Jackie Robinson s'applique-t-il aux femmes élues grâce à la parité ? La réponse dépend du processus de sélection des femmes.

Si les partis politiques cherchent activement les femmes les plus qualifiées dans la population, alors il est probable qu'ils trouveront des femmes au moins aussi compétentes que l'élu masculin typique. Mais il y a plusieurs raisons de penser que les partis ne mettront pas tout en œuvre pour aller dans ce sens. D'une part, cela demanderait des ressources dont les partis ne disposent pas forcément. D'autre part, cela pourrait amener à l'élection de femmes ambitieuses qui pourraient chercher à terme à déloger les hommes à la tête du parti ou à imposer une vision différente de la ligne politique de celui-ci. En d'autres termes, la direction du parti pourrait avoir intérêt à sélectionner des politiciens médiocres.

Une équipe de chercheurs suédois et anglais a étudié l'impact d'un quota en Suède sur la compétence moyenne des politiciens[35]. En 1993, le parti social-démocrate suédois a décidé que toutes les listes candidates en son nom lors des élections municipales devraient inclure 50 % de femmes. Ce quota a permis une augmentation remarquable de la part des femmes élues dans les conseils municipaux. Elle est passée d'environ 35 % en 1991 à plus de 45 % aux élections suivantes en 1994, et atteignait près de 50 % en 2014. Quel a été l'impact de ce quota sur la qualification moyenne des politiciens locaux ?

La qualité moyenne des politiciens a augmenté significativement à la suite de l'introduction du quota, en contradiction directe avec l'argument des opposants à la parité. Ce qui est intéressant, c'est que cet effet s'explique par une hausse de la compétence moyenne des élus hommes. Avant l'introduction du quota, il y avait un certain nombre d'hommes élus qui étaient de faible compétence. Après l'introduction du quota, ces hommes « médiocres » ont été remplacés par une nouvelle génération de femmes plus qualifiées. Ces résultats peuvent être rapprochés des commentaires d'Inger Segelström, une femme politique suédoise qui était, à l'époque, responsable de la mise en œuvre de la parité au sein du parti social-démocrate suédois et qui a déclaré que la politique de quota était « informellement connue sous le nom de crise de l'homme médiocre ».

Des résultats similaires ont été observés dans d'autres contextes. Ainsi, en Italie, des chercheurs ont montré que l'introduction d'un quota lors des élections municipales en 1993 avait suscité une hausse du niveau d'éducation des élus[36]. Comme dans l'exemple suédois, cela s'expliquait par une diminution du nombre d'élus hommes faiblement éduqués, et l'effet persistait à long terme. Un effet similaire a été observé au Parlement italien où la parité a été introduite en 1994. Les femmes élues grâce à la parité n'y étaient pas moins compétentes en termes de revenu, de niveau d'éducation ou d'expérience politique[37]. Elles étaient également moins absentes des sessions parlementaires.

Les compétences des femmes élues grâce à la parité peuvent aussi être très semblables à celles des autres élus. Cela semble être le cas en France. À l'Assemblée nationale, les femmes élues après l'introduction de la loi sur la parité sont aussi actives et aussi efficaces que les autres élus[38]. Au niveau local, les conseillères municipales élues grâce à la parité ont également un niveau de qualification très comparable à celui du reste des élus. En Espagne, les qualifications en termes de niveau d'éducation des femmes élues dans les conseils municipaux grâce à la politique de quota ne sont pas différentes de celles des autres élus[39]. Enfin, en Ouganda, les femmes bénéficiant de quotas ne semblent pas non plus moins compétentes que leurs collègues masculins ou que les autres femmes, en termes de niveau d'éducation et d'expérience politique[40].

Ainsi, ces résultats suggèrent tous que la parité ne diminue pas la compétence des élus. Au contraire, dans certains cas, elle semble même avoir augmenté la qualification moyenne des politiciens. Cela contredit directement l'un des arguments majeurs contre la parité. Néanmoins, tous ces résultats reposent sur des caractéristiques objectives et mesurables des élus. On pourrait arguer à juste titre que la qualification d'un élu ne se résume pas à son niveau d'éducation, à son niveau de revenu ou même à sa capacité à être réélu. Un politicien, surtout à haut niveau, doit également être capable de diriger, de faire preuve de charisme et d'incarner la figure du chef. Alors pourquoi ne pas mesurer la compétence sur ces critères ?

UN ÉLU COMPÉTENT = UN HOMME ?

La politique a été une affaire quasi exclusivement masculine pendant de nombreuses décennies. Dans l'imaginaire collectif, on a pu assimiler la figure du politicien à celle d'un homme et juger qu'il fallait des qualités masculines pour être considéré comme un politicien qualifié. Ces stéréotypes amèneraient à percevoir la présence d'une femme en politique comme contraire aux usages et à la tradition. Les femmes pourraient alors souffrir de deux formes de préjudices. D'une part, on considérerait qu'elles ont moins de potentiel pour les rôles de politiciens car on assimilerait ces positions à des hommes. Elles seraient perçues comme plus gentilles, plus altruistes et plus compatissantes alors que les hommes seraient vus comme plus assertifs, plus confiants et plus charismatiques. D'autre part, on évaluerait plus négativement une femme politicienne car elle ne suivrait pas le « script » assigné à son rôle de femme et dévierait de ce qui est attendu. Par exemple, une femme faisant preuve d'autorité ou d'indépendance serait regardée plus négativement qu'un homme car différente de ce qu'on attend d'elle. Les femmes seraient ainsi soumises à des injonctions contraires : d'une part, on attendrait d'elles qu'elles se comportent comme des hommes pour atteindre des rôles de direction, et, d'autre part, on les jugerait négativement lorsqu'elles se comportent comme des hommes une fois en poste.

Cette théorie a été développée par deux psychologues A. Eagly et S. Karau en 2002[41]. Selon eux, les rôles sociaux associés à chaque genre conduisent à évaluer différemment le potentiel des femmes et des hommes à atteindre des positions de pouvoir et à devenir politiciens. Cela serait le cas même si ces femmes et ces hommes se comportaient exactement de la même manière une fois élus. Les femmes peuvent toujours être considérées comme moins compétentes que les hommes bien qu'elles présentent davantage de lois, ont un meilleur niveau d'études ou sont plus actives au Parlement que les hommes, comme l'ont montré les études citées précédemment.

Ainsi, notre perception de ce que fait un bon politicien pourrait être biaisée en faveur des hommes. Comme on a l'habitude de voir des hommes exercer le pouvoir, on pourrait considérer qu'ils sont de meilleurs politiciens que les femmes. La figure 12 montre la proportion des individus d'accord avec l'affirmation selon laquelle « les hommes font de meilleurs politiciens que les femmes » et ce, en 2006 pour plusieurs pays. On voit que, dans nombre de ces pays, cette proportion est loin d'être négligeable. En France, plus de 20 % des hommes étaient d'accord avec cette affirmation, alors qu'en Suède cette proportion n'atteignait même pas 10 %. À l'inverse, dans des pays comme l'Irak, la Malaisie, l'Indonésie ou la Russie, cette proportion dépassait 60 % de la population masculine. La figure 12 indique également que ces biais peuvent émaner des femmes. En France, plus de 10 % d'entre elles considéraient ainsi que les hommes font de meilleurs politiciens.

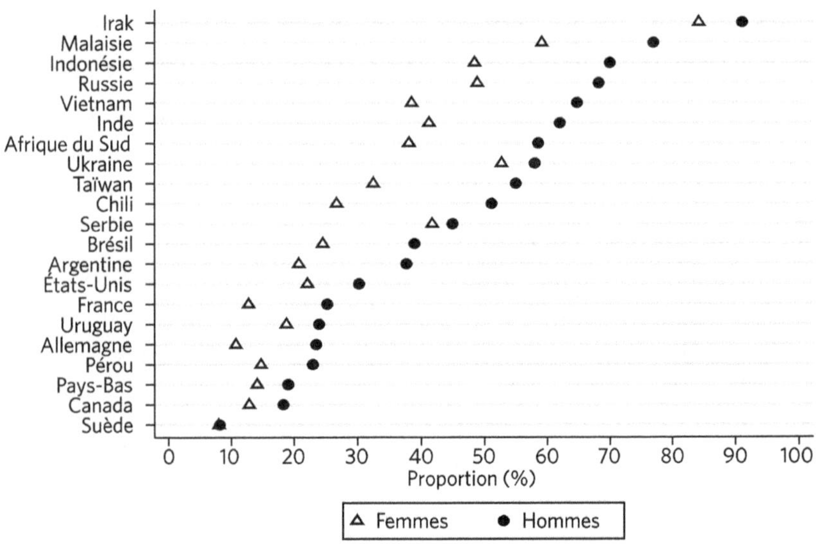

Figure 12. Proportion des individus d'accord avec l'affirmation : « les hommes font de meilleurs politiciens que les femmes ».

Source : World Values Survey (2006).

En résumé, lorsque la compétence est mesurée sur des critères objectifs tels que l'activité et l'efficacité parlementaire ou le niveau de qualification, les femmes politiques ne sont pas inférieures aux hommes. Au contraire, lorsque la parité est introduite, il semblerait que la compétence moyenne des élus augmente. En revanche, sur des critères subjectifs, les femmes politiques sont pénalisées et plus souvent considérées comme moins compétentes. Pourquoi les femmes sont-elles perçues ainsi ? La parité peut-elle transformer la perception des femmes ? Nous abordons ces questions dans la troisième partie.

La parité ou la crise de l'homme médiocre dans les entreprises

De la même manière qu'en politique, les opposants à la parité dans les conseils d'administration des entreprises ont souvent défendu l'idée que cela diminuerait le niveau de compétence moyen. Que s'est-il passé en pratique ? En Norvège, l'introduction d'un quota dans les conseils d'administration des grandes entreprises n'a pas diminué le niveau de compétence moyen[42]. Au contraire, les femmes recrutées à la suite de l'introduction du quota avaient un niveau de qualification moyen plus élevé que celles recrutées sans quota. De la même manière, en Italie, l'introduction d'un quota dans les conseils d'administration semble avoir augmenté la qualification moyenne du conseil[43]. Ainsi, l'impact des quotas sur la qualification moyenne des conseils d'administration est semblable à celui observé dans la sphère politique.

La perception des femmes au pouvoir

Les femmes élues grâce à la parité sont-elles perçues comme légitimes ?

En 2020, en Allemagne, 40 femmes de pouvoir ont pris part à une vidéo, déclarant : « *Ich bin eine Quotenfrau* » (« Je suis une femme quota »)[44]. Le terme *Quotenfrau* est utilisé en Allemagne pour jeter le discrédit sur une femme qui a accédé au pouvoir grâce à une mesure de parité. Le but de la vidéo était de lutter contre ce discrédit en présentant 40 femmes largement reconnues comme compétentes et assumant avec fierté avoir bénéficié de mesures paritaires. Ainsi, Ursula von der Leyen, l'actuelle présidente de la Commission européenne, y expliquait : « Je me définis comme une femme quota parce que je sais d'expérience que les améliorations ne viennent pas toutes seules. »

Les opposants à la parité avancent souvent l'idée qu'elle serait injuste. Selon eux, les femmes bénéficiant de la parité seraient élues plus facilement que les autres. Elles pourraient alors susciter du ressentiment et être perçues comme moins légitimes par leurs collègues. Est-ce le cas ?

EN POLITIQUE : LA PLUS FAIBLE RECONNAISSANCE DES FEMMES ÉLUES GRÂCE À LA PARITÉ

Peu d'études ont cherché à répondre à cette question car il est difficile de quantifier la légitimité ou la compétence subjective d'un élu. L'étude de A. Clayton, C. Josefsson et V. Wang constitue une exception[45]. Ces chercheuses se sont intéressées au cas de l'Ouganda où 30 % des sièges du Parlement sont réservés aux femmes. Il est donc facile d'identifier quelles sont les femmes élues grâce à un quota puisque l'on sait quelles circonscriptions doivent élire des femmes. Les auteurs de l'étude ont construit une mesure de la reconnaissance accordée à un député qui consiste à mesurer le nombre de fois où un parlementaire est nommé lors d'un débat par l'un de ses collègues. Elles soutiennent que cette mesure est pertinente car appeler un parlementaire par son nom implique soit de rebondir sur l'une de ses interventions, soit de faire référence à l'une de ses actions dans le passé. Dans tous les cas, cela indiquerait un certain degré de reconnaissance.

Les résultats de ces travaux montrent que les femmes élues grâce à la politique de quota sont mentionnées et citées moins souvent que les autres femmes élues sans les quotas ou que les hommes. Cela est vrai à niveau équivalent d'activité totale au Parlement. Les chercheuses en concluent qu'on accorde moins de respect et d'autorité aux femmes élues grâce aux quotas qu'aux autres membres du Parlement.

Cette étude est certes intéressante, mais elle présente également des limites. Le fait de mentionner un individu lors d'un débat au Parlement ne reflète certainement pas que le respect attribué à cet individu. Cela pourrait aussi refléter les relations de pouvoir, les réseaux ou encore le ressentiment auquel doivent faire face les femmes en politique. Ces dernières pourraient simplement être jalousées par les autres élus qui refuseraient de les mettre en avant. En pratique, il est difficile d'identifier ce type de sentiment avec les données du Parlement. Pour ces raisons, les chercheurs se sont tournés vers l'usage d'expériences contrôlées en laboratoire.

EN LABORATOIRE : LE STIGMA DE L'INCOMPÉTENCE

Le recours à une expérience en laboratoire est utile pour tester les mécanismes liés à un phénomène. Les chercheurs font appel à une population – souvent des étudiants – et la mettent dans une situation qui permet d'observer ses réactions. Cette situation est soigneusement choisie de manière à identifier un mécanisme précis.

L'une des premières études sur l'impact de la parité a cherché à quantifier le « stigma de l'incompétence[46] ». Les femmes élues grâce à la parité sont parfois perçues comme moins compétentes que les autres. Les chercheurs voulaient comprendre si cela était lié à leur mode de sélection. Pour cela, ils ont demandé à plusieurs sujets d'évaluer la candidature fictive d'une femme à un poste. Les chercheurs ont transmis à tous les participants la fiche de poste indiquant les tâches et les compétences requises ainsi que le *curriculum vitæ* de la candidate. Puis ils ont divisé la population d'évaluateurs en deux groupes. Au premier, les chercheurs ont indiqué que l'entreprise avait mis en place une politique de parité augmentant les chances de sélectionner une femme. Au second groupe, ils ont indiqué que la sélection se ferait entièrement sur le mérite.

Les résultats sont sans ambiguïté. La femme candidate a été considérée comme moins compétente par le groupe qui pensait qu'elle était sélectionnée à cause de la politique de parité, alors qu'elle avait exactement les mêmes qualifications dans les deux cas. Les participants ont également considéré qu'elle avait moins de chances de progresser dans la hiérarchie.

En dehors de l'évaluation de candidatures fictives, d'autres études ont cherché à mesurer la perception des femmes qui dirigent une équipe. Dans l'une d'elles, les chercheurs ont demandé aux sujets de travailler en équipe[47]. Dans un groupe, ils ont sélectionné une femme en tant que chef en indiquant aux autres membres du groupe que ce choix était fondé sur ses performances. Dans un autre groupe, ils ont également sélectionné une femme en tant que chef mais en précisant cette fois que le choix s'était fait seulement sur le fondement du genre. Pouvez-vous deviner dans quel groupe le chef a été considéré comme moins compétent ? Bien entendu, c'était dans le second, et ce qui est intéressant, c'est que cela n'avait aucun rapport avec les performances effectives de ces chefs. Encore une fois, la femme choisie du fait de son genre a été victime du « stigma de l'incompétence ». Lorsque l'on pense qu'une femme est choisie du fait de son genre et non de son mérite, un nombre significatif d'individus vont la percevoir comme moins compétente.

EN LABORATOIRE : LE SABOTAGE CONTRE LES FEMMES

En dehors du stigma de l'incompétence, la parité peut aussi amener les individus à vouloir saboter ou dévaloriser la performance des femmes au pouvoir. Cela pourrait découler d'un ressentiment à l'égard des femmes, parce que l'on penserait qu'il est plus facile pour elles d'être élues que pour les autres.

C'est cette idée qu'une équipe de chercheurs australiens a voulu tester[48]. Pour cela, ils ont mis en place une expérience qui consistait à demander à des sujets de réaliser plusieurs exercices de calcul mental. Plus un individu réussissait les exercices, plus ses gains financiers étaient élevés. Les chercheurs ont alors introduit deux éléments leur permettant de mesurer le ressentiment contre les femmes dans un contexte de parité :

• Le premier élément consistait à mettre en place deux compétitions distinctes : l'une mixte avec des hommes et des femmes et l'autre non mixte avec seulement des femmes. La compétition non mixte servait à simuler l'effet d'une mesure de parité où les femmes accèdent à des postes de pouvoir (ici un gain important) lorsqu'elles sont meilleures que les autres femmes. La compétition mixte correspondait au cas où les femmes doivent être meilleures à la fois que les autres hommes et que les femmes, pour obtenir un gain important.

• Le second élément consistait à permettre aux participants de l'expérience de décider des gains totaux des autres sujets après avoir vu leurs performances. Par exemple, les participants pouvaient décider de réduire arbitrairement les gains d'une femme, même si elle avait réussi tous les exercices de calcul mental. Ce second élément a servi à observer le ressentiment à l'encontre des femmes.

L'hypothèse des chercheurs était que les participants dévaloriseraient la performance des femmes dans une compétition non mixte. Ils considéreraient qu'elles sont moins méritantes et diminueraient leurs gains financiers. Les résultats de l'expérience ont validé cette hypothèse. Les sujets décidaient de donner des récompenses systématiquement plus faibles aux femmes qui faisaient la compétition entre femmes, alors qu'ils donnaient des récompenses plus fortes aux femmes qui participaient à des compétitions mixtes. Les chercheurs ont interprété ce résultat comme l'existence d'un acte de sabotage à l'encontre des femmes bénéficiant de la parité. Ce sabotage prenait la forme d'une pénalité financière. Une autre étude plus récente a obtenu des résultats similaires[49]. Dans un cadre expérimental, les chercheurs ont montré que les femmes catégorisées comme bénéficiant de la parité recevaient également des récompenses plus faibles que les autres. Elles semblaient donc être considérées comme moins méritantes et moins légitimes.

QUELLE LÉGITIMITÉ POUR LES FEMMES À LONG TERME ?

Les études qui précèdent suggèrent que la légitimité des femmes est remise en question lorsqu'elles bénéficient d'une mesure de parité. Il faut toutefois noter que la quasi-totalité de ces études s'intéressent à un effet de court terme. À ma connaissance, aucune ne cherche à savoir comment la perception de cette légitimité évolue avec le temps. Il y a pourtant des raisons de penser que les effets dépendent de l'horizon temporel. À court terme, les acteurs politiques peuvent se sentir bousculés, voire menacés, par l'arrivée d'une nouvelle génération de femmes en politique. Cela peut créer de la suspicion et du ressentiment. À long terme, ces acteurs pourraient s'habituer à la présence des femmes en politique et, progressivement, les considérer comme parfaitement légitimes dans la sphère politique. Comme on l'a vu dans la première partie de ce chapitre, il a fallu près de quinze ans au Parti socialiste pour nommer des femmes dans des circonscriptions aussi favorables que celles où sont nommés des hommes. Il se pourrait donc que ce laps de temps soit nécessaire et incompressible pour faire évoluer les mentalités. La première génération des femmes entrées en politique grâce à la parité pourrait ainsi rencontrer plus de difficultés que la suivante. Pour se faire une idée de la réponse à apporter à cette question, il convient de se demander si la présence de femmes au pouvoir transforme les stéréotypes liés au genre. C'est l'objet de la prochaine section.

Les femmes au pouvoir réduisent-elles la discrimination ?

Les femmes en politique sont perçues comme moins compétentes que les hommes par une proportion non négligeable de la population. Comme nous l'avons vu avec la figure 12, cette proportion dépassait 20 % en France en 2006. Cela a pour conséquence de diminuer à la fois le nombre des voix reçues par les femmes et leurs chances de gagner une élection. D'où vient cette perception ? Est-il possible de la changer en introduisant la parité en politique ?

DISCRIMINATION PAR GOÛT ET DISCRIMINATION STATISTIQUE

Pour répondre à ces questions, il faut d'abord expliquer ce qu'on entend par discrimination. Dans le langage courant, on utilise le terme de discrimination pour mentionner une situation où une personne est défavorisée en raison de caractéristiques non pertinentes, par exemple le genre. On ne distingue pas les situations selon la cause de cette discrimination.

La théorie économique distingue deux sortes de discrimination. La première, appelée discrimination par goût, a été théorisée par Gary Becker en 1957[50]. Elle est probablement la plus proche de ce que l'on entend par discrimination dans le langage courant. Elle suppose que les individus ont des préférences intrinsèques pour certains groupes et une aversion pour d'autres. Les individus seraient ainsi prêts à payer pour ne pas interagir avec certains groupes. Par exemple, certains électeurs pourraient intrinsèquement préférer les hommes aux femmes, et être prêts à élire des hommes moins compétents pour ne pas être dirigés par des femmes. La seconde, appelée discrimination statistique, a été théorisée par Edmund Phelps en 1972[51]. Elle part du principe que les individus connaissent mal les capacités de ceux qui ne leur ressemblent pas ou des groupes qui n'ont jamais exercé un métier. Cela peut conduire à discriminer les membres de ces groupes et à les percevoir comme moins qualifiés, à cause d'interactions négatives avec ce groupe dans le passé ou des stéréotypes à l'encontre de ce groupe. En d'autres termes, l'opinion que l'on a d'un individu se forme à partir d'une statistique liée au groupe auquel cet individu appartient. Par exemple, un électeur qui n'a jamais vu de femmes au pouvoir aura du mal à savoir si elles seront compétentes une fois élues. Il leur attribuera donc une certaine valeur sur la base de ce qu'il a vu dans d'autres situations ou sur la base de certains préjugés. Cette méconnaissance de la compétence des femmes pourrait l'amener à préférer élire un homme.

La distinction entre ces deux formes de discrimination est importante pour comprendre l'impact de la parité. Si la discrimination à l'encontre des femmes en politique est liée à une préférence intrinsèque des électeurs, l'introduction de la parité pourrait n'avoir aucun effet sur la discrimination. Au contraire, elle pourrait même renforcer l'aversion des électeurs qui se sentiraient contraints d'élire des candidats qu'ils n'aiment pas. En revanche, si la discrimination est d'origine statistique, alors introduire la parité pourrait modifier le degré de discrimination à l'encontre des femmes. Les électeurs pourraient découvrir que les femmes sont aussi compétentes que les hommes et réduire la discrimination à leur encontre. Que s'est-il passé en pratique ?

RETOUR SUR L'EXPÉRIENCE DES POSITIONS RÉSERVÉES AUX FEMMES EN INDE

Un peu plus haut dans ce chapitre, nous avons traité de la conséquence des positions réservées aux femmes au niveau local en Inde sur les décisions et les politiques publiques mises en place. Rappelons qu'en 1993 l'Inde avait introduit un quota obligeant un tiers des villages de certains États à élire une femme à leur tête (l'équivalent de la position de maire). Ces villages étaient sélectionnés aléatoirement et devaient changer à chaque élection.

Une équipe de chercheurs américains a analysé les conséquences de cette loi sur la perception des femmes au pouvoir[52]. Ils voulaient savoir si le fait d'avoir élu une femme à la tête du village avait réduit les biais à l'encontre des femmes en politique. Comme cette loi a imposé que certains villages élisent une femme de manière aléatoire, les chercheurs ont simplement comparé la perception des femmes dans les villages ayant dû élire une femme à ceux qui n'y avaient pas été obligés. Les résultats sont très intéressants. Ils montrent que la perception des femmes en politique s'améliore significativement dans les villages ayant été obligés d'élire une femme. Mais cette amélioration n'est pas immédiate. La première génération de femmes élues n'en bénéficie pas. Ces femmes sont plutôt mal perçues par les électeurs, qui les évaluent plus négativement que les hommes élus au même moment dans d'autres villages. En revanche, quelques années plus tard, la seconde génération des femmes élues semble être significativement mieux perçue et évaluée par les électeurs. Pourquoi ?

Les chercheurs ont étudié plusieurs hypothèses. Ils montrent que ni les caractéristiques individuelles des femmes élues ni les actions et décisions politiques ne permettent d'expliquer l'évolution de la perception. Ils avancent l'idée que la première génération de femmes élues est associée au biais préexistant à l'encontre des femmes en politique. Celles-ci doivent ainsi faire face aux attitudes négatives et au ressentiment des électeurs. Ces derniers s'habituent à être dirigés par une femme et diminuent progressivement leur biais à l'encontre des femmes. La seconde génération de femmes élues bénéficie alors de la réduction de ce biais et devient significativement mieux perçue.

Cette étude montre ainsi que la parité a permis de réduire la discrimination statistique à l'encontre des femmes. Les électeurs semblent avoir réévalué leur perception des femmes, après avoir été exposés à l'élection d'une femme. La réduction de ce biais persiste-t-elle une fois la parité enlevée ? Ou revient-on à la situation initiale une fois la parité supprimée ?

L'IMPACT DE LA PARITÉ SUR LES STÉRÉOTYPES

Les réponses à ces questions sont importantes car elles déterminent la durabilité des mesures de parité. Si la réduction du biais persiste dans le temps, on pourrait envisager de supprimer les lois sur la parité à terme. Ces lois serviraient ainsi à accélérer et à brusquer un changement des mentalités qui aurait pu prendre des décennies autrement. En revanche, si le biais est réactivé une fois la parité disparue, alors on devrait conserver les mesures de parité dans le temps ou envisager des politiques alternatives pour réduire les biais.

Sur ces questions, les conclusions des études existantes semblent toutes converger vers la même conclusion : l'impact de la parité persiste même une fois que les lois sont supprimées. Ainsi, en Inde, deux études montrent que les politiques de sièges réservés aux femmes ont des effets qui persistent dans le temps[53]. Les femmes ont significativement plus de chances d'être élues dans une circonscription qui a été obligée d'élire une femme dans le passé.

En Italie, un effet similaire a été observé après l'introduction et la suppression de la parité au début des années 1990[54]. En 1993, l'Italie a voté une loi imposant que les listes candidates lors des élections municipales contiennent au moins un tiers de femmes. En 1995, cette loi a été déclarée inconstitutionnelle et révoquée. Durant ce laps de temps, certaines communes ont dû mettre en œuvre la parité, alors que d'autres n'ont jamais eu à le faire car les élections municipales italiennes n'ont pas lieu en même temps pour toutes les villes. Les chercheurs ont ainsi comparé l'évolution de la proportion de femmes élues dans ces deux types de municipalités après la suppression de la parité de 1995 à 2007. Ils ont montré que le nombre des femmes élues est resté significativement plus élevé dans les communes ayant dû implémenter la parité.

Ce résultat est intéressant pour comprendre l'effet de la parité en France. La loi italienne votée en 1993 est très semblable à celle en vigueur aujourd'hui lors des élections municipales en France. La seule différence porte sur la part obligatoire des femmes à positionner sur les listes. Elle était de 33 % en Italie alors qu'elle est aujourd'hui de 50 % en France. En raison de la similitude des lois et de la proximité culturelle de ces deux pays, on peut supposer qu'un effet comparable pourrait exister en France.

Ces études sont toutefois limitées en ce qu'elles n'expliquent pas pourquoi l'effet de la parité persiste dans le temps. On pourrait imaginer que cet effet est dû à une réduction de la discrimination à leur encontre. De la même manière que dans l'étude mesurant l'évolution des attitudes vis-à-vis des femmes à la suite de l'expérience des sièges réservés en Inde, les électeurs italiens pourraient avoir réévalué leur perception des femmes. Une autre possibilité tient à l'existence des *role models*. Les femmes en politique donneraient envie à d'autres femmes de se lancer. Cela conduirait à une augmentation du nombre des femmes candidates et élues. Est-ce le cas ?

Les femmes au pouvoir sont-elles des *role models* ?

« Vous ne pouvez pas être ce que vous ne voyez pas », a déclaré Sally Ride, la première femme américaine dans l'espace. Elle faisait référence à l'importance de pouvoir prendre exemple et de s'identifier à quelqu'un dans le milieu où l'on souhaite évoluer. Les femmes entrant en politique grâce à la parité peuvent-elles jouer ce rôle ? Avec quelles conséquences ?

LA PLUS FAIBLE PROPENSION DES FEMMES À SE PORTER CANDIDATES

L'une des raisons principales de l'absence des femmes en politique tient à leur plus faible propension à se porter candidates. Les travaux pionniers de R. Fox et J. Lawless ont exploré les facteurs pouvant expliquer cela[55]. Ils ont montré qu'à compétences égales les femmes expriment significativement moins d'ambition politique que les hommes. Elles se sentent également moins qualifiées et moins encouragées que les hommes à se lancer en politique.

Plus généralement, les femmes expriment souvent moins d'intérêt pour la politique que les hommes. La figure 13 représente cet écart d'intérêt pour un ensemble de pays. Dans tous les pays représentés, les hommes se déclarent plus intéressés par la politique que les femmes. Cette différence oscille entre environ 6 points de pourcentage au Danemark et 20 points en Pologne. Pour la France, la part des hommes intéressés par la politique est supérieure de 15 points à celle des femmes.

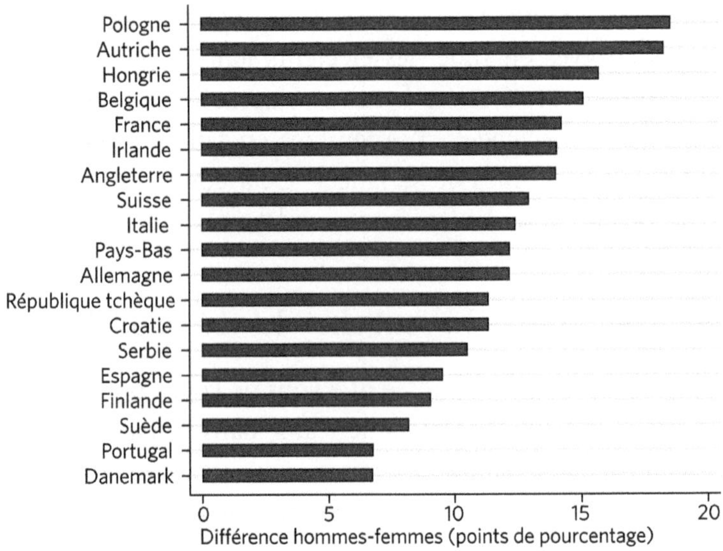

Figure 13. Différence entre les hommes et les femmes se déclarant « intéressés » ou « très intéressés » par la politique (en %).
Source : European Social Survey (2018-2019).

Comment expliquer cette différence d'intérêt ? Pour répondre à cette question, il convient de noter que cette différence varie avec le niveau d'égalité entre les femmes et les hommes dans le pays. Elle est plus faible dans les pays les plus égalitaires et plus forte dans ceux qui le sont moins. Mais, parmi tous les facteurs permettant de réduire les inégalités entre les femmes et les hommes, peut-on en identifier certains qui permettraient d'intéresser les femmes à la politique ? Fox et Lawless avancent l'idée que l'écart d'intérêt serait lié à l'absence de représentation des femmes dans la sphère politique. Les femmes n'auraient pas suffisamment de *role models* leur permettant de se sentir impliquées dans la politique.

QU'EST-CE QU'UN *ROLE MODEL* ?

La première mention de l'expression *role model* est souvent attribuée au sociologue Robert K. Merton dans son ouvrage *Social Theory and Social Structure*[56]. Cette expression désigne un individu (modèle) dont le comportement ou le succès sert d'exemple et d'inspiration à d'autres individus qui s'y identifient. Cette identification se fait sur la base d'une ou de plusieurs caractéristiques en commun, par exemple le genre, l'origine sociale, la couleur de peau ou même l'expérience de vie. L'existence de *role models* permettrait d'augmenter la motivation et l'ambition ainsi que de créer des vocations parmi les individus qui s'y identifient.

L'introduction de la parité en politique est souvent défendue avec l'argument du *role model*. Augmenter significativement le nombre de femmes en politique permettrait de créer des exemples pour les femmes aujourd'hui et pour les générations futures. Cela aurait deux effets. D'une part, l'existence de *role models* devrait augmenter l'intérêt des femmes dans la population pour la politique. D'autre part, elle pourrait aussi augmenter le nombre de candidatures féminines en politique. Observe-t-on ces effets en pratique ?

L'EFFET *ROLE MODEL* SUR LES INTÉRÊTS ET LES ASPIRATIONS DES FEMMES

Les chercheurs C. Wolbrecht et D. Campbell se sont efforcés de quantifier l'effet *role model* en politique sur les aspirations et l'intérêt des femmes dans la population[57]. En comparant une vingtaine de pays européens, ils ont établi l'existence d'une corrélation entre le nombre de femmes au Parlement et l'intérêt des femmes pour la politique. Plus il y a de femmes en politique, plus les femmes discutent de politique et ont une activité militante. Deux éléments sont particulièrement intéressants dans leur étude. Le premier est que la présence des femmes en politique n'a aucun impact sur l'intérêt des hommes pour la politique. Autrement dit, l'intérêt des hommes pour la politique est insensible à la féminisation de la vie politique et toujours supérieur à celui des femmes. Le second est que ces effets sont plus forts pour les adolescentes que pour les femmes adultes. Il semble donc plus facile de changer les attitudes des jeunes, et cela laisse penser qu'il sera plus facile d'atteindre l'égalité dans le futur.

Des résultats similaires ont été obtenus dans le cadre de l'expérience des sièges réservés en Inde[58]. Dans les villages obligés d'élire une femme à leur tête, les aspirations des filles vis-à-vis de leur futur étaient significativement plus proches de celles des garçons que dans les villages n'ayant jamais eu à élire de femmes. Ce changement d'attitudes s'observait aussi chez les parents qui avaient plus d'ambitions pour leur fille dans les villages ayant élu une femme. Ces changements d'attitudes ont été accompagnés d'une réduction du temps passé par les filles aux tâches domestiques et une hausse significative de la durée de leurs études. Ils suggèrent donc que l'effet *role model* sur les intérêts et les aspirations des femmes existe bel et bien.

L'EFFET *ROLE MODEL* SUR LES CANDIDATURES EN POLITIQUE

Au-delà des changements d'attitudes, l'effet *role model* se matérialise-t-il par une plus forte propension des femmes à se lancer en politique ? Les conclusions sont plus nuancées. La majorité des études publiées sur cette question y répondent par l'affirmative. Lors des élections locales en Allemagne[59], des élections parlementaires en Inde[60], des élections au poste de gouverneur d'un État aux États-Unis[61], l'arrivée d'une femme au pouvoir semble augmenter le nombre de femmes candidates dans le futur.

Néanmoins, certaines études n'identifient aucun effet. Ainsi, lors des élections législatives des États américains durant la période 2002-2008, l'élection d'une femme n'a eu aucun effet sur le nombre des candidatures féminines futures[62]. Elle n'avait pas non plus eu d'effet sur le nombre des femmes candidates dans les circonscriptions voisines. Autrement dit, l'effet *role model* semblait complètement absent. Cela pose question. D'autant qu'il est souvent plus difficile de publier une étude montrant l'absence d'un effet, ce qui suggère que d'autres résultats de ce type ont pu être observés.

Pourquoi l'effet *role model* serait-il présent dans certains contextes et non dans d'autres ? Une réponse à cette question a été apportée par F. Gilardi[63]. Ce chercheur a quantifié l'effet *role model* pour toutes les élections municipales du canton de Zurich en Suisse depuis l'obtention du droit de vote et d'éligibilité des femmes en 1970. Il a montré que la force de cet effet diminue fortement avec le temps. Pour donner un ordre d'idée, une municipalité qui élisait une femme maire en 1970 a eu en moyenne 0,6 candidature féminine supplémentaire lors de l'élection suivante en 1974. Cet effet a progressivement diminué jusqu'à devenir nul à partir du début des années 1990. Ce résultat suggère donc que l'effet *role model* dépend fortement du nombre de femmes en politique. Il semble significativement plus fort dans un cadre où il y a peu de femmes élues, et inexistant lorsqu'il est habituel de voir des femmes en politique.

Les femmes au pouvoir sont-elles médiatisées comme les hommes ?

La perception des femmes en politique passe par leur couverture médiatique. Plus généralement, la médiatisation est cruciale pour les politiciens. D'une part, elle influence leur poids politique. Un politicien très présent dans les médias sera un politicien connu par les électeurs, ce qui lui donnera un pouvoir de négociation plus important au sein de son parti. D'autre part, le contenu de cette médiatisation influence la perception qu'on a de ces politiciens. Un politicien critiqué par les médias pourrait devenir moins populaire. A-t-on raison d'accorder un rôle aussi important aux médias ? Traitent-ils différemment les femmes et les hommes ?

POURQUOI LES MÉDIAS TRAITERAIENT-ILS DIFFÉREMMENT LES FEMMES EN POLITIQUE ?

Trois arguments laissent penser qu'il existerait un traitement médiatique différent pour les femmes et les hommes en politique.

Le premier porte sur l'effet de la nouveauté. Les médias ont tendance à accorder une plus grande valeur aux événements rares ou nouveaux. Dans un contexte où les femmes en politique sont relativement rares, elles pourraient être considérées comme plus dignes d'intérêt que leurs homologues masculins. Elles recevraient ainsi une plus forte couverture médiatique que les hommes. Cette différence disparaîtrait progressivement à mesure que l'on s'habituerait à la présence des femmes en politique.

Le deuxième argument est lié au réseau des journalistes. Les journalistes ont l'habitude de maintenir une liste de contacts pour obtenir un avis ou un commentaire sur l'actualité politique. Si les journalistes politiques sont majoritairement des hommes, ils pourraient avoir une préférence ou une plus grande facilité d'interaction avec des hommes politiques. Il en résulterait une exclusion des femmes des réseaux habituels et une sous-représentation médiatique.

Enfin, le dernier argument concerne le rôle des stéréotypes. Les hommes sont plus souvent associés au pouvoir, à l'ambition et à la confiance en soi, alors que les femmes sont considérées comme plus douces, plus empathiques et plus émotionnelles. Ces stéréotypes influenceraient à la fois le nombre et le contenu des informations. Sur le nombre, les journalistes pourraient penser que les candidatures des hommes sont plus viables et plus importantes que celles des femmes. Ils accorderaient ainsi une plus forte importance médiatique aux hommes. Sur le contenu, les journalistes pourraient utiliser un ton plus négatif et douter des capacités des femmes en politique. Ils pourraient aussi mentionner plus souvent la famille, le physique ou la personnalité présumée plus douce des femmes en politique.

DIFFÉRENCES QUANTITATIVES

Les femmes en politique sont-elles sous-représentées dans les médias ? Si l'on compare simplement le nombre d'apparitions ou de mentions de femmes et d'hommes politiques dans les médias, la réponse est indéniablement oui. En France, par exemple, le Conseil supérieur de l'audiovisuel (CSA) a mesuré que les femmes politiques ont compté pour 27 % des invités politiques à la télévision et à la radio en 2018[64].

Le problème de cette approche est qu'elle ne prend pas en compte le nombre d'invités potentiels. Il faut peut-être avoir certaines responsabilités politiques pour être invité politique. Si seuls 27 % des individus avec ces responsabilités sont des femmes, alors les médias ne sous-représenteraient pas les femmes mais inviteraient le nombre approprié. Ils ne feraient que refléter les inégalités en politique.

Pour contourner ce problème, de nombreuses études ont porté sur la couverture médiatique de politiciens ayant des caractéristiques similaires (âge, expérience, parti, etc.). Un résumé de ces études a été présenté en 2020[65]. En se fondant sur plus de 25 000 politiciens dans des pays occidentaux, mentionnés par environ 750 000 articles de presse, les auteurs montrent une différence très faible dans la couverture médiatique des femmes et des hommes en politique. En moyenne, pour 100 articles mentionnant des hommes, il y en aurait près de 96 mentionnant des femmes. Les femmes en politique seraient donc légèrement sous-représentées dans les médias.

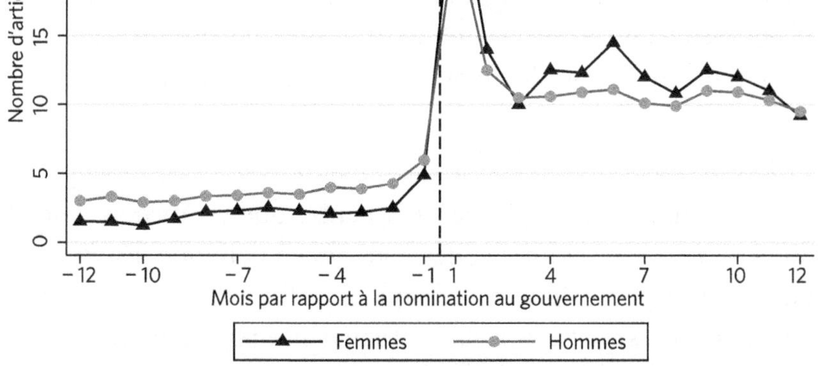

Figure 14. Nombre d'articles de presse pour les femmes et les hommes nommés ministres au gouvernement.

Source : calculs de l'auteur à partir des données d'Europresse.

On peut aussi se demander comment les médias traitent de l'arrivée au pouvoir des femmes et des hommes. Pour répondre à cette question, nous avons analysé tous les articles de presse mentionnant les femmes et les hommes nominés pour la première fois au gouvernement en France depuis 1972, un an avant et un an après leur prise de fonctions en tant que ministres. À la lecture de la figure 14, on constate que, durant les douze mois précédant la nomination au gouvernement, les femmes sont légèrement moins mentionnées par la presse que les hommes. Par exemple, dix mois avant leur nomination, elles sont mentionnées en moyenne, chaque mois, par un article environ, alors que les hommes sont mentionnés dans 2,9 articles chaque mois. Lors du mois de leur nomination, les femmes attirent significativement plus d'attention médiatique que les hommes. Elles apparaissent dans environ 26,7 articles de presse, alors que les hommes sont mentionnés dans 22,8 articles. Enfin, à la suite de leur nomination, les femmes semblent légèrement plus médiatisées que les hommes. Une analyse plus fine montre que ces résultats ne sont pas dus aux différents ministères auxquels ces individus accèdent au gouvernement. Des trois arguments pouvant expliquer un traitement médiatique différent des femmes et des hommes en politique, l'effet nouveauté semble ici l'emporter. Les médias pourraient accorder une plus grande valeur à l'information de la nomination d'une femme en politique du fait de la nouveauté de cet événement. Mais que contiennent ces articles ? Sont-ils différents pour les femmes et pour les hommes ?

DIFFÉRENCES QUALITATIVES

De nombreux exemples laissent penser que les médias traitent différemment des femmes et des hommes en politique. En France, C. Achin et S. Lévêque notent que ces différences peuvent être regroupées sous quatre aspects : 1) l'apparence physique des femmes est plus souvent décrite ; 2) les femmes sont plus souvent appelées uniquement par leur prénom ; 3) leur statut d'épouse, de mère et plus généralement leur situation familiale sont mis en avant ; 4) leur mise en scène publique insiste sur les activités féminines[66]. Le rapport du Haut Conseil à l'égalité entre les femmes et les hommes de 2022 fait le même constat et recommande d'encourager la presse à essayer de « couvrir plus équitablement l'expression des femmes ».

Ces différences de traitement sont loin d'être spécifiques à la France. Ainsi, l'étude mentionnée plus haut, portant sur plus de 750 000 articles de presse et 25 000 politiciens dans des pays anglo-saxons, relève également des différences marquées allant dans ce sens. Comme en France, les médias anglo-saxons semblent : i) insister plus sur le physique des femmes politiques ; ii) présenter plus souvent leur vie familiale et personnelle. Par ailleurs, la même étude note que les médias semblent évaluer plus positivement les candidatures des hommes politiciens. Toutes ces différences pourraient désavantager les femmes en politique en influençant l'opinion des électeurs. Ces derniers pourraient être amenés à considérer les femmes comme moins professionnelles ou moins aptes à exercer une position de pouvoir.

SUR LES RÉSEAUX SOCIAUX : LES DISCOURS HAINEUX

Les médias traditionnels ne constituent plus le seul moyen de communication avec les électeurs. L'émergence des réseaux sociaux tels que Twitter est venue les concurrencer. Les politiciens ont largement investi les réseaux sociaux et sont de plus en plus nombreux à faire campagne en ligne. Ces réseaux permettent aux politiciens de communiquer directement avec les électeurs, et aux utilisateurs d'interagir et d'interpeller les politiciens. Néanmoins, cette nouvelle manière de communiquer a aussi banalisé les discours haineux. Protégés par l'anonymat d'Internet, un nombre significatif de messages sont envoyés pour insulter, dévaloriser ou simplement critiquer les politiciens. Dans quelle mesure les femmes en politique sont-elles l'objet de ces discours haineux ?

Pour répondre à cette question, Amnesty International a lancé le projet Troll Patrol en 2017[67]. L'objectif était de quantifier le nombre de tweets haineux reçus par les femmes en politique. Avec l'aide d'une entreprise spécialisée en intelligence artificielle ont été analysés plus de 14 millions de tweets à destination des femmes parlementaires aux États-Unis et au Royaume-Uni au cours de l'année 2017. Les résultats sont édifiants. Environ 7 % des tweets à destination des femmes étaient considérés comme abusifs ou problématiques. Cela représentait un tweet toutes les trente secondes. Cette part était encore plus forte pour les femmes affiliées à un parti de gauche, ainsi que les femmes noires. Par ailleurs, il a été montré que ces discours haineux sont plus fréquents à l'encontre des femmes qu'à l'encontre des hommes[68]. Des résultats comparables ont été obtenus dans d'autres pays, par exemple au Japon, ce qui suggère que les discours haineux à l'encontre des femmes en politique se banalisent dans de nombreux pays[69].

En raison de la relative nouveauté de ces technologies, on en sait encore peu sur l'origine et les raisons de ces discours haineux. Néanmoins, leur prolifération à l'encontre d'une partie de la population peut avoir des conséquences néfastes en dehors des réseaux sociaux. Au niveau sociétal, cela pourrait influencer les utilisateurs, banaliser les discours misogynes et habituer les électeurs à dévaloriser la présence des femmes en politique. Au niveau individuel, cela pourrait abîmer la réputation des femmes, créer une difficulté supplémentaire pour les carrières politiques et les amener à se mettre en retrait de la vie politique. Un rapport de l'union interparlementaire, qui s'appuie sur des dizaines d'interviews avec des femmes politiques, notait par exemple que les discours haineux affectent la santé mentale des femmes et les poussent à s'autocensurer et à limiter leur liberté d'expression[70]. Des efforts ont certes été entrepris pour réguler les contenus haineux sur les réseaux sociaux, mais ils restent insatisfaisants pour le moment.

Conclusion.
Bilan et perspectives pour la parité

Bilan de la parité en politique

Près d'un siècle après l'élection de Joséphine Pencalet à Douarnenez en 1925, la place des femmes en politique en France a largement évolué. Sous l'impulsion du vote de la loi sur la parité en 2000, les femmes ont progressivement accédé aux positions de pouvoir. Leur présence a doublé, sinon triplé, dans de nombreuses positions. L'élection d'une femme est ainsi devenue une régularité de la vie politique, alors qu'elle était illégale il y a un siècle.

Cette transformation de la place des femmes en politique s'est accompagnée d'une nouvelle manière de faire de la politique. Les femmes au pouvoir prennent plus en compte l'intérêt des femmes dans la population. Les politiques publiques et les lois discutées au Parlement bénéficient ainsi à une plus grande partie de la population. Les femmes en politique permettent aussi de faire changer les mentalités, en habituant les électeurs à voir des femmes au pouvoir et en suscitant des vocations parmi les femmes dans la population. Ces transformations ne se sont pas faites au prix d'une plus faible compétence des élus. Au contraire, les travaux de recherches montrent tous que la parité permet l'élection de femmes au moins aussi compétentes que les hommes. Dans certains contextes, la parité semble même avoir augmenté le niveau de compétence moyen des élus, en excluant les hommes les moins qualifiés.

Alors, avons-nous atteint l'égalité entre les femmes et les hommes en politique ? Pas encore. Si certaines positions de pouvoir sont acquises aux femmes, d'autres parmi les plus convoitées semblent encore difficilement atteignables. Les femmes candidatent moins que les hommes sur ces positions et ne sont pas nécessairement soutenues de la même manière que les hommes par les partis politiques. Par ailleurs, certains partis continuent de nominer les femmes dans des circonscriptions désavantageuses, de manière à réduire le nombre de femmes élues tout en respectant les impératifs de parité. Les femmes élues grâce à la loi sur la parité restent parfois stigmatisées par leurs collègues qui les considèrent comme étant moins légitimes. Enfin, le traitement médiatique des femmes demeure toujours différent de celui des hommes. Leur vie personnelle et leur apparence physique sont plus souvent mentionnées par les médias traditionnels, ce qui contribue à freiner l'accès à l'égalité complète des femmes et des hommes en politique. Elles sont aussi fréquemment la cible de propos haineux ou injurieux en ligne.

Pistes pour améliorer la parité en politique

Que pouvons-nous faire pour améliorer la parité ? Plusieurs pistes existent. La première porte sur un renforcement de la loi sur la parité. Cette loi impose souvent un certain nombre de femmes parmi les candidats. Les acteurs politiques ont ainsi la possibilité de placer les femmes dans des circonscriptions défavorables, afin de respecter la parité tout en minimisant les chances d'élire une femme. Cela empêche aussi la parité de s'appliquer sur les positions de pouvoir les plus convoitées où il n'y a qu'un seul élu. Pour pallier ces deux lacunes, la France pourrait s'inspirer des politiques introduites à l'étranger. La plus simple est probablement une politique de sièges réservés. Cette mesure impose que l'élu – et non le candidat – soit une femme. Dans le cas de la France, on pourrait par exemple l'appliquer à la position de maire, en imposant aux municipalités d'élire alternativement un maire ou une maire. D'autres politiques innovantes existent telles que celle introduite en 2015 en Italie lors des élections municipales. Elle consiste à donner aux électeurs deux voix à condition qu'ils les expriment pour deux candidats de sexes différents. Cette politique permettrait aux femmes élues sur les listes d'acquérir une légitimité propre qui peut leur faire défaut.

La deuxième piste vise à renforcer le statut et l'attractivité de la carrière des élus. En début de carrière, un engagement politique se fait souvent à titre bénévole. Les élus ont une activité professionnelle, et la politique se fait pendant le temps libre. Par ailleurs, les positions permettant de vivre de la politique sont souvent chronophages. Comme les responsabilités familiales incombent plus souvent aux femmes, elles sont désavantagées à deux titres. Elles ont moins de temps à consacrer aux activités politiques lorsqu'elles ne sont pas élues. Elles peuvent également être moins attirées que les hommes par les positions les plus convoitées parce qu'elles les considèrent comme incompatibles avec leur emploi du temps. Les politiques publiques pourraient prendre en compte ces différences afin de faciliter l'engagement des femmes. Par exemple, des dispositifs de garde d'enfants ou de personnes dépendantes pourraient être mis en place pour réduire les responsabilités familiales des femmes élues.

Enfin, la troisième piste porte sur l'amélioration de la perception des femmes en politique. Les femmes sont encore stigmatisées en politique, notamment par leurs collègues et une partie de la population. Ces différences de perception constituent un frein majeur à la carrière des femmes en politique. Elles sont certes l'héritage d'un passé profondément inégalitaire dans le rapport des femmes et des hommes au pouvoir, mais elles restent aussi alimentées et véhiculées par les traitements médiatiques dont les politiciens font l'objet. Cette différence de traitement médiatique des femmes et des hommes en politique peut être le résultat de biais conscients ou non. Si les chercheurs sont capables de quantifier ces biais, il semble possible pour les pouvoirs publics de faire de même. Des indicateurs objectifs pourraient être mis en place afin de veiller à réduire ces formes de discrimination.

Faisabilité des réformes sur la parité

Quelle que soit la piste suivie, des réformes semblent nécessaires pour atteindre l'égalité entre les femmes et les hommes en politique. Or, comme nous l'avons vu au fil de ces pages, les partis politiques en mesure de défendre ces réformes sont aussi ceux qui mettent en place des stratégies pour minimiser l'impact de la loi sur la parité. Alors peut-on vraiment attendre de ces partis une plus forte mobilisation sur ces questions ? Si non, qui pourra faire pression pour introduire ces réformes ?

En 2001, la société civile avait joué un rôle majeur dans l'introduction de ces réformes. Des militantes féministes, associations et intellectuels avaient réussi à faire inscrire la parité à l'agenda politique. Deux facteurs avaient facilité ces revendications : un nombre grandissant de pays introduisant des quotas au niveau international et la perte de légitimité des politiciens au niveau national. Aujourd'hui, les circonstances paraissent à nouveau favorables. L'élan de la société civile semble même plus puissant qu'au début des années 2000. S'il débouche sur des réformes appropriées, l'égalité en politique entre les femmes et les hommes peut devenir possible.

CHAPITRE 5

La démocratie du travail

Philippe Askenazy et Thomas Breda

La question du travail, de la façon dont on l'organise et dont il peut être source d'épanouissement ou, à l'inverse, d'épuisement, est tout aussi ancienne que centrale. Trois mouvements récents lui donnent une acuité particulière en France. D'abord, le taux de chômage, qui, après plus de trois décennies au-dessus de 10 %, est revenu à des niveaux de l'ordre de 7 à 8 %. Même si la focalisation sur le chômage et l'emploi reste forte dans notre pays, cette baisse peut permettre de s'autoriser à réfléchir davantage au travail lui-même, au-delà du seul objectif de se concentrer sur le niveau d'emploi. Ensuite, la crise du Covid, en forçant des millions de personnes à être temporairement « inactives », semble avoir suscité des formes de prises de conscience, de distanciation, voire de contestation vis-à-vis du travail, notamment lorsque celui-ci est alimentaire ; inversement, les travailleurs essentiels ont tout à la fois constaté qu'ils sont les piliers de nos économies, la force de leurs collectifs de travail pour produire et tenir, et trop souvent l'incapacité de l'entreprise ou de l'administration de leur garantir la santé au travail. Enfin, la forte contestation suscitée par la réforme des retraites de 2023 révèle en creux le rejet, voire l'angoisse que génère pour de nombreux travailleurs l'idée de travailler un ou deux ans de plus dans les conditions qui sont les leurs.

Dans ce contexte, le volumineux corpus de travaux rassemblés dans l'ouvrage collectif récent *Que sait-on du travail ?* offre un vaste panorama sur les conditions de travail et l'organisation du travail aujourd'hui[1]. Les constats sont globalement alarmants, comme peuvent l'illustrer quelques chiffres issus de l'ouvrage : on compte en France 650 000 accidents du travail par an dont plus de 600 morts, dans le seul secteur privé ; d'après l'enquête européenne sur les conditions de travail, 39 % des travailleurs français déclarent en 2021 que leur santé est à risque du fait de leur activité professionnelle, ce qui représente 7 points de plus que la moyenne déjà élevée des autres travailleurs européens (32 %). Les comparaisons internationales révèlent également que les Français accordent une importance plus grande au travail, mais qu'ils y sont plus malheureux que dans les autres pays ; l'ampleur du présentéisme – travailler alors qu'on est malade – est un symptôme de ces deux faces du rapport au travail. Les explications au mal-être au travail sont aussi fort bien documentées, en passant par le *lean management*, la focalisation excessive sur les coûts, les effets de l'externalisation, l'augmentation des horaires atypiques, ou encore le rôle de structures organisationnelles souvent très verticales qui imposent beaucoup de contraintes aux salariés tout en leur laissant peu d'autonomie et peu de prises sur leur travail et les modalités de son exécution.

Ces constats ne motivent hélas que trop bien la nécessité d'une réflexion sur la démocratie au travail. Car, pour tenter d'améliorer cette situation si problématique, ne faut-il pas commencer par permettre aux salariés de s'exprimer sur leur lieu de travail ? La réappropriation au moins symbolique du travail par les salariés et collectifs de travail ne doit-elle pas passer par l'instauration d'une forme de démocratie sur le lieu de travail ? L'adage dit pourtant que la démocratie s'arrête aux portes de l'entreprise. Doit-on comprendre que le lien de subordination inhérent au travail salarié est antinomique avec l'idée d'un fonctionnement démocratique ? Ou que l'entreprise capitaliste possédée par ses actionnaires n'aurait rien à gagner à donner voix au chapitre à ses salariés ? Ceux-ci ont-ils seulement l'envie de participer aux décisions ? En sont-ils empêchés ? Quels intérêts peuvent-ils y trouver ? Doit-on trouver d'autres modes de production ?

Sans prétendre à l'exhaustivité, ce chapitre se penche sur la démocratie au travail. Il tente d'abord de la définir et discute de ses liens étroits avec la représentation du personnel et la négociation collective. Les théories économiques sur l'effet et le rôle des syndicats sur le marché du travail sont ensuite rappelées. Le cœur du chapitre propose ensuite une réflexion plus personnelle, à partir des travaux des auteurs, sur les obstacles à la mise en œuvre d'une démocratie au travail qui soit fonctionnelle et dynamique, et sur les pistes possibles pour les surmonter. Bien que nous mobilisions des travaux d'autres sciences sociales, ce chapitre prend essentiellement une perspective d'économistes du travail.

Définition et formes de démocratie au travail

Le terme démocratie est convoqué par de nombreux auteurs pour décrire l'extension de principes de la démocratie à d'autres domaines. Ainsi, Alain Supiot explore la *démocratie économique*, l'extension au pouvoir économique[2]. Elle revêt deux dimensions qui renvoient aux deux détenteurs essentiels du pouvoir économique dans une organisation capitaliste : l'État et l'entreprise. En miroir, deux démocraties complémentaires émergent. D'une part, la *démocratie sociale* est la forme de gouvernement dans laquelle les partenaires sociaux participent à la régulation aux côtés de l'État et du pouvoir politique. Elle fut un des piliers de la France d'après-guerre. Organisations de salariés et patronales concluent des accords nationaux interprofessionnels que l'État peut retranscrire dans le droit, gèrent pleinement des pans de la protection sociale comme – jusqu'à récemment – l'assurance chômage ou encore des retraites complémentaires.

D'autre part, la *démocratie industrielle*, concept bâti par les époux Beatrice et Sidney Webb dans un ouvrage majeur de 1897 (*Industrial Democracy*), repose aujourd'hui sur la négociation collective, entre syndicats et patronat à différents niveaux du lieu de travail à la branche professionnelle, en passant par l'entreprise, le groupe au niveau national, voire continental (comité de groupe européen par exemple).

Notre approche par la *démocratie au travail* est à la fois proche et se distingue doublement de la démocratie industrielle. Elle se restreint au lieu de travail ou à l'entreprise au sens économique mais élargit la focale. Si le plein sens du terme démocratie – une assemblée de citoyens égaux pour délibérer de leur bien commun – n'est sauf exception pas atteignable, nous définissons la démocratie au travail comme les principes et outils qui permettent l'expression collective des intérêts des salariés et de leurs aspirations, y compris à l'émancipation et au sens de leur travail.

Certains principes et outils de la démocratie au travail sont consacrés dans le droit international (multiples conventions du Bureau international du travail [BIT], Charte sociale européenne…) comme dans les droits nationaux. Ainsi, en France, le préambule de la Constitution de 1946, qui fait partie du bloc constitutionnel, pose :

> 8. Tout travailleur participe, par l'intermédiaire de ses délégués, à la détermination collective des conditions de travail ainsi qu'à la gestion des entreprises.

Et auparavant :

> 6. Tout homme peut défendre ses droits et ses intérêts par l'action syndicale et adhérer au syndicat de son choix.
> 7. Le droit de grève s'exerce dans le cadre des lois qui le réglementent.

Il en découle une institutionnalisation de la démocratie au travail spécifique à chaque pays. Elle prend une forme essentiellement représentative, à travers des instances représentatives généralistes ou spécialisées et des représentants du personnel notamment au niveau de l'entreprise. Ses modalités se déclinent autour de trois principaux axes : la consultation/information des salariés, la négociation collective y compris le droit de grève, et la cogestion.

La consultation/information se fait le plus souvent au travers de comités d'entreprise ou d'établissement que l'employeur a le devoir d'informer et de consulter, notamment sur les politiques de l'emploi, des conditions de travail et sociales, de la stratégie de l'entreprise et sur sa situation économique et financière. En France, dans les entreprises de plus de 11 salariés, ce rôle est aujourd'hui joué par le comité social et économique (CSE) qui a fusionné progressivement depuis les ordonnances Pénicaud de 2017 la plupart des instances antérieures (délégué du personnel, comité d'entreprise [CE] et comité d'hygiène et de sécurité au travail [CHSCT], notamment, voir tableau 1).

Tableau 1. Instances représentatives du personnel élues, selon la taille de l'entreprise en France en 2024.

Moins de 11 salariés	Non obligatoire
Plus de 11 salariés	Comité social et économique (CSE) Un accord d'entreprise majoritaire peut instaurer un conseil d'entreprise. Le conseil d'entreprise intègre les délégués syndicaux, exerce les attributions du CSE et devient seul compétent pour négocier et conclure les accords d'entreprise ou d'établissement. Dans les entreprises et les établissements distincts à risques particuliers : commission santé sécurité et conditions de travail au sein du CSE obligatoire
300 salariés ou plus	Commission santé sécurité et conditions de travail (CSSCT) au sein du CSE
Entreprises multiétablissements de 11 salariés ou plus	Possibilité par accord d'entreprise de mettre en place des représentants de proximité dans les établissements

La négociation collective porte le plus souvent sur les rémunérations mais peut (et parfois doit) inclure d'autres thèmes comme l'emploi, l'organisation du travail ou encore l'égalité professionnelle. Elle est en France réservée aux délégués syndicaux lorsque ceux-ci sont présents et représentatifs dans l'entreprise (sauf dans le cas particulier du conseil d'entreprise, voir tableau 1). Dans les entreprises de petite taille où la présence de délégués syndicaux est moindre, les membres du CSE non syndiqués deviennent les acteurs privilégiés pour la négociation. De fait en 2021, selon l'enquête Acemo de la Dares, dans les entreprises de plus de 10 salariés, si les quatre cinquièmes des salariés sont dans des entreprises disposant d'un CSE, un délégué syndical n'est présent que dans moins de 40 % des entreprises pesant moins de 60 % de l'emploi.

La cogestion prend en général la forme d'une présence significative de représentants des salariés avec droits de vote dans les conseils d'administration ou de surveillance de l'entreprise. Cette représentation est bien distincte de l'actionnariat salarié (voir encadré). En France, cette forme ne concerne que quelques grandes entreprises privatisées.

Dans leur ensemble, ces trois modalités se retrouvent à la fois dans les entreprises capitalistes « for profit » comme dans l'essentiel du secteur à but non lucratif, y compris les administrations. Dans ce cadre, il convient d'abord d'élucider le rôle de l'acteur institutionnel central où se recoupent démocratie au travail et démocratie industrielle, le syndicat.

Démocratie au travail et actionnariat salarié

Héritage d'une vision gaulliste de rapprochement des intérêts du capital et du travail, la France est un des pays où l'actionnariat salarié est le plus développé. Même si, de manière dévoyée, des auteurs peuvent parler de « démocratie actionnariale » lorsque s'expriment des petits actionnaires en assemblée générale, elle n'a rien de démocratique ne serait-ce que parce que les votes des actionnaires violent en général le

principe « une personne, une voix ». Le salarié actionnaire est avant tout un actionnaire muni de droits de vote proportionnels au capital qu'il a acquis ou dont il a été doté par l'entreprise ; la distribution de ces droits peut être encore plus inégalitaire que celle des salaires dans l'entreprise. De même, la représentation des actionnaires salariés dans les conseils d'administration n'introduit pas une forme de cogestion. Ils ne sont pas des délégués des travailleurs mais des représentants de l'intérêt d'actionnaires particuliers.
La frontière peut apparaître plus floue pour des formes alternatives de propriété : SCOP, COOP ou encore CAE. Toutefois, de telles structures sont loin d'un modèle idéal d'autogestion[3]. La divergence d'intérêt entre travailleurs et propriétaires peut émerger. D'un point de vue statutaire, dans une SCOP, le vote des associés quel que soit le nombre de parts dont ils disposent obéit au principe du « un homme (une femme), une voix », les associés extérieurs non salariés peuvent peser jusqu'à 35 % des droits de vote ; si ces derniers coalisent avec seulement un quart des salariés, ils peuvent imposer leurs décisions à la très large majorité des travailleurs. Même dans une SCOP détenue à 100 % par des salariés, des travaux en sociologie ou en gestion soulignent le risque d'émergence d'un phénomène d'autoexploitation du travailleur associé (pas de paiement d'heures supplémentaires, etc.)[4] ; la démocratie au travail y demeure donc pertinente. D'ailleurs, les SCOP dont les effectifs le requièrent disposent bien de représentation du personnel, souvent d'une présence syndicale, et elles connaissent parfois des conflits sociaux.

« À quoi servent les syndicats » au travail ?

On entend ici les syndicats en entreprise mais aussi toute forme de représentation collective qui s'y apparente. Dans un article paru en français en 1980 puis dans un célèbre ouvrage paru en 1985 (*What Do Unions Do ?*) devenu un véritable best-seller universitaire, les économistes Richard Freeman et James Medoff expliquent qu'on peut évoquer deux visages du syndicalisme, un bon et un mauvais visage[5]. Nous discutons en premier « le mauvais visage », tout en montrant que les craintes qu'il a pu susciter apparaissent peu crédibles dans le contexte actuel et au regard des travaux académiques récents sur le marché du travail.

LE « MAUVAIS VISAGE » DES SYNDICATS

Les théories économiques des syndicats, développées pour la plupart dans les années 1970 et 1980, sont principalement basées sur des modèles néoclassiques, dans lesquels on suppose une concurrence parfaite sur le marché des biens et sur le marché du travail en l'absence de syndicats. Ces théories soulignent généralement le rôle négatif potentiel des syndicats tant pour l'emploi que pour l'efficacité. Les syndicats y sont généralement considérés comme des monopoles qui poussent le prix de la main-d'œuvre au-dessus du niveau concurrentiel, réduisant ainsi le niveau d'emploi global et créant une segmentation du monde du travail entre les *insiders* (ceux en emploi stable) et les *outsiders* (chômeurs et précaires). Leur présence créerait des effets d'hystérèse : après un choc macroéconomique, l'emploi ne peut se rétablir malgré la reprise économique. En effet, lors de la reprise, les représentants des *insiders* vont réclamer des hausses de salaire qui vont encore augmenter le coût du travail et faire obstacle à l'embauche que souhaiterait effectuer l'employeur. Loin d'une armée de réserve du capitalisme, le chômage de masse après les deux chocs pétroliers serait ainsi la conséquence de négociations pour des *insiders* égoïstes.

Dans ce contexte, mesurer l'effet empirique distorsif des syndicats sur le marché du travail et notamment le niveau des salaires était devenu un programme de recherche de première importance[6]. Il s'agissait bien de comprendre dans quelle mesure ces derniers représentaient une menace réelle pour l'économie de marché.

Ces travaux ont contribué à asseoir la légitimité des politiques d'affaiblissement du rôle des syndicats et des droits à l'action collective, enclenchée par la révolution néoconservatrice. Les changements organisationnels ont également sapé la formation de collectifs de travail[7]. Les horaires de travail et de pauses irréguliers et le juste-à-temps ont fait disparaître les moments où les travailleurs se réunissaient collectivement sur leur lieu de travail. Le travail par projet redéfinit régulièrement les limites des équipes, tandis que le recours à la sous-traitance sur site, au travail temporaire et aux contrats courts rassemble des travailleurs de statuts et d'anciennetés hétérogènes, des employeurs différents et des intérêts divergents. La division des entreprises en de multiples filiales distinctes renforce la fragmentation du monde du travail et permet de contourner les règles légales de représentation du personnel ou de négociation souvent contraignantes à partir d'un certain seuil de salariés. Certains employeurs utilisent des outils de surveillance, de communication et d'intimidation pour contrecarrer l'activisme syndical alors que d'autres brandissent la menace de la délocalisation pour écraser les revendications des travailleurs.

Corrélativement, hormis dans les pays (Belgique, Scandinavie) où les syndicats jouent également un puissant rôle de services (organisme de paiement de l'assurance chômage, assistance juridique…), le taux de syndicalisation s'est effondré partout dans le dernier quart du XXe siècle. Par exemple, en Australie, il est passé de 50 % à moins de 15 % ; aux États-Unis, il a baissé d'environ 25 % à environ 10 %, niveau observé en France ; l'Allemagne et le Japon ont suivi la tendance moyenne, passant d'environ 35 % à la fin des années 1970 à environ 16 % au début des années 2020.

En France, cette attrition de la base syndicale a entretenu une faiblesse structurelle du syndicalisme qui à son tour a réduit l'attractivité syndicale et induit une tendance à la bureaucratisation : les représentants syndicaux, même au niveau de l'entreprise, deviennent des professionnels fréquemment en sous-effectif qui mécaniquement s'éloignent des travailleurs et partagent moins (voire plus du tout) leur quotidien laborieux. Par ailleurs, affaiblis au niveau du lieu de travail, les syndicats français ont longtemps conservé leurs prérogatives à un niveau lointain pour le travailleur de base : la branche assurant une large couverture conventionnelle des travailleurs, ou la négociation nationale. L'émergence de nouveaux – donc initialement peu bureaucratiques – acteurs syndicaux comme Sud ou l'UNSA n'a pas suffi à inverser le déclin syndical.

Avec ce déclin du syndicalisme observé dans la plupart des pays développés, la menace corporatiste potentielle que représentaient les syndicats pour les économistes néoclassiques s'est estompée. Et, dans le même temps, les économistes du travail ont largement cessé de s'intéresser à ces institutions pourtant centrales de la négociation collective.

Mais un retour de la question syndicale s'est opéré sur de nouvelles bases au XXIe siècle, d'abord dans le monde académique puis plus récemment au niveau politique, hors de France, comme sous la présidence Biden. D'abord le cadre conceptuel sous-jacent n'est plus le même, les économistes du travail s'accordant largement sur le caractère très imparfait du marché qu'ils étudient. Les modèles de recherche et d'appariement mettent par exemple l'accent sur les frictions d'appariement, les complémentarités productives entre les travailleurs et les entreprises, et même le facteur chance (des individus similaires peuvent ou non tomber sur une offre d'emploi qui leur convient), le capital humain spécifique (qui ne peut pas être transféré d'une entreprise à une autre), et d'autres caractéristiques importantes des marchés du travail qui ne figuraient pas dans les versions antérieures de la théorie. Le point essentiel est que tous ces mécanismes peuvent créer des excédents ou des rentes spécifiques à un emploi. Cela est dû, par exemple, au fait que passer d'une entreprise à une autre prend du temps et implique une perte de capital humain spécifique à l'entreprise et de complémentarités entre travailleurs et entreprises.

Plus récemment, une série de travaux a mis en évidence empiriquement le pouvoir de monopsone des entreprises, qui ont des marges de manœuvre pour ajuster le salaire qu'elles offrent sans voir l'ensemble de leurs salariés s'en aller. La théorie, même dans son acception la plus économique, montre donc qu'il n'existe pas nécessairement de « juste prix » du travail. Le paradigme classique efficacité/redistribution devient alors relativement mal adapté dans un contexte où le laisser-faire n'est plus nécessairement gage d'efficacité et mène à des équilibres de marché potentiellement très imparfaits.

Dans ce contexte, la question du partage des rentes et du rôle des syndicats ou plus généralement de la représentation collective comme vecteur d'un débat démocratique autour des modalités de ce partage mérite d'être pleinement reposée. En effet, si le marché n'est pas à même de produire une forme de partage des richesses produites dans l'entreprise de façon compréhensible et univoque, la question des facteurs institutionnels et des rapports de force susceptibles d'influencer ce partage prend son sens. De fait, la littérature économique reste globalement mal équipée pour discuter ces questions. Les modèles théoriques de négociation, tels que la négociation à la Nash ou Kalai, produisent bien un partage entre les différentes parties prenantes dans le cadre de la négociation d'une rente, mais ces solutions reposent en fin de compte sur un paramètre *ad hoc* (le « pouvoir de négociation »), dont l'origine reste inexpliquée. Les fondements stratégiques de la négociation à la Rubinstein[8] peuvent offrir certaines perspectives théoriques, mais ces perspectives restent là aussi largement déconnectées du fonctionnement pratique des marchés du travail. La littérature sur la négociation est par ailleurs essentiellement descriptive : elle ne fournit aucun argument normatif sur la manière dont les rentes devraient être partagées. Bien que nous sachions que le marché du travail crée des rentes, aucune théorie ne dit de façon vraiment convaincante comment le partage de la rente entre les entreprises et les travailleurs devrait se faire du point de vue du bien-être, et quelles caractéristiques du marché du travail le façonnent réellement dans la pratique.

Du côté des travaux empiriques, on sait par ailleurs peu de choses sur la façon dont les syndicats influencent le partage des rentes. En effet, la littérature syndicale s'est essentiellement concentrée sur le niveau des salaires sans vraiment tenir compte de la position de marché des entreprises dans lesquelles les syndicats opèrent. C'est un autre corpus de travaux qui a tenté de longue date de voir la façon dont les rentes ou surprofits générés par les entreprises, suite à une innovation brevetée par exemple, ou encore la modification de barrières douanières sont partagés par les salariés. Mais, de façon étonnante, cette littérature ignore largement le rôle joué par les syndicats dans ce partage. On sait seulement, pour la France, que ceux-ci augmentent effectivement le niveau des salaires, mais uniquement dans les entreprises disposant de parts de marché importantes, et donc de rentes de situation potentielles[9]. En montrant que les syndicats affectent les salaires uniquement en présence de rentes, ce résultat permet de relativiser davantage le potentiel « mauvais » visage des syndicats. Il demeure cependant trop isolé et ne permet pas d'appréhender concrètement la façon dont le pouvoir de négociation des syndicats se construit et comment ceux-ci influencent le partage des rentes.

En revanche, une multiplicité de travaux empiriques est venue éclairer le rôle des syndicats et plus largement des institutions de la démocratie en entreprise, en élargissant la focale bien au-delà de la question d'un niveau global des salaires ou du partage des rentes. Ces travaux sont l'occasion de rappeler les caractéristiques ou rôles des syndicats qui, depuis toujours, sont vus comme bénéfiques ou *a minima* utiles.

LE « BON VISAGE » DES SYNDICATS

L'un des rôles théoriques principaux des syndicats est de contribuer à la fourniture de biens publics. La production, par nature collective, repose sur le principe fondamental selon lequel l'entreprise coordonne des processus de production suffisamment complexes pour ne pas être entièrement externalisés ou formalisés par des contrats, conformément aux analyses de Coase, de Williamson, et d'autres. Dans ce cadre, les travailleurs et salariés partagent un ensemble de règles et de conditions de travail leur permettant de produire collectivement, à partir du capital de l'entreprise, des biens ou services finaux. Ces règles ou conditions collectives (par exemple, la température à laquelle on chauffe pendant l'hiver) constituent des biens publics, au sens où elles sont partagées par l'ensemble des travailleurs. Un bien public est caractérisé par deux propriétés principales : la non-exclusion, signifiant que personne ne peut être empêché de consommer le bien, et la non-rivalité, où la consommation du bien par une personne n'empêche pas sa consommation par une autre. Les économistes ont montré que ces deux caractéristiques aboutissent à une sous-provision des biens publics. Les syndicats peuvent alors jouer un rôle essentiel en agrégeant les préférences individuelles et en les portant à l'attention de l'employeur, permettant ainsi de surmonter les problèmes habituels de passager clandestin et de sous-provision de biens publics.

En d'autres termes, les syndicats (et la représentation collective plus généralement) doivent en théorie permettre de définir des conditions de travail mieux adaptées à l'ensemble des salariés. On peut montrer qu'en leur absence l'entreprise aura intérêt à fournir des biens publics au niveau minimal permettant de satisfaire les salariés les plus mobiles et capables de négocier leurs conditions de travail et de rémunération. Ces salariés préfèrent en général négocier des rémunérations supérieures, au détriment des biens publics. Notons que cette théorie des biens publics permet de comprendre en partie les œuvres sociales et culturelles des comités d'entreprise qui organisent voyages et Noëls d'entreprise.

Toujours du côté des bienfaits, on peut évoquer l'idée d'une rationalisation du management qui devient « comptable » auprès des instances représentatives du personnel de ces agissements. On peut en effet penser que de devoir présenter aux représentants du personnel sa politique économique ou sa politique sociale (en France, c'est au CSE que l'employeur présente son bilan) implique un effort de rationalisation et de légitimation de sa politique par l'employeur, même dans le cas où les représentants du personnel ne sont que consultés. Ainsi, les syndicats peuvent en théorie induire des politiques d'entreprise plus justes (*fair management*), notamment en ce qui concerne les ressources humaines.

Un aspect connexe de l'action des syndicats peut être appréhendé en se référant à la théorie de l'*Exit, Voice, and Loyalty* (« Départ, Voix et Loyauté »), développée par l'économiste Albert O. Hirschman dans son ouvrage éponyme de 1970[10]. La théorie d'Hirschman offre un cadre conceptuel pour comprendre comment les individus réagissent à la détérioration des organisations auxquelles ils appartiennent. Cette théorie est particulièrement pertinente pour analyser le comportement des individus au sein d'organisations telles que les syndicats, ainsi que leur interaction avec ces derniers. Hirschman explique comment la transition de régulations des relations de travail basées sur le modèle *entry/exit* (« entrée/sortie ») vers un modèle *voice/loyalty* (« voix/loyauté ») rendue possible par les syndicats reflète un changement fondamental dans la manière dont les désaccords et les mécontentements au sein du lieu de travail sont discutés et résolus.

Dans un modèle d'entrée/sortie, la réponse aux problèmes sur le lieu de travail est binaire : un employé mécontent peut soit quitter son emploi (*exit*), soit rester sans être en capacité de résoudre le problème. Ce modèle présuppose un marché du travail fluide où les travailleurs peuvent facilement trouver de nouvelles opportunités en cas de mécontentement et il ne favorise pas nécessairement l'amélioration des conditions de travail ou la résolution de conflits internes, car il ne permet pas d'exprimer et de traiter les griefs de manière constructive. Le modèle voix/loyauté, en revanche, encourage les employés à exprimer leurs préoccupations (*voice*) tout en restant engagés envers leur organisation (*loyalty*).

Ce modèle reconnaît la valeur de la rétroaction et du dialogue dans l'amélioration continue des relations de travail et des conditions d'emploi. Les syndicats fournissent une plateforme structurée pour que les employés expriment collectivement leurs préoccupations et négocient des solutions. En permettant ainsi l'expression de la *voice*, les syndicats peuvent transformer les frustrations individuelles en actions collectives constructives, favorisant ainsi une culture de communication ouverte (*loyalty*) plutôt que de démission (*exit*) ou de mécontentement silencieux (*passivity*). En défendant les intérêts des employés et en travaillant pour améliorer les conditions de travail, les syndicats peuvent renforcer le sentiment d'appartenance et la loyauté des employés envers leur lieu de travail. Cette loyauté ne découle pas d'un sentiment d'obligation, mais d'une conviction que les problèmes peuvent être résolus et que l'employeur valorise le bien-être des employés. Contrairement aux aspects précédents (fourniture de biens publics et rationalisation du management), il existe une validation empirique au moins partielle de la théorie d'Hirschman : les démissions sont beaucoup moins nombreuses dans les entreprises dans lesquelles les syndicats sont présents (environ un tiers moins nombreuses en France).

Un autre aspect tient au rôle redistributif joué par les syndicats. Ceux-ci favorisent en effet une répartition des salaires plus égalitaire dans l'entreprise et un partage de rentes potentiellement plus favorable aux salariés. Nous avons largement discuté de ce rôle dans la section sur le « mauvais visage » des syndicats mais pouvons ajouter ici un dernier élément. Les théories microéconomiques dites « néoclassiques » tendent à voir le marché comme produisant une allocation efficace des ressources tout en créant des inégalités que l'on peut corriger *via* la fiscalité. Dans cette vision, il faut laisser autant que possible le marché opérer et redistribuer les ressources *ex post*. Comme discuté précédemment, cette vision apparaît en partie datée (et par ailleurs incapable de justifier les inégalités femmes/hommes ou les discriminations selon l'origine), de sorte que se pose la question d'agir directement sur la distribution primaire des revenus, plutôt que de corriger les inégalités par l'impôt.

Cette question, difficile à appréhender par les économistes, n'est pas que théorique. D'abord, le consentement à l'impôt pose de nombreuses difficultés. Ensuite, l'idée pour les travailleurs à bas salaires qu'ils doivent bénéficier d'aides supplémentaires pour pouvoir vivre (prime d'activité) alors que leurs employeurs doivent aussi être aidés pour les embaucher (exonérations de cotisations sur les bas salaires) pose un certain nombre de problèmes philosophiques.

Qu'une fraction significative de la société (environ 15 % des salariés du privé sont rémunérés sur la base du salaire minimum horaire à l'heure où nous écrivons ses lignes et pour la plupart bénéficient des aides évoquées ci-dessus) ne puisse vivre de son seul travail ne va en effet pas de soi. L'intérêt des syndicats est de pouvoir agir directement sur la répartition primaire des revenus, limitant ainsi le recours à l'impôt et les nombreux problèmes qu'il peut poser pour la cohésion sociale.

Enfin, même si cette contribution porte sur la démocratie en entreprise, il est difficile de ne pas mentionner le rôle plus général que peuvent jouer les syndicats dans la société comme « corps intermédiaire » entre l'individu et l'État. En effet, la montée en force progressive du populisme, de l'absentéisme ou encore des partis politiques d'extrême droite observée dans de nombreux pays développés révèle une forme de désengagement politique généralisé allant de pair avec des niveaux d'insatisfaction élevés. Le vote pour des partis de défiance qui s'appuient sur cette insatisfaction et n'hésitent souvent pas à utiliser (plus que les autres) des arguments factuellement faux révèle également en creux un manque d'appétence pour les questions politiques et des difficultés pour les citoyens à réussir ou même à souhaiter s'informer correctement. Dans ce contexte, les syndicats peuvent en théorie jouer à la fois un rôle d'éducation ou de sensibilisation aux questions politiques et permettre aux individus de faire groupe pour porter des revendications communes qui progressivement peuvent s'étendre au-delà du travail et de l'entreprise. Cette dimension potentiellement plus collective de la mobilisation politique peut évidemment être vue comme une manière de faire obstacle aux partis politiques s'appuyant sur le rejet de l'autre ou la désignation de boucs émissaires comme responsables des insatisfactions ressenties.

On ne peut malheureusement que constater que ces beaux arguments théoriques se heurtent à de nombreuses difficultés pratiques. Concernant l'éducation politique, on peut par exemple citer l'ouvrage de Béroud et Thibault[11] illustrant parfaitement les difficultés des syndicalistes Sud à recruter de nouveaux « militants » et à les « former » ou « sensibiliser » politiquement (sur une ligne politique certes très à gauche). Concernant la mobilisation politique *via* les syndicats, on peut évidemment prendre l'exemple des Gilets jaunes, mouvement spontané et largement non contrôlé par les syndicats. Mais, dans un contexte de faible participation aux syndicats et plus généralement à la démocratie d'entreprise, ces difficultés ne sont guère surprenantes : comment un syndicat qui peine déjà à recruter des adhérents pour participer à la vie démocratique de l'entreprise pourrait-il être capable de réactiver la participation politique citoyenne (ou *a minima* une forme d'intérêt) de façon plus large ?

Ainsi, on le voit, les difficultés discutées ici ne peuvent être surmontées qu'en parvenant d'abord à une forme de démocratie d'entreprise forte, qui pourrait, peut-être, permettre de servir de point de départ pour des formes d'engagement citoyen et politique se déclinant au-delà de l'entreprise. Dans son analyse du cas allemand, la juriste du travail Reingard Zimmer aboutit à une conclusion similaire[12].

Comprendre et limiter les freins à la démocratie au travail

De la bonne gouvernance de l'action collective

La réalisation d'une démocratie au travail réussie, au sens où elle permet véritablement aux salariés d'exprimer leurs intérêts, n'est pas qu'un vœu pieux ; elle dépend de façon cruciale des institutions que l'on met en place pour le dialogue social et la négociation collective.

Pour le comprendre, on peut faire un parallélisme peut être fait avec la gouvernance d'entreprise en tant que sous-discipline académique. Cela fait en effet plusieurs décennies que les outils de la science économique moderne (théorie des contrats, des incitations, asymétries d'information, etc.) sont déployés pour étudier les modalités de représentation des intérêts du capital par le management. Certains y voient d'ailleurs une raison à l'affaiblissement mesuré du travail vis-à-vis du capital (part légèrement en baisse dans la valeur ajoutée, patrimoines et revenus du patrimoine en hausse, etc.) : la gouvernance d'entreprise moderne aurait adéquatement accompagné la dispersion croissante du capital et contribué à transformer des employeurs jadis empathiques à l'égard de leurs salariés en de fervents défenseurs des intérêts des actionnaires.

Quoi qu'il en soit, force est de constater que la représentation du personnel est restée un angle mort de la recherche économique alors même qu'elle pourrait tout à fait obéir à la même logique : il convient de réfléchir aux structures et institutions qui permettent à l'intérêt collectif des salariés d'être représenté au mieux. C'est dans ce sens, à savoir vers une étude de la « gouvernance du salariat », que l'on peut tenter d'appréhender les facteurs susceptibles d'influencer la qualité de la représentation collective des intérêts des salariés, comme cela a été fait du côté du capital.

Un bon exemple de l'intérêt d'une telle approche est celui de la cogestion à l'allemande. En Allemagne, la plupart des sociétés (notamment les sociétés anonymes) de plus de 2 000 salariés disposent de conseils de surveillance composés à parité de sièges entre employeurs et représentants des salariés élus et désignés. La voix du président du conseil de surveillance désigné au sein des représentants de l'entreprise reste néanmoins prépondérante, de sorte qu'en cas d'égalité lors d'un vote c'est lui qui emporte la décision finale. Dans la sidérurgie et le secteur minier, la parité au conseil de surveillance est assurée dès 1 000 salariés, et cette fois le président du conseil doit être une personnalité neutre, alors qu'un « directeur du personnel » représente les salariés au sein du directoire. Dans les plus petites structures à partir de 500 salariés, la part des représentants des salariés tombe à un tiers. La quasi-parité dans les grandes sociétés semble donner un pouvoir très important aux salariés lors des processus de décision. Les juristes soulignent cependant depuis longtemps le déséquilibre entre la direction et des représentants de salariés disposant d'une expertise insuffisante et souffrant d'une asymétrie d'information[13].

Des travaux économétriques récents s'appuyant sur des méthodes probantes pour mesurer les effets de la cogestion sur la performance des entreprises allemandes ou le partage des revenus vont dans le même sens en montrant que cette forte participation des salariés aux décisions de l'entreprise n'a pas d'effet détectable[14]. Le cas du Dieselgate en est une illustration. Le Dieselgate est la découverte que Volkswagen avait installé un logiciel de manipulation dans environ 11 millions de véhicules diesels dans le monde entier pour faire apparaître ses véhicules moins polluants qu'ils ne l'étaient réellement. Cette fraude, qui a mis en lumière les pratiques douteuses dans l'industrie automobile concernant les normes d'émissions, n'a pas pu être empêchée par la cogestion : soit les représentants des salariés n'ont pu faire jouer son rôle au sein du conseil de surveillance, soit ils ont eux-mêmes fermé les yeux pour préserver l'intérêt de l'entreprise. Ainsi, l'association des salariés aux décisions de l'entreprise ne signifie pas immédiatement des décisions qui vont davantage dans le sens du bien commun. Pour cela, il faut là encore s'interroger sur les modalités de nomination, de désignation ou d'élection des représentants des salariés, sur les modalités de contrôle qu'ont leurs collègues sur eux et sur leurs incitations individuelles à s'inscrire dans un rôle de représentation.

ENTRE EMPLOYEURS ET SALARIÉS : LE RÔLE DES REPRÉSENTANTS DU PERSONNEL

Depuis le célèbre livre de Freeman et Medoff[15], les effets des syndicats sur les résultats des entreprises et des travailleurs (par exemple, salaires, emploi, productivité, conditions de travail, rotation du personnel) ont été largement étudiés. Cependant, moins d'attention a été accordée aux mécanismes qui génèrent ces effets, et en particulier au rôle joué par les représentants syndicaux dans les interactions entre le travail et le capital sur le lieu de travail, au-delà des phases de négociation collective. Les représentants syndicaux peuvent en effet coordonner et motiver d'autres travailleurs à participer à l'action collective, leur transmettre des informations clés sur la santé financière de l'entreprise, amplifier ou modérer leurs demandes, organiser des grèves[16], etc. Ils disposent de marges pour adopter différentes positions de négociation, allant de très conciliantes à très vindicatives.

À nouveau, l'existence d'une démocratie en entreprise implique encore aujourd'hui presque systématiquement que les intérêts et demandes des salariés puissent s'exprimer par l'intermédiaire de tels représentants désignés par une organisation syndicale représentative ou élus par les salariés. Cela justifie leur protection non seulement, comme tous les salariés, contre toute forme de discrimination, mais aussi en France contre le licenciement abusif à travers une procédure d'agrément par l'inspection du travail et donc un double contrôle par le juge prud'homal et par le juge administratif. Une série de travaux portant sur la France[17] montre cependant l'écart entre le droit et une pratique qui structure la démocratie représentative au travail et nuit à son fonctionnement. Il convient donc de s'attarder sur cet ensemble de travaux qui ont étudié comment la carrière personnelle de ces représentants est liée aux conditions dans lesquelles les revenus sont partagés entre le travail et le capital au niveau de l'entreprise. Ils sont autour de 600 000, dont environ 40 % de femmes (un petit tiers parmi les délégués syndicaux).

Ces travaux suggèrent que le caractère conflictuel des relations professionnelles en France (mesuré à partir des déclarations des acteurs, le niveau des grèves étant, lui, banal en comparaison internationale) s'explique en partie par le fait que les règles qui régissent le dialogue social n'évitent pas, voire facilitent l'existence de comportements stratégiques de la part des employeurs (discrimination ou tentative de corruption des représentants du personnel), et en conséquence de la part des représentants eux-mêmes (prise de mandat pour des motifs personnels, carrière syndicale, propension à vendre la « paix sociale »).

Les travaux susmentionnés s'articulent autour de l'exploitation des différentes vagues de l'enquête *REPONSE* produite par la Dares, le service statistique du ministère du Travail, qui est l'une des principales sources statistiques sur les relations professionnelles en France. En exploitant l'enquête *REPONSE* 2004, Breda estime que les salaires des délégués syndicaux sont en moyenne inférieurs de 10 % environ à ceux des autres salariés, même après ajustement pour des variables observables telles que l'âge, le sexe et le niveau de diplôme[18]. Ce constat suggère une discrimination à l'égard des délégués syndicaux, malgré sa prohibition en droit. Elle fait écho au sentiment de près d'un délégué syndical sur deux d'avoir été pénalisé dans sa carrière du fait de son mandat.

La vague suivante de l'enquête vient confirmer ces résultats. Plus précisément, Bourdieu et Breda actualisent les estimations des pénalités salariales pour les délégués syndicaux et les étendent aux autres représentants du personnel[19]. Ce travail s'appuie notamment sur une nouvelle question ajoutée à l'enquête *REPONSE* de 2011 et qui offre la possibilité de produire des comparaisons de salaire directes entre les représentants du personnel syndiqués et non syndiqués, et leurs collègues. En 2011, à niveaux de diplôme et d'âge égaux, les délégués syndicaux sont toujours payés environ 10 % de moins que leurs collègues. La seule appartenance à un syndicat ne suffit pas à expliquer les moins bons salaires.

Ce sont en effet les délégués syndicaux, à savoir les représentants syndiqués les plus actifs dans la défense des intérêts de leurs collègues, qui sont les plus pénalisés. Les autres syndiqués, qu'ils soient représentants ou non, sont peu pénalisés salarialement ; et les représentants non syndiqués ne le sont pas du tout. L'analyse des promotions, passées ou à venir, et des catégories socioprofessionnelles des différents groupes de salariés considérés indique par ailleurs que les écarts de salaire observés résultent de taux de promotions différenciés. Enfin, ces écarts de salaires ne concernent pas toutes les entreprises. Par exemple, lorsqu'une entreprise négocie spécifiquement sur le droit syndical – signalant une vraie volonté de dialogue de la part de l'employeur – ou lorsque les négociations annuelles pourtant obligatoires n'ont pas lieu – signalant des représentants syndiqués peu énergiques –, les représentants syndiqués et les délégués syndicaux ne subissent plus aucune pénalité salariale.

Pour comprendre les moins bonnes carrières des représentants du personnel les plus actifs, alors même qu'à nouveau le droit prohibe toute discrimination, on peut s'appuyer sur le concept de « discrimination stratégique ». Il s'agit de l'idée que les employeurs ne discrimineraient pas ces représentants parce qu'ils ne les apprécient pas (discrimination par goût) ou pour des raisons statistiques (les représentants seraient en moyenne moins performants), mais parce que cela augmente à terme la rente actionnariale. La discrimination stratégique aurait donc pour but de préserver les intérêts des employeurs pour qui la négociation, salariale en particulier, peut être coûteuse. Elle est rendue possible par le fait que, dans la plupart des pays, les représentants des travailleurs ou des syndicats au niveau de l'établissement ou de l'entreprise sont des salariés de l'entreprise. Cela implique qu'ils ont une double casquette : ils sont à la fois sous l'autorité de l'employeur en tant que salariés et leurs interlocuteurs lors des négociations.

Ce « double statut » des représentants du personnel est une caractéristique clé qui implique que l'employeur peut profiter du pouvoir qu'il a sur ses salariés et sur leur carrière pour affecter la position de négociation des représentants. La forte asymétrie entre l'employeur et le travailleur dans la relation de travail, due aux conséquences personnelles importantes pour un salarié de la perte d'un emploi, ou de son exercice dans des conditions difficiles, implique que l'employeur dispose d'une grande marge de manœuvre pour exercer une éventuelle pression sur les représentants des travailleurs dans les négociations afin de réduire leur position de négociation.

Dans ce cadre théorique, la raison principale pour laquelle les employeurs peuvent être disposés à utiliser leur pouvoir d'influence est stratégique : ils le font afin de réduire le pouvoir de négociation des travailleurs et donc de maximiser leurs profits. Le motif stratégique est simple : il est probablement beaucoup moins coûteux de cibler un (ou quelques) représentant(s) des travailleurs que de donner une plus grande part des bénéfices ou des rentes à l'ensemble de la main-d'œuvre. Pour réduire le pouvoir de négociation des travailleurs, les employeurs ont en fait deux stratégies polaires possibles : ils peuvent soit essayer de favoriser les représentants syndicaux, soit les discriminer. La première stratégie (favoritisme) revient à « acheter la paix sociale » et ne peut être mise en œuvre qu'avec un représentant consentant dans le cadre d'un accord plus ou moins tacite. La seconde stratégie (discrimination) peut être mise en œuvre dans tous les cas. Elle peut ne pas décourager immédiatement le représentant syndical en place. En revanche, elle peut décourager les autres travailleurs de se syndiquer et de participer à l'action collective, en montrant clairement qu'un tel comportement peut être coûteux.

L'enquête *REPONSE* de 2017 a été à nouveau enrichie de nouvelles questions et a permis, d'une part, d'observer directement les salariés détenteurs d'un mandat de délégué syndical (et non plus seulement les représentants syndiqués dans leur ensemble) et, d'autre part, de connaître approximativement depuis combien de temps les salariés détiennent un tel mandat. Ces nouvelles questions disponibles permettent de mesurer plus précisément les écarts de salaire entre salariés syndiqués et/ou détenteurs de divers mandats de représentation et d'examiner si ces écarts sont déjà observés pour les salariés qui viennent de prendre un mandat, ou si au contraire ils s'accroissent avec le temps.

Il apparaît que ce sont toujours les délégués syndicaux qui apparaissent les plus pénalisés. Les pénalités en termes de salaire horaire demeurent en 2017 significatives mais de l'ordre de 4 % (à âge, diplôme, métier et entreprise donnés). On ne peut distinguer si la différence avec les vagues précédentes de l'enquête *REPONSE* (10 %) reflète une baisse réelle ou si les estimations antérieures plus imprécises tendaient à surévaluer les pénalités réelles. À âge, sexe et diplôme équivalents et au sein d'un même établissement de travail, il n'y a par ailleurs pas d'écart de salaire horaire entre les délégués syndicaux qui viennent de prendre un mandat et leurs collègues non syndiqués et non représentants du personnel. Cela montre que les délégués syndicaux ne sont pas des salariés qui avaient initialement de moins bonnes carrières.

L'enquête *REPONSE* de 2017 permet ensuite de faire de nombreuses analyses empiriques détaillées. Il apparaît ainsi que les pénalités salariales des délégués syndicaux ne sont qu'un aspect de leurs moins bonnes carrières : ils sont moins promus et ont des conditions de travail objectives et ressenties moins bonnes. Un résultat, déjà observé sur les enquêtes précédentes, apparaît totalement confirmé : qu'il s'agisse de leur rémunération ou de leurs conditions de travail, les représentants du personnel non syndiqués apparaissent mieux lotis que leurs homologues syndiqués, et même que les salariés qui ne sont ni représentants ni syndiqués. Les carrières dégradées sont donc un phénomène qui concerne essentiellement les représentants syndiqués, et surtout ceux d'entre eux qui négocient directement avec l'employeur les salaires et les conditions de travail.

Les plus faibles salaires des délégués syndicaux ne sont par ailleurs pas liés à leur nombre d'heures de délégation (temps rémunéré accordé à leurs activités de représentation) mais plutôt à la façon dont ils occupent ces heures : les délégués qui organisent des réunions avec le personnel ou participent à des grèves sont très mal payés par rapport à leurs collègues du même établissement de travail (jusqu'à 15 % de moins à âge, diplôme et métier équivalents), tandis qu'au contraire ceux qui ne participent pas aux grèves lorsqu'il y en a sont mieux payés que leurs homologues non syndiqués et qui ne détiennent pas de mandat. Les délégués des syndicats vus comme les plus contestataires (CGT et SUD) apparaissent les moins bien payés. Les délégués qui, au dire de l'employeur, ont une réelle influence sur le partage de la valeur sont mal payés, tandis que ceux qui n'ont pas d'influence ou même ne négocient pas (alors que c'est pourtant leur principale fonction) sont mieux payés que des salariés équivalents non syndiqués et sans mandat. L'ensemble de ces résultats montre que les carrières que l'employeur réserve aux représentants syndiqués en général et des délégués syndicaux en particulier sont le miroir du niveau de conflictualité dans l'entreprise.

Ils posent une question centrale : si les délégués syndicaux sont discriminés, quels sont les salariés prêts à assumer une telle fonction, et plus encore les travailleuses qui déjà souffrent souvent d'un déficit salarial ? Pour analyser cela et comprendre comment la discrimination des délégués peut *in fine* induire une discrimination à leur encontre, Bourdieu *et al.* ont formalisé le concept de discrimination syndicale à l'aide d'un modèle formel de négociation collective avec « militantisme[20] ». Dans ce modèle, les salariés d'une entreprise sont représentés par un paramètre θ qui capture à la fois leur intérêt à représenter leurs collègues (par exemple parce qu'ils sont altruistes ou aiment prendre des responsabilités collectives) et leur niveau d'opposition aux positions patronales (par exemple, dans quelle mesure ils sont anticapitalistes, contestataires, etc.). L'intérêt à devenir représentant n'est pas forcément directement lié au degré de militantisme, mais les deux sont certainement corrélés, et, pour simplifier le modèle, un unique paramètre capture conjointement ces deux dimensions. L'encadré suivant détaille les autres ingrédients du modèle.

Le modèle de négociation de Bourdieu *et al.*[21]

L'intérêt à devenir représentant est résumé par un paramètre θ distribué selon une loi unimodale (par exemple une loi normale), de sorte que les positions extrêmes, soit très propatronales, soit très antipatronales, sont rares. La négociation dans l'entreprise se produit ensuite selon un jeu séquentiel :

- Les salariés souhaitant devenir représentants se signalent.
- Un processus de désignation ou d'élection (qui peut varier selon les contextes) permet de choisir un représentant parmi les candidats. Le salarié r ainsi choisi augmente son utilité de θ_r.

- Les salariés non représentants peuvent choisir de soutenir le représentant choisi, par exemple en devenant syndiqués. Leur utilité à le faire dépend des gains escomptés lors de la négociation et surtout de la distance entre leur position de négociation θ_i et celle de leur représentant (θ_r) : plus leur représentant les représente « mal », moins ils voudront le soutenir.
- L'employeur peut offrir un bonus b au représentant choisi en échange de l'arrêt des négociations (ou du déroulement d'une négociation factice). C'est le cas de « corruption ». L'utilité du représentant passe dans ce cas de θ_r à moins $-\theta_r$, ce qui représente l'utilité à épouser totalement les positions patronales.
- Si le représentant refuse, une négociation se déroule, et les salariés obtiennent une part des profits de l'entreprise à se partager. Cette part est proportionnelle au nombre de salariés qui soutiennent le représentant (par exemple les salariés syndiqués).
- L'employeur peut finalement payer un coût c(d) pour discriminer le représentant et réduire son salaire ou son utilité d'un montant d. c(d) représente le coût réputationnel pour l'entreprise ou le risque juridique lié à discriminer un représentant.

L'objectif principal du modèle est d'expliciter pourquoi un employeur pourrait avoir un intérêt stratégique à discriminer un représentant qui va de toute façon négocier, et cela même dans un contexte où cette discrimination peut être coûteuse. Si le jeu ci-dessus n'est pas répété, alors l'employeur n'a aucun intérêt à discriminer en dernière période et il n'y aura pas de discrimination. Il pourra en revanche y avoir corruption si le processus de désignation du représentant fait émerger un représentant suffisamment propatronal.

En revanche, si le jeu est répété, c'est-à-dire si les étapes ci-dessus se reproduisent indéfiniment dans l'entreprise, un équilibre avec discrimination peut advenir. Le point clé est que, dans cet équilibre, la perspective d'être discriminé va dissuader les salariés ayant des θ trop petits de se présenter. Ainsi, l'anticipation de moins bonnes carrières en cas de mandat implique que seuls les salariés les plus radicaux se présentent aux élections. L'employeur peut avoir intérêt à induire une telle sélection parce qu'elle implique que les représentants choisis *in fine* seront dans la queue de distribution des θ et donc peu soutenus par leurs collègues. Ils seront donc peu à même de mobiliser l'ensemble des salariés pour faire pression sur l'employeur et d'obtenir des gains substantiels lors des négociations. Dans certaines petites entreprises, il se peut même qu'il n'y ait plus aucun candidat à devenir représentant en présence de discrimination, et la menace de discrimination permet alors à l'employeur d'éviter directement la négociation. Ce résultat est cohérent avec l'observation que nombre de PME sont des déserts syndicaux.

Ce modèle raconte en quelque sorte l'histoire d'un syndicalisme faible. Il montre comment les carrières des représentants peuvent être liées à la conflictualité dans les entreprises. Un cercle vicieux peut s'instaurer en matière de représentation collective : la discrimination réelle ou supposée dissuade les salariés n'ayant pas un fort intérêt personnel (du fait de leurs convictions) à devenir représentants et écarte ainsi les salariés qui seraient les plus représentatifs de ces fonctions. Elle implique des représentants qui seront peu soutenus par leurs collègues, et qu'il sera d'autant plus facile de pénaliser. Ces représentants apparaîtront d'ailleurs d'autant plus illégitimes aux yeux des employeurs qu'ils bénéficient d'un faible soutien de leurs collègues. Sans même supposer le degré de rationalité et d'anticipation du modèle théorique ci-dessus, on peut penser que les employeurs auront tendance à ne pas valoriser les carrières de tels représentants, ce qui renforcera l'idée auprès de l'ensemble de la communauté que, pour faire carrière, mieux vaut ne pas devenir représentant.

Les données de l'enquête *REPONSE* 2017 incluent également des questions supplémentaires permettant d'élucider les raisons pour lesquelles les salariés non syndiqués n'ont effectivement pas souhaité adhérer à un syndicat. Environ un quart des salariés déclarent que c'est par peur pour leur carrière. Or cette proportion augmente très fortement dans les établissements dans lesquels les représentants syndiqués subissent des pénalités salariales ou déclarent que leur mandat a eu un effet négatif sur leur carrière. Ce résultat empirique confirme bien l'idée que les pénalités salariales subies par les représentants syndiqués contribuent à décourager la syndicalisation et limitent la capacité des salariés à s'organiser collectivement.

L'effet d'un regain de démocratie électorale dans l'entreprise

Face à ces difficultés pour la démocratie au travail au niveau des lieux de travail et des entreprises, et alors que le taux de syndicalisation dans le secteur privé n'avait cessé de décliner pour passer en deçà de 10 %, les deux principales organisations patronales et la CGPME, et les deux principaux syndicats de salariés, la CGT et la CFDT, signent une position commune en avril 2008, position qui fait « franchir un pas à la démocratie sociale française, en obtenant que la représentativité des syndicats soit déterminée par les salariés eux-mêmes », pour reprendre les termes de la CGT. Nicolas Sarkozy s'empare de ce texte, et sa majorité le traduit en loi en août 2008.

Dans un travail mené conjointement[22], nous avons évalué les effets à court et à moyen terme de cette importante réforme française de la représentation des salariés dans le secteur privé, sur la syndicalisation, la confiance des employeurs et des salariés envers les syndicats et les performances des entreprises.

La qualité des relations de travail et la représentativité des syndicats sont généralement considérées comme des facteurs déterminants de la performance économique et de la cohésion sociale. La coopération entre employeurs et salariés peut améliorer la compétitivité, tandis qu'un taux de syndicalisation élevé améliore la position des syndicats en tant que partenaires légitimes des entreprises et contribue ainsi à favoriser la coopération entre les travailleurs et les employeurs. La syndicalisation peut également accroître le pouvoir de négociation des travailleurs et réduire les inégalités salariales[23]. Conformément à ces thèses familières, le renforcement du dialogue social est devenu un objectif central des décideurs politiques et des organisations internationales. La « qualité du dialogue social » est ainsi l'un des quatre piliers du concept de « travail décent », norme première de l'Organisation internationale du travail (OIT) pour la célébration de son centenaire en 2019. En tant que tel, il constitue également l'un des objectifs de l'agenda 2030 des Nations unies pour le développement durable.

Pour autant, les moyens pour revitaliser le mouvement syndical et améliorer la coopération entre les représentants des travailleurs et les employeurs restent largement méconnus. Alors que le déclin du syndicalisme est de plus en plus perçu comme un sujet de préoccupation pour la représentativité des syndicats, notamment en raison de l'augmentation des inégalités salariales dans de nombreux pays développés, on manque de solutions politiques pratiques pour revitaliser les syndicats. Le consensus entre les institutions internationales ne va pas plus loin que l'application des principes et droits fondamentaux au travail (tels que la liberté d'association et la négociation collective).

Un tel manque de directives contraste avec l'agenda détaillé des réformes économiques structurelles habituellement réclamées par ces mêmes institutions. Il s'explique probablement par l'absence de preuves empiriques claires dans la littérature universitaire, qui recourt le plus souvent à de vastes comparaisons entre systèmes de négociation au niveau des pays pour expliquer les différences internationales substantielles en matière de syndicalisation et de coopération. Ces comparaisons sont rarement en mesure d'identifier clairement les canaux spécifiques propices à des taux de syndicalisation plus élevés ou à une meilleure coopération entre partenaires sociaux. Dans un certain nombre de cas, cette approche comparative néglige la composante historique des systèmes de relations professionnelles qui rend difficile le transfert immédiat à un autre pays des réglementations efficaces en place dans un pays donné.

Nous avons tenté d'éviter ces écueils en adoptant une approche différente qui consiste à évaluer directement au niveau microéconomique l'impact sur la syndicalisation et la coopération entre employeurs et employés d'une réforme institutionnelle des relations de travail en France promulguée en 2008. La loi a rendu obligatoire la tenue d'élections libres pour déterminer quels syndicats peuvent être reconnus comme partenaires officiels de négociation au niveau des entreprises, des branches professionnelles et du pays dans son ensemble. Ces élections sont répétées tous les deux, trois ou quatre ans et introduisent donc une concurrence permanente entre les syndicats. La réforme a mis fin à une situation dans laquelle cinq syndicats historiquement établis formaient essentiellement un cartel juridique : ils étaient autorisés à négocier et à signer des conventions collectives pour les travailleurs au niveau de l'entreprise, du secteur et du pays (à condition de pouvoir désigner des représentants volontaires), tandis que les autres syndicats étaient confrontés à de fortes barrières à l'entrée. En outre, la désignation des négociateurs syndicaux (délégués syndicaux) au niveau du lieu de travail/de l'entreprise était auparavant discrétionnaire. La réforme a imposé à la place qu'un délégué syndical ait attiré sur son nom propre au moins 10 % des votes des travailleurs.

La réforme de 2008 introduit avant tout de nouvelles procédures, conformément à la définition de la démocratie donnée par Schumpeter, à savoir la « concurrence pour le leadership politique ». Cependant, ses racines sont à la fois instrumentales et culturelles : d'une part, elle vise à renforcer la légitimité des syndicats et, d'autre part, elle constitue une étape supplémentaire de l'extension historique de la citoyenneté depuis la Révolution française, résumée par Jean Auroux, le ministre français du Travail, en 1982 : « Comme les citoyens dans la Cité, les travailleurs doivent être citoyens dans leur entreprise. » En nous appuyant sur la littérature relative aux effets des élections libres en politique[24], nous soutenons que l'introduction de telles élections peut effectivement améliorer la démocratie au travail dans ces différentes acceptions[25]. En effet, il peut s'agir d'un moyen efficace d'améliorer la qualité de la représentation syndicale et des services fournis aux travailleurs, et donc d'encourager le syndicalisme et de renforcer la confiance des travailleurs dans les syndicats.

Mettant fin au conservatisme bureaucratique, la condition électorale pour devenir délégué syndical peut réduire la distance entre les dirigeants syndicaux locaux et les travailleurs, et peut favoriser l'émergence de nouveaux dirigeants ou pousser les dirigeants en place à innover. Le simple fait d'élire leurs dirigeants peut aussi, en soi, accroître la volonté des travailleurs de participer à l'action collective. Enfin, en renforçant la légitimité des syndicats en tant que partenaires de négociation, les élections libres peuvent également accroître la confiance des employeurs dans les syndicats. La principale contribution de cette étude est de tester ces prédictions simples, ce qui, à notre connaissance, n'a jamais été fait en ce qui concerne les syndicats.

Pour évaluer les effets de la réforme, nous exploitons le fait que sa mise en œuvre a été progressive et son calendrier, exogène. En effet, la loi a institué des élections pour déterminer quels syndicats sont légalement reconnus pour négocier, mais des élections libres avaient déjà eu lieu auparavant, pour élire les membres des comités d'entreprise ou les délégués des travailleurs. La nouvelle réglementation n'est entrée en vigueur qu'à la première élection des comités ou des délégués sur le lieu de travail après la promulgation de la loi. Ces élections doivent être organisées dans toutes les entreprises de plus de 10 travailleurs selon une fréquence préétablie – généralement tous les quatre ans. Cela signifie que la date de l'élection autour de la date d'application de la loi ne dépend que de la date de l'élection précédente dans chaque entreprise, et peut donc être considérée comme aléatoire par rapport à la réforme, du moins dans les entreprises suffisamment anciennes pour avoir eu des élections dans le passé. L'identification repose donc sur un modèle de discontinuité de régression (RDD) dans lequel la variable courante est la date de l'élection du comité d'entreprise (ou du délégué des travailleurs) : nous comparons les lieux de travail qui ont organisé des élections un peu avant et un peu après l'entrée en vigueur de la réforme le 1er janvier 2009.

En combinant l'enquête *REPONSE* de 2011 avec les données administratives sur les dates exactes des élections professionnelles, nous montrons d'abord que les règles démocratiques introduites en 2008 ont augmenté dans l'entreprise le « capital social » ou « l'idéologie commune[26] » de façon spectaculaire : la satisfaction et la confiance des employeurs et des travailleurs à l'égard des syndicats, mesurées en 2011, étaient beaucoup plus importantes dans les entreprises qui avaient déjà appliqué la loi. La couverture syndicale – c'est-à-dire la présence d'au moins un syndicat reconnu pour la négociation – avait bondi jusqu'à 20 points de pourcentage dans les entreprises qui avaient été les premières à appliquer la réforme de 2008. Les taux de syndicalisation des salariés ont également augmenté significativement. Une étude des tendances macroéconomiques de la syndicalisation en France et de la coopération entre employeurs et employés vient étayer ces résultats microéconomiques : le taux de syndicalisation est passé de 9,7 % en 2008 à 12,9 % en 2016 parmi les travailleurs de l'échantillon d'entreprises du secteur privé utilisé pour nos estimations, tout en chutant de 19,5 à 17,4 % dans le secteur public, qui n'a pas été touché par la réforme. De même, nous montrons que la France est l'un des pays qui a connu la plus forte augmentation du niveau ressenti de coopération entre les travailleurs et les employeurs (telle que déclarée par les managers dans l'enquête du World Economic Forum) entre 2007 et 2016 (figure 1). Nous fournissons dans l'article des comparaisons additionnelles, toutes cohérentes avec un impact substantiel de la réforme sur la syndicalisation et la confiance des employeurs envers les syndicats.

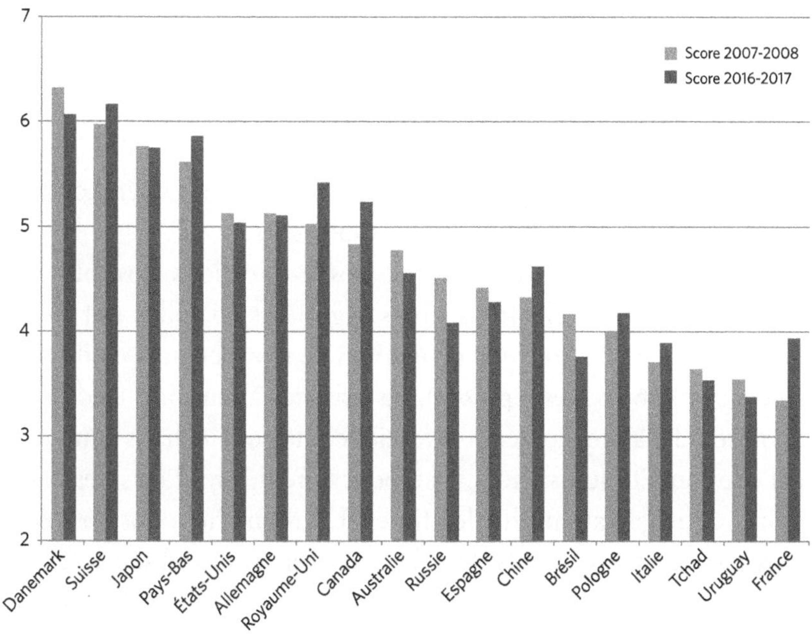

Figure 1. Coopération entre salariés et employeurs pour un échantillon de pays.

Note : une sélection de 19 pays sur les 122 étudiés les deux années est représentée. En 2007-2008, la France se classe dernière sur 128 pays en termes de coopération déclarée. En 2016-2017, la France se classe 117e sur 145 pays en termes de coopération déclarée.

Source : World Economic Forum historical Dataset. Il est demandé à un échantillon tournant de managers d'évaluer de 0 (le moins bon) à 7 (le meilleur) la coopération en matière de relations entre les travailleurs et les employeurs dans leur pays.

En combinant les données sur les flux de travailleurs avec les dates des élections, nous essayons ainsi d'évaluer l'effet de ces dernières sur la coopération entre travailleurs et employeurs. La réforme de 2008 a ainsi un effet négatif important sur les démissions volontaires, qui sont réduites d'environ un tiers en 2011. Cela va de pair avec un effet positif de la réforme sur l'apparition de formes modérées de conflit, comme les débrayages de courte durée, notamment dans l'industrie manufacturière et la construction. Nous interprétons cela comme l'expression d'une *voice* plus forte des travailleurs en réponse à une représentation plus démocratique, conformément au modèle analytique *Exit, Voice and Loyalty* de Hirschman. Il faut noter que cette augmentation de la volonté des travailleurs d'exprimer leurs préoccupations s'accompagne, selon nos estimations, d'une forte augmentation de la satisfaction et de la confiance des employeurs dans les syndicats ; cela indique que l'absence de conflit de travail explicite ne coïncide pas nécessairement avec une coopération plus étroite entre les travailleurs et les employeurs.

Nous distinguons trois principales explications possibles des effets observés des élections libres régulières : i) elles ont induit l'émergence d'une nouvelle génération de représentants syndicaux ; ii) elles ont poussé les représentants existants à fournir plus d'efforts en raison de la pression concurrentielle que ces élections génèrent ; iii) elles ont été suffisantes en soi pour faire des syndicats des partenaires de négociation plus légitimes. En revanche, nous ne détectons pas de changements dans les caractéristiques observables des délégués syndicaux élus dans le cadre de la réforme. Cela suggère un effet direct du changement institutionnel sur la confiance : les élections libres régulières, en tant que moyen nouveau et peut-être plus légitime de désigner les représentants syndicaux, auraient suffi à accroître la satisfaction des parties prenantes.

Dans son ensemble, ce travail illustre, d'une part, que les règles institutionnelles du dialogue social en entreprise peuvent en affecter le fonctionnement et la qualité et, d'autre part, la vertu de processus plus démocratiques en entreprise.

Quel avenir pour la démocratie au travail en France ?

Après une décennie sans nouvelle réforme majeure affectant la démocratie au travail, les réformes des instances représentatives du personnel menées depuis la fin de la présidence de François Hollande sont dénoncées par les organisations syndicales comme un affaiblissement de la démocratie au travail représentative en entreprise. Deux réformes successives, la loi El Khomri en 2016 et les ordonnances Pénicaud en 2017 juste après l'élection d'Emmanuel Macron ont en effet profondément altéré la structuration des relations professionnelles dans les entreprises. Les représentants des salariés au sein des nouveaux CSE (voir tableau 1) doivent couvrir de nouvelles prérogatives comme celles des anciens CHSCT tout en étant moins nombreux. Dans les entreprises multiétablissements, la représentation locale au sein de chaque établissement n'est plus garantie, accentuant potentiellement le phénomène de bureaucratisation et d'éloignement de la base décrit plus haut. Selon les données de la Dares, la présence d'une institution représentative du personnel s'est repliée depuis 2017 dans les entreprises de plus de 10 salariés. Sur le moyen terme, la limitation de trois mandats (d'au plus quatre ans) comme titulaire ou suppléant d'un CSE soulève de fortes inquiétudes sur la disparition à venir de candidats potentiels aux élections professionnelles (déjà moins nombreux aujourd'hui que les postes à pourvoir) et une perte d'expertise au sein des entreprises.

Ces effets sont renforcés par l'interdiction qui a été faite, dans les ordonnances de 2017, aux représentants suppléants de participer aux réunions des CSE : les organisations syndicales sont unanimes à considérer que cela limite fortement leur capacité à former et à faire monter en compétence de futurs titulaires qui seront tout à la fois capables de maîtriser des dossiers souvent techniques et à l'aise pour négocier avec l'employeur en réunion. Ces inquiétudes quant à la diminution conjointe du nombre de candidats à des mandats de représentants syndicaux et de leur niveau d'expertise sont également partagées par le comité d'évaluation des ordonnances Pénicaud qui souligne ces enjeux dans son rapport final, ainsi que par certains employeurs et les associations de DRH qui craignent de manquer d'interlocuteurs suffisamment formés pour négocier (notamment dans les grandes entreprises). L'enquête conditions de travail que la Dares utilisait comme référence pour mesurer la syndicalisation donne en apparence une érosion de celle-ci entre la vague 2016 et celle de 2019 (du fait du Covid, la prochaine enquête est menée en 2024) ; néanmoins, le plus frappant est la montée de la part des salariés refusant de répondre à la question, comme si, en 2019, la crainte de se déclarer syndiqué s'était accrue.

À l'inverse, la politique menée lors du second mandat Macron semble stimuler un renouvellement en pratique de la démocratie au travail. La violence sociale d'une réforme comme celle des retraites basée sur un narratif trop aisément déconstruit a permis une union syndicale solide, une légitimation de l'action collective et, selon les communiqués des organisations syndicales, un afflux de nouveaux adhérents dont une forte proportion de moins de 35 ans. Elle impose aux syndicats d'accélérer la rénovation de leurs actions, y compris d'investir les réseaux sociaux, d'améliorer leur propre fonctionnement démocratique interne. Dans ce cadre, l'élection coup sur coup en 2023 de deux femmes quarantenaires à la tête des deux principales confédérations syndicales françaises (la CFDT et la CGT) n'est pas qu'anecdotique.

Le déclin de l'État protecteur (de l'assurance chômage à l'inspection du travail) invite également les travailleurs à exprimer davantage leurs voix en entreprise. L'inaction environnementale et sanitaire de l'État pousse des salariés citoyens à s'investir dans leur entreprise ou dans des collectifs professionnels experts non syndicaux pour influer sur les pratiques productives en posant simultanément la question du travail et celle de l'impact environnemental ; ils y sont rejoints par des salariés qui s'étaient initialement engagés dans les services de responsabilité sociale et environnementale trop souvent réduits au *green* ou *social washing*. Ce mouvement ouvre la voie, à côté de la démocratie au travail représentative, à une démocratie délibérative qui implique directement les travailleurs, et où ceux-ci débattent collectivement de l'organisation, des moyens, des mutations et des objectifs de la production au sens large[27].

Dans le même temps, le contexte européen connaît une inflexion majeure. Alors que les réformes menées depuis 2016 en France sont souvent présentées comme une « modernisation » des institutions françaises pour flexibiliser son marché du travail qui serait trop « rigide » et assurer sa compétitivité en Europe, l'adoption de la directive sur le salaire minimum en 2022 marque un début de compréhension par la Commission européenne, la grande majorité des exécutifs européens et du Parlement européen, que la stratégie de compétitivité par le moins-disant social et démocratique au travail a été délétère pour l'ensemble du continent. Ainsi, la directive ne se contente pas d'améliorer la protection du salaire minimum, mais vise également à promouvoir et à faciliter la négociation collective sur les salaires. La directive exige spécifiquement des États membres dont le taux de couverture des négociations collectives est inférieur à 80 % (ce qui ne concerne par la France compte tenu de la couverture par les branches) qu'ils établissent un plan d'action pour promouvoir ces négociations.

La recommandation du 12 juin 2023 du Conseil sur le dialogue social assène : « Le dialogue social, y compris la négociation collective, est un outil crucial et propice au bon fonctionnement de l'économie sociale de marché, qui favorise la résilience économique et sociale, la compétitivité, la stabilité ainsi qu'une croissance et un développement durables et inclusifs. Le dialogue social joue également un rôle important dans la définition de l'avenir du travail, compte tenu des tendances particulières de la mondialisation, de la technologie, de la démographie et du changement climatique. » À revers des réformes de décentralisation de la négociation ayant eu lieu en France au cours de la dernière décennie et auparavant en Espagne, en Italie ou en Grèce notamment après la crise des dettes souveraines, cette recommandation invite donc l'ensemble des États membres à prendre les mesures appropriées pour soutenir le dialogue social, la négociation collective et le droit à l'action collective à tous les niveaux[28]. Notamment, elle appelle à un renforcement des capacités, c'est-à-dire « des compétences, des aptitudes et des pouvoirs des partenaires sociaux pour leur permettre de participer efficacement et à différents niveaux au dialogue social ».

Quelques mois plus tard, en mars 2024, malgré l'opposition d'une France incapable de réunir une minorité de blocage, la directive de la Commission sur les plateformes, portée par la présidence espagnole du Conseil de l'UE, puis la présidence belge et soutenue par l'Italie, a été adoptée par le Conseil : elle reconnaît aux travailleurs des plateformes une présomption de salariat, première étape pour un accès de droit commun à la démocratie au travail. Des impulsions du terrain jusqu'à la prise de conscience au sommet de l'Europe, la France pourrait donc ne pas échapper à la construction d'une démocratie au travail du XXIe siècle.

Notes bibliographiques

Introduction

1. Des versions plus étendues des chapitres 1 à 4 sont disponibles sur le site du Cepremap aux adresses suivantes : https://www.cepremap.fr/publications/la-transition-energetique-objectif-zen/ (chapitre 1), https://www.cepremap.fr/publications/voter-autrement/ (chapitre 2), https://www.cepremap.fr/publications/le-bonheur-est-sur-twitter-un-barometre-du-moral-des-francais/ (chapitre 3), https://www.cepremap.fr/publications/les-femmes-au-pouvoir-que-change-vraiment-la-parite-en-politique/ (chapitre 4). Des commentaires des chapitres 3, 4 et 5 (par Maya Bacache, Dominique Meurs et Luc Behaghel respectivement) sont également disponibles à la page suivante : https://www.cepremap.fr/publications/gouverner.
2. D. Cohen, *Une brève histoire de l'économie*, Albin Michel, 2024.

CHAPITRE 1
Objectif ZEN

1. Selon le Global Carbon Project (2023).
2. M. R. Allen *et al.*, « Warming caused by cumulative carbon emissions towards the trillionth tonne », *Nature*, 2009, 458, p. 1163-1166 ; M. Meinshausen *et al.*, « Greenhouse-gas emission targets for limiting global warming to 2 °C », *Nature*, 2009, 458, p. 1158-1162.
3. M. Meinshausen *et al.*, « Greenhouse-gas emission targets for limiting global warming to 2 °C », art. cit.
4. Voir, pour une explication à destination des économistes, L. Mattauch *et al.*, « Steering the climate system. Using inertia to lower the cost of policy : Comment », *American Economic Review*, 2020, 110 (4), p. 1231-1237.
5. IPCC, *Climate Change 2014 : Mitigation of Climate Change*, Cambridge University Press, 2014.

6. Pour une revue identifiant les sources des différences, voir J. Rogelj, P. M. Forster, E. Kriegler *et al.*, « Estimating and tracking the remaining carbon budget for stringent climate targets », *Nature*, 2019, 571, p. 335-342.
7. IPCC, *Global Warming of 1.5°C, Special Report*, 2018.
8. K. Yamaji *et al.*, « An integrated system for CO_2/Energy/GNP analysis : Case studies on economic measures for CO_2 reduction in Japan », Workshop on CO_2 reduction and removal : measures for the next century, International Institute for Applied Systems Analysis, Laxenburg, Austria, 1991.
9. Voir par exemple S. Hallegate (dir.), *Unbreakable. Building the Resilience of the Poor in the Face of Natural Disasters*, World Bank Publications, 2016.
10. H. Bohn, C. Stuart, « Calculation of a population externality », *American Economic Journal*, 2015, 7 (2), p. 61-87 ; R. Gerlagh, V. Lupi, M. Galeotti, M., « Family planning and climate change », *Cesifo Working Papers*, 2019, 7421.
11. R. Gerlagh, V. Lupi, M. Galeotti, « Family planning and climate change », art. cit.
12. N. Scovronick *et al.*, « Impact of population growth and population ethics on climate change mitigation policy », *PNAS*, 2017, 114 (46), p. 12338-12343.
13. C. Dugast, A. Soyeux, *Faire sa part ? Pouvoir et responsabilité des individus, des entreprises et de l'État face à l'urgence climatique*, Carbone 4, 2019.
14. The Shift Project, *Pour une sobriété numérique*, octobre 2018.
15. E. Masanet *et al.*, « Recalibrating global data center energy-use estimates », *Science*, 2020, 367 (6481), p. 984-986.
16. A. Hook *et al.*, « A systematic review of the energy and climate impacts of teleworking », *Environmental Research Letters*, 2020, 15 (9), p. 3003.
17. K. Schubert, « Sobriety », *in* C. Gollier, D. Rohner (dir.), *Peace not Pollution : How Going Green Can Tackle Climate Change and Toxic Politics*, CEPR Press, 2023 ; A. Pommeret *et al.*, *Les Incidences économiques de l'action pour le climat*, rapport thématique 1 : *Sobriété*, France Stratégie, 2023.
18. D. Brounen, N. Kok, « On the economics of energy labels in the housing market », *Journal of Environmental Economics and Management*, 2010, 62 (2), p. 166-179.
19. S. Houde, « How consumers respond to product certification and the value of energy information », *The Rand Journal of Economics*, 2018, 49 (2), p. 453-477.
20. S. Werfel, « Household behaviour crowds out support for climate change policy when sufficient progress is perceived », *Nature Climate Change*, 2017, 7, p. 512-515.
21. D. Hagmann, E. H. Ho, G. Lowenstein, « Nudging out support for a carbon tax », *Nature Climate Change*, 2019, 9, p. 484-489.
22. T. Goeschl, G. Perino, « Instrument choice and motivation : Evidence from a climate change experiment », *Environmental and Resource Economics*, 2011, 52, p. 195-212.
23. C. Severen, A. van Benthem, « Formative experiences and the price of gasoline », *CESifo Working Papers*, 2019, 7757.
24. Voir, pour les États-Unis, H. Estiri, E. Zagheni, « Age matters : Ageing and household energy demand in the United States », *Energy Research and Social Science*, 2019, 55, p. 62-70.
25. IEA (International Energy Agency), *Global Energy Review 2020 : The Impacts of the Covid-19 Crisis on Global Energy Demand and CO_2 Emissions, Flagship Report*, avril 2020.

26. C. Le Quéré *et al.*, « Temporary reduction in daily global CO_2 emissions during the Covid-19 forced confinement », *Nature Climate Change*, 2020, 10 (7), p. 1-7.
27. G. Peters, G. Marland, C. Le Quéré *et al.*, « Rapid growth in CO_2 emissions after the 2008-2009 global financial crisis », *Nature Climate Change*, 2012, 2, p. 2-4.
28. Voir J. Stiglitz, A. Sen, J.-P. Fitoussi, *Rapport de la Commission sur la mesure des performances économiques et du progrès social*, 2009.
29. C. Le Quéré *et al.*, « Drivers of declining CO_2 emissions in 18 developed economies », *Nature Climate Change*, 2019, 9, p. 213-217.
30. G. Heal, W. Schlenker, « Coase, Hotelling and Pigou : The incidence of a carbon tax and CO_2 emissions », *NBER Working Papers*, 2019, 26086.
31. C. McGlade, P. Ekins, « The geographical distribution of fossil fuels unused when limiting global warming to 2 °C », *Nature*, 2015, 517, p. 187-190.
32. M. S. Masnadi *et al.*, « Global carbon intensity of crude oil production », *Science*, 2018, 361 (6405), p. 851-853.
33. R. Coulomb, F. Henriet, « The Grey Paradox : How fossil-fuel owners can benefit from carbon taxation », *Journal of Environmental Economics and Management*, 2018, 87, p. 206-223 ; R. Coulomb, Y. Zylberberg, « Environmental risk and the anchoring role of mobility rigidities », *Journal of the Association of Environmental and Resource Economics*, 2021, 8 (3), p. 509-545 ; R. Coulomb, F. Henriet, L. Reitzmann, « Bad oil, worse oil and carbon misallocation », *PSE Working Papers*, 2021, 2021-38.
34. https://www.reuters.com/article/us-saudi-aramco-stocks/saudi-aramco-raises-ipo-to-record-29-4-billion-by-over-allotment-of-shares-idUSKBN1ZB03D/.
35. J. Daubanes, F. Henriet, K. Schubert, « More gas, less coal, and less CO_2 ? Unilateral CO_2 reduction policy with more than one carbon energy source », *Journal of the Association of Environmental and Resource Economists*, 2021, 8 (3), p. 543-575 ; C. R. Knittel, K. Metaxoglou, A. Trindade, « Natural gas prices and coal displacement : Evidence from electricity markets », *NBER Working Papers*, 2020, 21627.
36. D. Acemoglu, P. Aghion, L. Barrage, D. Hémous, « Climate change, directed innovation, and energy transition : The long-run consequences of the shale gas revolution », *Working Paper*, Harvard University, 2019.
37. T. H. Darrah *et al.*, « Noble gases identify the mechanisms of fugitive gas contamination in drinking-water wells overlying the Marcellus and Barnett Shales », *PNAS*, 2014, 111 (39), p. 14076-14081.
38. L. Muehlenbachs, E. Spiller, C. Timmins, « The housing market impacts of shale gas development », *The American Economic Review*, 2015, 105 (12), p. 3633-3659.
39. F. Henriet, K. Schubert, « Is shale gas a good bridge to renewables ? An application to Europe », *Environmental and Resource Economics*, 2019, 72 (3), p. 782-762.
40. Energy Information Administration (EIA), *Annual Energy Outlook 2018*, 2018.
41. [IPCC] Working Group III de l'Intergovernmental Panel on Climate Change, B. O. Metz, H. C. Davidson, M. Loos de Coninck, L. A. Meyer (dir.), *IPCC Special Report on Carbon Dioxide Capture and Storage*, Cambridge University Press, 2005.
42. A. Peters, « False hope : Why carbon capture and storage won't save the climate », *Energy and Environment*, 2012, 23 (2-3).

43. [IPCC] P. R. Shukla, J. Skea, E. Calvo Buendia, V. Masson-Delmotte *et al.* (dir.), *Climate Change and Land : An IPCC Special Report on Climate Change, Desertification, Land Degradation, Sustainable Land Management, Food Security, and Greenhouse Gas Fluxes in Terrestrial Ecosystems*, 2019.
44. J.-F. Bastin *et al.*, « The global tree restoration potential », *Science*, 2019, 365 (6448), p. 76-79.
45. J. W. Veldman *et al.*, « Comment on "The global tree restauration potential" », *Science*, 2019, 366 (6463).
46. K. Anderson, G. Peters, « The trouble with negative emissions », *Science*, 2017, 354 (6309), p. 182-183.
47. G. Klepper, W. Rickels, « Climate engineering : Economics prospects and considerations », *Review of Environmental Economics and Policy*, 2014, 8 (2), p. 270-289.
48. A. Robock, L. Oman, G. L. Stenchikov, « Regional climate responses to geoengineering with tropical and Arctic SO_2 injections », *Journal of Geophysical Research*, 2008, 113 (D16).
49. J. Proctor *et al.*, « Estimating global agricultural effects of geoengineering using volcanic eruptions », *Nature*, 2018, 560, p. 480-483.
50. F. Prieur, M. Quaas, I. Schumacher, « Mitigation strategies under the threat of solar radiation management », 2019, *EconomiX Working Papers*, 2019-3.
51. IEA (International Energy Agency), « Key world energy statistics 2021 », 2021, https://www.iea.org/reports/key-world-energy-statistics-2021.
52. NEA (Nuclear Energy Agency) et IAEA (International Atomic Energy Agency), *Uranium 2018 : Resources, Production and Demand*, 2018.
53. Cour des comptes, *Le Coût de production de l'électricité nucléaire*, 2014.
54. Cour des comptes, *L'Analyse des coûts du système de production électrique en France*, 2021.
55. L. Haywood, R. Pietzcker, M. Leroutier, « Why investing in new nuclear plants is bad for the climate », *Joule*, 2023, 7 (8), p. 1663-1678.
56. R. Coulomb, Y. Zylberberg, « Environmental risk and the anchoring role of mobility rigidities », art. cit.
57. Voir par exemple E. Baker *et al.*, « The economics of solar electricity », *Annual Review of Resource Economics*, 2013, 5, p. 387-426.
58. IEA (International Energy Agency), *Solar Energy Perspectives*, IEA Publications, 2011.
59. P. Joskow, « Comparing the costs of intermittent and dispatchable generating technologies », *American Economic Review*, 2011, 101 (3), p. 238-241.
60. IEA (International Energy Agency), *Medium-Term Renewable Energy Market Report*, 2014.
61. H. W. Sinn, « Buffering volatility : A study on the limits of Germany's energy revolution », *European Economic Review*, 2017, 99, p. 130-150.
62. P. Joskow, « Comparing the costs of intermittent and dispatchable generating technologies », art. cit. ; I. Lazkano, L. Nøstbakken, M. Pelli, « From fossil fuels to renewables : The role of electricity storage », *European Economic Review*, 2017, 99, p. 113-129.
63. Voir H. W. Sinn, « Buffering volatility : A study on the limits of Germany's energy revolution », art. cit.

64. G. Heal, « Notes on the economics of energy storage », *NBER Working Papers*, 2016, 22752.
65. A. Pommeret, K. Schubert, « Optimal energy transition with variable and intermittent renewable electricity generation », *Journal of Economic Dynamics and Control*, 2022, 134 (C).
66. H. W. Sinn, « Buffering volatility : A study on the limits of Germany's energy revolution », art. cit.
67. L. H. Goulder, I. W. H. Parry, « Instrument choice in environmental policy », *Review of Environmental Economics and Policy*, 2008, 2 (2), p. 152-174 ; J. E. Stiglitz, « Addressing climate change through price and non-price interventions », *European Economic Review*, 2019, 118, p. 594-612.
68. Voir S. Kallbekken, H. Sælen, « Public acceptance for environmental taxes : Self-interest, environmental and distributional concerns », *Energy Policy*, 2011, 39 (5), p. 2966-2973 ; S. Carattini, M. Carvalho, S. Fankhauser, « Overcoming public resistance to carbon taxes », *Wiley Interdisciplinary Reviews : Climate Change*, 2018, 9 (5), e531 ; S. Carattini, S. Kallbekken, A. Orlov, « How to win public support for a global carbon tax », *Nature*, 2019, 565, p. 289-291 ; A. Dechezleprêtre *et al.*, « Fighting climate change : International attitudes toward climate policies », *NBER Working Papers*, 2022, 30265. Pour la France : T. Douenne, A. Fabre, « French attitudes over climate change, carbon taxation and other climate policies », *Ecological Economics*, 2020, 169, 106496.
69. X. d'Haultfoeuille, P. Givord, X. Boutin, « The environmental effect of green taxation : The case of the French bonus/malus », *The Economic Journal*, 2018, 124 (578), p. 444-480.
70. G. Blaise, M. Glachant, « Quel est l'impact des travaux de rénovation énergétique des logements sur la consommation d'énergie ? Une évaluation ex post sur données de panel », *La Revue de l'énergie*, 2019, 646, p. 46-60.
71. J. Sachs, « Getting to a carbon-free economy : The urgent is attainable, and at entirely affordable cost », *The American Prospect*, 5 décembre 2019.
72. Voir par exemple K. Schubert, *Pour la taxe carbone. La politique économique face à la menace climatique*, Éditions Rue d'Ulm, « Opuscule Cepremap », 2010.
73. https://www.econstatement.org/.
74. https://www.eaere.org/statement/.
75. J. Sallee, « Pigou creates losers : On the implausibility of achieving pareto improvements from efficiency-enhancing policies », *NBER Working Papers*, 2019, 25831.
76. S. Borenstein, L. Davis, « The distributional effects of US clean energy tax credit », *NBER Tax Policy and the Economy*, 2016, 30 (1), p. 191-234.
77. A. Levinson, « Energy efficiency standards are more regressive than energy taxes : Theory and evidence », *Journal of the Association of Environmental and Resource Economists*, 2019, 6 (S1), p. 7-36 ; L. W. Davis, C. R. Knittel, « Are fuel economy standards regressive ? », *Journal of the Association of Environmental and Resource Economists*, 2019, 6 (S1), p. 37-63.
78. C. Bruegge, T. Deryugina, E. Myers, « The distributional effects of building energy codes », *Journal of the Association of Environmental and Resource Economists*, 2019, 6 (S1), p. 95-127.

79. HCC (Haut Conseil pour le climat), *Agir en cohérence avec les ambitions*, rapport annuel Neutralité Carbone, juin 2019.
80. D. Bureau, F. Henriet, K. Schubert, « Pour le climat : une taxe juste, pas juste une taxe », *Note du Conseil d'analyse économique*, mars 2019, 50.
81. *Ibid.*
82. T. Douenne, A. Fabre, « French attitudes over climate change, carbon taxation and other climate policies », art. cit.
83. A. E. Roth, « Repugnance as a constraint on markets », *Journal of Economic Perspectives*, 2007, 21 (3), p. 37-58.
84. M. Carney, « Breaking the tragedy of the horizon : Climate change and financial stability », Bank of England, 2015.
85. N. Stern, *Stern Review on the Economics of Climate Change*, Cambridge University Press, 2007.
86. P. Krueger, Z. Sautner, L. Starks, « The importance of climate risks for institutional investors », *Review of Financial Studies*, 2020, 33 (3), p. 1067-1111.
87. NGFS (Network for Greening Financial System), *Un appel à l'action. Le changement climatique comme source de risque financier*, avril 2019.
88. IEA (International Energy Agency), *World Energy Investment*, 2019, https://www.iea.org/reports/world-energy-investment-2019.
89. Carbon Tracker, « Breaking the habit : Why none of the large listed oil companies are "Paris-aligned", and what they need to do to get there », 13 septembre 2019.
90. M. Delis, K. de Greiff, S. Ongena, « Being stranded on the carbon bubble ? Climate policy risk and the pricing of bank loans », *CEPR Discussion Papers*, 2018, 12928.
91. E. Ilhan, Z. Sautner, G. Vikov, « Carbon tail risk », *The Review of Financial Studies*, 2021, 34 (3), p. 777-799.
92. https://www.dnb.nl/binaries/OS_Transition\%20risk\%20stress\%20test\%20versie_web_ tcm46-379397.pdf.
93. P. Bui Quang *et al.*, « The green bond market is expanding rapidly but needs to be measured more accurately », *Bulletin de la Banque de France*, 2019, 226 ; https://publications.banque-france.fr/sites/default/files/medias/documents/ bulletin-de-la-banque-de-france_226-6_obligations_vertes_vf.pdf.
94. S. Matikainen, E. Campiglio, D. Zenghelis, « The climate impact of quantitative easing », *Grantham Research Institute on Climate Change and the Environment Policy Paper*, 2017, http://www.lse.ac.uk/GranthamInstitute/wp-content/uploads/2017/05/ClimateImpactQuantEasing_Matikainen-et-al.pdf.
95. H. Kempf, « Verdir la politique monétaire », *Revue d'économie politique*, 2020, 130, p. 311-343.
96. C. Gollier, « Le climat après la fin du mois : plaidoyer pour une taxe carbone », conférence organisée par Sociétal, l'Académie des sciences morales et politiques et Newpolis, Institut de France, 27 février 2020.
97. Voir K. Schubert, « Macroéconomie et environnement », *Revue de l'OFCE*, 2017, 153, p. 133-150.
98. *Symposium on the Economic of Exhaustible Resources*, numéro spécial de *The Review of Economic Studies*, 1974, 41.
99. On trouvera une présentation des évolutions du modèle jusqu'à la dernière version dans W. D. Nordhaus, « Evolution of modeling of the economics of global

warming : Changes in the DICE model, 1992-2017 », *Climatic Change*, 2018, 148 (4), p. 623-640.

100. Voir A. Sandmo, « Optimal taxation in the presence of externalities », *Swedish Journal of Economics*, 1975, 77, p. 86-98 ; G. Chichilnisky, G. Heal, « Who should abate carbon emissions ? An international perspective », *Economic Letters*, 1994, 44, p. 443-449 ; A. d'Autume, K. Schubert, C. Withagen, « Should the carbon price be the same in all countries ? », *Journal of Public Economic Theory*, 2016, 18 (5), p. 709-725.
101. C. Cattaneo *et al.*, « Human migration in the era of climate change », *Review of Environmental Economics and Policy*, 2019, 13 (2), p. 189-206.
102. Pour une revue de la littérature empirique, voir M. Auffhammer, « Quantifying economic damages from climate change », *Journal of Economic Perspectives*, 2018, 32 (4), p. 33-52.
103. [IPCC] P. R. Shukla, J. Skea, E. Calvo Buendia, V. Masson-Delmotte *et al.* (dir.), *Climate Change and Land*, *op. cit.*, chapitre 3, p. 256.
104. Munich Re, *Natural Catastrophes in 2018. Technical Report*, Münchener Rückversicherungs, 2019.
105. R. Newman, I. Noy, « The global costs of extreme weather that are attributable to climate change », *Nature Communications*, 2023, 14, 6103.
106. S. Hsiang, P. Oliva, R. Walker, « The distribution of environmental damages », *Review of Environmental Economics and Policy*, 2019, 13 (1), p. 83-103.
107. Voir L. H. Goulder, « Environmental taxation and the double dividend : A reader's guide », *International Tax and Public Finance*, 1995, 2 (2), p. 157-183.
108. Cour des comptes, *Le Soutien aux énergies renouvelables*, 2018.
109. Voir, pour la mouture la plus récente, I4CE, *Panorama des financements climat*, 2023 ; et, pour la méthodologie, H. Hainaut, I. Cochran, « The Landscape of domestic climate investment and finance flows : Methodological lessons from five years of application in France », *International Economics*, 2018, 155, p. 69-83.
110. OECD, *Investing in Climate, Investing in Growth*, OECD Publishing, 2017.
111. J. Pisani-Ferry, S. Mahfouz, *Les Incidences économiques de l'action pour le climat*, France Stratégie, mai 2023.
112. *Ibid.*
113. A. Pfeiffer *et al.*, « Committed emissions from existing and planned power plants and asset stranded required to meet the Paris Agreement », *Environmental Research Letters*, 2018, 13, 054019.
114. J.-F. Mercure *et al.*, « Macroeconomic impact of stranded fossil fuel assets », *Nature Climate Change*, 2018, 8, p. 588-593.
115. Carbon Tracker, « Mind the gap : The $1.6 trillion energy transition risk », 8 mars 2018.
116. IRENA (International Renewable Energy Agency), *Stranded Assets and Renewables : How the Energy Transition Affects the Value of Energy Reserves, Buildings and Capital Stock*, 2017.
117. P. Bolton *et al.*, *The Green Swan : Central Banking and Financial Stability in the Age of Climate Change*, Banque des règlements internationaux, janvier 2020.
118. IRENA (International Renewable Energy Agency), *Stranded Assets and Renewables*, *op. cit.*

119. IEA (International Energy Agency), *Medium-Term Renewable Energy Market Report*, *op. cit.*
120. Carbon Tracker, « Mind the gap : The $1.6 trillion energy transition risk », art. cit.
121. D. Acemoglu, P. Aghion, L. Bursztin, D. Hémous, « The environment and directed technical change », *American Economic Review*, 2012, 102, p. 131-166.
122. A. Dechezleprêtre, R. Martin, M. Mohnen, « Knowledge spillovers from clean and dirty technologies », *Grantham Institute Working Paper*, 2017, 155.
123. A. Fabre, B. Apouey, T. Douenne *et al.*, « Who are the citizens of the french convention for climate ? », 2021, halshs-03265053.
124. M. Loisel, N. Rio, *Pour en finir avec la démocratie participative*, Textuel, 2024.
125. L. Van Beek, N. Mouter, P. Pelzer *et al.*, « Experts and expertise in practices of citizen engagement in climate policy : A comparative analysis of two contrasting cases », *Climatic Change*, 2024, 177, p. 10.
126. D. Courant, « Des mini-publics délibératifs pour sauver le climat ? Analyses empiriques de l'Assemblée citoyenne irlandaise et de la Convention citoyenne française », *Archives de philosophie du droit*, 2020, 62, p. 487-507 ; L.-G. Giraudet, B. Apouey, H. Arab *et al.*, « "Co-construction" in deliberative democracy : Lessons from the French Citizens' Convention for Climate », *Humanities and Social Sciences Communications*, 2022, 9 (1), p. 207.
127. M. Gaborit, L. Jeanpierre, R. Rozencwajg, « Les frontières négociées des assemblées citoyennes. Le cas de la Convention citoyenne pour le climat (2019-2020) », *Participations*, 2022, 34, p. 173-204.
128. J.-F. Laslier, « La palpitante et édifiante histoire des apparitions et disparitions de la taxe carbone à la Convention citoyenne pour le climat », communication au colloque Convention citoyenne pour le climat. Premiers résultats de la recherche : étude d'un dispositif et engagements citoyens, 17 et 18 novembre 2020.
129. Voir par exemple le sondage de l'équipe PSE, P. Maurer, « Convention climat : les Français crient haro sur les 110 km/h », *Le Figaro*, 25 juin 2020, https://www.lefigaro.fr/politique/convention-climat-les-francais-crient-au-haro-sur-les-110-km/h-20200625.
130. J.-F. Laslier, « La palpitante et édifiante histoire des apparitions et disparitions de la taxe carbone à la Convention citoyenne pour le climat », art. cit.
131. Q. Perrier, « Convention citoyenne : une ambition climat rehaussée, un coût raisonné », I4CE, billet d'analyse, 22 juin 2020, https://www.i4ce.org/convention-citoyenne-une-ambition-climat-rehaussee-un-cout-raisonne/.
132. J.-F. Laslier, « La palpitante et édifiante histoire des apparitions et disparitions de la taxe carbone à la Convention citoyenne pour le climat », art. cit.
133. https://www.ecologie.gouv.fr/suivi-convention-citoyenne-climat/.
134. Voir https://www.ecologie.gouv.fr/loi-climat-resilience pour une présentation des mesures principales de la loi.
135. Voir le rapport au Parlement de la Cour des comptes, *Évaluation annuelle de la mise en œuvre des mesures prévues par la loi climat et résilience*, mars 2024, qui explique que les conditions ne sont pas réunies pour que l'évaluation des

gains d'émissions et des coûts budgétaires associés aux différentes mesures soit possible.

136. A. Fabre, B. Apouey, T. Douenne *et al.*, « Who are the citizens of the french convention for climate ? », art. cit. ; L.-G. Giraudet, B. Apouey, H. Arab *et al.*, « "Co-construction" in deliberative democracy : Lessons from the French Citizens' Convention for Climate », art. cit.

CHAPITRE 2
Voter autrement

1. C. Girard, « Acclamation voting in Sparta, an early use of approval voting », *in* J.-F. Laslier, M. R. Sanver (dir.), *Handbook of Approuval Voting*, Springer, 2010, p. 15-17.
2. E. Grossmann, N. Sauger, *Introduction aux systèmes politiques nationaux de l'UE*, De Boeck, 2007.
3. M.-A. Cohendet, *Le Président de la République*, Dalloz, 2012.
4. E. Grossmann, N. Sauger, *Introduction aux systèmes politiques nationaux de l'UE*, *op. cit.*
5. Voir l'interview de Sylvain Spinelli, un des fondateurs de l'association Citoyens pour le vote de valeur dans la version longue de ce texte : J.-F. Laslier, *Voter autrement. Le recours à l'évaluation*, Éditions Rue d'Ulm, « Opuscule Cepremap », 2019.
6. L. Blondiaux, « Représentation politique », *in Encyclopædia Universlis*, 2004.
7. M. Allais, « Le comportement de l'homme rationnel devant le risque : critique des postulats et axiomes de l'école américaine », *Econometrica*, 1953, 21 (4), p. 503-546.
8. Voir N. Eber, M. Willinger, *L'Économie expérimentale*, La Découverte, 2005 ; ou D. Serra, *Histoire de l'économie expérimentale*, Éditions universitaires européennes, 2015.
9. S. Bowler, B. Grofman (dir.), *Elections in Australia, Ireland, and Malta under the Single Transferable Vote*, University of Michagan Press, 2000.
10. B. Reilly, « Social choice in the South Seas : Electoral innovation and the Borda count in the Pacific Island countries », *International Political Science Review*, 2002, 23 (4).
11. S. Brams, P. Fishburn, *Approval Voting*, Birkhauser, 1983.
12. Condorcet, *Essai sur l'application de l'analyse à la probabilité des décisions rendues à la pluralité des voix*, Imprimerie royale, 1785.
13. J.-F. Laslier, « La norme majoritaire », *Revue économique*, 1999, 4 (50), p. 669-698.
14. M. Schulze, « A new monotonic, clone-independent, reversal symmetric and Condorcet-consistent single-winner election method », *Social Choice and Welfare*, 2011, 36 (2), p. 267-303.
15. K. Arrow, *Social Choice and Individual Values*, John Wiley and Sons, 1951.
16. N. Tideman, *Collective Decisions and Voting : The Potential for Public Choice*, Ashgate Publishing, 2006 ; M. Sertel, B. Yilmaz, « The majoritarian compromise is majoritarian-optimal and subgame-perfect implementable », *Social Choice and*

Welfare, 1999, 16 (4), p. 615-627 ; G. Basset, J. Persky, « Robust voting », *Public Choice*, 1999, 99 (3-4), p. 299-310 ; S. Brams, *Mathematics and Democracy*, Princeton University Press, 2008 ; M. Balinski, R. Laraki, *Majority Judgment : Measuring, Ranking, and Electing*, MIT Press, 2011 ; J.-F. Laslier, « L'étrange "jugement majoritaire" », *Revue économique*, 2019, 4 (10), p. 569-588.
17. A. Fabre, « Tie-breaking the highest median : Alternatives to the majority judgment », *Social Choice and Welfare*, 2018, 56 (21), p. 101-124.
18. S. Lalley, G. Weyl, « Quadratic voting : How mechanism design can radicalize democracy », *AEA Papers and Proceedings*, 2018, 108, p. 33-37.
19. Sur STAR, voir https://www.equal.vote/starvoting.
20. J.-F. Laslier, « And the loser is… Plurality voting », *in* D. S. Felsenthal, M. Machover (dir.), *Electoral System*, Springer, 2012, p. 327-351. Cet article contient aussi des contributions courtes d'une douzaine de spécialistes expliquant leurs votes.
21. D'assez nombreuses autres règles de vote étaient proposées ; voir J.-F. Laslier, « And the loser is… Plurality voting », art. cit.
22. M. Duverger, *Les Partis politiques*, Armand Colin, 1951.
23. Condorcet, *Essai sur l'application de l'analyse à la probabilité des décisions rendues à la pluralité des voix*, *op. cit.* ; S.-D. Poisson, *Recherches sur la probabilité des jugements en matière criminelle et en matière civile*, Bachelier imprimeur-libraire, 1837.
24. E. Badinter, R. Badinter, *Condorcet. Un intellectuel en politique*, Fayard, 1988.
25. K. Arrow, *Social Choice and Individual Values*, *op. cit.*
26. A. Downs, *An Economic Theory of Democracy*, Harper and Row, 1957. En français, voir J.-F. Laslier, *Le Vote et la Règle majoritaire. Analyse mathématique de la politique*, CNRS Éditions, 2004.
27. Pour une critique documentée de cette théorie, D. Green, I. Shapiro, *Pathologies of Rational Choice Theory : A Critique of Applications to Political Science*, Yale University Press, 1994.
28. A. Blais *et al.*, « One round versus two round elections : An experimental study », *French Politics*, 2007, 5 (3), p. 278-286.
29. R. Forsythe *et al.*, « An experiment on coordination in multicandidate elections : The importance of polls and election histories », *Social Choice and Welfare*, 1993, 10, p. 223-247.
30. C'est l'un des thèmes principaux de l'ouvrage classique de G. Cox, *Making Votes Count : Strategic Coordination in the World's Electoral System*, Cambridge University Press, 1997.
31. J.-F. Laslier, « The leader rule : A model of strategic approval voting in a large electorate », *Journal of Theoretical Politics*, 2009, 21 (1), p. 113-136.
32. H. Igersheim *et al.*, « La question du vote. Expérimentations en laboratoire et *in situ* », *L'Actualité économique*, 2016, 92 (1-2), p. 151-189.
33. J.-F. Laslier, « Heuristic voting under the alternative vote : The efficiency of "sour grapes" behavior », 2016, *Homo Œconomicus. Journal of Behavioral and Institutional Economics*, 33 (1-2), p. 57-76.
34. J. Baron *et al.*, « Approval voting and parochialism », *The Journal of Conflict Resolution*, 2005, 49 (6), p. 895-907.

35. R. Forsythe *et al.*, « An experiment on coordination in multicandidate elections : The importance of polls and election histories », art. cit.
36. Voir le recueil édité par A. Blais, J.-F. Laslier, K. Van der Straeten, *Voting Experiments*, Springer, 2016.
37. Voir https://electology.org/bullet-voting.
38. On trouvera un résumé de cette littérature dans H. Igersheim *et al.*, « La question du vote. Expérimentations en laboratoire et *in situ* », art. cit.
39. À propos de l'histoire de l'utilisation du vote par approbation dans ces sociétés savantes, S. Brams, P. Fishburn, « Going from theory to practice : The mixed success of approval voting », *Social Choice and Welfare*, 2005, 25 (2) p. 457-474.
40. S. Brams, P. Fishburn, « A nail-biting election », *Social Choice and Welfare*, 2001, 18, p. 409-414 ; D. G. Saari, « Analyzing a nail-biting election », *Social Choice and Welfare*, 2001, 18 (3), p. 415-430 ; J.-F. Laslier, « Analyzing a preference and approval profile », *Social Choice and Welfare*, 2003, 20 (2), p. 229-242.
41. J.-F. Laslier, T. Rachidi, « A multi-winner election : The 2016 Social Choice and Welfare Council election », *Working Paper*, 2017.
42. Pour des analyses plus poussées de cette élection, voir P. Perrineau, Y. Ysmal, *Le Vote de tous les refus*, Presses de Sciences Po, 2003.
43. J.-F. Laslier, K. Van der Straeten, « Vote par assentiment pendant la présidentielle de 2002 : analyse d'une expérience », *Revue française de science politique*, 2004, 54, p. 99-130.
44. *Ibid.* Bien entendu, il ne s'agit pas d'une règle absolue ; sur ce point, voir I. Lebon *et al.*, « Ce que le vote par approbation révèle des préférences des électeurs français », *Revue économique*, 2017, 6 (68), p. 1063-1076.
45. C. Alos-Ferrer, D.-G. Granic, « Two field experiments on approval voting in Germany », *Social Choice and Welfare*, 2012, 39 (1), p. 171-205.
46. Voir A. Kabre *et al.*, « "I voted for peace" : An experiment on approval voting in Benin », *working paper*, 2015.
47. B. Reilly, *Democracy in Divided Societies : Electoral Engineering for Conflict Management*, Cambridge University Press, 2001 ; D. Horowitz, « Ethnic power sharing : Three big problems », *Journal of Democracy*, 2014, 25 (2), p. 5-20.
48. Voir le « vote par catégorisation » étudié dans M. Malawski *et al.*, « Cognitive effort of voters under three different voting methods », *Operations Research and Decisions*, 2010, 20 (3-4), p. 69-79 ; ou le « dis&approval voting » étudié dans D. Felsenthal, « On combining approval voting with disapproval voting », *Behavioral Science*, 1989, 34, p. 53-60 et dans J. Alcantud, A. Laruelle, « Dis&approval voting : A characterization », *Social Choice and Welfare*, 2014, 43 (1), p. 1-10.
49. Les bonnes pratiques en sociologie politique utilisent des méthodes d'échantillonnage par quotas régionaux et socio-économiques, et des redressements par pondération ; voir F. Gougou, N. Sauger, « The 2017 French election study (FES 2017) : A post-electoral cross-sectional survey », *French Politics*, 2017, 15 (3), p. 360-370.
50. J.-F. Laslier, K. Van der Straeten, « Vote par assentiment pendant la présidentielle de 2002 : analyse d'une expérience », art. cit.
51. A. Baujard, H. Igersheim, « Expérimentation du vote par note et du vote par approbation le 22 avril 2007. Premiers résultats », 2009, *Revue économique*, 1 (60), p. 189-202.

52. A. Baujard *et al.*, « Vote par approbation, vote par note : une expérimentation lors des élections présidentielles françaises du 22 avril 2012 », 2013, *Revue économique*, 2 (64), p. 345-356.
53. A. Baujard *et al.*, « Who is favored by evaluative voting : An experiment conducted during the 2012 French presidential election », 2014, *Electoral Studies*, 34, p. 131-145.
54. Enquête réalisée auprès d'un échantillon de 2 367 personnes, représentatif de la population américaine en âge de voter. Voir H. Igersheim *et al.*, « Comparing voting methods : 2016 US presidential election », *European Journal of Political Economy*, 2018, 71.
55. *Ibid.*
56. S. Bouveret *et al.*, « Voter autrement 2017 for French presidential election – The *in situ* experiment », HAL, 2019, https://shs.hal.science/halshs-02379941.
57. K. Van der Straeten *et al.*, « Vote au pluriel : How people vote when offered to vote under different rules ? », *Political Science and Politics*, 2013, 46 (2), p. 324-328.
58. S. Bouveret *et al.*, « Voter autrement 2017 for French presidential election – The online experiment », 2018, https://hal.science/hal-03223762, https://shs.hal.science/halshs-02379941.
59. J.-F. Laslier *et al.*, « The Euro Vote Plus experiment », *European Union Politics*, 2015, 16 (4), p. 601-615.
60. Sur toutes ces questions, voir N. Schwartz *et al.*, « Rating scales : Numeric values may change the meaning of the scale labels », 1991, *Public Opinion Quarterly*, 55, p. 570-582, ainsi que les références classiques fournies dans cet article.
61. E. Grossmann, N. Sauger, *Pourquoi détestons-nous autant nos politiques ?*, Presses de Sciences Po, 2017.
62. N. Schwartz *et al.*, « Rating scales : Numeric values may change the meaning of the scale labels », art. cit.
63. J. Alcantud, A. Laruelle, « Dis&approval voting : A characterization », art. cit.
64. M. Schulze, « A new monotonic, clone-independent, reversal symmetric and Condorcet-consistent single-winner election method », *Social Choice and Welfare*, 2011, 36 (2), p. 267-303.
65. Steve Brams et M. Remzi Sanver ont ainsi étudié des règles combinant approbation et préférences (voir M. R. Sanver, « Approval as an intrinsic part of preference », *Handbook on Approval Voting, op. cit.*, p. 469-481).
66. M. Cohendet *et al.*, *Une dose de proportionnelle : pourquoi, comment, laquelle ?*, Terra Nova, 2018, chapitre 1.
67. Pour une description de cette théorie et sa mise à l'épreuve empirique : C. Bedock, *Reforming Democracy*, Oxford University Press, 2017.
68. D. Bol, « Electoral reform, values, and party self-interest », *Party Politics*, 2016, 22 (1), p. 93-104.
69. M. Agulhon, *1848 ou l'Apprentissage de la République. 1848-1852*, Seuil, 1973.
70. P. Fournier *et al.*, *When Citizens Decide. Lessons from Citizen Assemblies on Electoral Reform*, Oxford University Press, 2011.

71. *Ibid.*, chapitre 5.
72. D. Farrell, *Electoral Systems : A Comparative Introduction*, Palgrave Macmillan, 2001 ; E. Grossmann, N. Sauger, *Introduction aux systèmes politiques nationaux de l'UE*, *op. cit.*, chapitre 3.
73. J.-F. Laslier *et al.*, « The Euro Vote Plus experiment », art. cit.
74. L. Bettarelli *et al.*, « Voters' preferences and electoral systems : The EuroVotePlus experiment in Italy », *Economica Politica*, 2017, 34 (1), p. 159-177.
75. P. Louis, M. Núñez, D. Xefteris, « Beyond outcomes : Experimental evidence of the value of agreement », *University of Cyprus Working Papers in Economics*, 2018.
76. A. Blais *et al.*, « Citizens' preferences about voting rules : Self-interest, ideology, and sincerity », *Public Choice*, 2015, 164 (3-4), p. 423-442.

CHAPITRE 3
Le bonheur est sur Twitter

1. Digimind, *Tendances 2021. Les chiffres essentiels pour comprendre les réseaux sociaux*, https://www.digimind.com/fr/ressources/datamind-2021-chiffres-essentiels-reseaux-sociaux.
2. Ces sources de données sont principalement utilisées pour mesurer le bien-être subjectif, mais peuvent l'être aussi pour mesurer le bien-être objectif. Voir V. Voukelatou, L. Gabrielli, I. Miliou, S. Cresci, R. Sharma, M. Tesconi, L. Pappalardo, « Measuring objective and subjective well-being : Dimensions and data sources », *Data Science and Analytics*, 2021, 11, p. 279-309.
3. S. Iacus, G. Porro, S. Salini, E. Siletti, « Controlling for selection bias in social media indicators through official statistics : A proposal », *Journal of Official Statistics*, 2020, 36 (2), p. 315-338.
4. Les données Twitter ont été utilisées – avec plus ou moins de succès – dans de nombreux autres domaines tels que : la prévision de l'évolution des marchés financiers (P. Azar, A. Lo, « The wisdom of Twitter crowds : Predicting stock market reactions to FOMC Meetings *via* Twitter feeds », *Journal of Portfolio Management*, 2016, 42 [5], p. 123-134) ; la prévision des résultats aux élections présidentielles (A. Tumasjan *et al.*, « Predicting elections with Twitter : What 140 characters reveal about political sentiment », *Proceedings of the International AAAI Conference on Web and Social Media*, 2010, 4 [1], p. 178-185) ; la propagation d'épidémies (A. Culotta, « Detecting influenza outbreaks by analyzing Twitter messages », arXiv, 27 juillet 2010) ; ou bien encore la mesure de l'incertitude économique (D. Altig *et al.*, « Economic uncertainty before and during the Covid-19 Pandemic », *NBER Working Paper*, juin 2020, 27418).
5. Voir A. Tornes, « Enabling study of the public conversation in a time of crisis », Twitter Devlopment Platform Blog, 29 avril 2020.
6. C. Yang, P. Srinivasan, « Life satisfaction and the pursuit of happiness on Twitter », *PLoS One*, 2016, 11 (3).

7. « Twitter sees record number of users during pandemic, but advertising sales slow », *The Washington Post*, 30 avril 2020.
8. C. A. Davis, O. Varol, E. Ferrara, A. Flammini, F. Menczer, « BorOrNot : A system to evaluate social bots », *Proceedings of the 25th International Conference on Companion on World Wide Web*, Association for Computing Machinery, 2016, p. 273-274.
9. S. Stieglitz, F. Brachten, D. Berthelé, M. Schlaus, C. Venetopoulou, D. Veutgen, « Do social bots (still) act different to humans ? Comparing metrics of social bots with those of humans », *in* G. Meiselwitz (dir.), *Social Computing and Social Media. Human Behavior*, Springer, 2017, p. 379-395.
10. C. Hutto, E. Gilbert, « VADER : A parsimonious rule-based model for sentiment analysis of social media text », *in Proceedings of the International AAAI Conference on Web and Social Media*, 2014, 8 (1), p. 216-225.
11. https://pypi.org/project/vaderSentiment-fr/.
12. A. Abdaoui, J. Azé, S. Bringay, P. Poncelet, « FEEL : A French expanded emotion lexicon », *Language Resources and Evaluation*, 51 (1), 2017.
13. A. A. M. Shoeb, G. de Melo, « Emotag1200 : Understanding the association between emojis and emotions », *in* B. Weber (dir.), *Proceedings of the 2020 Conference on Empirical Methods in Natural Language Processing (EMNLP)*, Association for Computational Linguistic, 2020, p. 8957-8967.
14. https://blog.emojipedia.org/emoji-use-at-all-time-high/.
15. P. Dodds, K. H. Harris, C. Bliss, C. Danforth, « Temporal patterns of happiness and information in a global social network : Hedonometrics and Twitter », *PLoS One*, 2011, 6 (12).
16. S. Golder, M. Macy, « Diurnal and seasonal mood vary with work, sleep, and day length across diverse cultures », *Science*, 2011, 333 (6051), p. 1878-1881.
17. K. Jaidka, S. Giorgi, H. A. Schwartz, M. Kern, L. Ungar, J. Eichstaedt, « Estimating geographic subjective well-being from Twitter : A comparison of dictionary and data-driven language methods », *PNAS*, 2020, 117 (19), p. 10165-10171.
18. http://www.cepremap.fr/Duree.html.
19. La base https://www.data.gouv.fr/fr/datasets/liste-de-prenoms/ mobilise les données de Frantext (https://www.frantext.fr/), corpus de textes essentiellement littéraires.
20. Voir par exemple, pour l'impact sur les adolescentes : C. Nienhuis, I. Lesser, « The impact of Covid-19 on women's physical activity behavior and mental well-being », *Int. J. Environ. Res. Public Health*, 2020, 17 (23), p. 9036 ; T. Halldorsdottir, I. Thorisdottir, C. Meyers, B. Asgeirsdottir, A. Kristjansson, H. Valdimarsdottir, I. Sigfusdottir, « Adolescent well-being amid the Covid-19 pandemic : Are girls struggling more than boys ? », *JCPP Adv.*, 2021, 1 (2), e12027.
21. P. Barberá, « Birds of the same feather tweet together : Bayesian ideal point estimation using Twitter data », *Political Analysis*, 2015, 23 (1), p. 76-91.
22. J. Golbeck, D. Hansen, « A method for computing political preference among Twitter followers », *Social Networks*, 2014, 36, p. 177-184.
23. P. Ludu, « Inferring gender of a twitter user using celebrities it follows », arXiv, 26 mai 2014.
24. Y. Algan, E. Beasley, D. Cohen, M. Foucault, *Les Origines du populisme. Enquête sur un schisme politique et social*, Seuil, 2019.

25. Voir par exemple P. Krémer, A. Garric, « Eco-anxiété, dépression verte ou "solastalgie" : les Français gagnés par l'angoisse climatique », *Le Monde*, 21 juin 2019.
26. P. Dodds, K. H. Harris, C. Bliss, C. Danforth, « Temporal patterns of happiness and information in a global social network : Hedonometrics and Twitter », art. cit.
27. *Ibid.*
28. *Ibid.*
29. https://hedonometer.org.
30. P. Dodds, K. H. Harris, C. Bliss, C. Danforth, « Temporal patterns of happiness and information in a global social network : Hedonometrics and Twitter », art. cit. ; L. Mitchell, M. Frank, K. Harris, P. Dodds, C. Danforth, « The geography of happiness : Connecting twitter sentiment and expression, demographics, and objective characteristics of place », *PLoS One*, 2013, 8 (5), e64417.
31. H. Schwartz, J. Eichstaedt, M. Kern, L. Dziurzynski, R. Lucas, M. Agrawal, L. Ungar, « Characterizing geographic variation in well-being using tweets », *in Proceedings of the International AAAI Conference on Web and Social Media*, 2013, 7 (1), p. 583-591.
32. D. Quercia, J. Ellis, L. Capra, J. Crowcroft, « Tracking "gross community happiness" from tweets », *in CSCW '12 : Proceedings of the ACM 2012 Conference on Computer Supported Cooperative Work*, Association for Computing Machinery, 2012, p. 965-968.
33. K. Jaidka, S. Giorgi, H. A. Schwartz, M. Kern, L. Ungar, J. Eichstaedt, « Estimating geographic subjective well-being from Twitter : A comparison of dictionary and data-driven language methods », art. cit.
34. L. Canova, L. Curini, S. Iacus, « Measuring idiosyncratic happiness through the analysis of Twitter : An application to the Italian case », *Social Indicators Research*, 2014, 121 (2) ; S. Iacus, G. Porro, S. Salini, E. Siletti, « An Italian composite subjective well-being index : The voice of Twitter users from 2012 to 2017 », *Social Indicators Research*, 2022, 161 (2).
35. Récemment, un indicateur SWBI a d'ailleurs été calculé pour le Japon par T. Carpi, A. Huno, S. Iacus, G. Porro, « Twitter subjective well-being indicator during Covid-19 Pandemic : A cross-country comparative study », arXiv, 19 janvier 2021.
36. A. Durahim, M. Coşkun, « #iamhappybecause : Gross national happiness through Twitter analysis and big data », *Technological Forecasting and Social Change*, 2015, 99, p. 92-105.
37. B. Hao, L. Li, R. Gao, A. Li, T. Zhu, « Sensing subjective well-being from social media », *in* D. Slezay *et al.* (dir.), *Active Media Technology*, Springer, 2014, p. 324-335.
38. M. Lwin, J. Lu, A. Sheldenkar, P. Schulz, W. Shin, R. Gupta, Y. Yang, « Global sentiments surrounding the Covid-19 pandemic on Twitter : Analysis of Twitter trends », *JMIR Public Health and Surveillance*, 2020, 6 (2), e19447.
39. J. Xue, J. Chen, R. Hu, C. Chen, C. Zheng, Y. Su, T. Zhu, « Twitter discussions and emotions about the Covid-19 pandemic : Machine learning approach », *JMIR*, 2020, 22 (11), e20550.
40. Y. Wang, P. Wu, X. Liu, S. Li, T. Zhu, N. Zhao, « Subjective well-being of Chinese Sina Weibo users in residential lockdown during the Covid-19 Pandemic : Machine learning analysis », *JMIR*, 2020, 22 (12), e24775.

41. F. Sarracino, T. Greyling, K. O'Connor, C. Peroni, S. Rossouw, « Trust predicts compliance to Covid-19 containment policies : Evidence from ten countries using big data », *PLoS One*, 2023, 18 (2).
42. http://gnh.today.
43. F. Díaz, P. Henríquez, « Social sentiment segregation : Evidence from Twitter and Google trends in Chile during the Covid-19 dynamic quarantine strategy », *PLoS One*, 2021, 16 (7).
44. C. Bellet, P. Frijters, « Big data and well-being », *in* C. Burr, L. Floridi (dir.), *Ethics of Digital Well-Being*, Springer, 2020.
45. H. Metzler, M. Pellert, D. Garcia, « Using social media data to capture emotions before and during Covid-19 », *World Hapiness Report*, 2022.
46. E. Diener, « Subjective well-being », *Psychological Bulletin*, 1984, 95 (3), p. 542-575.
47. C. Yang, P. Srinivasan, « Life satisfaction and the pursuit of happiness on Twitter », art. cit.
48. A. Waldherr, D. Maier, P. Miltner, E. Günther, « Big data, big noise : The challenge of finding issue networks on the Web », *Social Science Computer Review*, 2017, 35 (4), p. 427-443.
49. https://www.pewresearch.org/internet/2019/04/24/sizing-up-twitter-users/.
50. A. Mislove, S. Lehmann, Y. Y. Ahn, J. P. Onnela, N. Rosenquist, « Understanding the demographics of Twitter users », *Proceedings of the Fifth International Conference on Weblogs and Social Media, Barcelona, Catalonia, Spain, July 17-21*, 2011, 11 (5).
51. https://www.pewresearch.org/internet/2021/11/15/the-behaviors-and-attitudes-of-u-s-adults-on-twitter/.
52. K. Jaidka, S. Giorgi, H. A. Schwartz, M. Kern, L. Ungar, J. Eichstaedt, « Estimating geographic subjective well-being from Twitter : A comparison of dictionary and data-driven language methods », art. cit.
53. M. Sap, G. Park, J. Eichstaedt, M. Kern, D. Stillwell, M. Kosinski, L. Ungar, H. Schwartz, « Developing age and gender predictive lexica over social media », *in* A. Moschitti *et al.* (dir.), *Proceedings of the 2014 Conference on Empirical Methods in Natural Language Processing (EMNLP)*, Association for Computational Linguistics, 2014, p. 1146-1151.
54. H. Schwartz, J. Eichstaedt, M. Kern, L. Dziurzynski, S. Ramones, M. Agrawal, L. Ungar, « Personality, gender, and age in the language of social media : The open-vocabulary approach », *PLoS One*, 2013, 8 (9), e73791.
55. M. Kosinski, D. Stillwell, T. Graepel, « Private traits and attributes are predictable from digital records of human behavior », *PNAS*, 2013, 110 (15), p. 5802-5805.
56. S. Giorgi, V. Lynn, K. Gupta, F. Ahmed, S. Matz, L. Ungar, A. Schwartz, « Correcting sociodemographic selection biases for accurate population prediction from social media », *Proceedings of the Fifteenth International AAAI Conference on Web and Social Media*, Association for the Advancement of Artificial Intelligence, 2021, p. 228-240.
57. S. Iacus, G. Porro, S. Salini, E. Siletti, « An Italian composite subjective well-being index : The voice of Twitter users from 2012 to 2017 », art. cit.
58. C. Davis, O. Varol, E. Ferrara, A. Flammini, F. Menczer, « BotOrNot : A system to evaluate social bots », *in* J. Bourdeau, J. A. Hendler (dir.), *WWW'16 Companion :*

Proceedings of the 25th International Conference Companion on World Wide Web, International World Wide Web Conferences Steering Committee Republic and Canton of Geneva, 2016, p. 273-274.
59. Pour une explication détaillée du fonctionnement de Botometer, voir : F. C. Yang, E. Ferrara, F. Menczer, « Botometer 101 : Social bot practicum for computational social scientists », *Journal of Computational Science*, 2022, 5, p. 1511-1528. Et pour une revue de la littérature sur la détection des bots sur Twitter, voir : E. Alothali, N. Zaki, E. Mohamed, H. Alashwal, « Detecting social bots on Twitter : A literature review », *in 2018 International Conference on Innovations in Information Technology (IIT)*, IEEE, 2018.
60. C. Yang, P. Srinivasan, « Life satisfaction and the pursuit of happiness on Twitter », art. cit.
61. D. Lazer, R. Kennedy, G. King, A. Vespignani, « Big data. The parable of Google flu : Traps in big data analysis », *Science*, 2014, 343 (6176), p. 1203-1205.
62. H. Allcott, M. Gentzkow, « Social media and fake news in the 2016 election », *Journal of Economic Perspectives*, 2017, 31 (2), p. 211-236.
63. C'est le point de vue défendu dans L. Japec *et. al*, « Big data in survey research : *AAPOR Task Force Report* », *Public Opinion Quarterly*, 2015, 79 (4), p. 839-880.
64. L. Einav et J. Levin, « Economics in the age of big data », *Science*, 2014, 346 (6210).
65. https://cepremap.shinyapps.io/twitter/.
66. https://db.nomics.world/CEPREMAP/TWTEMO?q=cepremap.
67. https://hedonometer.org/timeseries/en_all/?from=2022-01-01&to=2023-06-30.
68. P. S. Dodds, K. D. Harris, I. M. Kloumann, C. A. Bliss, C. M. Danforth, « Temporal patterns of happiness and information in a global social network : Hedonometrics and Twitter », *PLoS One*, 2011, 6 (12), e26752.
69. D. Chavalarias, P. Bouchaud, V. Chomel, M. Panahi, « Les nouveaux fronts du dénialisme et du climato-scepticisme », HAL, 2023, https://hal.science/hal-03986798.
70. Pour une analyse de la migration de plus de 130 000 utilisateurs de Twitter vers Mastodon, voir J. He, H. B. Zia, I. Castro, A. Raman, N. Sastry, G. Tyson, « Flocking to Mastodon : Tracking the great Twitter migration », *in* M.-J. Monpetit, A. Leivadeas (dir.), *Proceedings of the 2023 ACM on Internet Measurement Conference*, Association for Computing Machinery, 2023, p. 111-123.
71. M. V. Valero, « Thousands of scientists are cutting back on Twitter », *Nature*, 2023, 620, p. 482-484 ; C. H. Chang, N. R. Deshmukh, P. R. Armsworth, Y. J. Masuda, « Environmental users abandoned Twitter after Musk takeover », *Trends in Ecology and Evolution*, 2023, 38 (10), p. 893-895.
72. https://www.theguardian.com/technology/2024/mar/26/twitter-usage-in-us-fallen-by-a-fifth-since-elon-musks-takeover.
73. https://transparency.twitter.com/dsa-transparency-report.html
74. https://blog.digimind.com/fr/tendances/reseaux-sociaux-preferes-generationz-france
75. https://www.cos.io/about/news/meta-partners-with-cos-to-share-data-to-study-well-being-topics.

CHAPITRE 4
Les femmes au pouvoir

1. M. Sineau, *Femmes et pouvoir sous la Vᵉ République. De l'exclusion à l'entrée dans la course présidentielle*, Presses de Sciences Po, 2011, p. 234.
2. Q. Lippmann, « Are gender quotas on candidates bound to be ineffective ? », *Journal of Economic Behavior and Organization*, 2021, 191, p. 661-678.
3. M. Sineau, « La parité législative en France, 2002-2007 : les stratégies partisanes de contournement de la loi », *Revue suisse de science politique*, 2008, 14 (4), p. 741-765.
4. Q. Lippmann, « Are gender quotas on candidates bound to be ineffective ? », art. cit.
5. M. Sineau, « La parité législative en France, 2002-2007 : les stratégies partisanes de contournement de la loi », art. cit. ; M. Rainbow, « Why didn't parity work ? A closer examination of the 2002 elections results », *French Politics*, 2004, 2 (3), p. 347-362.
6. M. Bagues, P. Campa, « Can gender quotas in candidate lists empower women ? Evidence from a regression discontinuity design », *Journal of Public Economics*, 2021, 194, 104315.
7. B. Esteve-Volart, M. Bagues, « Are women pawns in the political game ? Evidence from elections to the Spanish Senate », *Journal of Public Economics*, 2012, 96 (3-4), p. 387-399.
8. M. Thomas, M.-A. Bodet, « Sacrificial lambs, women candidates, and district competitiveness in Canada », *Electoral Studies*, 2013, 32 (1), p. 153-166 ; J. Yoon, K-Y. Shin, « Mixed effects of legislative quotas in South Korea », *Politics and Gender*, 2015, 11 (1), p. 186-195 ; J. Wäckerle, « Parity or patriarchy ? The nomination of female candidates in British politics », *Party Politics*, 2022, 28 (3).
9. https://www.lemonde.fr/politique/article/2012/05/21/legislatives-la-parite-non-respectee-a-l-ump-cope-plaide-coupable_1704565_823448.html.
10. Q. Lippmann, « Are gender quotas on candidates bound to be ineffective ? », art. cit.
11. D. Dahlerup, L. Freidenval, *Electoral Gender Quota Systems and Their Implementation in Europe*, EU Publications, 2011.
12. T. Le Barbanchon, J. Sauvagnat, « Electoral competition, voter bias, and women in politics », *Journal of the European Economic Association*, 2022, 20 (1), p. 352-394.
13. J. B. Eymeoud, P. Vertier, « Gender biases : Evidence from a natural experiment in French local elections », *Economic Policy*, 2017, 38 (117), p. 3-56.
14. B. Esteve-Volart, M. Bagues, « Are women pawns in the political game ? Evidence from elections to the Spanish Senate », art. cit. Pour la France, voir M. Larrère, A. Lorriaux, *Des intrus en politique*, Éditions du Détour, 2018, p. 75.
15. M. Crowder-Meyer, « Gendered recruitment without trying : How local party recruiters affect women's representation », *Politics and Gender*, 2013, 9 (4), p. 390-413.
16. M. Bertrand, « Coase lecture – The glass ceiling », *Economica*, 2018, 85 (338), p. 205-231.
17. Q. Lippmann, « Les politiques de quotas en faveur des femmes ont-elles brisé ou surélevé le plafond de verre ? », *Revue économique*, 2018, 69, p. 849-867.

18. J. Lassébie, « Gender quotas and the selection of local politicians : Evidence from French municipal elections », 2020.
19. S. Gagliarducci, M. D. Paserman, « Gender interactions within hierarchies : Evidence from the political arena », *The Review of Economic Studies*, 2012, 79 (3), p. 1021-1052.
20. M. Bagues, P. Campa, « Can gender quotas in candidate lists empower women ? Evidence from a regression discontinuity design », art. cit.
21. S. Spaziani, « Can gender quotas break the glass ceiling ? Evidence from Italian municipal elections », *European Journal of Politacal Economy*, 2022, 75, 102171.
22. D. Z. O'Brien, J. Rickne, « Gender quotas and women's political leadership », *American Political Science Review*, 2016, 110 (1), p. 112-116.
23. M. Bertrand, S. Black, S. Jensen, A. Lleras-Muney, « Breaking the glass ceiling ? The effect of board quotas on female labour market outcomes in Norway », *The Review of Economic Studies*, 2019, 86 (1), p. 191-239.
24. L. Bereni, E. Lépinard, « "Les femmes ne sont pas une catégorie". Les stratégies de légitimation de la parité en France », *Revue française de science politique*, 2004, 54, p. 71-98 ; L. Wängnerud, « Women in parliaments : Descriptive and substantive representation », *Annual Review of Political Science*, 2009, 12 (1), p 51-69.
25. P. Funk, C. Gathmann, « Gender gaps in policy making : Evidence from direct democracy in Switzerland », *Gender Gaps in Policy Making*, 2015, 38 (81), p. 141-181.
26. R. Chattopadhyay, E. Duflo, « Women as policy makers : Evidence from a randomized policy experiment in India », *Econometrica*, 2004, 72 (5), p. 1409-1443.
27. Q. Lippmann, « Gender and lawmaking in times of quotas », *Journal of Public Economics*, 2022, 207, 104610.
28. Voir le rapport de 2022 du Haut Conseil à l'égalité entre les femmes et les hommes : https://www.haut-conseil-egalite.gouv.fr/parite/actualites/article/comment-obtenir-la-parite-au-sein-des-communes-et-des-intercommunalites-freins.
29. A. Clayton, P. Zetterberg, « Quota shocks : Electoral gender quotas and government spending priorities worldwide », *The Journal of Politics*, 2018, 80 (3).
30. S. Bhalotra, D. Clarke, J. Gomes, A. Venkataramani, « Maternal mortality and women's political power », *Journal of the European Economic Association*, 2023, 21 (5), p. 2172-2208.
31. Voir la revue de littérature dans A. Revillard, Y. Tuffy, « Gender quotas : An interdisciplinary scoping review », *French Politics*, 2023, 21, p. 315-334.
32. M. Bagues, P. Campa, « Can gender quotas in candidate lists empower women ? Evidence from a regression discontinuity design », art. cit.
33. M. Bertrand, S. Black, S. Jensen, A. Lleras-Muney, « Breaking the glass ceiling ? The effect of board quotas on female labour market outcomes in Norway », art. cit.
34. S. Anzia, C. R. Berry, « The Jackie (and Jill) Robinson effect : Why do congresswomen outperform congressmen ? », *American Journal of Political Science*, 2011, 55 (3), p. 478-493.
35. T. Besley, O. Folke, T. Persson, J. Rickne, « Gender quotas and the crisis of the mediocre man : Theory and evidence from Sweden », *The American Economic Review*, 2017, 107 (8), p. 2204-2242.

36. A. Baltrunaite, P. Bello, A. Casarico, P. Profeta, « Gender quotas and the quality of politicians », *Journal of Public Economics*, 2014, 118, p. 62-74.
37. A. C. Weeks, L. Baldez, « Quotas and qualifications : The impact of gender quota laws on the qualifications of legislators in the Italian parliament », *European Political Science Review*, 2015, 7 (1), p. 119-144.
38. R. Murray, « Second among unequals ? A study of whether France's "quota women" are up to the job », *Politics and Gender*, 2010, 6 (1), p. 93-118.
39. M. Bagues, P. Campa, « Can gender quotas in candidate lists empower women ? Evidence from a regression discontinuity design », art. cit.
40. D. O'Brien, « Quotas and qualifications in Uganda », *in* S. Franceschet *et al.* (dir.), *The Impact of Gender Quotas*, Oxforf University Press, 2012, p. 57-71.
41. A. Eagly, S. Karau, « Role congruity theory of prejudice toward female leaders », *Psychological Review*, 2002, 109 (3), p. 573-598.
42. M. Bertrand, S. Black, S. Jensen, A. Lleras-Muney, « Breaking the glass ceiling ? The effect of board quotas on female labour market outcomes in Norway », art. cit.
43. G. Ferrari, V. Ferraro, P. Profeta, C. Pronzato, « Do board gender quotas matter ? Selection, performance and stock market effects », *Management Science*, 2022, 68 (1), p. 5618-5643.
44. https://www.lemonde.fr/economie/article/2020/11/25/je-suis-une-femme-quota-40-personnalites-allemandes-defendent-l-acces-des-femmes-aux-postes-a-responsabilite_6061094_3234.html.
45. A. Clayton, C. Josefsson, V. Wang, « Present without presence ? Gender, quotas and debate recognition in the Ugandan parliament », *Representation*, 2014, 50 (3), p. 379-392.
46. M. Heilman, W. Battle, C. Keller, A. Lee, « Type of affirmative action policy : A determinant of reactions to sex-based preferential selection ? », *Journal of Applied Psychology*, 1998, 83 (2), p. 190-205.
47. J. DeMatteo, G. Dobbins, S. Myers, C. Facteau, « Evaluations of leadership in preferential and merit-based leader selection situations », *The Leadership Quarterly*, 1996, 7 (1), p. 41-62.
48. A. Leibbrandt, L. Wang, C. Foo, « Gender quotas, competitions, and peer review : Experimental evidence on the backlash against women », *Management Science*, 2018, 64 (8), p. 3501-3516.
49. L. Petters, M. Schröder, « Negative side effects of affirmative action : How quotas lead to distortions in performance evaluation », *European Economic Review*, 2020, 130, 103500.
50. G. Becker, *The Economics of Discrimination*, The University of Chicago Press, 1957.
51. E. Phelps, « The statistical theory of racism and sexism », *The American Economic Review*, 1972, 62 (4), p. 659-661.
52. L. Beaman, R. Chattopadhyay, E. Duflo, R. Pande, P. Topalova, « Powerful women : Does exposure reduce bias ? », *The Quarterly Journal of Economics*, 2009, 124 (4), p. 1497-1540.
53. R. Bhavnani, « Do electoral quotas work after they are withdrawn ? Evidence from a natural experiment in India », *The American Political Science Review*, 2009, 103 (1), 23-35 ; K. Deininger, S. Jin, H. Nagarajan, F. Xia, « Does female

reservation affect long-term political outcomes ? Evidence from rural India », *Journal of Development Studies*, 2015, 51 (1), p. 32-49.

54. M. De Paola, V. Scoppa, R. Lombardo, « Can gender quotas break down negative stereotypes ? Evidence from changes in electoral rules », *Journal of Public Economics*, 2010, 94 (5-6), p. 344-353.
55. R. Fox, J. Lawless, « Entering the arena ? Gender and the decision to run for office », *American Journal of Political Science*, 2004, 48 (2), p. 264-280.
56. R. Merton, *Social Theory and Social Structure*, Free Press, 1957.
57. C. Wolbrecht, D. Campbell, « Leading by example : Female members of parliament as political role models », *American Journal of Political Science*, 2007, 51 (4), p. 921-939.
58. L. Beaman, E. Duflo, R. Pande, P. Topalova, « Female leadership raises aspirations and educational attainment for girls : A policy experiment in India », *Science*, 2012, 335 (6068), p. 582-586.
59. T. Baskaran, Z. Hessami, « Does the election of a female leader clear the way for more women in politics ? », *American Economic Journal*, 2018, 10 (3), p. 95-121.
60. S. Bhalotra, I. Clots-Figueras, L. Iyer, « Pathbreakers ? Women's electoral success and future political participation », *The Economic Journal*, 2018, 128 (613), p. 1844-1878.
61. C. Ladam, J. Harden, J. Windett, « Prominent role models : High-profile female politicians and the emergence of women as candidates for public office », *American Journal of Political Science*, 2018, 62 (2), p. 369-381.
62. D. Broockman, « Do female politicians empower women to vote or run for office ? A regression discontinuity approach », *Electoral Studies*, 2014, 34 p. 190-204.
63. F. Gilardi, « The temporary importance of role models for women's political representation », *American Journal of Political Science*, 2015, 59 (4), p. 957-970.
64. https://www.csa.fr/Informer/Collections-du-CSA/Rapports-au-gouvernement/La-representation-des-femmes-a-la-television-et-a-la-radio-Exercice-2018.
65. D. J. Van der Pas, L. Aaldering, « Gender differences in political media coverage : A meta-analysis », *Journal of Communication*, 2020, 70 (1), p. 114-143.
66. C. Achin, S. Lévêque, « La parité sous contrôle. Égalité des sexes et clôture du champ politique », *Actes de la recherche en sciences sociales*, 2014, 204, p. 118-137.
67. A. Dhrodia, « Unsocial media : Tracking Twitter abuse against women MPs », IKNOW Politics, 9 décembre 2017.
68. K. Solovev, N. Pröllochs, « Hate speech in the political discourse on social media : Disparities across parties, gender, and ethnicity », *in* F. Laforest, R. Troncy (dir.), WWW'22 : *Proceedings of the ACM Web Conference 2022*, Association for Computing Machinery, 2022, p. 36656-3661.
69. T. Fuchs, F. Schäfer, « Normalizing misogyny : Hate speech and verbal abuse of female politicians on Japanese Twitter », *Japan Forum*, 2021, 33 (3), p. 1-27.
70. https://www.ipu.org/resources/publications/issue-briefs/2018-10/sexism-harassment-and-violence-against-women-in-parliaments-in-europe.

CHAPITRE 5
La démocratie du travail

1. Collectif, *Que sait-on du travail ?*, Presses de Sciences Po, 2023.
2. Voir par exemple le remarquable cours au Collège de France d'Alain Supiot en 2016-2017 https://www.college-de-france.fr/fr/agenda/cours/figures-juridiques-de-la-democratie-economique-i.
3. M. Quijoux, « SCOP qui peut ! », *Cahiers d'histoire. Revue d'histoire critique*, 2022,155, p. 73-90.
4. S. Canivenc, F. Moreau, « Singularité et spécificité des pratiques organisationnelles démocratiques. Les enseignements de quatre organisations autogérées », @GRH, 2020, 36 (3), p. 145-173.
5. R. B. Freeman, J. L. Medoff, « Le syndicalisme à deux visages », *Revue économique*, 1980, 31 (3), p. 505-539 ; R. B. Freeman, J. L. Medoff, *What Do Unions Do ?*, Basic Books, 1985.
6. A. Booth, *The Economics of the Trade Union*, Cambridge University Press, 1994.
7. P. Askenazy, *Partager les richesses*, Odile Jacob, 2019.
8. A. Rubinstein, « Perfect equilibrium in a bargaining model », *Econometrica*, 1982, 50 (1), p. 97-109.
9. T. Breda, « Firms' rents, workers' bargaining power and the union wage premium », *The Economic Journal*, 2014, 125 (589), p. 1616-1652.
10. A. O. Hirschman, *Exit, Voice, and Loyalty*, Harvard University Press, 1970.
11. S. Béroud, M. Martin Thibault, *En luttes ! Les possibles du syndicalisme de contestation*, Raisons d'agir, 2021.
12. R. Zimmer, « Against authoritarianism : Participation, solidarity and (direct) democracy in the world of work », *in* K. Arabadjieva *et al.* (dir.), *Transformative Ideas : Ensuring a Just Share of Progress for All*, European Trade Union Institute, 2023, p. 163-174.
13. Par exemple, W. Däubler, « Le système allemand de participation des travailleurs au niveau de l'entreprise », *Revue de droit comparé du travail et de la sécurité sociale*, 2018, 3, p. 70-81.
14. S. Jager, B. Schoefer, J. Heining, « Labor in the boardroom », *The Quarterly Journal of Economics*, 2021, 136 (2), p. 669-725.
15. R. B. Freeman, J. L. Medoff, *What Do Unions Do ?*, *op. cit.*
16. O. Ashenfelter, G. E. Johnson, « Bargaining theory, trade unions, and industrial strike activity », *The American Economic Review*, 1969, 59 (1), p. 35-49.
17. T. Breda, « Les délégués syndicaux sont-ils discriminés ? », *Revue économique*, 2014, 65, p. 841-880. J. Bourdieu, T. Breda, « Des délégués syndicaux sous-payés : une situation de discrimination stratégique ? Une analyse économétrique à partir de l'enquête *REPONSE* de 2010 », *Travail et emploi*, 2016, 145, p. 31-58. J. Bourdieu, T. Breda, V. Pecheu, *Labor Facing Capital in the Workplace : The Role of Worker Representatives*, Paris School of Economics, 2022.
18. T. Breda, « Les délégués syndicaux sont-ils discriminés ? », art. cit.

19. J. Bourdieu, T. Breda, « Des délégués syndicaux sous-payés : une situation de discrimination stratégique ? Une analyse économétrique à partir de l'enquête *REPONSE* de 2010 », art. cit.
20. J. Bourdieu, T. Breda, V. Pecheu, *Labor Facing Capital in the Workplace : The Role of Worker Representatives, op. cit.*
21. *Ibid.*
22. P. Askenazy, T. Breda, « Electoral democracy at work », *PSE Working Papers*, HAL, 2022, https://shs.hal.science/halshs-02191304v2.
23. Voir par exemple, H. S. Farber, D. Herbst, I. Kuziemko, S. Naidu, « Unions and inequality over the twentieth century : New evidence from survey data », *The Quarterly Journal of Economics*, 2021, 136 (3), p. 1325-1385.
24. Par exemple D. Wittman, « Why democracies produce efficient results », *Journal of Political Economy*, 1989, 97 (6), p. 1395-1424.
25. Voir O. M. Levin-Waldman, *Wage Policy, Income Distribution, and Democratic Theory*, Routledge, 2010.
26. J. T. Dunlop, *Industrial Relations Systems*, H. Holt and Co, 1958.
27. P. Askenazy, C. Didry, « Towards ecological embeddedness in democratised workplaces », *in* K. Arabadjieva *et al.* (dir.), *Transformative Ideas : Ensuring a Just Share of Progress for All, op. cit.*, p. 147-162.
28. https://eur-lex.europa.eu/legal-content/FR/TXT/?uri=CELEX:32023H01389.

Les contributeurs

Philippe Askenazy est directeur de recherche au CNRS. Directeur adjoint du Cepremap de 2006 à 2015, il en demeure coresponsable du programme travail. Actuellement chercheur au Centre Maurice-Halbwachs-PSL, ses travaux portent sur les mutations du travail et des relations professionnelles, et les déterminants des performances productives. Il est notamment membre du Haut Conseil des rémunérations, de l'emploi et de la productivité.

Thomas Breda est chercheur au CNRS, membre associé à l'École d'économie de Paris et directeur du programme « Travail » de l'Institut des politiques publiques. Ses recherches portent sur le marché du travail, en particulier les relations de travail, sa fiscalité, ainsi que les inégalités de genre.

Fanny Henriet est chercheuse au CNRS et professeure associée à l'École d'économie de Paris. Ses travaux récents portent sur la fiscalité, les ressources fossiles et l'économie du changement climatique.

Jean-François Laslier est directeur de recherches au CNRS et professeur à l'École d'économie de Paris. Ses recherches actuelles se situent à l'interface de la science politique et de l'économie comportementale. Elles portent en particulier sur les comportements électoraux, abordés par l'observation et par la théorie.

Quentin Lippmann est professeur à l'université d'Aix-Marseille. Ses travaux portent principalement sur les inégalités entre les femmes et les hommes.

Thomas Renault est maître de conférences à l'université Paris-I-Panthéon-Sorbonne et conseiller scientifique au Conseil d'analyse économique. Ses recherches portent principalement sur l'analyse des réseaux sociaux et l'utilisation de méthodes d'analyse textuelle et de *machine learning* pour la prévision en économie et en finance.

Katheline Schubert est professeure à l'université Paris-I-Panthéon-Sorbonne et à l'École d'économie de Paris. Elle étudie notamment l'économie des ressources naturelles et l'économie du changement climatique.

Claudia Senik est professeure à Sorbonne Université et à l'École d'économie de Paris (PSE). Elle est directrice de l'Observatoire du bien-être et du Cepremap, et membre de l'Institut universitaire de France. Ses travaux portent sur l'économie du bien-être subjectif, et en particulier sur le lien entre revenu, croissance, inégalités et bonheur. Elle s'intéresse également aux sources du bien-être au travail et en entreprise. Elle étudie enfin le comportement des femmes à l'école et sur le marché du travail.

Table

Introduction 7

CHAPITRE 1 – Objectif ZEN. La transition énergétique..... 13

L'horloge climatique 14

Le budget carbone (14) – Comment atteindre l'objectif ZEN ? (17)

La décarbonation de l'énergie 32

Les ressources fossiles (32) – Des énergies fossiles aux énergies renouvelables (43)

La politique climatique 53

Un mix d'instruments articulés autour d'un prix du carbone (53) – Effets distributifs et justice sociale (59) – Le secteur financier face à la transition énergétique (66)

Les conséquences macroéconomiques de la lutte contre le réchauffement climatique 74

Les bénéfices directs (77) – Les effets sur la consommation et l'investissement (80) – Retour sur les actifs échoués : déclassement prématuré du capital brun et réallocations sectorielles de l'emploi (85)

Conclusion 88

Épilogue. Réflexions sur la Convention citoyenne pour le climat 89

Pourquoi une Convention citoyenne pour le climat ? (89) – Quelles modalités ? (91) – Quelles propositions ? (92) – Quel financement ? (94) – Les conséquences en matière d'action publique (95)

CHAPITRE 2 – Voter autrement 97

Introduction 97

Un vote plus expressif (97) – Pertinence politique (99) – Contenu du chapitre (101)

Quelques définitions et théories 103

Les systèmes utilisés dans le monde (103) – Vote par évaluation : par approbation et par notes (106) – Autres systèmes (108) – Éléments de théorie politique (112) – Les mathématiques du vote (113)

Des expériences en laboratoire 116

Un protocole expérimental de base (116) – Résultats (119) – D'autres expériences (123) – Conclusions sur les expériences en laboratoire (125)

Premières expériences *in situ* sur le vote par approbation 127

Le protocole d'expérimentation sur le terrain (128) – L'élection présidentielle française de 2002 (130) – Une élection africaine : la présidentielle béninoise de 2011 (134)

Premières expériences sur le vote par notes 137

L'idée de choisir en évaluant (137) – Protocole *in situ* pour étudier le vote par notes (139) – Résultats des expériences sur le vote par notes en 2007 et 2012 (141)

Deux autres expériences *in situ* : la présidentielle américaine de 2016 et la présidentielle française de 2017 147

La présidentielle américaine de 2016 (147) – Protocole de l'enquête (148) – Résultats de l'enquête (149) – La présidentielle française de 2017 (152)

Les sens du vote 163

Sens symbolique et sens factuel (163) – La désapprobation (164) – Forcer l'interprétation ? (166)

Les chemins de la réforme électorale 168

La théorie standard : l'opportunisme politicien (169) – La volonté populaire (169) – L'assemblée citoyenne de Colombie-Britannique (172) – Ce que pensent les électeurs des systèmes électoraux (174)

Conclusion 176

CHAPITRE 3 – Le bonheur est sur Twitter 179

Introduction : *vox populi* 179

Comment mesurer le moral des Français en ligne ? 184

Construire une base de données de tweets (184) – Mesurer les sentiments et les émotions (188)

Le moral des Français au prisme de Twitter 191

Le moral global des Français sur Twitter : du mois à la journée (191) – Genre, politique et émotions (199)

Robustesse et extensions de l'indicateur 211

Comparaison avec l'indice Hedonometer (211) – Indicateur de sentiment et indicateurs de bien-être (212) – Que mesure-t-on en analysant le contenu des messages ? (213) – Localisation et origine des tweets (216)

Pour ceux qui ont (encore) des doutes sur la validité des données Twitter 218

Mesurer le bien-être *via* Twitter (218) – Les limites des données en ligne (222) – Ce qu'on a appris (225)

Épilogue. Le Twitter d'Elon Musk 226

CHAPITRE 4 – Les femmes au pouvoir 233

Introduction 233

Controverses sur la parité 234

L'accès des femmes au pouvoir 237

La parité a-t-elle augmenté le nombre de femmes en politique ? (237) – La loi sur la parité vise-t-elle vraiment à avoir 50 % de femmes parmi les élus ? (239) – Pourquoi les partis politiques cherchent-ils à éviter la parité ? (248) – La parité a-t-elle brisé ou déplacé le plafond de verre en politique ? (251)

L'exercice du pouvoir par les femmes 257

Les femmes en politique défendent-elles plus les intérêts des femmes dans la population ? (257) – Les femmes en politique sont-elles plus ou moins qualifiées que les hommes ? (268)

La perception des femmes au pouvoir 275

Les femmes élues grâce à la parité sont-elles perçues comme légitimes ? (275) – Les femmes au pouvoir réduisent-elles la discrimination ? (280) – Les femmes au pouvoir sont-elles des *role models* ? (285) – Les femmes au pouvoir sont-elles médiatisées comme les hommes ? (289)

Conclusion. Bilan et perspectives pour la parité 295

Bilan de la parité en politique (295) – Pistes pour améliorer la parité en politique (296)

Faisabilité des réformes sur la parité 298

CHAPITRE 5 – La démocratie du travail 299

Définition et formes de démocratie au travail 301

« À quoi servent les syndicats » au travail ? (305)

Comprendre et limiter les freins à la démocratie au travail.. 315
De la bonne gouvernance de l'action collective (315) – L'effet d'un regain de démocratie électorale dans l'entreprise (326)
Quel avenir pour la démocratie au travail en France ?.......... 332

Notes bibliographiques 337
Les contributeurs.......... 361

Cet ouvrage a été composé
en Electra et en Whitney
par Nord Compo
à Villeneuve-d'Ascq (Nord).

numérique

Impression & brochage - France
N° d'édition : 4150-0986-X – N° d'impression : N25137240904
Dépôt légal : octobre 2024

Imprimé en France

IMPRIM'VERT®

PEFC
10-31-3532